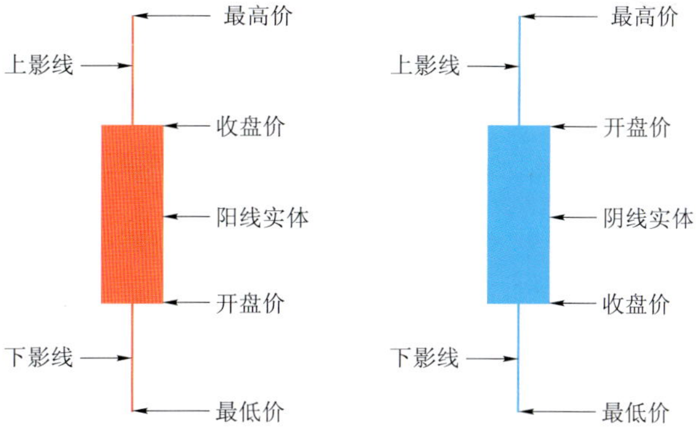

(a) 阳线　　(b) 阴线

图 6-9　K 线

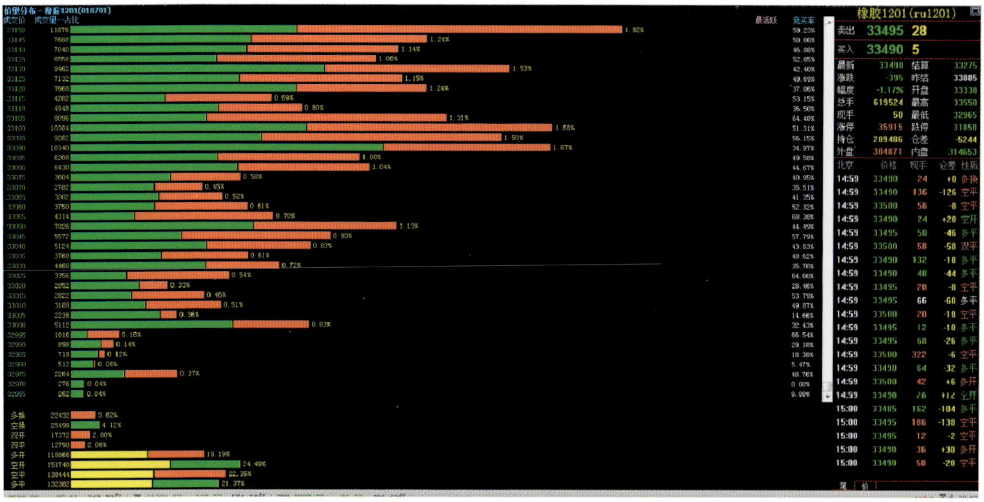

图 6-13　橡胶 1201 价量分布图

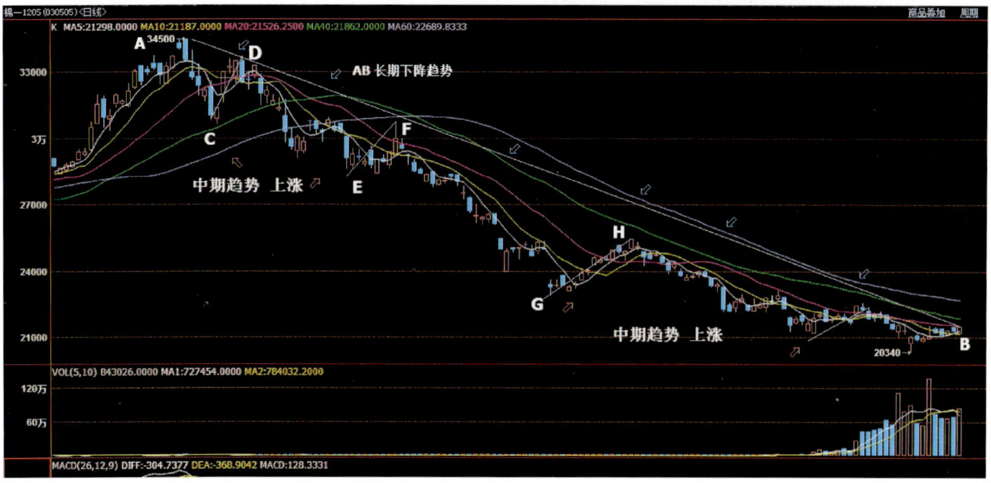

图 6-17　棉花价格长期下跌趋势图

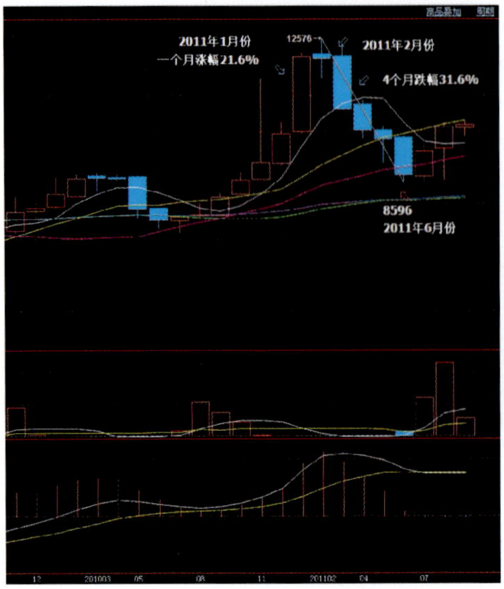

图 7-4　PTA 月 K 线图

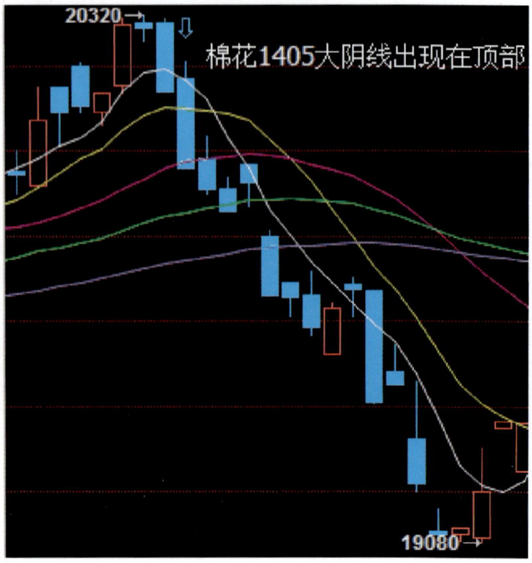

图 7-6　大阴线出现在顶部区域

图 7-7　大阴线出现在下跌途中

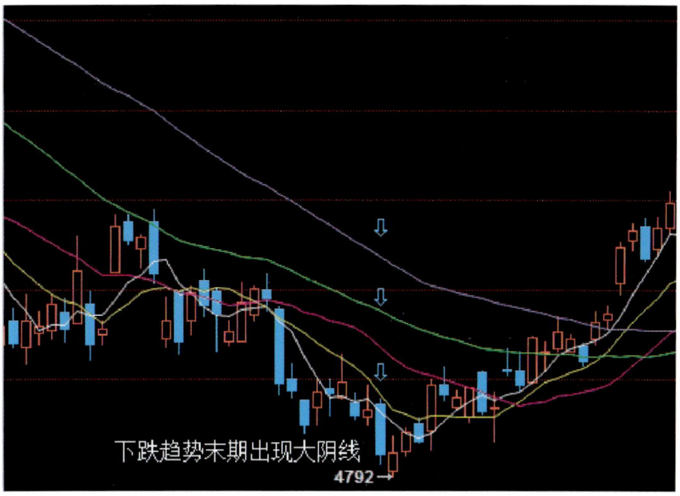

图 7-8　大阴线出现在下跌末期

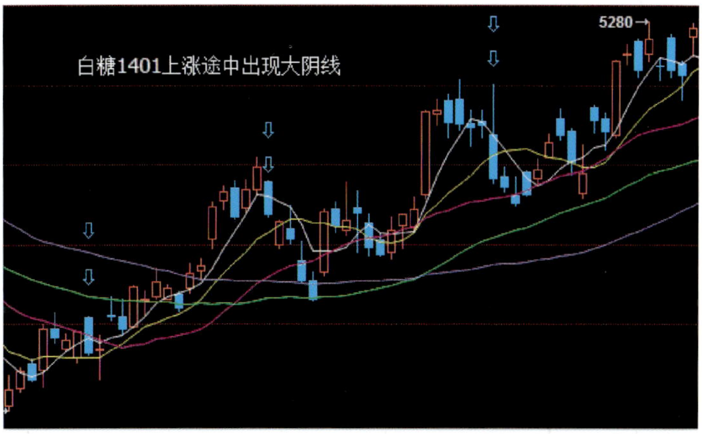

图 7-9　大阴线出现在上涨途中

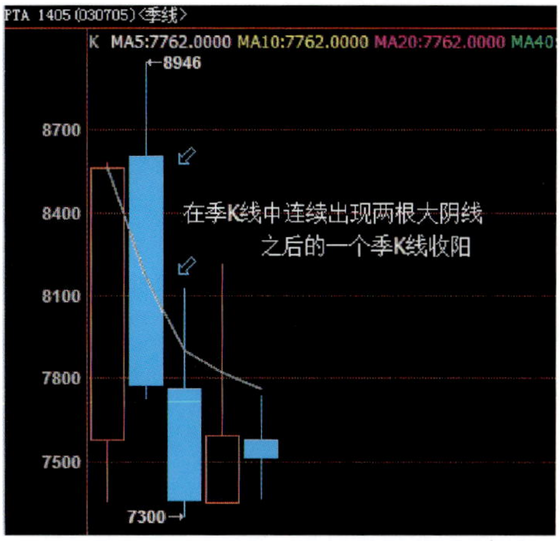

图 7-10　大阴线出现在季 K 线图中

图 7-13　美黄豆期货纺锤线

图 7-16　橡胶 1201 合约射击之星

图 7-17　美原油射击之星

图 7-21　橡胶 1201 锤头线

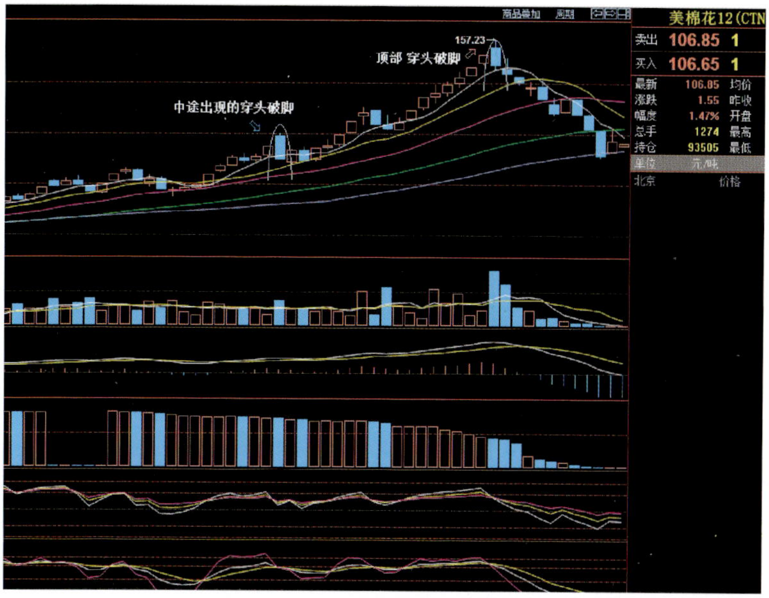

图 7-32　美棉花上涨中期的穿头破脚

图 7-41　郑州大豆 1205 黄昏之星

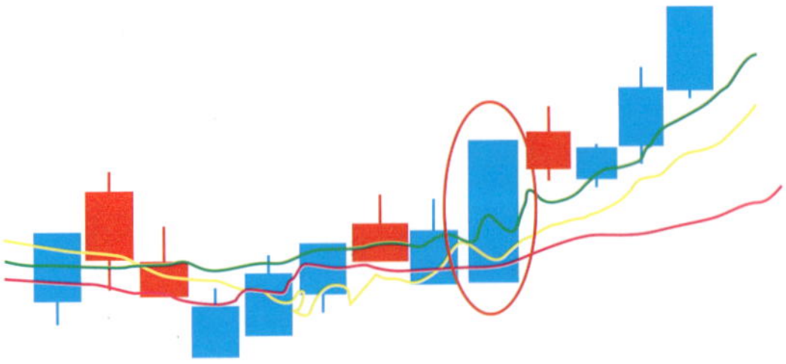

图 7-42　出水芙蓉

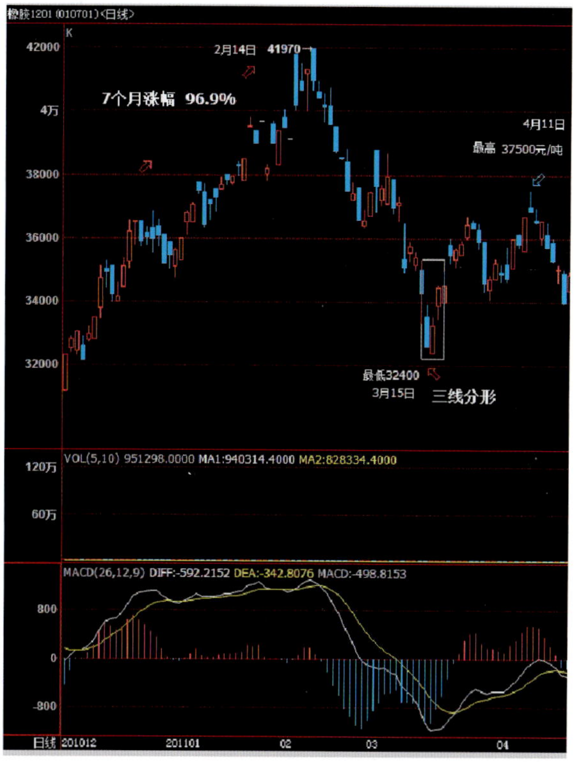

图 7-45　橡胶 1201 底部三线分形

图 7-46　伦铝顶部三线分形

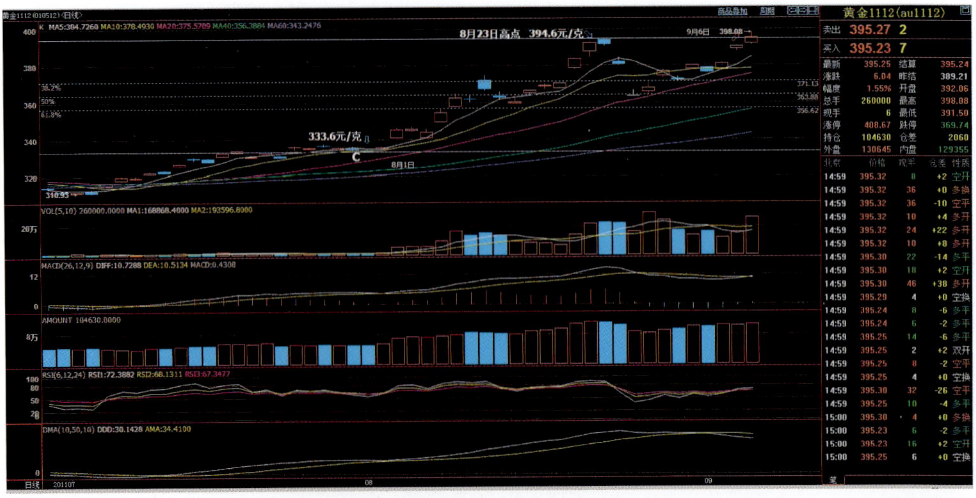

图 7-88　沪黄金价格回调

图 7-95　橡胶多头排列

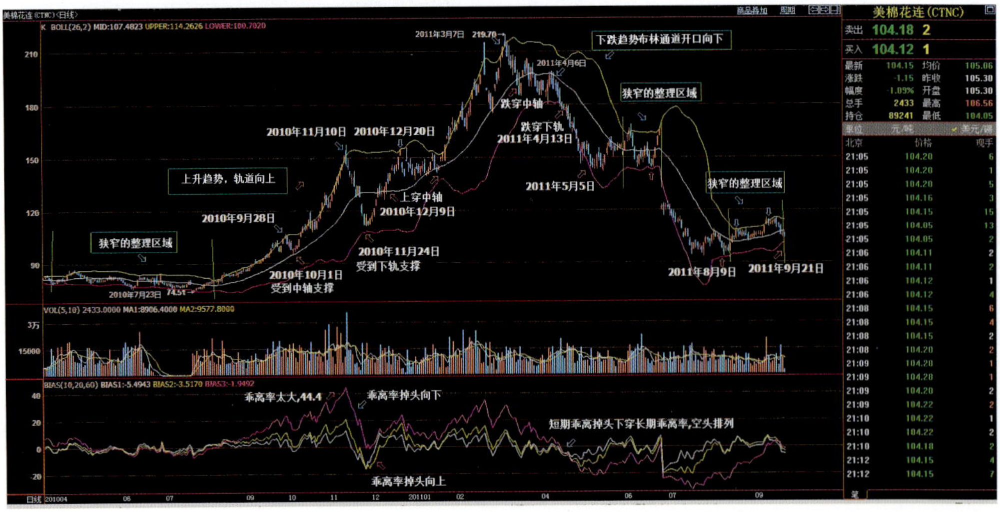

图 7-113　美棉花 BOLL 通道图

高等教育经济管理系列精品教材

新编期货交易理论与实务

（第 2 版）

主　编　王淑英
副主编　宋光辉　王　虓　蒋　晶
主　审　韩复龄

北京交通大学出版社
·北京·

内 容 简 介

本书共分为10章，包括：期货交易概述、期货市场、期货交易流程与交易制度、套期保值、期货交易基本分析法、期货交易技术面分析理论、期货交易技术面分析法、期货投机交易、期货套利交易、期权等。在附录中有各章练习题的参考答案。本书的主要特点是结构完整、内容全面、深入浅出、案例多，具有很强的应用性和可操作性。

本书可作为普通高等院校金融、投资、外贸、管理、财会等专业的教学用书，也可作为大专、远程、函授及期货经纪、期货交易人员的培训用书，也适合作为广大期货投资者入门的自学教材。

图书在版编目（CIP）数据

新编期货交易理论与实务 / 王淑英主编. —2版. —北京：北京交通大学出版社，2022. 4
ISBN 978-7-5121-4267-1

Ⅰ. ①新…　Ⅱ. ①王…　Ⅲ. ①期货交易-高等学校-教材　Ⅳ. ①F830. 93

中国版本图书馆CIP数据核字（2020）第121875号

新编期货交易理论与实务
XINBIAN QIHUO JIAOYI LILUN YU SHIWU

责任编辑：田秀青
出版发行：北京交通大学出版社　　电话：010-51686414
　　　　　北京市海淀区高梁桥斜街44号　　邮编：100044
印 刷 者：北京时代华都印刷有限公司
经　　销：全国新华书店
开　　本：185 mm×260 mm　印张：17　字数：448千字　彩插：0. 5印张
版　　次：2014年4月第1版　2022年4月第2版　2022年4月第1次印刷
印　　数：1～1 500册　定价：49. 00元

本书如有质量问题，请向北京交通大学出版社质监组反映。对您的意见和批评，我们表示欢迎和感谢。
投诉电话：010-51686043，51686008；传真：010-62225406；E-mail：press@bjtu. edu. cn。

前　　言

本书是为高等院校金融、贸易、投资、经济、财会、管理等专业的本科、专科学生学习期货投资类课程而编写的教材，也可作为期货从业人员的自学、培训用书，更适合作为广大期货投资者入门的自学教材。所以，本书是教师首选教材，也是学生、期货交易者、套期保值者及期货从业人员系统学习期货知识的重要参考书。

本书是笔者积累近 20 年期货实盘交易经验和期货教学经验的倾力之作，是密切联系期货交易实践，结合学生特点而编写的。本书通过大量的案例分析，使读者能切实掌握实用的交易方法、手段，并真切体会到内容的实用性及期货投资的魅力所在。本书不仅拓展了学生的知识广度和深度，而且为学生就业、投资提供了新的选择。本书在编写时，既考虑到教师教学的需要及学生参加期货从业人员资格考试的需要，又照顾到业务培训及投资者的交易需求，能够将理论与实践紧密结合。本书的大部分案例由多年进行期货实盘交易的王虓先生采集处理，进行分析，并请中央财经大学教授、金融证券研究所所长韩复龄博士亲自审阅把关。

本书深入浅出，详略得当，内容体系和基本概念参照了期货从业人员资格考试辅导教材、中国期货业协会主编的《期货市场教程》。每章的练习题基本上都是从期货从业人员资格考试真题中选取的，并配以答案。另外，本书期货投机模拟交易指导及套利交易的一些新内容，对如何制订期货交易计划、如何止盈与止损、如何进行资金管理、如何判断趋势及把握进出场时机、如何进行无风险套利等交易中涉及的很多重要问题，结合实际进行了分析解答，并给出了投机交易计划模板。这些新的内容方便了教师教学及指导学生模拟交易时使用，使本教材成为教学者、学习者、交易者的便利工具。

本书由北京科技大学王淑英副教授（编写第二、四、八、九章和附录 A）担任主编，广东工贸职业技术学院蒋晶老师（编写第一、三章）、武汉理工大学王虓（编写第五、六、七章）、华南理工大学宋光辉教授（编写第十章）担任副主编。

在本书的编写过程中，通过各大期货交易所和期货公司的网站查找了大量宝贵资料，在此一并表示诚挚的感谢。

本书凝聚了编者多年的精力和心血，虽然力求完美，但由于时间和水平所限，书中难免有疏漏之处，恳请读者们批评指正，我们将非常感谢！

王淑英

2022 年 2 月

前言

目　　录

第一章　期货交易概述 ………………………………………………………… (1)

第一节　期货交易的特征与功能 ………………………………………… (1)
第二节　期货合约与期货上市品种 ……………………………………… (6)
练习题 ……………………………………………………………………… (15)
阅读资料 …………………………………………………………………… (18)

第二章　期货市场 ……………………………………………………………… (20)

第一节　期货市场的组织结构 …………………………………………… (20)
第二节　国内外主要的期货交易所 ……………………………………… (26)
练习题 ……………………………………………………………………… (28)

第三章　期货交易流程与交易制度 …………………………………………… (31)

第一节　期货交易流程 …………………………………………………… (31)
第二节　期货交易制度 …………………………………………………… (37)
练习题 ……………………………………………………………………… (40)

第四章　套期保值 ……………………………………………………………… (42)

第一节　套期保值概述 …………………………………………………… (42)
第二节　套期保值的因素 ………………………………………………… (46)
第三节　基差与套期保值 ………………………………………………… (49)
练习题 ……………………………………………………………………… (52)

第五章　期货交易基本分析法 ………………………………………………… (54)

第一节　基本分析法的内容 ……………………………………………… (54)
第二节　基本分析常用方法 ……………………………………………… (60)
练习题 ……………………………………………………………………… (63)
阅读资料 …………………………………………………………………… (64)

第六章　期货交易技术面分析理论 …………………………………………… (69)

第一节　技术面分析概述 ………………………………………………… (69)
第二节　技术面分析的主要理论与应用 ………………………………… (80)
练习题 ……………………………………………………………………… (99)

第七章　期货交易技术面分析法 ………………………………………………… (101)

第一节　K 线分析方法与应用 ………………………………………………… (101)
第二节　形态分析方法与应用 ………………………………………………… (128)
第三节　趋势分析方法与应用 ………………………………………………… (154)
第四节　指标分析方法与应用 ………………………………………………… (158)
练习题 …………………………………………………………………………… (177)

第八章　期货投机交易 ………………………………………………………… (182)

第一节　期货投机交易概述 …………………………………………………… (182)
第二节　期货交易计划制订 …………………………………………………… (187)
第三节　期货投机方法 ………………………………………………………… (192)
第四节　期货投机模拟交易指导 ……………………………………………… (195)
练习题 …………………………………………………………………………… (210)

第九章　期货套利交易 ………………………………………………………… (211)

第一节　套利交易概述 ………………………………………………………… (211)
第二节　套利交易的原则与方法 ……………………………………………… (218)
练习题 …………………………………………………………………………… (230)

第十章　期权 …………………………………………………………………… (236)

第一节　期权的概念与期权合约要素 ………………………………………… (236)
第二节　期权交易流程 ………………………………………………………… (240)
第三节　期权交易的策略 ……………………………………………………… (241)
练习题 …………………………………………………………………………… (248)

附录 A　各章练习题参考答案 ………………………………………………… (250)

参考文献 ………………………………………………………………………… (264)

第一章

期货交易概述

本章主要内容

期货和期货交易的概念、期货合约的概念与分类，期货合约的上市条件，期货交易的特征与期货的功能等。

本章重点

掌握期货交易的特征，期货合约的概念、期货的功能。

第一节　期货交易的特征与功能

一、期货交易的概念

期货是指交易双方共同约定在未来的某一时期交收的实货，因此称为“期货”。期货交易是指交易双方在期货交易所买卖期货标准化合约的交易行为。

期货交易的对象是期货合约。期货合约是指由期货交易所统一制定的，规定在将来某一特定的时间和地点交割一定数量标的物的标准化合约。

期货交易是在现货交易基础上发展起来的，在期货交易所内交易标准化期货合约的一种新型交易方式，遵从“公开、公平、公正”的原则。期货交易是贸易形式发展的自然结果。从总体上讲，贸易活动大体上可分为现货贸易和期货贸易两大类。

现货交易是一手交钱一手交货的商品货币交换。现货交易既包括物物交换、即期交易（钱货两清），还包括现货远期交易。现货即期交易是一种主要的交易方式，一手交钱、一手交货，钱货两清，看似没有任何风险，但是一旦遇到大的自然灾害或突发事件，生产者就可能面临原材料短缺、价格暴涨的风险；另外，遇到特大丰收或经济不景气时，产品供大于求，粮农、生产者就会面临产品卖不出去或者价格暴跌的风险。所以便产生了现货远期交易。

一般来讲，现货远期交易要签订现货合同。现货合同作为一种协议，明确规定了交易双方的权利与义务，包括双方交易商品的品质、数量、价格和交货日期等。买卖双方签约后，必须严格执行合同内容，在合同期内，如果市场行情朝着不利于交易的某一方发展时也不能违约。但是，如果交易的一方因缺乏资金或发生意外事件，则难以避免出现违约的情况。因此，由于现货远期交易仍存在违约风险，便产生了一种新的交易方式——期货交易。

期货交易是一种高度组织化的交易方式，对交易对象、交易时间、交易空间等方面都有较为严格的限定。

期货交易的对象不是具体的实物商品，而是一纸统一的“标准合同”，即期货合约。在交易成交后，并没有真正移交商品的所有权。在合同期内，交易的任何一方都可以随时转让合同，不需要征得其他人的同意。履约可以采取实物交割的方式，也可以采取对冲期货合约的方式。期货交易的最终目的并不是商品所有权的转移，不同于现货市场的实买实卖。在期货市场，参与期货交易者，一部分人想投机获利（期货投机或套利交易者），另一部分人则想回避价格风险（套期保值者）。

二、期货交易的特征

期货交易具有以下特征。

1. 合约标准化

期货交易是通过买卖期货合约进行的，而期货合约是标准化的，如一号棉花期货合约（见表1-1）。期货合约标准化指的是除价格外，期货合约的所有条款都是预先由期货交易所规定好的，具有标准化的特点。期货合约标准化给期货交易带来极大便利，交易双方不需要对交易的具体条款进行协商，节约交易时间，减少交易纠纷。

表1-1 一号棉花期货合约

交易单位	5吨/手（公定重量）
报价单位	元（人民币）/吨
最小变动价位	5元/吨
每日价格最大波动限制	上一交易日结算价±4%及《郑州商品交易所期货交易风险控制管理办法》相关规定
合约交割月份	1、3、5、7、9、11月
交易时间	星期一至星期五（法定节假日除外） 上午：9:00—11:30　　下午：1:30—3:00
最后交易日	合约交割月份的第10个交易日
最后交割日	合约交割月份的第12个交易日
交割品级	基准交割品：符合GB 1103.1—2012《棉花　第1部分：锯齿加工细绒棉》规定的3128B级，且长度整齐度为U3档，断裂比强度为S3档，轧工质量为P2档的国产棉花，替代品详见交易所交割细则，替代品升贴水由交易所另行制定并公告
交割地点	交易所指定棉花交割仓库
最低交易保证金	合约价值的5%
交割方式	实物交割
交割代码	CF
上市交易所	郑州商品交易所

（资料来源：郑州商品交易所）

2. 交易集中化

期货交易必须在期货交易所内进行。期货交易所实行会员制，只有会员方能进场交易。广大客户若想参与期货交易，只能委托期货经纪公司代理交易。所以，期货市场是一个高度组织化的市场，并且实行严格的管理制度，期货交易最终在期货交易所内集中完成。

3. 双向交易与对冲机制

双向交易，是指期货交易者既可以买入期货合约作为期货交易的开端（称为买入开仓），也可以卖出期货合约作为交易的开端（称为卖出开仓），也就是通常所说的“买空卖空”。与双向交易的特点相联系的还有对冲机制，在期货交易中大多数交易者并不是通过合约到期时进行实物交割来履行合约，而是通过与开仓时的交易方向相反的交易来解除履约责任：买入开仓后，可以通过卖出相同合约的方式解除履约责任；卖出开仓后，可以通过买入相同合约的方式解除履约责任。在期货市场上，投机者有双重的获利机会，期货价格上升时，可以低买高卖来获利，价格下降时，可以通过高卖低买来获利，并且投机者可以通过对冲机制免除进行实物交割的麻烦。

[**例 1**] 从图 1-1 可以看出，棉花期货 1201 合约全天在一个区间内上下震荡，适合做短线交易，上涨时买入做多，下跌时卖出做空，快进快出，称为“抢帽子”。在这一天里，有机会做四次短线交易。

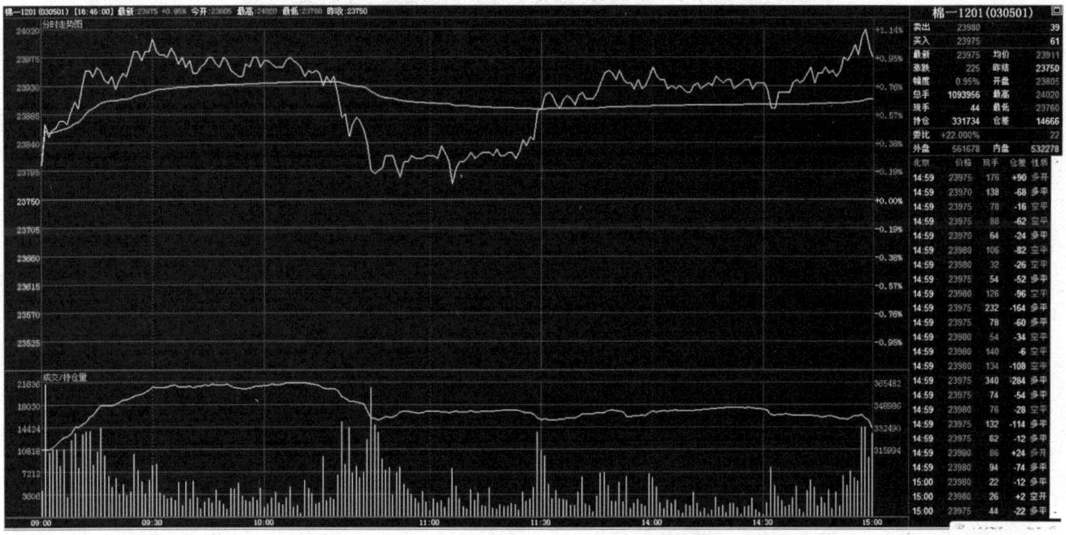

图 1-1 棉花期货 1201 合约分时图

第一次是 9：00 刚开盘时做多，在 23 800 买入棉花期货 1201 合约开仓，到 9：30，在 24 000 附近卖出平仓。1 吨盈利：24 000－23 800＝200（元）；1 手为 5 吨共盈利：200×5＝1 000（元）。

第二次是 9：30 开始下跌，在 24 000 卖出棉花期货 1201 合约开仓，11：00 跌到 23 800 附近，买入平仓。1 吨盈利：24 000－23 800＝200（元）；1 手盈利：200×5＝1 000（元）。

第三次，11：00 掉头向上时，在 23 800 买入棉花期货 1201 合约开仓，14：00 到 23 950 附近卖出平仓。1 吨盈利：23 950－23 800＝150（元）；1 手盈利：150×5＝750（元）。

第四次，下午横盘半个小时，从 14:30 开始再次上涨，在 23 900 附近买入棉花期货

1201 合约开仓，到 24 000 卖出平仓。1 吨盈利：24 000−23 900＝100（元）；1 手盈利：100×5＝500（元）；全天共计盈利：1 000+1 000+750+500＝3 250（元）。

而做一手棉花只占用保证金 8 400 元：24 000×5×7%＝8 400（元），即用 8 400 元做了 120 000 元的交易，资金放大 14 倍，但做了四次交易，实际上资金被放大 56 倍：8 400×14×4＝470 400（元），相当于用 8 400 元做了 47 万元的交易。

双向交易和对冲机制是期货交易的魅力之一。由于期货交易是双向交易，无论涨跌，只要做对方向，每一天都有很多机会盈利。

4. 保证金制度（杠杆机制）

期货交易具有高信用的特征，这种高信用特征集中表现为期货交易的保证金制度。期货交易者在进行期货交易时，只需缴纳少量的保证金，一般为成交合约价值的 5%～10%，就能完成数倍乃至数十倍的合约交易。期货交易具有的以少量资金就可以进行较大价值额投资的特点，称为“杠杆机制”。

［**例 2**］2 月 6 日橡胶期货 1405 合约最高价达到 27 040 元/吨，之后一路下跌，到 4 月 18 日最低跌到 18 040 元/吨（如图 1−2 所示）。

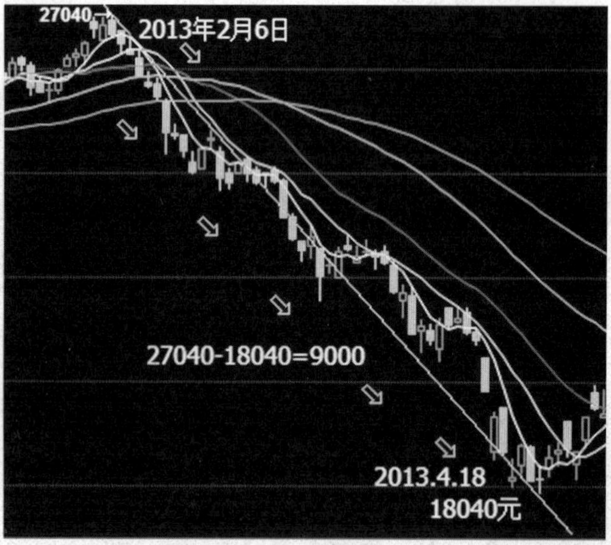

图 1−2　橡胶期货 1405 合约 K 线图

假设在 2 月 6 日以 27 040 的价格卖出 1 手橡胶期货 1405 合约（一手 10 吨）开仓（按 10% 保证金比例，仅需要约 2.7 万元资金），到 4 月 18 日在 18 040 买进 1 手橡胶期货 1405 合约平仓了结，则两个多月盈利 9 万元（9 000 元/吨×10 吨＝90 000 元）。

1 手合约价值为 27 000 元×10 吨＝270 000 元，由于期货实行保证金制度，所以做 1 手橡胶只需投入合约价值 5% 的保证金，但实际上各期货公司会要求保证金高于 5%，假定保证金按照 10% 计算，做 1 手橡胶实际只需投入资金 2.7 万元（270 000 元×10%＝27 000 元），资金放大了 10 倍。仅用 2.7 万元资金，两个月盈利两倍多。

期货保证金制可以小博大，这就是杠杆原理。也是期货的巨大魅力之一。除此之外，还有 T+0 交易制度，可以使资金再次放大。

5. 每日无负债结算制度（逐日盯市制度）

每日无负债结算制度是指每日交易结束后，交易所对交易者当日的盈亏状况进行结算，在不同交易者之间根据盈亏进行资金划转。当交易者亏损严重，保证金账户的资金不足时，即当每日结算后交易者账户的保证金低于期货交易所规定的交易保证金水平时，要求交易者必须在下一日开市前追加保证金，以做到“每日无负债”。如果客户不能按时追加保证金，期货经纪公司应将该交易者的部分或全部持仓进行强行平仓，直至保证金余额能够维持其剩余头寸。

三、期货的功能

（一）风险转移功能

商品生产者和经营者在生产和经营过程中，会遇到各种各样的风险，其中最为直接的是价格波动的风险。价格无论向哪个方向变动，都可能会给一部分商品生产者或经营者造成损失，因此，产品能否以预期价格出售，原材料能否以预期价格购进，经常困扰生产者、经营者。

如果大豆获得丰收，结果大豆充斥市场而供过于求，价格下跌。这时，农民因为丰收，不得不低价卖大豆，收入可能反而下降。如果大豆歉收，市场上没有足够的大豆满足需求，致使价格上涨。这时，用豆粕饲养生猪的农民只能购买高价豆粕，饲养成本大大提高。大部分农民希望能以合理的价格卖出他们的产品并获得足够的利润。他们希望通过交易转移他们的价格风险，获得一定程度的安全保障。在哪里可以转移价格风险呢？答案就是期货市场。通过在期货市场上进行套期保值就可以按预期的价格出售商品，也可以以较低的心理价位购进原材料，这就是期货风险转移的功能。

（二）价格发现功能

自期货市场产生以来，发现价格的功能逐渐成为期货市场的重要经济功能。所谓发现价格功能，是指在一个公开、公平、高效、竞争的期货市场中，通过期货交易形成的期货价格，具有真实性、预期性、连续性和权威性的特点，能够比较真实地反映出未来商品价格变动的趋势。

在市场经济中，生产经营者根据市场提供的价格信号做出经营决策。价格信号的真实、准确程度，直接影响到他们经营决策的正确性，进而影响经营效益。

在期货市场产生以前，生产经营者主要是依据现货市场上的商品价格进行决策，根据现货价格的变动来调整自身的经营方向和经营方式等。由于现货交易多是分散的，生产经营者不易及时收集到所需要的价格信息，即使收集到现货市场反馈的信息，这些信息也是零散和片面的，其准确、真实程度较低，对于未来供求关系变动的预测能力也比较差。当用现货市场的价格指导经营决策时，现货价格的滞后性往往会造成决策的失误。

期货市场之所以具有发现价格功能，主要是因为期货价格的形成有以下特点。

1. 期货交易的透明度高

交易指令在高度组织化的期货交易所内撮合成交，所有期货合约的买卖都必须在期货交易所内公开竞价进行，不允许进行场外交易。交易所内自由报价、公开竞争，避免了一对一的现货交易中容易产生的欺诈和垄断。

2. 供求集中，市场流动性强

期货交易的参与者众多，如商品生产商、销售商、加工商、进出口商及数量众多的投机者等。这些套期保值者和投机者聚集在一起竞争，期货合约的市场流动性大大增强，这就克服了现货交易缺乏市场流动性的局限，有助于价格的形成。

3. 信息质量高

期货价格的形成过程是收集信息、输入信息、产生价格的连续过程，信息的质量决定了期货价格的真实性。由于期货交易参与者大多熟悉某种商品行情，有丰富的经营知识和广泛的信息渠道及一套科学的分析、预测方法，他们把各自的信息、经验和方法带到市场来，结合自己的生产成本、预期利润，对商品供需和价格走势进行判断、分析、预测，报出自己的理想价格，与众多对手竞争。这样形成的期货价格实际上反映了大多数人的预测，具有权威性，能够比较真实地反映供求变动趋势。

4. 价格报告的公开性

期货交易所的价格报告制度规定，所有在交易所达成的每一笔新交易的价格，都要向会员及其场内出市代表及时报告并公之于众。通过现代化的传播媒介，交易者能够及时了解期货市场的交易情况和价格变化，及时对价格的走势做出判断，并进一步调整自己的交易行为。这种价格预期的不断调整，最后反映到期货价格中，进一步提高了期货价格的真实性。

5. 期货价格的预期性

期货合约是一种远期合约，期货合约包含的远期成本和远期因素必然会通过期货价格反映出来，即期货价格反映出众多的买方和卖方对于未来价格的预期。

6. 期货价格的连续性

期货价格是不断反映供求关系及其变化趋势的一种价格信号。期货合约的买卖转手相当频繁，这样连续形成的价格能够连续不断地反映市场的供求情况及变化。

由于期货价格的形成具有上述特点，所以，期货价格能比较准确、全面地反映真实的供给和需求的情况及其变化趋势，对生产经营者有较强的指导作用。世界上很多生产经营者根据期货价格的变化来决定商品的生产规模；在贸易谈判中，大宗商品的成交价格往往是以期货价为依据来确定的。

第二节　期货合约与期货上市品种

一、期货合约与期货上市品种的概念

期货合约是指由期货交易所统一制定的、规定在将来某一特定的时间和地点交割一定数量和质量商品的标准化合约。

期货上市品种是指期货合约交易的标的物。如前面介绍的棉花期货合约，其交易的标的物是期货上市品种棉花（CF）。

二、期货合约的标准化条款

期货合约是在现货合同和现货远期合约的基础上发展起来的，但它们最本质的区别在于期货合约条款的标准化。期货合约除价格以外，条款都已标准化，期货价格通过在交易所内

以公开竞价方式产生。合约标准化有利于期货合约的连续买卖，具有很强的市场流动性，简化了交易过程，降低了交易成本，提高了交易效率。

期货合约的标准化条款主要包括以下方面。

1. 合约名称

合约名称即合约的品种名称，例如，普通小麦期货合约，合约的品种名称为普通小麦。

2. 交易单位

交易单位，是指在期货交易所交易的每手期货合约代表的标的商品的数量。在交易时，只能以交易单位的整数倍进行买卖。例如，大连商品交易所规定大豆期货合约的交易单位为10吨/手，即买卖大豆期货合约，交易数量至少为10吨（1手），这是最小的交易单位。在期货市场，不可以买入5吨或卖出18吨大豆。

3. 报价单位

报价单位，是指在公开竞价过程中对期货合约报价所使用的单位，即每计量单位的货币价格。例如，国内阴极铜期货合约的报价单位以“元（人民币）/吨”表示，国内黄金期货合约的报价单位以“元（人民币）/克”表示。

4. 最小变动价位和最小变动值

（1）最小变动价位

最小变动价位是指在期货交易所的公开竞价过程中，对合约标的每单位价格报价的最小变动数值。例如，黄金最小变动价位为0.05元/克。

（2）最小变动值

最小变动值=最小变动价位×交易单位，每次报价必须是其合约规定的最小变动价位的整数倍。

5. 涨跌停板制度（每日价格最大波动限制）

涨跌停板制度，是指期货合约在一个交易日中的交易价格波动不得高于或者低于规定的涨跌幅度，超过该涨跌幅度的报价将被视为无效，不能成交。

涨跌停板制度一般是以合约上一交易日的结算价为基准确定的（一般有百分比和固定数量两种形式）。涨跌停板的确定，主要取决于该种商品现货市场价格波动的频繁程度和波幅的大小，若价格波动频繁、剧烈，每日停板额就应设置得大些。

6. 合约交割月份

合约交割月份，是指某种期货合约到期交割的月份。期货合约的交割月份由期货交易所规定，每种商品有不同月份的合约，每个合约会标示月份。例如，阴极铜合约交割月份为1—12月，即铜每年有12个交割月份。

7. 交易时间

每周交易时间为5天，周六、周日及国家法定节、假日休息。一般每个交易日分为两盘，上午9:00—11:30，下午13:30—15:00，黄金和白银期货增加了夜场交易，交易时间为21:00至次日2:30。

8. 最后交易日

最后交易日，是指期货合约停止买卖的最后截止日期。

9. 交割日期

交割日期，是指合约标的物所有权进行转移，以实物交割方式了结未平仓合约的时间。

10. 交割等级

交割等级，是指由期货交易所统一规定的、准许在交易所上市交易的合约标的物的质量等级。在交易中，允许用与标准品有一定等级差别的商品作替代交割品，并进行价格升贴水（升水和贴水）。交货人用期货交易所认可的替代品代替标准品进行实物交割时，收货人不能拒收。

11. 交割地点

交割地点，是指由期货交易所统一规定的，进行实物交割的指定交割仓库。

12. 交割方式

商品期货的交割方式是实物交割，金融期货的交割方式是现金交割。

13. 交易代码

交易代码见表 1-2（部分商品）。

表 1-2 我国商品期货上市品种的合约交易代码表

品种	交易代码	品种	交易代码	品种	交易代码
黄大豆 1 号	A	铝	AL	强筋小麦	QM
黄大豆 2 号	B	黄金	AU	菜籽粕	RM
玉米	C	白银	AG	早籼稻	RI
豆粕	M	阴极铜	CU	白糖	SR
焦炭	J	铅	PB	普通小麦	PM
燃料油	FU	动力煤	TC	油菜籽	RS
豆油	Y	天然橡胶	RU	棉花	CF
棕榈油	P	石油沥青	BU	PTA	TA
塑料（线型低密度聚乙烯）	L	线材	WR	平板玻璃	FG
铁矿石	I	菜籽油	OI	甲醇	ME
聚氯乙烯（PVC）	V	锌	ZN	鲜鸡蛋	JD
焦煤	JM	螺纹钢	RB		

14. 交易保证金

交易保证金，是指会员或客户在其专用结算账户中已被占用的，确保其持仓合约履行的资金，一般是以合约价值的一定百分比来表示。例如，铅交易保证金为合约价值的 8%。

15. 上市交易所名称

需注明该合约的上市交易所名称。例如，铅上市交易所名称为上海期货交易所。

三、期货合约上市的条件

期货合约上市的条件有以下方面。

1. 价格波动大

只有当商品的价格波动大，风险很大时，才会有避险的需求。那些想回避价格风险的交易者，才需要利用期货来回避价格风险或锁定成本。而有些商品的价格基本不变或变化不大，风险很小，商品经营者就没有避险的需求。

2. 供需量大

期货市场功能的发挥是以商品供需双方广泛参加交易为前提的，只有现货供需量大的商品才能在大范围内进行充分竞争，形成权威价格。

3. 易于分级和标准化

期货合约事先规定了交割商品的质量标准，因此，期货品种必须是质量稳定的商品，否则，就难以进行标准化。

4. 易于储存、运输

商品期货一般都是远期交割的商品，这就要求这些商品易于储存、不易变质、便于运输，保证期货实物交割的顺利进行。

5. 买卖者众多

众多的购买者在想要购买某种商品的期货合约时，总有人愿意卖出；出售者在卖出合约时，总有人愿意买入。

四、期货合约的分类

期货合约主要分为两大类：商品期货合约和金融期货合约，另外还有一些期货新品种。

（一）商品期货合约

商品期货合约是指标的物为实物商品的期货合约。

商品期货合约主要包括农副产品期货合约和工业品期货合约，工业品期货合约又可分为金属期货合约、能源、化工期货合约等。如：大豆、玉米、白糖、鲜鸡蛋、橡胶、棉花、铜、铝、锌、铅、黄金、白银、塑料、甲醇、石油沥青、平板玻璃、动力煤等实物商品合约属商品期货合约。

1. 农副产品期货合约

农副产品期货合约，是指标的物为农副产品的期货合约。目前世界各大交易所共有二十几种农副产品期货合约，包括玉米、大豆、小麦、稻谷、燕麦、大麦、黑麦、猪腩、活猪、活牛、小牛、大豆粉、大豆油、可可、咖啡、棉花、羊毛、糖、橙汁、菜籽油、苹果、红枣等，其中大豆、玉米、小麦被称为三大农产品期货合约。

芝加哥期货交易所（CBOT）是全球最大的农产品期货交易所，交易玉米、大豆、小麦、豆粕、豆油等多种农产品期货合约。20 世纪 60 年代芝加哥商业交易所（CME）推出了生猪、活牛等活牲畜的期货合约。芝加哥商业交易所的木材期货、纽约期货交易所的食糖、棉花、可可、咖啡期货都十分活跃。

我国目前有大豆、豆粕、豆油、玉米、棉花、白糖、菜籽油、小麦、早籼稻、橡胶、棕榈油、油菜籽、菜籽粕、鲜鸡蛋、苹果、红枣等农产品期货，分散在上海、大连、郑州的三个交易所里进行交易。

目前在我国郑州商品交易所上市的农产品期货品种主要有早籼稻、小麦、棉花、白糖、菜籽油、油菜籽、菜籽粕等；在大连商品交易所上市的农产品期货品种以豆类为主，有大豆、豆油、豆粕、玉米、棕榈油、鲜鸡蛋、苹果、红枣等；在上海期货交易所上市的化工农产品期货品种有橡胶期货合约。

农产品期货合约的价格变化周期，与农产品的生长周期几乎完全相同。

一般，在农产品的收获季节，价格最低，随着农产品销售数量的增加，供给逐渐减少，以及农产品储藏、保管费用的逐渐增加，农产品的价格开始上涨，直到第二年的农产品收获季节，供给增加价格下跌，从而构成一个完整的价格和生产循环周期。

农产品期货的交易者，主要是农产品的生产者、农产品的加工者和贸易商。

生产者进入期货市场，主要是对农产品的价格进行套期保值，消除价格下跌的风险。农产品的加工者，面临的风险有两种：一是原材料价格上涨的风险，二是原材料加工之后再行出售时，面临加工产品的价格下跌风险。所以加工者在期货市场上，也是套期保值者。在农产品市场，无论是加工企业还是贸易企业，面对农产品价格日益增大的波动性风险，在期货市场进行套期保值都是不可或缺的。

2. 工业品期货合约

（1）能源期货合约

能源期货合约，是指以能源产品为标的物的期货合约，包括原油、取暖油、燃料油、汽油、天然气等期货合约，其中原油期货合约最为活跃。

目前石油期货是全球最大的商品期货品种，美国纽约商业交易所和英国伦敦国际石油交易所是最主要的原油期货交易所，上市品种包括原油、取暖用油、燃料油、无铅普通汽油、丙烷等。

能源期货价格的主要特点是期货价格低于现货价格，远月期货合约的价格低于近月期货合约的价格（这一特点与其他期货品种正好相反）。原因是储存需要付出大量的储存保管费用。一般用户只购买够自己需要的数量，这样可以少付一些保管储存费。因此，往往由于需求的突然增加或供给减少，造成现货价格大于期货价格，或近期期货合约的价格大于远期期货合约的价格。另外，能源期货价格也有很强的周期性。能源生产与农产品的生产不一样，能源可以常年生产，不受季节的约束。但对能源的需求却有明显的周期性。生产用油，主要受经济活动的影响，周期性不甚明显，但在西方国家，居民冬季取暖对取暖用油的需求量很大，所以，这种对石油产品的消费周期也反映在能源的期货价格上，从每年 8 月储存原油开始，到 12 月价格上涨，而 12 月到次年 2 月，价格逐渐开始下跌，直到 8 月份。这样周而复始地发生变化。

（2）化工期货合约

化工期货合约，是指以化工产品为标的物的期货合约。我国化工期货品种上市较晚，品种较少，从 2006 年开始陆续上市，主要包括 PVC、PTA、LLDPE、天然橡胶（农业化工品）等。一般常把能源与化工类期货合并为能源化工类。

（3）金属期货合约

金属期货合约，是指以金属产品为标的物的期货合约。金属期货合约又分为有色金属和黑色金属期货合约。黑色金属期货合约，是指以黑色金属为标的物的期货合约。黑色金属期货合约主要有铁、铅、铬、锰等期货合约；有色金属期货合约，是指以有色金属为标的物的期货合约，包括除黑色金属以外的非黑色金属期货合约。有色金属期货合约又分为两大类，一是贵金属期货（黄金、白银、铂金、钯金），二是工业金属期货（铜、铝、铅、锌、镍、锡）。这两者的性质和价格特征都不一样，因而在期货交易中，常常把它们分开来。

（二）金融期货合约

金融期货合约是指以金融产品为标的物的期货合约，包括股票指数期货合约、利率期货合约、外汇期货合约等。

1. 股票指数期货合约

股票指数期货合约，是指以股票价格指数为标的物的金融期货合约。

股票价格指数是反映各种股票价格平均变动水平的一种比例数或指标。

世界主要股票价格指数有以下几种：

① 道琼斯股价指数。道琼斯股价指数是世界上最有影响的股价指数。

② 标准普尔股票价格指数。标准普尔股票价格指数是以 500 种采样股票通过加权平均综合计算得出的指数。

③ 日经指数。

④ 伦敦《金融时报》指数。

⑤ 上证综合指数。上证综合指数以 1990 年 12 月 19 日为基期，1991 年 7 月 15 日开始公布。上证综合指数可以反映上海证券交易所股价的平均变化情况。

⑥ 沪深 300 指数。沪深 300 指数是国内沪、深两家证券交易所联合发布的反映 A 股市场整体走势的指数，从沪深两家交易所选出 300 只指数成分股。

⑦ 香港恒生指数。

2. 利率期货合约

利率期货合约，是指由交易双方签订的，约定在将来某一时间按双方事先商定的价格，交割一定数量的与利率相关的金融资产的标准化期货合约。利率期货可以回避银行利率波动所引起的证券价格变动的风险，其标的是货币市场和资本市场的各种债务凭证。所谓债务凭证，是指在信用活动中产生的用以证明债权债务关系的书面凭证。

利率期货虽然产生的时间较晚，但由于应用范围广泛及其规避利率风险的有效性，利率期货投入市场后受到了广大投资者的推崇。目前全球期货市场上的利率期货种类繁多，通常，按照合约标的的期限长短，利率期货可以分为短期利率期货和长期利率期货两大类。

（1）短期利率期货

短期利率期货又称货币市场类利率期货，即凡是以期限不超过 1 年的货币市场金融工具作为交易标的的利率期货均为短期利率期货，如短期国库券期货合约、欧洲美元期货合约、商业票据期货合约、大额可转让存单期货合约等。短期利率期货的代表品种是 3 个月期的美国短期国库券期货和 3 个月期的欧洲美元定期存款期货。

（2）长期利率期货

长期利率期货又叫资本市场类利率期货，即凡以期限超过 1 年的资本市场金融工具作为交易标的的利率期货均为长期利率期货，如各种中期国债期货合约、长期国债期货合约等。在长期利率期货中，最有代表性的是美国长期国债期货和 10 年期美国中期国债期货。

目前几乎所有重要的、交易活跃的利率期货都集中在芝加哥期货交易所和芝加哥商业交易所（国际货币市场分部）。这两个交易所分别以长期利率期货和短期利率期货为主。

2013 年 9 月 6 日，我国的国债期货合约正式在中国金融期货交易所上市交易。

3. 外汇期货合约

外汇，是指外币或以外币表示的用于国际间债权债务结算的各种支付手段，是国际汇兑的简称。外汇的概念有动态和静态之分。

汇率即外汇的价格，简单地说，就是两种不同货币之间的比价。由于国际间进行贸易与非贸易往来，各国之间需要办理国际结算，所以一个国家的货币对其他国家的货币，都规定有一个汇率，但其中最重要的是对美元等少数国家货币的汇率。

外汇期货合约，是指以外汇为标的物的金融期货合约。外汇期货合约由交易所制订，以外汇作为交割内容，它是货币远期兑换的标准化合约，也叫货币期货合约。合约对交易品种、合约金额、交易时间、交割月份、交割方式和交割地点等内容均有统一的规定。外汇期货合约主要包括以下几个方面的内容。

（1）外汇期货合约的交易单位

每一份外汇期货合约都由交易所规定标准交易单位。国际货币市场主要经营七种外币期货，这七种外币的期货合约中对交易单位的规定不完全相同，例如，欧元期货合约的交易单位是每份合约 125 000 欧元。

（2）最小价格波动幅度及每日价格波动限制

国际货币市场对每一种外汇期货报价的最小波动幅度都作了规定，在交易所内，经纪人的出价或叫价只能是最小波动幅度的倍数。每日价格波动限制，是期货合约在一天之内比前一交易日的结算价格高出或低过的最大波动幅度，一旦报价超过限制，则成交无效。

（3）通用代号

在具体操作中，交易所和期货经纪商以及期货行情表，都用代号来表示外汇期货，见表 1-3。

表 1-3　外汇期货的通用代号

币种	英镑	加元	欧元	日元	墨西哥比索	瑞士法郎	澳大利亚元
代号	BP	CD	EU	JY	MP	SF	AU

（三）其他期货品种

1. 保险期货

1985 年芝加哥贸易学院推出了世界上第一种巨灾风险期货。1992 年芝加哥交易所（CBOT）推出保险期货品种，包括东部灾难保险期货、中西部灾难保险期货、全国灾难保险期货和西部灾难保险期货，以使保险公司可以对保险风险进行套期保值，投资者从保险风险中获利，这标志着新一代保险衍生品的诞生。

2. 经济指数期货

芝加哥商业交易所（CME）推出了 GoldmanSachs 商品指数（GSCI），芝加哥期货交易所（CBOT）推出了道琼斯 AIG 商品指数（DJ-AIG），纽约期货交易所（NYBOT）推出了 S&P 商品指数（SPCI）。现在芝加哥期货交易所是推出经济指数期货最多的期货交易所，目前其上市交易的合约有农业指数期货、作物产量期货、全球商品指数期货、建筑用面板指数期货、通胀指数期货、船运价格指数期货等。

3. 温度指数期货

农作物的生长与温度关系密切，如高温对玉米的授粉和灌浆不利，在授粉和灌浆期，超过 32℃的高温就会对玉米产量产生不利影响，如果超过 35℃，每增加 1 天，玉米亩产就会减少 6. 35 kg。通过温度指数期货，农业企业可以有效规避玉米授粉及灌浆期的高温风险。

目前，从全球范围来看，温度指数期货中使用的温度指数主要包括两类：月平均温度指数和月制热/制冷指数，这两类指数的计算基础均是日平均温度。

【案例 1】某农业企业种植玉米 10 万亩（6 667 hm^2），为规避授粉及灌浆期高温风险，在 56. 20 的点位买入温度指数期货合约 400 手。结果，2010 年在玉米授粉及灌浆期果然出现了高温天气，该企业种植的玉米亩产减少 3.5 kg，玉米价格为 1.3 元/kg，共损失 455 000 元。在期货市场上，温度指数也有所上涨，该企业于 57.30 的点位将持有的多头期货合约平仓，共获利 440 000 元（温度指数期货合约乘数为 1 000），基本上可以弥补玉米现货的损失。

夏季电力消耗量与温度有密切的关系，若夏季温度低，居民及企业通过空调降温的需求就会明显下降，电力消耗量也会相应减少。电力企业可以通过温度指数期货规避凉夏带来的销售量降低风险。

【案例 2】 某电力企业每年 8 月份平均电力销售量约为 2 000 万 kW·h，由于 2011 年夏季气温低于正常水平，其 8 月份电力销售量比平均水平降低了 10%，按照 0.25 元/（kW·h）的出厂价计算，约损失 50 万元，该电力企业提前在期货市场中以 51.50 的点位卖出温度指数期货合约 500 手，由于实际温度低于平均水平，因此温度指数期货也呈下跌走势，电力企业于 50.40 的点位平仓，共获利 55 万元（温度指数期货合约乘数为 1 000），完全弥补了现货市场的亏损并获利。

五、期货合约的买卖

期货交易就是买卖期货合约，期货交易的全过程可以概括为开仓、持仓、平仓或实物交割。期货交易中还涉及其他的一些概念，下面一并加以介绍。

1. 开仓

开仓，是指交易者新买入或新卖出一定数量的期货合约。例如，买入 10 手大豆期货合约，当这一笔交易是第一次买卖时，就被称为买入开仓交易；也可卖出 10 手棉花期货合约，当这一笔交易是第一次买卖时，就被称为卖出开仓交易。

买多，即看涨价格并买进期货合约，称买多。开仓时，买入期货合约后所持有的头寸叫多头头寸或多头部位，简称多头。卖空，即看跌价格并卖出期货合约，称卖空。开仓时卖出期货合约后所持有的头寸称为空头头寸或空头部位，简称空头。

头寸是指未进行对冲处理的买入或卖出的期货合约数量。

2. 持仓、持仓量、持仓限额

买入开仓后暂时先不卖出平仓，或卖出开仓后暂时不买入平仓，而是持有头寸，叫作持仓。例如，王某以 20 000 元/吨的价格买入棉花期货 1405 合约 10 手，预计明日还会上涨，可以继续持有多头头寸，称为持仓。

在期货市场上，买入或卖出一份期货合约，相当于签署了一份远期交割合同。开仓之后尚没有平仓的合约，称为未平仓合约或者头寸，也称为持仓兴趣。持仓量是指期货交易者所持有的未平仓合约的数量。持仓限额是指期货交易所对期货交易者的持仓量规定的最高数额。

3. 平仓和斩仓

交易者开仓之后可以选择两种方式了结期货合约：择机平仓或保留至最后交易日进行实物交割。

平仓，是指将买入的期货合约卖出，或将卖出的期货合约买回，即通过笔数相等、方向相反的期货交易来对冲原有的期货合约，以此了结期货交易的行为。如果交易者将这份期货合约保留到合约的最后交易日结束，他就必须通过实物交割来了结这笔期货交易。例如，王某以 19 000 元/吨的价格买入棉花期货 1405 合约 10 手开仓，上涨到 20 000 元卖出进行平仓，这样，一开一平，一个交易过程就结束了，对冲掉了，获利了结。又如，王某在 20 000 元价位卖出棉花 2014 年 5 月合约 10 手开仓，价格跌到 19 500 元时买入对冲平仓，这样，一开一平，一个交易过程就结束了，对冲掉了，获利了结。这种先买入后卖出对冲，或先卖出后买回对冲的行为，就叫平仓。

斩仓，是指当平仓时为亏损状态，即在交易中，所持头寸与价格走势相反，为防止亏损过多而采取的平仓措施。例如，李某以 4 500 元/吨的价格卖出 1 手大豆 1405 合约，但价格不跌反涨，李某以 4 600 元/吨买入斩仓，亏损 100 元/吨（不计交易手续费）。

4. 实物交割

实物交割，是指期货合约的买卖双方于合约到期时，根据交易所的规则和程序，通过期货合约标的物的所有权转移，将到期未平仓合约进行了结的行为。商品期货一般采用实物交割的方式。

5. 期货贴水、期货升水

在某一特定地点和特定时间内，某一特定商品的期货价格高于现货价格称为期货升水，反之为贴水；某一商品期货远月合约的价格高于近月合约的价格称为期货升水，反之为贴水。

6. 正向市场、反向市场

正向市场，是指在正常情况下，期货价格高于现货价格，远月合约的价格高于近月合约的价格；反向市场，是指在特殊情况下，期货价格低于现货价格，远月合约的价格低于近月合约的价格。

7. 牛市、熊市

牛市，是指处于价格上涨期间的市场；熊市，是指处于价格下跌期间的市场。

8. 成交价格

成交价格，是指交易所计算机自动撮合系统将买卖申报指令以价格优先、时间优先的原则进行排序，当买入价大于、等于卖出价自动撮合成交的价格。

9. 申买量、申卖量、成交量

申买量，是指某一期货合约当日交易所交易系统中未成交的最高价位申请买入的下单数量；申卖量，是指某一期货合约当日交易所交易系统中未成交的最低价位申请卖出的下单数量；成交量，是指某一合约在当日交易期间所有成交合约的买卖双边数量。

10. 开盘价、收盘价

开盘价，是指某一期货合约开市前五分钟内经集合竞价产生的成交价格，集合竞价未产生成交价格的，以集合竞价后第一笔成交价为开盘价；收盘价，是指某一期货合约当日交易的最后一笔成交价格。

11. 最高价、最低价、最新价、最高买价、最低卖价、结算价

最高价，是指一定时间内某一期货合约成交价中的最高成交价格；最低价，是指一定时间内某一期货合约成交价中的最低成交价格；最新价，是指某交易日某一期货合约交易期间的即时成交价格；最高买价，是指某一期货合约当日买方申请买入的即时最高价格；最低卖价，是指某一期货合约当日卖方申请卖出的即时最低价格；结算价，是指某一期货合约当日

成交价格按照成交量计算的加权平均价。

12. 新上市合约的挂盘基准价

新上市合约的挂盘基准价由交易所确定并提前公布，挂盘基准价是确定新上市合约第一天交易涨跌停板的依据。

13. 交易编码

交易编码，是指会员和客户进行期货交易的专用代码。交易编码由 12 位数字构成，前 4 位为会员号，后 8 位为客户号。

14. 浮动盈亏、当日盈亏

浮动盈亏，是指未平仓头寸按当日结算价计算的未实现盈利或亏损。

当日盈亏，是指期货合约以当日结算价计算的盈利和亏损，当日盈利划入会员结算准备金，当日亏损从会员结算准备金中扣划。

练习题

一、名词解释

交易保证金　期货合约　结算价　期货交易　浮动盈亏　当日盈亏　正向市场　反向市场

二、简述题

1. 期货合约上市的条件。
2. 期货交易的特征。
3. 简述期货的功能。

三、选择题

1. 最早产生的金融期货品种是（　　）。

A. 利率期货　B. 股指期货　C. 国债期货　D. 外汇期货

2. 目前我国大连商品交易所大豆期货合约的最小变动价位是（　　）。

A. 1 元/吨　B. 2 元/吨　C. 5 元/吨　D. 10 元/吨

3. 期货合约是指由（　　）统一制定的，规定在将来某一特定时间和地点交割一定数量和质量商品的标准化合约。

A. 中国证监会　B. 期货交易所　C. 期货行业协会　D. 期货经纪公司

4. 已经在某些交易所上市，实现了期货合约无基础现货市场的衍生品种有（　　）。

A. 股票指数期货　B. 商品指数期货　C. 天气指数　D. 自然灾害指数

5. 期货合约是在（　　）的基础上发展起来的。

A. 互换合约　B. 期权合约

C. 掉期合约　D. 现货合同和现货远期合约

6. 以下属于期货合约主要条款的有（　　）。

A. 合约名称　B. 交易单位

C. 报价单位　D. 每日价格最大波动限制

7. 期货市场交易的期货合约的标准化包括以下哪几个方面？（　　）

A. 标的物的数量　B. 交割等级及替代品升贴水标准

C. 交割地点　　D. 交割月份

8. 目前世界交易量比较大的股指期货合约有（　　）。

A. 芝加哥商业交易所 CME 的标准普尔 500 指数期货合约

B. 日经指数

C. 纽约 NYSE 指数期货合约

D. 法国 CAC40 指数

9. 交易手续费过高会造成的影响是（　　）。

A. 增加期货市场的交易成本　　B. 扩大无套利区间

C. 降低市场的交易量　　D. 不利于市场的活跃

10. 最早的金融期货品种外汇期货是（　　）推出的。

A. 1971 年　　B. 1972 年　　C. 1973 年　　D. 1974 年

11. 最早的金融期货品种外汇期货是在（　　）交易所率先推出的。

A. 芝加哥期货交易所（CBOT）　　B. 芝加哥商业交易所（CME）

C. 纽约期货交易所　　D. 纽约商业交易所

12. 以下关于我国期货市场期货品种的交易代码表述正确的有（　　）。

A. 小麦合约的交易代码为 WT　　B. 铝合约为 AL

C. 天然橡胶合约为 M　　D. 豆粕合约为 RU

13. 关于郑州商品交易所的小麦期货合约，以下表述正确的有（　　）。

A. 交易单位为 10 吨/手

B. 报价单位为元（人民币）/吨

C. 合约交割月份为每年的 1、3、5、7、9、11 月

D. 最后交易日为交割月第七个营业日

14. 目前全球最大的商品期货品种石油期货主要集中在（　　）交易。

A. 美国纽约商业交易所　　B. 英国伦敦国际石油交易所

C. 芝加哥商业交易所　　D. 芝加哥期货交易所

15. 关于大连商品交易所的豆粕期货合约，以下表述正确的有（　　）。

A. 合约交割月份为每年的 1、3、5、8、9、11 月

B. 最后交割日是最后交易日后第四个交易日（遇法定节假日顺延）

C. 交易手续费为 4 元/手

D. 最后交易日是合约月份第十个交易日

16. 下列商品中，（　　）不适合开展期货交易。

A. 西瓜　　B. 白银　　C. 电脑芯片　　D. 活牛

17. 最为活跃的利率期货主要有以下哪几种？（　　）

A. 芝加哥商业交易所（CME）的 3 个月期欧洲美元利率期货合约

B. 芝加哥期货交易所（CBOT）的长期国债期货

C. 芝加哥期货交易所（CBOT）的 10 年期国债期货合约

D. EUREX 的中期国债期货

四、判断题（对的画"√"，错的画"×"）

1. 交易单位是指在期货交易所交易的每手期货合约代表的标的商品的数量。（　　）

2. 期货交易所不允许在实物交割时，实际交割的标的物的质量等级与期货合约规定的标准交割等级有所差别。（　　）

3. 1972 年 5 月，芝加哥商业交易所（CME）的国际货币市场（IMM）率先推出外汇期货合约。（　　）

4. 为了保证期货交易顺利进行，许多期货交易所都允许用与标准品有一定等级差别的商品作替代交割品。（　　）

5. 在进行期货交易时，交易双方无须对标的物的质量等级进行协商，发生实物交割时按交易所期货合约规定的标准质量等级进行交割。（　　）

6. 在进行期货交易时，交易双方必须对标的物的质量等级进行协商。（　　）

7. 20 世纪 60 年代，芝加哥期货交易所推出生猪和活牛等活牲畜的期货合约。（　　）

8. 能源期货是产生最早的期货品种，也是目前全球商品期货市场的重要组成部分。（　　）

9. CBOT 是推出经济指数期货最多的期货交易所，目前其上市交易的合约有农业指数期货、作物产量期货、全球商品指数期货、建筑用面板指数期货、通胀指数期货、船运价格指数期货等。（　　）

10. 最后交易日是指某种期货合约在合约交割月份中进行交易的最后一个交易日，过了这个期限的未平仓期货合约，必须进行实物交割。（　　）

11. 一般来说，若商品的价格波动频繁、剧烈，该商品期货合约的每日停板额就应设置得小一些，反之则大一些。（　　）

12. 涨跌停板的确定，主要取决于该种商品现货市场价格波动的频繁程度和波幅的大小。（　　）

13. 交割日期是指合约标的物所有权进行转移，以实物交割方式了结未平仓合约的时间。（　　）

14. 期货合约是指由期货交易所统一制定的、规定在将来某一特定的时间和地点交割一定数量和质量商品的标准化合约。（　　）

15. 期货合约最小变动价位的确定，通常取决于该合约标的商品的种类、性质、市场价格波动情况和商业规范等。（　　）

16. 可以进行期货交易的商品，也可以进行相对应的现货交易。（　　）

17. 某种商品期货合约交割月份的确定，一般由其生产、使用、消费等特点决定。（　　）

18. 目前各交易所交割月份的确定有很多种，最普遍的是采取逐日交割的方式。（　　）

19. 每日价格最大波动限制，也称为涨跌停板制度，即指期货合约在一个交易日中的交易价格波动不得高于或者低于规定的涨跌幅度，超过该涨跌幅度的报价将被视为无效，不能成交。

20. 期货交易中，每次报价必须是其合约规定的最小变动价位的整数倍。（　　）

21. 期货合约是在现货合同和现货远期合约的基础上发展起来的，但它们最本质的区别在于期货合约条款的标准化。

22. 股指期货是 1982 年 2 月由美国堪萨斯城期货交易所率先推出的。（　　）

23. 每日价格最大波动限制条款的规定在于防止价格波动幅度过大造成交易者亏损过大

而带来的风险。（ ）

24. 期货交易的对象是标准仓单。（ ）

25. 确定期货合约交易单位的大小，主要应当考虑合约标的的市场规模、交易者的资金规模、期货交易所会员结构及该商品现货交易习惯等因素。（ ）

26. 一般而言，较大的最小变动价位有利于市场流动性的增加。（ ）

27. 商品期货通常采取现金交割方式，金融期货多采用实物交割方式。（ ）

28. 目前石油期货是全球最大的商品期货品种。（ ）

阅读资料

如何学好期货这门课

一、为什么要学习“期货交易实务”这门课程

（一）学习“期货交易实务”这门课程，可以获得一条投资新途径

从学习期货交易实务这门课程开始，每个人将了解期货，从而获得一条投资的新途径——期货投资。期货投资是其他任何投资都不能相比的，期货投资魅力难挡。

（二）通过本课程学习，可拓宽就业渠道——应聘期货居间人、期货交易员、期货分析师

通过本课程的学习，并通过参加期货从业人员资格考试，可寻求到期货公司应聘以下职务：期货居间人、期货交易员、期货分析师。

（三）通过本课程的学习，可以拓宽知识面、开发潜能、拓宽视野、丰富人生经历

期货投资的相关知识是 21 世纪的大学生不能不懂的知识。通过本课程的学习，我们可以大大拓宽知识面，开阔视野，开发自己的潜能，实现人生梦想，丰富人生经历。期货交易是高智商者一生不可错过的一件事，通过参与期货交易可以测试你的智力、心理素质和勇气。

二、这门课包含的主要内容

这门课主要包括两大部分。第一部分为期货交易的基础理论，主要涉及以下内容：什么是期货——期货的概念；期货有何用——期货的功能；在哪里做，谁在做期货交易——期货市场的组织结构；交易对象是什么——期货合约的概念和分类。第二部分为期货交易实务——交易方法和实盘应用案例分析，主要涉及以下内容：怎样入市做期货交易——期货交易流程、投机交易；怎样判断行情涨跌——基本分析和技术分析方法；怎样提高盈利概率——期货交易计划书的编制；怎样将损失控制在可以承受的范围内——止损的方法；怎样转移现货风险——套期保值；怎样降低期货交易的风险——套利交易和期权交易。

三、这门课的学习方法和安排

1. 学习方法

这门课实践性很强，所以建议采取理论联系实际、学做结合（一边学一边做模拟交易）

教与学结合（教师在课上讲解、组织学生课堂讨论、进行课堂练习，学生到机房进行网上模拟交易）、课上与课下（完成作业）相结合的方法。主讲教师在课上对期货交易的基本理论和方法进行讲解、案例分析，组织课堂讨论与练习（每章后的练习题）；安排每个学生进行网上模拟交易（可以分小组进行模拟交易），学生课后完成作业（每章后的练习题），最后进行课程考核，并可组织学生参加《期货从业人员资格考试》。

2. 课程时间安排（理论 48 课时，上机模拟交易 72 课时，合计 120 课时）

教师对基本理论和方法的讲解、案例分析，建议这一部分的课时，占总课时 30%；课堂讨论与课堂练习占总课时 10%；网上模拟交易占总课时 60%（可视教学条件自行确定）。

第二章

期货市场

本章主要内容

期货市场的组织结构，以及国内外主要期货交易所介绍。

本章重点

期货市场的组织结构。

第一节　期货市场的组织结构

期货市场是一个高度组织化的市场，有着严密的组织结构和交易制度、交易规则，从而可以保障期货市场的有效运转。

期货市场由四个部分组成：直接为交易者进行交易和结算提供支持与服务的核心服务层（期货交易所、结算机构、经纪公司）；相关服务机构（交割仓库、结算银行、信息咨询机构、会计师事务所、律师事务所）；期货投资者（所有期货交易者的集合）；期货监管机构（中国证监会、期货行业协会）。

一、期货交易所

（一）期货交易所的概念和职能

期货交易所是专门进行标准化期货合约买卖的场所，按照其章程的规定实行自律管理，以其全部财产承担民事责任。在现代市场经济条件下，期货交易所是一种具有高度系统性和严密性、高度组织化和规范化的交易服务组织，它是一个交易平台，自身不得直接或间接参与期货交易活动，不参与期货价格的形成，也不拥有合约标的商品，只为期货交易提供设施和服务。

期货交易所具有以下职能。

① 提供交易场所、设施和服务。交易双方在特定的场所进行合约的买卖是期货交易的一大特点。期货交易所必须为期货交易提供固定场所、必要的设施，先进的通信、联络设备，现代化的信息传递和显示设备等一整套硬件设施，再辅之以完备、周到的配套服务，以

保证期货交易的正常进行。

② 制定并实施业务规则。为保证交易双方交易行为的规范化，确保期货交易的有序进行，交易所需要建立一套健全、统一的期货交易规则及相应的业务管理细则等。

③ 设计合约、安排合约上市。合约的标准化是期货交易得以进行的前提条件。一方面，由交易所制定合约的标准化条款有效免除了交易者因合约条款发生纠纷而使交易无法进行的可能性，大大提高了市场的流动性和效率。另一方面，交易所紧密把握市场动向、满足交易者的需求，精心设计并选择合适的时间安排新的合约上市，能保持期货市场的活力，更有效地发挥期货市场的功能与作用。

④ 组织和监督期货交易、结算与交割。期货交易所组织和监督期货交易，为期货交易提供结算、交割服务，如向会员追缴和清退保证金、收取交割货款和提货单（仓单）等。期货交易有一套复杂、严密的交易流程，期货交易所的组织监督使整个流程可以有序、稳定地进行，这样可以降低市场交易成本、提高市场的运行效率，同时为交易者能随时利用期货市场达到自己的目的提供一个安全、方便的交易环境。

⑤ 监控市场风险、保证合约履行。期货市场是一个高风险的市场，是否存在一套能有效控制风险的管理制度，不仅直接影响期货市场功能的发挥，而且直接决定着期货市场能否生存。交易所利用保证金制度、每日无负债结算制度、涨跌停板制度、持仓限额和大户持仓报告制度、风险准备金制度等风险管理制度，从市场的各个环节对风险进行控制，保证合约履行，保证期货市场平稳运行。

⑥ 发布市场信息。期货交易所及时把本交易所内形成的期货价格及有关信息向会员及公众公布，以便交易者利用这些信息调整自己的交易行为，达到套期保值或者投机图利的目的，为相关生产经营者提供价格信息指导。

⑦ 监管会员的交易行为。为了加强对会员的管理，规范会员在期货交易所的业务活动，期货交易所制定了会员管理办法，对会员的交易行为进行严格监管。

⑧ 监管指定交割仓库。实物交割是商品期货交易中连接期货和现货的重要桥梁，实物交割是否顺畅直接影响到商品期货市场的平稳运行和功能的有效发挥。为了保障实物交割顺畅，对指定交割仓库进行监管是非常必要的。

⑨ 中国证监会规定的其他职能。

（二）期货交易所的组织形式

在国际上，期货交易所有两种不同的体制：会员制和公司制。不同组织形式的期货交易所，其内部管理系统也就不同。

会员制期货交易所由全体会员共同出资组建，缴纳一定的会员资格费作为注册资本。缴纳会员资格费是取得会员资格的基本条件，不是投资行为；交易所是会员制法人，以全额注册资本对其债务承担有限责任；权力机构是由全体会员组成的会员大会，其常设机构是由其选举产生的理事会。

公司制期货交易所由若干股东共同出资组建，以营利为目的，股份可以按照有关规定转让，盈利来自从交易所进行的期货交易中收取的各种费用。它不参与合约标的物的买卖，但按规定对参与交易者收取交易费用，股东从中分享收益。公司制交易所一般采用公司管理制，下设股东大会 、董事会、监事会及经理机构，各负其责，相互制约。

会员制期货交易所和公司制期货交易所的区别见表2-1。

表 2-1 会员制期货交易所和公司制期货交易所的对比表

	会员制期货交易所	公司制期货交易所
设立目的	公共利益，非营利	以营利为目的
法律责任	只分担经费和出资缴纳的款项，会员不承担交易中的任何责任	缴纳股金，履行股东权利义务，股东承担有限责任
适用法律	民法典	公司法
资金来源	会员缴纳的资格金，盈余不作为红利	股东本金，盈利分配给股东

二、期货结算所

（一）期货结算所的定义

期货结算所，又称“票据交换所”或者“期货清算所”，主要功能是结算每笔场内交易合约，结算交易账户、核收履约保证金并使其维持在交易所需要的最低水平上，监管实物交割，报告交易数据等。期货结算机构是期货市场的一个重要组成部分。

期货结算所是非营利机构，是会员为了便利期货交易而组建的结算、担保机构，结算费用主要用于支付结算所业务开支。

（二）期货结算所的作用

1. 计算期货交易的盈亏

期货交易者的交易完成之后，所有的成交信息都汇总至期货结算所，结算所在核对的基础上，进行结算，计算出每个会员的盈亏情况，并反映在会员的保证金账户中。交易结算实行每日无负债结算制度，当天的交易结果当天清算完成。

2. 充当交易对手，担保交易履约

期货结算所对所有期货合约交易者起着第三方的作用，即结算所对每一个卖方会员来讲是买方，而对每一个买方会员来讲是卖方。对于期货结算所本身来说，它每天的盈亏都是平衡的，这样，交易者都只与结算所发生业务关系，期货交易的买卖双方不为对方负有财务责任，而只对结算所负责。由于期货买卖双方可以不必考虑交易对手是否履约而随意买卖合约，而作为交易对手第三方的结算机构承担了保证使每笔交易按期履约的全部责任，从而简化了结算手续，促进了交易，提高了交易效率。

3. 管理会员资金，控制市场风险

结算机构管理所有会员的基础保证金、交易保证金，以确保所有期货交易得以履行，保证期货市场的健全性和财务完整性。结算机构实行严格的结算保证金和每日无负债结算制度。交易所制定了最低保证金标准，会员公司或其客户成交结算一张合约必须向结算机构缴纳最低保证金。同时，为了保证会员经纪公司的利益，经纪公司向其客户征收的保证金一般要高于交易所对会员收取的保证金水平。

这样，有了一系列严格的制度和程序，保证了期货市场的正常运转，防止造成巨额亏空和清算的混乱。我国的期货市场在经历了几次大的风波事件之后，期货结算所意识到加强结算制度和管理监控力度是控制期货交易风险的关键。

（三）期货结算所的组织形式

1. 结算所隶属于交易所，交易所的会员也是结算会员

期货结算所大部分实行会员制。结算会员须缴纳全额保证金存放在结算所，以保证结算所对期货市场的风险控制。引进结算会员制度，是因为股指期货本身波动较大，对参与结算业务的中介机构要求更高，而且通过结算担保金制度可以增加抵御系统性风险的能力，维护市场的稳定，增强投资者的信心。

2. 结算所隶属于交易所，但交易所的会员只有一部分财力雄厚者才成为结算会员

结算会员制度是国际期货市场普遍采用的制度，但并非所有的交易所会员都可以自动取得结算资格，只有那些资金实力雄厚、风险管理能力强的机构才能成为交易所的结算会员，非结算会员必须通过结算会员才能进行股指期货的结算。结算会员不仅要达到比较高的财务要求，还要根据其业务量向交易所结算部门缴纳一定数量的结算担保金，作为抵御结算会员（包括其他结算会员）出现结算违约时的风险屏障。

3. 结算所独立于交易所之外，成为完全独立的结算所

期货结算所的最高权力机构是董事会（理事会），日常工作由总裁负责。

三、期货经纪机构

（一）期货经纪机构的概念和职能

1. 期货经纪机构的定义

期货经纪机构是依法设立的，接受客户委托并按照客户的指令以自己的名义为客户进行期货交易并收取交易手续费的中介组织，其交易结果由客户承担。

2. 期货经纪机构的职能

作为期货交易活动的中介组织，在期货市场构成中具有十分重要的作用。一方面它是交易所与众多交易者之间的桥梁，拓宽和完善交易所的服务功能；另一方面，它为交易者从事交易活动向交易所提供财力保证。

（二）期货经纪机构的设立条件

根据国务院有关规定，我国对期货经纪公司实行许可证制度，凡从事期货代理的机构必须经中国证监会严格审核并领取《期货经纪业务许可证》。申请设立期货公司的，应当符合《中华人民共和国公司法》的规定，并具备下列条件：

① 注册资本最低额为人民币 3 000 万元；

② 董事、监事、高级管理人员具备任职资格，从业人员具有期货从业资格；

③ 有符合法律、行政法规规定的公司章程；

④ 主要股东及实际控制人具有持续盈利能力，信誉良好，最近 3 年无重大违法违规记录；

⑤ 有合格的经营场所和业务设施；

⑥ 有健全的风险管理和内部控制制度；

⑦ 国务院期货监管机构规定的其他条件。

（三）期货经纪机构的业务部门

期货公司内部机构设置一般有财务部门、结算部门、信贷部门、交易部门、现货交割部门、客户服务部门、研发部门等。一个规范化的经纪公司应具备完善的风险管理制度，遵守

国家法规和政策，服从政府监管部门的监管，恪守职业道德，维护行业整体利益，严格区分自营和代理业务，严格客户管理，而且经纪人员素质高。

四、期货市场投资者

（一）期货市场投资者的分类

根据期货投资者入市目的的不同，期货投资者可以分为三大类：套期保值者、期货投机者和期货套利者。

套期保值者，是指那些把期货市场当作转移价格风险的场所，将期货合约作为将来在现货市场上买卖某种标的物（实物商品或者金融商品）的临时替代物，对其现在买进（或已拥有、将拥有）准备以后出售的某种标的物或对将来要买进的某种标的物价格进行保险的个人和企业。商品期货的套期保值者是生产商、加工商、经营商等；金融期货的套期保值者有金融市场的投资者（或债权人）、融资者（或债务人）、进出口商等。

期货投机者，是指那些试图预测商品价格的未来走势，甘愿利用自己的资金去冒险，不断买进卖出期货合约，以期从价格波动中获取收益的个人或企业。他们认为行情会上涨时做多；认为行情会下跌时做空。如果判断正确，他们将获得较大的收益。

期货套利者是在买进某一商品某一月份合约的同时，卖出同一商品不同月份的合约（跨期套利），或在买进某一商品合约的同时，卖出另一商品合约（跨品种套利），或在买进某一市场的某一商品合约的同时，卖出另一市场的同一商品合约（跨市场套利）。

（二）期货市场投资者的作用

1. 套期保值者的作用

套期保值者对期货市场的正常运行发挥着重要作用，主要表现在以下方面。

① 套期保值者的存在使期货市场和现货市场紧密地联系在一起，这是期货市场存在的根基。从期货产生的历史看，正是出于生产经营者对现货市场价格风险的规避，期货市场才得以从现货市场中逐渐衍生出来。

② 套期保值者作为联系期货市场和现货市场的纽带，可以使期货价格与现货价格保持联动性，以更好反映未来价格变化走势。套期保值者从事与期货品种相关的现货方面的生产、经营或投资，能够汇集大量与现货品种相关的各种供求信息，发挥期货市场的价格发现功能。

③ 大量套期保值者参与期货市场交易，可以促进公平竞争，使价格更具有代表性。

2. 期货投机者的作用

期货投机交易是期货市场中不可缺少的重要组成部分，发挥着特有的作用，主要体现在以下方面。

（1）承担价格风险

期货市场的一个主要经济功能是为生产、加工和经营者等提供价格风险转移工具。要实现这一目的，就必须有人愿意承担风险并提供风险资金。从实际来看，买入套期保值者和卖出套期保值者之间的不平衡是经常存在的。投机者的加入恰好能抵消这种不平衡，促使套期保值交易的实现。由此可见，如果没有投机者的加入，套期保值交易活动就难以进行，期货市场规避风险的功能也就难以发挥。

（2）促进价格发现

期货市场汇集几乎所有供给和需求的信息。投机者的交易目的不是实物交割，而是利用价格波动获取利润，这就要求投机者必须利用各种手段收集整理有关价格变动的信息，分析市场行情。期货市场把投机者的交易指令集中在交易所内进行公开竞价，买卖双方彼此竞价所产生的互动作用使得价格趋于合理。

（3）减缓价格波动

适度的投机能够减缓价格波动。投机者进行期货交易，总是力图通过对未来价格的正确判断和预测赚取差价利润。当期货市场供大于求时，市场价格低于均衡价格，投机者低价买进合约，从而增加了需求，使期货价格上涨，供求重新趋于平衡；当期货市场供不应求时，市场价格则高于均衡价格，投机者会高价卖出合约，从而增加了供给，使期货价格下跌，供求重新趋向平衡。

（4）提高市场流动性

市场流动性即市场交易的活跃程度。期货交易是否成功，在很大程度上取决于市场流动性的大小，这一点主要取决于投机者。

五、期货监管与服务机构

（一）期货监管机构

由于期货市场是一个充满高风险和高度竞争的市场，所以坚持“公开、公平、公正”的原则，使参与期货交易的各方在竞争中都处同一地位，公平地参与竞争，就显得非常重要。这就要求必须有专门的监督部门来监督参与交易者能够按照共同的法则来进行交易活动。根据国外的经验，期货市场的管理应由政府监管、行业协会自律管理和期货市场内部管理三个层次共同构成完整的管理体系。

政府对期货市场的管理由中国证监会全权负责。中国证监会是期货市场的最高管理和监督机构，对期货和期权交易的各项活动具有广泛的管辖权，按照法律、法规的规定对证券市场、期货市场进行监督和管理。

中国证监会有关期货市场监管的主要职责包括以下几个方面：

① 研究和拟订证券期货市场的方针政策、发展规划；

② 起草证券期货市场的有关法律、法规；

③ 制定证券期货市场的有关规章；

④ 统一管理证券期货市场，按规定对证券期货监管机构实行垂直领导；

⑤ 监管股票、可转换债券、证券投资基金的发行、交易、托管和清算等。

期货业协会是由期货行业人士组织，并由期货行业支持的全行业性的自律组织。中国期货业协会成立于 2000 年 12 月 29 日，协会的注册地和常设机构设在北京。协会最早筹建于 1995 年，是根据《社会团体登记管理条例》设立的全国期货行业自律性组织，为非营利性的社会团体法人。协会接受中国证监会和国家社会团体登记管理机关的业务指导和管理。协会由以期货经纪机构为主的团体会员、期货交易所特别会员组成。

（二）期货服务机构

1. 结算银行

交易所与会员之间期货业务资金的往来结算通过交易所专用结算账户和会员专用资金账

户办理。

2. 交割仓库

交割仓库是经交易所指定的为期货合约履行实物交割的交割地点，是独立法人。我国的期货交易所对每个期货交易品种都指定了交割仓库。交割仓库日常业务分为商品入库、保管和出库。

3. 信息服务公司

信息服务公司提供各个期货交易所的信息，根据最新信息编制期货研究报告，并向投资者提供期货投资策略方面的咨询服务。信息公司首先从期货交易所那里获得行情信息和信息转发权，通过软件制作，对信息进行加工、整理，将这些信息产品出售给信息使用者。比如，各个期货经纪公司为了给客户提供行情信息和交易平台，就必须花钱从信息公司那里购买行情软件和交易软件等信息产品。例如，北京世华国际金融信息有限公司、大连文华财经信息有限公司和国际上知名的路透公司等。

4. 介绍经纪商（introducing broker，IB）

介绍经纪商在国际上既可以是机构也可以是个人，但一般都以机构的形式存在。其主要业务为为期货佣金商开发客户或接受期货期权指令，但不能接受客户的资金，且必须通过期货公司结算。

第二节 国内外主要的期货交易所

一、国内主要的期货交易所

1. 上海期货交易所

上海期货交易所是依照有关法规设立的，履行有关法规规定的职责，受中国证监会集中统一监督管理，并按其章程实行自律管理的法人。上海期货交易所上市交易的品种有黄金、白银、铜、铝、锌、铅、螺纹钢、线材、燃料油、天然橡胶、石油沥青、纸浆、不锈钢等期货合约，现有会员 200 多家（其中期货经纪公司会员占 80% 以上），在全国各地开通远程交易终端 300 多个。

2. 大连商品交易所

大连商品交易所（简称大商所）成立于 1993 年 2 月 28 日，是经国务院批准并由中国证监会监督管理的四家期货交易所之一，也是中国东北地区唯一一家期货交易所。经中国证监会批准，上市交易的有玉米、黄大豆 1 号、黄大豆 2 号、豆粕、豆油、棕榈油、线型低密度聚乙烯、聚氯乙烯和焦炭、焦煤、铁矿石、鲜鸡蛋、乙二醇、粳米、苯乙烯、中密度纤维板、细木工板、聚丙烯等期货品种。大商所在发现商品价格、保护农民利益、引导农产品生产与流通、为市场主体提供避险工具等方面，发挥了重要作用，也为大连区域性金融中心建设、东北亚航运中心建设和东北地区振兴做出了积极贡献。

3. 郑州商品交易所

郑州商品交易所（简称郑商所）是经国务院批准成立的我国首家期货市场试点单位，是目前全国四家期货交易所之一，隶属中国证券监督管理委员会垂直管理。郑商所实行会员制。郑商所目前上市交易的期货品种有小麦（包括强筋小麦和普通小麦）、棉花、白糖、精对苯二甲酸、菜籽油、菜籽粕、油菜籽、早籼稻、甲醇、平板玻璃、动力煤、苹果、尿素、红枣、棉纱等。各期货品种在功能发挥，促进相关产业经济发展方面的作用日益显现。

4. 中国金融期货交易所

中国金融期货交易所（CFFE）于2006年9月8日在上海期货大厦内挂牌，成为继上海期货交易所、大连商品交易所、郑州商品交易所之后的全国第四家期货交易所，也是首家金融衍生品交易所。该交易所为股份有限公司，实行公司制，这也是我国内地首家采用公司制为组织形式的交易所。中国金融期货交易所股份有限公司注册资本金为5亿元人民币，目前上市交易的金融期货品种有股指期货、国债期货等。

5. 上海国际能源交易中心

上海国际能源交易中心主要交易品种有：原油、20号胶等。

二、国外主要的期货交易所

（一）美国主要的期货交易所

1. 芝加哥期货交易所

芝加哥期货交易所（CBOT）是当前世界上最具代表性的农产品交易所。2006年10月17日美国芝加哥商业交易所（CME）和芝加哥期货交易所（CBOT）合并成全球最大的衍生品交易所——芝加哥交易所集团。合并后的交易所交易品种涉及利率、外汇、农业和工业品、能源及诸如天气指数等其他衍生产品。

2. 纽约商品交易所

纽约商品交易所（COMEX）是由NYMEX和COMEX于1994年合并组成，是全球最具规模的商品交易所。纽约商品交易所的交易主要涉及能源和稀有金属两大类产品，但能源产品交易量大大超过其他产品的交易量。交易所的交易方式主要是期货和期权交易。COMEX的黄金期货交易市场为全球最大，它的黄金交易往往可以主导全球金价的走向，买卖以期货及期权为主，实际黄金实物的交收占很少的比例。

（二）伦敦金属交易所

伦敦金属交易所（LME）是世界首要的有色金属交易市场，同时也是世界上最大的有色金属交易所，伦敦金属交易所的价格和库存对世界范围的有色金属生产和销售有着重要的影响。

（三）日本的期货交易所

日本目前有七家商品期货交易所，主要包括：东京工业品交易所（TOCOM）、东京谷物商品交易所（TGE）、大阪商品交易所（OTE），此外，还有中部商品交易所（C-COM）、横滨商品交易所（Y-COM）、关西商品交易所（KANEX）及福冈商品交易所（KCE），其中东京工业品交易所已经成为世界上第二大商品交易所。

（四）新加坡商品交易所（SICOM）

新加坡商品交易所（Singapore Commodity Exchange Limited，SICOM），即以前的新加坡树胶总会土产交易所（Rubber Association of Singapore，RAS），是东南亚地区最大的天然胶期货交易场所。新加坡商品交易所作为期货市场对国际橡胶现货贸易有指导性意义。

练习题

一、简答题

1. 简述期货经纪机构的设立条件。
2. 简述期货结算所的作用。
3. 简述期货交易所的性质和主要职能。
4. 简述期货投机者的作用。

二、选择题

1. 指定期货交割仓库并监管其业务，是（　　）的职责。

A. 中国证监会　　B. 中国期货保证金监控中心
C. 中国期货业协会　　D. 期货交易所

2. 下列机构中，（　　）不属于会员制期货交易所的设置机构。

A. 会员大会　　B. 董事会　　C. 理事会　　D. 各业务管理部门

3. 以下不是期货交易所职能的是（　　）。

A. 监管指定交割仓库　　B. 发布市场信息
C. 制定期货交易价格　　D. 制定并实施业务规则

4. 期货从业人员发现投资者有违法违规的行为时，应（　　）。

A. 及时向主管部门报告
B. 公平对待该投资者
C. 及时向所在期货经营机构报告，注意防范投资者的信用风险
D. 了解投资者的投资目标

5. 期货公司从事金融期货结算业务，应当经（　　）批准。

A. 中国保监会　　B. 中国银监会　　C. 中国证监会　　D. 人民银行

6. 期货公司风险监管指标优于预警标准并连续保持（　　）的，风险预警期结束。

A. 15 个工作日　　B. 1 个月　　C. 2 个月　　D. 3 个月

7. 期货公司应当保留书面风险监管报表，不少于（　　）。

A. 1 年　　B. 5 年　　C. 10 年　　D. 20 年

8. 期货公司应当按照分类、（　　）、账龄和可回收性等不同情况采取不同比例对资产进行风险调整。

A. 流动性　　B. 流动资产　　C. 净资本　　D. 流动负债

9. 期货公司持有的金融资产，按照（　　）和流动性情况采取不同比例进行风险调整，分类中同时符合两个或者两个以上标准的，应当采用最高的比例进行风险调整。

A. 分类　　B. 账龄　　C. 可回收性　　D. 流动资产

10. 《期货从业人员执业行为准则》没有规定的是（　　）。

A. 职业纪律　　B. 专业胜任能力　　C. 职业品德　　D. 职业创新能力

11. 为保证期货从业人员不断提高专业水平，中国期货业协会应当每年组织（　　）。

A. 岗位培训　　B. 后续职业培训　　C. 分析师培训　　D. 学历教育

12. （　　）是期货从业人员在执业过程中必须遵守的行为规范。

A.《期货高管人员任职资格管理办法》 B.《期货从业人员执业行为准则》
C.《期货从业人员行为规范》 D.《期货从业人员经纪业务规范》

13. 期货从业人员在执业过程中应当坚持期货市场的（ ）原则，维护期货交易各方的合法权益。
A. 公开、公平、公证 B. 公平、公证、公信
C. 公正、公开、公信 D. 公开、公平、公正

14. 期货市场对某大豆生产者的影响可能体现在（ ）。
A. 该生产者在期货市场上开展套期保值业务，以实现预期利润
B. 该生产者参考期货交易所的大豆期货价格安排大豆生产，确定种植面积
C. 该生产者发现去年现货市场需求量大，决定今年扩大生产
D. 为达到更高的交割品级，该生产者努力提高大豆的质量

15. 期货市场的风险承担者是（ ）。
A. 其他套期保值者 B. 期货结算部门
C. 期货投机者、套利者 D. 期货交易所

16. 在我国，批准设立期货公司的机构是（ ）。
A. 期货交易所 B. 期货结算部门
C. 中国人民银行 D. 国务院期货监督管理机构

三、判断题（对的画“√”，错的画“×”）

1. 公司制期货交易所法人首先适用公司法的规定，只有在公司法未作规定的情况下，才适用民法典的一般规定。（ ）
2. 会员制期货交易所的会员大会无权参与审议批准财务预算和决算方案。（ ）
3. 我国期货交易所理事长是期货交易所的法定代表人。（ ）
4. 会员制期货交易所的会员大会不能决定期货交易所的合并或终止。（ ）
5. 目前我国的期货结算部门是属于独立核算、自负盈亏的经济实体。（ ）
6. 我国期货交易所的会员只能是境内登记注册的机构。（ ）
7. 目前世界上大多数国家的期货交易所都实行股份制。（ ）
8. 目前我国的期货结算部门是附属于期货交易所的相对独立机构。（ ）
9. 我国《期货交易管理暂行条例》规定，期货经纪公司的主要管理人员和业务人员必须具有期货从业资格。（ ）
10. 会员制期货交易所为参加期货交易活动的会员在财务资信等方面提供一定程度的担保。（ ）
11. 目前我国期货交易所允许境外机构成为会员。（ ）
12. 会员制作为一种传统的期货交易所组织形式，已有150年的历史。（ ）
13. 我国《期货交易管理暂行条例》规定，设立期货经纪公司，必须经期货交易所会员大会批准。（ ）
14. 在市场风险放大时，期货交易所可以干预期货价格的走势。（ ）
15. 期货经纪机构依法为客户进行期货交易，其交易结果由客户承担。（ ）
16. 我国期货交易所专门委员会对理事会直接负责。（ ）
17. 在我国，期货经纪机构设立营业部，必须经中国证监会审批。（ ）

18. 期货合约标的商品的价格是由期货交易所制定并实施的。（ ）

19. 在我国，只有会员才能进入期货市场进行期货交易。（ ）

20. 期货交易所结算机构既是所有合约卖方的买方，同时也是所有合约买方的卖方。（ ）

21. 在我国，境内登记注册的法人在进入期货交易所进行交易或者代理客户交易之前，必须先取得该交易所的会员资格。（ ）

22. 会员制期货交易所规定，缴纳会员资格费是取得会员资格的基本条件之一。（ ）

23. 会员制期货交易所是实行自律性管理的非营利性的会员制法人。（ ）

24. 在合约价格剧烈波动时，结算机构可以随时向会员发出追加保证金的通知。（ ）

25. 我国期货经纪公司设立的营业部具有独立的法人资格，并可承担民事责任。（ ）

26. 公司制期货交易所不参与合约标的物买卖，但按规定对参与交易者收取交易费用。（ ）

27. 期货经纪公司必须为客户提供交易履约担保。（ ）

28. 期货交易所会员资格不得转让。（ ）

29. 期货交易所按照其章程的规定实行自律管理。（ ）

第三章

期货交易流程与交易制度

本章主要内容

期货交易流程、期货交易竞价成交方式和竞价原则、期货交易结算、期货经纪合同指引。

本章重点

期货交易流程、期货交易结算与交割。

第一节　期货交易流程

期货交易的完成是通过期货交易所、结算所、经纪公司和交易者四个组成部分的有机联系进行的。期货交易流程主要包括开户、下单、竞价成交、结算、交割等环节。全面了解期货交易的各主要业务流程，理解期货交易中的有关概念，有助于投资者熟悉期货业务，正确履行交易过程中的权利与义务，保证交易行为的畅通与完整，是投资者参与期货交易前的必要准备。

参与期货交易的客户首先选择一个期货经纪公司，在该经纪公司办理开户手续。当客户与经纪公司的代理关系正式确立后，就可根据自己的要求向经纪公司发出交易指令。

一、开户

开户要经过以下几个步骤。

（一）选择经纪公司和经纪人

由于能够直接进入期货交易所进行交易的只能是期货交易所的会员，所以普通投资者在进入期货市场交易之前，应首先选择一个期货经纪机构。

（二）开户

一旦选定了某个合适的期货公司，下一步就是开设一个期货交易账户。

所谓期货交易账户是指期货交易者开设的、用于交易履约保证的一个资金信用账户。

1. 申请开户的投资者应具备的条件

申请开立期货交易账户的投资者应至少具备以下条件：

① 具有完全民事行为能力；

② 有与进行期货交易相适应的自有资金或者其他财产；

③ 能够承担期货交易风险；

④ 有固定的住所；

⑤ 符合国家、行业的有关规定。

2. 开户程序

（1）风险揭示

期货经纪公司在接受客户开户申请时，应向客户提供《期货交易风险说明书》。个人客户仔细阅读和理解后，在该《期货交易风险说明书》上签字；单位客户在仔细阅读并理解之后，由单位法定代表人在该《期货交易风险说明书》上签字并加盖单位公章。

（2）对客户进行审核

期货公司应当对客户进行以下实名制审核：① 对照有效身份证明文件，核实个人客户是否本人亲自开户；② 核实单位客户是否由经授权的代理人开户；③ 确保客户交易编码申请表、期货结算账户登记表、期货经纪合同等开户资料所记载的客户姓名或者名称与其有效身份证明文件中的姓名或者名称一致。

客户开户时，期货公司应当实时采集并保存客户以下影像资料：① 个人客户头部正面照和身份证正反面扫描件；② 单位客户开户代理人头部正面照、开户代理人身份证正反面扫描件；③ 单位客户营业执照（副本）扫描件；④ 组织机构代码证（副本）扫描件。

（3）对客户资料进行复核

中国期货保证金监控中心有限责任公司（以下简称监控中心）负责客户开户管理的具体实施工作。期货公司为客户申请、注销各期货交易所交易编码，应当统一通过监控中心办理。监控中心对期货公司提交的客户资料进行复核，并将通过复核的客户资料转发给相关期货交易所。

（4）设立统一开户编码

期货交易所收到监控中心转发的客户交易编码申请资料后，根据期货交易所业务规则对客户交易编码进行分配、发放和管理，并将各类申请的处理结果通过监控中心反馈期货公司。监控中心为每一个客户设立统一的开户编码，并建立统一开户编码与客户在各期货交易所交易编码的对应关系。

（5）签订合同

期货经纪公司在接受客户开户申请时，双方须签订《期货经纪合同》。

（三）缴纳保证金

客户在与期货经纪公司签署期货经纪合同之后，应按规定缴纳开户保证金。目前我国期货交易保证金实行第三方存管，由具有期货结算资格的商业银行代为保管客户交易保证金。交易保证金的使用由中国期货保证金监控中心监控。客户在开始交易之前，须在其交易账户中存入相应的资金。

二、下单

客户在按规定足额缴纳开户保证金后，即可开始交易，进行委托下单。

所谓下单，是指客户在每笔交易前，向期货经纪公司业务人员下达交易指令。目前大多数客户是在家中通过交易软件自己下单。

客户在正式交易前，应制订详细周密的交易计划。在此之后，客户即可按计划下单交易。客户可以通过书面、电话或者中国证监会规定的其他方式向期货经纪公司下达交易指令。常见的下单方式有以下几种。

1. 书面下单

客户亲自填写交易单，填好后签字交由期货经纪公司交易部，再由期货经纪公司交易部通过电话报单至该公司在期货交易所场内的出市代表，由出市代表输入指令进入交易所主机撮合成交。

2. 电话下单

客户通过电话直接将指令下达到期货经纪公司交易部，再由交易部通知出市代表下单。期货经纪公司须将客户的指令予以录音，以备查证。事后，客户应在交易单上补签字。

期货经纪公司在接受客户指令后，应及时通知出市代表。出市代表应及时将客户的指令输入交易席位上的计算机终端进行竞价交易。

3. 网上交易

客户运用计算机，使用期货经纪公司提供的交易软件，将交易指令直接通过网络传输到经纪公司的交易系统，系统自动将客户的交易指令转送到交易所的交易主机撮合成交。这是目前最为便捷的交易方式之一。

三、竞价成交

（一）计算机撮合成交

期货价格的形成方式主要有公开喊价方式和计算机撮合成交两种方式。目前国内期货交易所采用的是计算机撮合成交方式。

计算机撮合成交，是根据公开喊价的原理设计而成的一种计算机自动化交易方式，是期货交易所的计算机交易系统对交易双方的交易指令进行配对的过程。

国内期货交易所计算机交易系统的运行，一般是将买卖申报单以价格优先、时间优先的原则进行排序。当买入价大于、等于卖出价则自动撮合成交，撮合成交价等于买入价（BP）卖出价（SP）和前一成交价（CP）三者中居中的一个价格。即：

当 $BP \geqslant SP \geqslant CP$，则：最新成交价 $= SP$

当 $BP \geqslant CP \geqslant SP$，则：最新成交价 $= CP$

当 $CP \geqslant BP \geqslant SP$，则：最新成交价 $= BP$

例如：前一成交价为 15 000 元，如果买/卖申报为 15 050 元/15 030 元，这时成交价格为 15 030 元，15 030 元比起 15 050 元更接近于前成交价；如果买/卖申报价为 14 950 元/14 950 元，当然成交价就是 14 950 元；如果买卖申报为 14 970 元/14 950 元，这时成交价格为 14 970 元。同样，14 970 元要比 14 950 元更接近前成交价 15 000 元。如买卖申报为 15 030 元/14 980 元，那么就以前一成交价 15 000 元成交。

（二）集合竞价

期货交易的开盘价和收盘价均由集合竞价产生。

1. 集合竞价的概念

所谓集合竞价，是指在交易所规定的时间内（商品期货 8:55—8:59，股指期货 9:10—9:14），所有投资者的买单或卖单都输入电脑，进入交易所报价系统，但交易所并不马上撮合成交，而是在撮合成交时间（商品期货 8:59—9:00，股指期货 9:14—9:15），按照一定的规则，确定撮合成交价和成交量，并以交易所撮合的成交价作为开盘价，同时以该价格最大限度地撮合可以成交的单子。

2. 集合竞价的原则

集合竞价采用最大成交量原则，即以此价格成交，能够得到最大成交量。每个客户输入电脑的买入申报价格，只要高于集合竞价产生的价格，就可成交；每个客户输入电脑的卖出申报价格，只要高于集合竞价产生的价格，就可成交。如果客户输入电脑的买入（或卖出）申报价格等于集合竞价产生的价格，则要根据买入（卖出）申报量的多少，按少的一方的申报量成交。

集合竞价产生的成交价格为开盘价。集合竞价未产生成交价格的，以集合竞价后第一笔成交价为开盘价。集合竞价期间，不接受市价指令申报。集合竞价撮合时间不能撤单。期货实行的是封闭式集合竞价，在封闭式集合竞价的竞价阶段，投资者只能根据自己的判断，报出自己的申报价格。所以，期货投资者不要轻易参加集合竞价。但在做错了单、担心当天开盘会封住涨（跌）停板无法平仓的情况下，则可以利用集合竞价止损出局。例如，与外盘关系密切的合约，如铜、锌、燃油等，如果国外盘涨幅远高于国内涨停板幅度，国内盘当天开盘很有可能直接封住涨（跌）停板，此时，持有反方向头寸的投资者，可于 8:55，在涨（跌）停板处挂出平仓单。黄金期货增加了夜间盘交易（21:00—2:30），已经与国际盘交易同步，大大降低了交易风险。

3. 成交回报（交易记录）

当客户的交易指令在交易所计算机系统中撮合成交后，出市代表应将成交结果反馈回期货经纪公司下单室，然后期货经纪公司下单室将成交结果记录在交易单上并打上时间戳记，返还给客户代理人，再由客户代理报告给客户。也可以在网上直接交易查询每日交易记录。

四、结算

结算是指根据交易结果和交易所有关规定对会员交易保证金、盈亏、手续费和其他有关事项进行的计算、划拨。结算包括交易所对会员的结算和期货经纪公司会员对客户的结算，其计算结果将被计入客户的保证金账户。

（一）结算流程

1. 流程

期货交易所只对会员结算，非会员单位和个人通过其期货经纪公司会员结算。期货经纪公司在每一交易日结束后，对每一位客户的盈亏、手续费、保证金等事项进行结算；期货经纪公司在闭市后，向客户发出交易结算单。

2. 交易结算单的内容

交易结算单一般载明下列事项：账号及户名、成交日期、成交品种、当日结算价、保证金占用额和保证金余额、交易手续费、资金状况、成交记录、平仓明细、持仓记录及其他费用等。

（二）解读结算单

结算单是帮助客户分析自己当日成交盈亏情况的重要依据。

1. 持仓保证金及盈亏的计算

当日盈亏的计算公式如下：

$$当日盈亏=平仓盈亏+持仓盈亏$$

平仓顺序按成交合约时间先后进行，平仓盈亏的具体计算公式如下：

$$平仓盈亏=平历史仓盈亏+平当日仓盈亏$$

$$平历史仓盈亏=\sum[(卖出平仓价-上一交易日结算价)\times 卖出平仓量]+\sum[(上一交易日结算价-买入平仓价)\times 买入平仓量]$$

$$平当日仓盈亏=\sum[(当日卖出平仓价-当日买入开仓价)\times 卖出平仓量]+\sum[(当日卖出开仓价-当日买入平仓价)\times 买入平仓量]$$

持仓（浮动）盈亏的计算公式如下：

$$持仓盈亏=历史持仓盈亏+当日开仓持仓盈亏$$

$$历史持仓盈亏=(当日结算价-上一日结算价)\times 持仓量$$

$$当日开仓持仓盈亏=\sum[(卖出开仓价-当日结算价)\times 卖出开仓量]+\sum[(当日结算价-买入开仓价)\times 买入开仓量]$$

2. 客户权益的计算方法

客户权益的计算公式如下：

$$客户权益=期初资金+入金-出金-手续费+平仓盈亏+浮动盈亏等$$

3. 持仓保证金的计算方法

持仓保证金的计算公式如下：

$$持仓保证金=今日结算价\times 持仓手数交易单位\times(吨数/手)\times 保证金比率$$

$$可用资金=客户权益-持仓保证金$$

$$风险度=(保证金占用/客户权益)\times 100\%$$

结算完毕后，当客户权益低于持仓保证金金额时，期货经纪公司将按照规定给客户发出追加保证金通知单，客户必须在下一个交易日第一交易小节结束前补足，否则公司将按照合同规定，执行强行平仓指令，一切损失将由客户无条件承担。

【案例 3-1】持仓保证金及盈亏的计算。

某客户 2019 年 4 月 9 日账户入金 200 000 元，当天在 315 元/克价位买进黄金期货 AU1106 合约 3 手开仓，当日结算价为 316 元/克，手续费为单边 100 元/手，交易保证金比例 13%（交易单位 1 000 克/手）。

4 月 9 日账户情况：

手续费 $=100\times 3=300$（元）

持仓盯市盈亏＝（316－315）×1 000×3＝3 000（元）

客户权益＝200 000+3 000－300＝202 700（元）

保证金占用＝316×3×1 000×13%＝123 240（元）

可用资金＝202 700－123 240＝79 460（元）

风险度＝(123 240/202 700)×100%＝60.80%

4 月 10 日该客户在 311 元/克买进开仓 AU1107 合约 1 手，当 AU1106 合约期货价格跌到 304 元/克时，该客户卖出平仓 1 手，当日 AU1106 合约结算价为 311 元/克，AU1107 合约结算价为 310 元/克。

4 月 10 日账户情况：

手续费＝100×2＝200（元）

平仓盈亏＝(304－316)×1×1 000＝－12 000（元）

持仓盯市盈亏＝(311－316)×2×1 000+(310－311)×1×1 000＝－11 000（元）

客户权益＝202 700－12 000－11 000－200＝179 500（元）

保证金占用＝311×2×1 000×13%+310×1×1 000×13%＝121 160（元）

可用资金＝179 500－121 160＝58 340（元）

风险度＝(121 160/179 500)×100%＝67.50%

4 月 11 日该客户账户入金 20 000 元，盘中黄金期货价格上涨，该客户在 316 元/克卖出平仓 AU1106 合约 2 手，在 317 元/克卖出平仓 AU1107 合约 1 手，当日 AU1106 合约结算价为 313 元/克，AU1107 合约结算价为 315 元/克。

4 月 11 日账户情况：

手续费＝100×3＝300（元）

平仓盈亏＝(316－311)×2×1 000+(317－310)×1×1 000＝17 000（元）

客户权益＝179 500+20 000+17 000－300＝216 200（元）

五、交割

（一）期货交割的概念

期货交割是指期货交易的买卖双方于合约到期时，对各自持有的到期未平仓合约按交易所的规定履行实物交割，了结其期货交易的行为。期货交易了结开仓合约的方式有两种：一是，合约到期前对冲了结；另一种是到期交割。

（二）期货交割方式的分类

期货交易的交割方式分为实物交割和现金交割。

1. 实物交割

（1）实物交割的定义

实物交割是指交易双方在交割日将合约所载商品的所有权按规定进行转移，了结未平仓合约的过程，即用实物交收的方式来履行期货交易的责任。

（2）实物交割的方式

我国商品期货交易，全部采用实物交割方式。实物交割方式包括以下两种方式。① 集中交割。集中交割是指所有到期合约在交割月份最后一次性集中交割的交割方式。② 滚动交割。滚动交割是指在合约进入交割月以后，在交割月第一个交易日至交割月最后交易日前一交易日进行交割的交割方式。目前，上海期货交易所采取集中交割方式；郑州商品交易所采取滚动交割方式；大连商品交易所对大豆、豆粕、豆油、玉米采取滚动交割，对棕榈油、LLDPE 和 PVC 采取集中交割。

（3）实物交割的一般程序

卖方在交易所规定的期限内将货物运到交易所指定交割仓库，经验收合格后由仓库开具仓单，再经交易所注册后成为标准仓单。进入交割期后，卖方提交标准仓单，买方提交足额货款，到交易所办理交割手续。

尽管大多数交易者从来不在期货市场上实际接收或交付实物商品，但是交割仍起到重要的作用。期货及其标的物商品之间是通过实物交割而相关联的，如果期货的价格相对高于实物商品价格的话，人们便会卖出期货，并在现货市场买进实物商品用于实物交割，以赚取较高利润。实物交割最终会使现货与期货价格之间恢复适当的价格关系。例如，李某以 22 000 元/吨的价格买入棉花期货 1205 合约 10 手一直持有合约到最后交易日不卖出。到最后交易日之后的交割期限内，就要拿“真金白银”来，把 10 手（50 吨）棉花拉走。又如，李某以 22 000 元/吨的价格卖出棉花期货 1205 合约 10 手，一直持有合约到最后交易日，不买回对冲平仓。那么到最后交易日之后的交割期限内，就要拿来 50 吨棉花交给买方，如果到时交不出棉花现货，就要交巨额违约金。

进行实物交割的只是少数，大部分投机者是为了在期货市场获取价差收益，所以一般都会在合约最后交易日之前择机平仓，解除到期进行实物交割的义务。

2. 现金交割

现金交割是指交易双方在交割日对合约盈亏以现金方式进行结算的过程。

在期货市场中，商品期货通常都采用实物交割方式，金融期货中有的品种采用实物交割方式，有的品种则采用现金交割方式。现金交割由于不进行实物交收，只是以交割时的现货价格作为交易盈亏和资金划拨的依据，因此，实行现金交割的品种，其现货标的价格应具有可确定性特点，而且是标准的、唯一的。农产品的地域差价十分明显，不具有现金交割的条件；而股指期货的交易标的是股票指数，具有虚拟性和唯一确定性，适合采用现金交割方式。

第二节　期货交易制度

一、保证金制度

保证金比例的确定，一般要考虑的因素有市场流动性、投机者参与程度、市场风险。在正常情况下，交易保证金率通常为 5% ～ 10%。

根据某一合约上市运行的不同阶段和持仓的不同数量交易所制定不同的保证金收取标准。某一合约的交易保证金按该合约上市交易的“一般月份”（交割月前一个月以前的月份）“交割月前一个月份”“交割月份”三个阶段依次管理。交易过程中，当某一合约持仓量达到某一级持仓量总量时，新开仓合约按该级交易保证金标准收取。

当日交易结算时，交易所对全部持仓收取与持仓总量相对应的交易保证金。当某期货合约出现异常情况时，交易所可按规定的程序调整交易保证金的比例。

在节假日前，为了控制风险，交易所也会临时提高交易保证金。

二、限仓制度

交易所实行限仓制度。限仓是指交易所规定会员或客户可以持有的、按单边计算的某一合约投机持仓的最大数量。限仓实行以下基本制度：

① 根据不同期货品种的具体情况，分别确定每一品种每一月份合约的限仓数额；

② 某一月份合约在其交易过程中的不同阶段，分别适用不同的限仓数额，某一合约的限仓数量按该合约上市交易的“一般月份”“交割月前一个月份”“交割月份”三个阶段依次递减，进入交割月份的合约限仓数额从严控制；

③ 采用限制会员持仓和限制客户持仓相结合的办法，控制市场持仓规模；

④ 套期保值交易持仓实行审批制，其持仓不受限制。

三、涨跌停板制度

交易所实行价格涨跌停板制度，由交易所制定各期货合约的每日最大价格波动幅度。当某期货合约以涨跌停板价格成交时，成交撮合原则实行平仓优先和时间优先的原则。

实行涨跌停板制度可以抑制非理性交易对价格波动的影响，防止价格大起大落；能够延缓价格波幅的实现时间，保持市场的基本稳定；能够对市场持仓风险作定量分析，为制定合理的保证金水平提供依据。

四、大户报告制度

大户报告制度是指当会员或客户某品种持仓合约的投机头寸达到交易所对其规定的投机头寸持仓限量80%以上（含本数）时，会员或客户（通过经纪会员）应向交易所报告其资金情况、头寸情况等。这是与持仓限额制度紧密相关的防范大户操纵市场价格、控制市场风险的重要制度。大户持仓报告表见表3-1。

表3-1　大户持仓报告表

<table>
<tr><td>客户名称</td><td colspan="5"></td></tr>
<tr><td>客户号</td><td colspan="2"></td><td colspan="3">□投机　□套利　□套保</td></tr>
<tr><td>联系地址</td><td colspan="2"></td><td colspan="2">联系电话</td><td></td></tr>
<tr><td>资金调拨人名称</td><td colspan="2"></td><td colspan="2">资金调拨人联系电话</td><td></td></tr>
<tr><td>指令下达人名称</td><td colspan="2"></td><td colspan="2">指令下达人联系电话</td><td></td></tr>
<tr><td>合约代码</td><td></td><td>买持仓量</td><td></td><td>卖持仓量</td><td></td></tr>
<tr><td>合约代码</td><td></td><td>买持仓量</td><td></td><td>卖持仓量</td><td></td></tr>
<tr><td>合约代码</td><td></td><td>买持仓量</td><td></td><td>卖持仓量</td><td></td></tr>
<tr><td>合约代码</td><td></td><td>买持仓量</td><td></td><td>卖持仓量</td><td></td></tr>
<tr><td>总持仓保证金</td><td></td><td>资金规模</td><td></td><td>实际控制人</td><td></td></tr>
<tr><td>资金来源</td><td colspan="5"></td></tr>
</table>

续表

<table>
<tr><td colspan="4">本人（公司）保证以上报告内容的真实性和准确性，不存在任何故意虚假或者遗漏。

报告人签名：　　　　　　　　　　　　　　　　　　报告日期：　　年　月　日</td></tr>
<tr><td colspan="4">以下由客户所属会员填写</td></tr>
<tr><td colspan="4">本公司保证客户在我处持仓大小的真实性，不存在任何虚假或者遗漏。

会员单位盖章：　　　　　　　　　　　　　　　　　　年　月　日</td></tr>
<tr><td>会员名称</td><td></td><td>会员号</td><td></td></tr>
<tr><td>客户开户日期</td><td></td><td>客户交易方式</td><td></td></tr>
<tr><td>IP 地址</td><td></td><td>电话委托号码</td><td></td></tr>
<tr><td colspan="4">经审核，本公司保证本报告所有内容的真实性，不存在任何隐瞒或者遗漏。

会员单位盖章：　　　　　　　　　　　　　　　　　　报告日期：　　年　月　日</td></tr>
</table>

五、强行平仓制度

强行平仓制度是指当会员或客户的交易保证金不足并未在规定时间内补足，或者当会员或客户的持仓数量超出规定的限额时，交易所或期货经纪公司为了防止风险进一步扩大，实行强制平仓的制度。这是交易所或期货经纪公司控制市场风险，化解市场风险的重要制度。当会员、投资者出现下列情形之一时，交易所有权对其持仓进行强行平仓：

① 结算准备金余额小于零，并未能在规定时间内补足的；

② 持仓量超出其限仓规定的；

③ 因违规受到交易所强行平仓处罚的；

④ 根据交易所的紧急措施应予强行平仓的；

⑤ 其他应予强行平仓的。

六、每日无负债结算制度

每日无负债结算又称“逐日盯市”，指在当日交易结束后，期货交易所应按当日结算价结算所有合约的盈亏、交易保证金及手续费、税金等费用，对应收应付的款项实行净额一次划转。如果由于亏损导致保证金不足，投资者要在第二天开盘前追加保证金，否则，期货公司有权对其持有头寸进行强制平仓。

七、风险准备金制度

风险准备金是指由交易所设立，用于为维护期货市场正常运转提供财务担保和弥补因交易所不可预见风险带来的亏损的资金。风险准备金的来源：① 交易所按交易手续费收入的20%，从管理费用中提取；② 符合国家财政政策规定的其他收入。

练习题

一、单项选择题

1. 建立多头持仓应该下达（　　）指令。

A. 卖出开仓　　B. 买入平仓　　C. 卖出平仓　　D. 买入开仓

2. 我国期货交易所目前采取的主要交易方式为（　　）。

A. 场外交易方式　　B. 适合方式　　C. 计算机撮合方式　D. 公开喊价方式

3. 在我国，（　　）期货的当日结算价是合约最后一小时成交价格按照成交量的加权平均价。

A. 沪深 300 股指　　B. 小麦　　C. 大豆　　D. 黄金

4. 11 月 10 日，大连商品交易所黄大豆 1 109 期货合约的结算价是 4 800 元/吨，该合约下一交易日跌停板价格正常是（　　）元/吨（涨跌幅为±5%）。

A. 4 560　　B. 4 720　　C. 4 884　　D. 4 912

5. 李某在 8 月 3 日买入沪铝 1112 合约一手，价格 18 200 元/吨，该合约当天的结算价格为 18 300 元/吨。该客户在 8 月 4 日，最高可能按照（　　）元/吨价格将 1112 合约卖出（沪铝的涨跌幅为±6%）。

A. 18 500　　B. 17 202　　C. 18 750　　D. 19 398

6. 6 月 5 日，某投资者在大连商品交易所开仓卖出玉米期货合约 40 手，成交价为 2 220 元/吨，当日结算价格为 2 230 元/吨，交易保证金比例为 5%，则该客户当天须缴纳的保证金为（　　）。

A. 44 600 元　　B. 22 200 元　　C. 44 400 元　　D. 22 300 元

7. 6 月 5 日，某投资者在大连商品交易所开仓买进 7 月份玉米期货合约 20 手，成交价格 2 220 元/吨，当天平仓 10 手合约，成交价格 2 230 元/吨，当日结算价格 2 215 元/吨，交易保证金比例为 5%，则该客户当天的平仓盈亏、持仓盈亏和当日交易保证金分别是（　　）。

A. 500 元　-1 000 元　11 075 元　　B. 1 000 元　-500 元　11 075 元

C. -500 元　-1 000 元　11 100 元　　D. 1 000 元　500 元　22 150 元

8. 某投资者在某期货经纪公司开户，存入保证金 20 万元，按经纪公司规定，最低保证金比例为 10%。该客户买入 100 手（假定每手 10 吨）开仓豆粕期货合约，成交价为每吨 2 800 元，当日该客户又以每吨 2 850 元的价格卖出 40 手豆粕期货合约。当日豆粕结算价为每吨 2 840 元。当日结算准备金余额为（　　）元。

A. 44 000　　B. 73 600　　C. 170 400　　D. 117 600

二、判断题（正确的画“√”，错误的画“×”）

1. 大多数期货交易都是通过实物交割方式了结履约责任。（　　）

2. 能够直接进入期货交易所进行交易的只能是期货交易所的会员。（　　）

3. 在我国期货交易开盘集合竞价中，高于开盘价的卖出申报全部成交；低于开盘价的买入申报全部成交。（　　）

4. 每日结算后，当会员的结算准备金低于交易所规定的最低余额时，交易所要按规定

方式通知会员追加保证金。　　　　　　　　　　　　　　　　　　　　　　　　　　　（　　）

三、综合题

1. 某投资者开仓卖出 10 手（每手 5 吨）国内铜期货合约，成交价格为 67 000 元/吨，当日结算价为 66 950 元/吨。期货公司要求的保证金比例为 5%（不计手续费等费用）。则该投资者当日盈亏多少元？该投资者当日交易保证金多少元？

2. 某新客户存入保证金 20 万元，在 5 月 1 日开仓买入大豆期货合约 60 手（每手 10 吨），成交价为 4 000 元/吨，同一天该客户卖出平仓 40 手大豆合约，成交价为 4 030 元/吨，当日结算价为 4 040 元/吨，交易保证金比例为 5%。

（1）该客户交易保证金余额是多少（不计手续费等费用）？

（2）5 月 2 日，该客户再买入 10 手大豆合约，成交价为 4 030 元/吨，当日结算价为 4 060 元/吨，则其账户的开仓持仓盈亏、历史持仓盈亏、当日盈亏、当日结算准备金余额是多少元？

第四章

套期保值

本章重点

套期保值的概念及原理、套期保值操作原则、基差的概念，基差变化与套期保值效果。

本章难点

基差变化与套期保值效果，套期保值的时机选择。

第一节　套期保值概述

一、套期保值的概念及原理

1. 套期保值的概念

套期保值，是指在期货市场上买进或卖出与现货市场商品相同、数量相等、方向相反、月份相同的期货合约，从而在期货和现货两个市场之间建立盈亏冲抵机制，以规避价格波动风险的一种交易方式。套期保值是利用期货市场规避现货市场价格波动的操作行为，是期货市场规避价格风险基本功能的具体体现。

2. 套期保值的原理

套期保值之所以能够规避价格风险，基于两个基本经济原理。

① 期货交易过程中期货价格与现货价格尽管变动幅度不会完全一致，但变动的趋势基本一致。即当特定商品的现货价格趋于上涨时，其期货价格也趋于上涨，反之亦然。这是因为期货市场与现货市场虽然是两个各自分开的不同市场，但对于特定的商品来说，其期货价格与现货价格主要的影响因素是相同的。这样，引起现货市场价格涨跌的因素，也同样会影响到期货市场价格同向的涨跌。套期保值者就可以通过在期货市场上做与现货市场相反的交易来达到保值的功能，使价格稳定在一个目标水平上。

② 现货价格与期货价格不仅变动的趋势相同，而且，到合约期满时，两者将大致相等或合二为一（如图 4-1 所示）。这是因为，期货价格包含有储藏该商品直至交割日为止的一切费用，这样，远期期货价格要比近期期货价格高。当期货合约接近于交割日时，储存费用

会逐渐减少乃至完全消失，这时，两个价格的决定因素实际上已经几乎相同了，交割月份的期货价格与现货价格趋于一致。这就是期货市场与现货市场的市场走势趋同性原理。

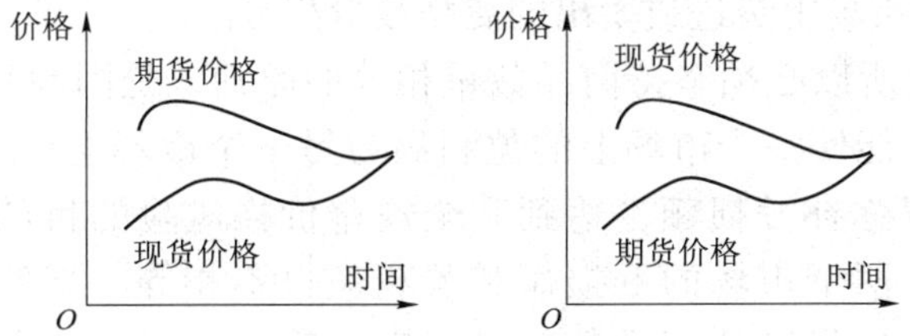

（a）期货价格高于现货价格　（b）期货价格低于现货价格

图 4-1　期货价格与现货价格关系

二、套期保值操作原则

套期保值应大致遵循交易方向相反原则、商品种类相同原则、商品数量相等原则、月份相同或相近原则。在做套期保值交易时，必须遵循这四大操作原则，否则，所做的交易就可能起不到套期保值交易应有的效果，达不到规避价格风险的目的。

1. 交易方向相反原则

交易方向相反原则是指在做套期保值交易时，套期保值者必须同时或先后在现货市场上和期货市场上采取相反的买卖行动，即进行反向操作，在两个市场上处于相反买卖位置。

只有遵循交易方向相反原则，交易者才能取得在一个市场上亏损的同时在另一个市场上必定会出现盈利的结果，从而才能用一个市场上的盈利去弥补另一个市场上的亏损，达到套期保值的目的。如果违反了交易方向相反原则，所做的期货交易就不能称作套期保值交易，不仅达不到规避价格风险的目的，反而增加了价格风险，其结果是要么同时在两个市场上亏损，要么同时在两个市场上盈利。比如，对现货市场上的买方来说，如果他同时也是期货市场的买方，即采取了正向操作而非反向操作的原则，那么，在价格上涨的情况下，他在两个市场上都会出现盈利，在价格下跌的情况下，在两个市场上都会出现亏损。

2. 商品种类相同原则

商品种类相同原则是指在做套期保值交易时，所选择的期货商品必须和套期保值者将在现货市场中买进或卖出的现货商品在种类上相同。只有商品种类相同，期货价格和现货价格之间才能可能形成密切的关系，才能在价格走势上保持大致相同的趋势，从而在两个市场上同时或前后采取反向买卖行动时才能取得效果。

在做套期保值交易时，必须遵循商品种类相同原则，否则，所做的套期保值交易不仅不能达到规避价格风险的目的，反而会增加价格波动的风险。当然，由于期货商品具有特殊性，不是所有的商品都能进入期货市场，成为期货商品。这就为套期保值交易带来一些困难。因此在期货交易实践中推出了“交叉套期保值交易”做法。所谓交叉套期保值，就是当套期保值者为其在现货市场上将要买进或卖出的现货商品进行套期保值时，若无相对应的该种商品的期货合约可用，就可选择另一种与该现货商品的种类不同，但价格走势互相影响且大致相同的相关商品的期货合约来做套期保值交易。

一般地，选择作为替代物的期货商品，最好是该现货商品的替代商品，两种商品的相互替代性越强，套期保值交易的效果就会越好。

3. 商品数量相等原则

商品数量相等原则是指在做套期保值交易时，所选用的期货合约上所载的商品的数量必须与交易者将要在现货市场上买进或卖出的商品数量相等。

做套期保值交易之所以必须坚持商品数量相等的原则，是因为只有保持两个市场上买卖商品的数量相等，才能使一个市场上的盈利额与另一个市场上的亏损额相等或最接近，进而才能用盈利额正好弥补亏损额，达到完全规避价格风险的目的。如果两个市场上买卖的商品数量不相等，两个市场的亏损额和盈利额也不相等。当然，由于期货合约是标准化的，每张期货合约所代表的商品数量是固定不变的，但是，交易者在现货市场上买卖的商品数量却是各种各样的，这样，就使得在做套期保值交易时，有时很难使所买卖的期货商品数量正好等于现货市场上买卖的现货商品数量，这就给做套期保值交易带来一定困难，并在一定程度上影响套期保值交易的效果。实务操作中只能尽量保持数量接近。

4. 月份相同或相近原则

月份相同或相近原则是指在做套期保值交易时，所选用的期货合约的交割月份最好与交易者将来在现货市场上实际买进或卖出的现货商品的时间相同或相近。

在选用期货合约时，之所以必须遵循交割月份相同或相近原则，是因为两个市场上出现的亏损额和盈利额受两个市场上价格变动幅度的影响，只有使所选用的期货合约的交割月份和交易者决定在现货市场上实际买进或卖出现货商品时间相同或相近，才能使期货价格和现货价格之间的联系更加紧密，增强套期保值效果。因为，随着期货合约交割期的到来，期货价格和现货价格会趋向一致。

套期保值交易的四大操作原则是任何套期保值交易都必须同时兼顾的，忽略其中任何一个都有可能影响套期保值交易的效果。

实盘案例 4-1

3 月 1 日，某铜加工厂一个月后需用 100 吨铜作原材料。当前铜现货价每吨 67 000 元。为锁定成本，回避价格上涨的风险，该厂在当日买进 4 月份交割的铜期货 100 吨，期货价格是每吨 67 100 元。到 4 月 1 日时，现货价格涨到每吨 67 100 元，期货价格涨至 67 200 元。此时该厂卖出已持有的 100 吨期货合约，平仓盈利：(67 200－67 100)×100＝10 000（元），该厂在期货市场共赚 10 000 元。同时，该厂在现货市场以 67 100 元/吨价格买进 100 吨现货作原料，而此时的现货价格每吨已涨了 100 元，所以，在现货市场又多付出：(67 100－67 000)×100＝10 000（元），盈亏相抵，该厂不亏不赚，避免了价格波动的影响，使价格稳定在一个目标水平上，相当于还是以 67 000 元/吨的价格买入 100 吨现货铜。该铜加工厂如果没有做套期保值的话，则需要多付出 10 000 元成本。所以，套期保值可以规避价格不利变动的风险，锁定成本。

实盘案例 4-2

假如实盘案例 4-1 中，在 3 月 1 日铜现货价每吨 67 000 元。为锁定成本，回避价格上涨的风险，该厂在当日买进4月份交割的铜期货100吨，期货价格是每吨67 100元。但到4月1日时，现货价格没有上涨而是下跌到每吨66 900元，期货价格也下跌至67 000元。此时该厂卖出已持有的100吨期货合约，期货平仓亏损10 000元。同时，该厂在现货市场以66 900元/吨价格买进100吨现货铜，节约成本10 000元，但与期货盈亏相抵，该厂不亏不赚，相当于还是以67 000元/吨的价格买入100吨现货铜。此时，该铜加工厂如果没有做套期保值的话，则可以节约成本10 000元。可见，套期保值有时也会丧失价格有利变动导致成本降低的有利机会。

三、套期保值的种类

1. 买入套期保值

买入套期保值（买期保值）是套期保值者首先买进期货合约，持有多头头寸，旨在避免价格上涨的风险，通常为加工、制造业者和贸易商所采用。

如果一位现货商现在缺少商品，将来要购买这一商品，那么他可以在期货市场上进行买入套期保值。买入套期保值为那些想在未来某时期购买一种商品而又想避开可能的价格上涨的现货商所采用。如果价格上涨，他将在现货市场购买该商品支付更多资金，但同时能在期货市场中赚钱而抵消了在现货市场中的损失。

例如，油脂企业后期需要采购棕榈油，企业最担心的是后期棕榈油价格出现大幅度上涨。企业要想规避后期因价格上涨带来的风险，可以通过期货市场买入棕榈油期货进行套期保值，这样一方面可以节约企业采购棕榈油现货的资金，另一方面可以锁定企业的原料采购成本。

实盘案例 4-3

2月份棕榈油现货价格为9 000元/吨。某企业考虑到当前国内市场棕榈油库存偏小，棕榈油进口成本逐步抬高，随着后期气温逐渐升高，棕榈油的需求会出现明显的增加，棕榈油价格极有可能出现大幅度上涨，该企业需要在6月份买入10 000吨的棕榈油现货。如果现在购买现货棕榈油，企业不仅需要马上拿出9 000万元资金，并且要占用近四个月时间。所以企业考虑，不如在棕榈油期货市场上进行套期保值。

2月15日该企业在大连商品交易所买入棕榈油期货7月份合约（期货没有6月份合约，所以选择相近的月份）进行保值，共计买入棕榈油7月份合约1 000手，成交均价为9 050元/吨，占用期货保证金仅为9 050×10 000×5% = 452.5（万元）（期货保证金仅为5%，交易佣金等费用数额较小，忽略不计）。

随着气温的升高和节后油脂需求的增加，棕榈油价格期货和现货价格都出现了明显上涨，且由于资金买入的推动，期货市场的涨幅大于现货市场的涨幅。到6月1日，该企业选择在期货市场卖出1 000手7月份棕榈油期货合约平仓，期货成交均价为9 180元/吨；同时向贸易商购买10 000吨棕榈油现货，现货成交价格为9 100元/吨。这样就可以用期货市场130元/吨的盈利弥补现货市场100元/吨的亏损。套期保值效果见表4-1。

表 4-1　买入套期保值效果

	现货市场	期货市场
2 月 15 日	棕榈油现货价格 9 000 元/吨	买入 1 000 手 7 月份棕榈油合约：价格 9 050 元/吨
6 月 1 日	买入 10 000 吨棕榈油：价格 9 100 元/吨	卖出 1 000 手 7 月份棕榈油合约：价格 9 180 元/吨
盈亏状况	亏损 100 元/吨	盈利 130 元/吨
套保结果	净盈利（130−100）×10 000＝300 000（元）	

可见，套期保值交易防止了价格上涨可能带来的损失。

2. 卖出套期保值

卖出套期保值（卖期保值）是套期保值者首先卖出期货合约，持有空头头寸，以保护他在现货市场中的多头头寸，旨在避免价格下跌的风险。通常为食品生产企业、粮食生产与经销企业、矿业生产、经销企业等所采用，如中粮集团、中国五矿集团、中钢集团等。

如果一位现货商在现货市场中拥有或将要拥有一种商品，他可以通过在期货市场中卖出等量的商品合约来套期保值。卖出套期保值能使现货商锁定利润。在商品持有期，如果商品价格下跌，商品持有者将可能在现货市场中减少利润甚至亏损。如果他在期货市场进行了套期保值，提前在期货市场卖出该商品的期货合约，他就可以从期货价格下跌中获利，从而弥补现货市场的损失。盈利和损失相互抵消，使该现货商锁定利润。

➲ 实盘案例 4-4

春耕时，某粮食企业与农民签订了当年收割时收购玉米 10 000 吨的合同，将收购价锁定在 2 080 元/吨。该粮食企业担心到收割时玉米价格会下跌，因此，在期货市场上以 2 180 元/吨的价格卖出 1 000 手合约（1 手＝10 吨）进行套期保值。到收割时，玉米价格果然下跌到 1 950 元/吨，该企业以 1 950 元/吨的价格将现货玉米出售给饲料厂。与其收购价格比，损失了 130 元/吨。同时，期货价格也下跌至 2 050 元/吨，该企业以此价格买回 1 000 手期货合约，来对冲平仓。该企业在期货市场赚取的 130 元/吨，正好用来抵补现货市场上损失的部分。这样，他们通过套期保值回避了不利价格变动的风险。套期保值效果见表 4-2。

表 4-2　卖出套期保值效果

	现货市场	期货市场
春耕时	玉米收购价 2 080 元/吨	卖出 1 000 手玉米期货合约：价格 2 180 元/吨
收割时	玉米销售价 1 950 元/吨	平仓 1 000 手玉米期货合约：价格 2 050 元/吨
盈亏状况	亏损 130 元/吨	盈利 130 元/吨
套保结果	净盈利（130−130）×1 000＝0（元）	

第二节　套期保值的因素

在做套期保值决策之前，需要考虑以下因素。

一、套期保值的必要性

在做套期保值决策之前，需要考虑进行套期保值的必要性，即是否需要做套期保值，通常应该从以下两个方面来考虑。

（一）估计可能出现的亏损额

是否需要做套期保值，首先要看未来可能出现的亏损额大小。可能出现的亏损额，是指在经营者不做套期保值的情况下，当现货市场价格出现不利的变动时，可能出现的亏损额有多大。如果亏损额很小，企业是可以承受的，则不需要做套期保值。反之则需要做套期保值。该亏损额越大，做套期保值的必要性就越大。可能出现的亏损额与以下三个因素有关。

1. 价格向不利方向变动的概率

价格向不利方向变动的概率，即未来商品价格向不利方向变动的可能性大小。其概率大小与套期保值的必要性成正比。未来商品价格向不利方向变动的概率越大时，发生损失的可能性就越大，就越需要进行套期保值；如果概率很小，则不需要做套期保值。

2. 价格向不利方向变动的幅度

价格变动幅度，即价格上涨或下降的幅度，也就是未来商品价格向不利方向变动的百分比大小。价格变动幅度与套期保值的必要性成正比。未来商品价格向不利的方向变动的幅度越大时，则损失越大，就越要进行套期保值；如果幅度很小，则不需要做套期保值。

3. 商品的数量

商品数量是指经营者在现货市场上买进或卖出商品的数量。为了计算可能出现的亏损额，通常会将商品数量按当时价格计算出商品价值总额。此因素也与套期保值的必要性成正比。经营者在现货市场上买进或卖出商品的数量越大，面临的风险越大，越需要做套期保值，否则不需要套期保值。

可能出现的亏损额=估计价格向不利方向变动的概率×价格向不利方向变动的幅度×商品价值总额。

（二）估算套期保值交易费用

对于现货市场的经营者来说，利用期货市场进行套期保值交易，以一个市场的盈利补偿另一个市场的亏损，绝不能忽视套期保值费用这个因素。交易者应将套期保值费用因素放在套期保值总体效果中考虑。套期保值交易的主要费用有：

套期保值交易的总费用=交易费+佣金+保证金利息

1. 交易费

套期保值交易者向交易所缴纳的费用，如实物交割费。

2. 佣金

非会员向经纪公司缴纳的期货交易费用。

3. 保证金利息

在期货市场套期保值时，要占用一定比例的交易保证金。占用的保证金如果是自有资金，则会损失利息收入，如果是贷款，则要向银行支付利息。

我们要将套期保值交易的总费用与可能出现的损失额比较，如果估算的套期保值交易的总费用，大于估计的可能出现的亏损额，显然套期保值就失去了意义；反之，如果估计的亏损额远大于估算的套期保值交易总费用，就应该考虑做套期保值交易。

二、套期保值的时机选择和数量决策

（一）套期保值交易的时机选择

套期保值交易的时机选择是指开始参与套期保值和结束套期保值的有利时机的选择。

1. 开始参与套期保值的有利时机选择

买入套期保值者应选择在期货价格较低时进入期货市场套保；卖出套期保值者应选择在期货价格较高时进入期货市场套保。这里所说的价格高低，一方面是相对于当时的现货市场价格，另一方面是相对于未来的现货价格和期货价格来说的。在正常情况下，现货市场和期货市场商品价格走势基本相同，到了交割日，两种价格达到一致。但是，在期货合约未到期的期间中，现货价格有可能比期货价格变化得快些或慢些，甚至会出现走势相反的暂时性变化，使基差不断发生变化。这在季节性较强的农产品中，表现得尤为突出，使得套期保值只能保价格风险的主要部分，而达不到百分之百地保值。因此，套期保值交易者可以在时机选择上做灵活处理，以使套期保值达到更好的效果。

2. 结束套期保值的有利时机选择

通常在两种情况下可提前结束套期保值，不必等到原定的合约到期时，在现货市场上买入或卖出实物商品，再结束套期保值。

① 市场价格实际变动方向与交易者原来估计的相反。例如，某农作物生产者为避免未来出售农产品时出现价格下跌的风险，做了卖出套期保值。但到农作物收获临近时，或农作物已经收获入库，准备在未来某个时间在现货市场售出时，由于各种因素的影响，该农产品的价格不但没有如原来估计的下跌，反而出现价格上涨的趋势。此时，应立即对原来卖出的期货合约做买入对冲平仓，结束卖出套期保值。这样，农作物生产者可以在现货市场上卖出现货商品时，得到由于价格上涨所带来的利润。

② 发生对交易者有利的基差变动。对卖出套期保值者和买入套期保值者有利的价格变动：基差由弱转强，对卖出套期保值者有利；基差由强转弱，对买入套期保值者有利。

若在套期保值交易过程中，基差变动对交易者有利，则可以采取提前结束套期保值的方法。准确地选择结束套期保值的时间，能够使交易者在套期保值时，在盈利补偿亏损后，还可得到额外盈利。而这一时机的选择，要靠交易者敏锐的市场观察力。

（二）套期保值的数量决策

套期保值时要遵循商品数量相等原则，就是指在做套期保值交易时，在期货市场上所做的保值数量，必须与将要在现货市场上买进或卖出的商品数量相等或相近。例如，春耕时，某粮食企业与农民签订了当年收割时收购玉米 10 000 吨的合同，即这个粮食企业将来要在现货市场上卖出 10 000 吨玉米，它担心将来价格下跌，需要做卖出套期保值。套期保值时，在期货市场也必须卖出 10 000 吨玉米，数量要相等，才能够规避全部价格风险。如果套期保值时，在期货市场只卖出 5 000 吨玉米，那么就意味着有 5 000 吨风险敞口；如果套期保值时，在期货市场卖出 20 000 吨玉米，就意味着其中 10 000 吨玉米不是在做套期保值，而是在做投机交易了。投机的风险是巨大的，这也是很多企业套期保值损失惨重的根本原因。所以，要想取得好的套期保值效果，在套期保值时一定要严格遵循商品数量相等的原则。

第三节　基差与套期保值

套期保值可以大体抵消现货市场中价格波动的风险，但不能使风险完全消失，主要原因是存在“基差”这个因素。要深刻理解并运用套期保值来避免价格风险，就必须掌握基差及其基本原理。

一、基差的含义

基差，是指某一特定商品在某一特定时间和地点的现货价格与该商品近期合约的期货价格之差，即：

基差=现货价格-期货价格

例如，5 月 6 日大连的大豆现货价格为 3 970 元/吨，当日，5 月黄大豆 1 号期货合约价格为 4 050 元/吨，则基差为 3 970-4 050=-80（元/吨）。

基差，可以是正数也可以是负数，这主要取决于现货价格是高于还是低于期货价格。现货价格高于期货价格，则基差为正数，又称为现货升水；现货价格低于期货价格，则基差为负数，又称为现货贴水。

基差包含两个市场之间的运输成本和持有成本。前者反映着现货与期货市场间的空间因素，这也正是基差不同的基本原因；后者反映着两个市场间的时间因素，即两个不同交割月份的持有成本。持有成本包括储藏费、利息、保险费和损耗费等，其中利率变动对持有成本的影响很大。

二、基差的变动与套期保值效果

期货价格与现货价格由于受到相近的供求因素影响，表现出相同的趋势。但由于供求因素对现货市场和期货市场的影响程度不同，以及持仓费等因素，导致两者之间的变动幅度不尽相同，因而基差也在不断变化中，我们常用“走强”或“走弱”来对基差的变化进行评价。

如果基差为正且基差数值越来越大，或基差由负值转为正值，或者基差为负值且基差的绝对值越来越小，我们称这种基差的变化为“走强”。相反，如果基差为正且基差的数值越来越小，或者基差由正值变为负值，或者基差为负且基差的绝对值越来越大，我们称这种基差的变化为“走弱”。

在商品实际价格运动过程中，基差总在不断变动，而基差的变动形态对一个套期保值者而言至关重要。基差的变化是判断能否完全实现套期保值的依据。套期保值者利用基差的有利变动，不仅可以取得较好的保值效果，而且还可以通过套期保值交易获得额外的盈余。一旦基差出现不利变动，套期保值的效果就会受到影响，蒙受一部分损失。

（一）基差走强与套期保值效果

如果现货价格和期货价格均上升，但现货价格的上升幅度大于期货价格的上升幅度或者现货价格和期货价格都下降，但现货价格下降的幅度小于期货价格下降幅度，此时基差走强。在基差走强的情况下，买入套期保值和卖出套期保值的效果各不相同。

1. 基差走强与买入套期保值

基差走强对买入套期保值不利，现货市场的盈利不仅不能弥补期货市场的损失，而且会出现净亏损。我们举例分析基差走强时，买入套期保值的效果。

➲ 实盘案例 4-5

5 月 1 日，大豆的现货价格为 4 040 元/吨，某公司希望能以此价格在三个月后买进 100 吨现货大豆。为了避免将来现货价格可能上升，从而提高原材料的成本，该公司决定在大连商品交易所进行大豆期货套期保值。而此时大豆 9 月份期货合约的价格为每吨 4 010 元，基差为 30 元/吨，于是该公司在期货市场上买入 10 手（1 手＝10 吨）9 月份大豆合约。8 月 1 日，该公司在现货市场上以每吨 4 080 元的价格买入大豆 100 吨，同时在期货市场上以每吨 4 040 元卖出 10 手 9 月份大豆合约，来对冲 5 月 1 日建立的多头头寸，此时基差为 40 元/吨。从基差的角度看，基差从 5 月 1 日的 30 元/吨变为 8 月 1 日的 40 元/吨，基差走强。套期保值效果分析，见表 4-3。

表 4-3　基差走强与买入套期保值分析表

	现货市场	期货市场	基差
5 月 1 日	大豆现货价格为 4 040 元/吨	买入 10 手 9 月份大豆合约：价格为 4 010 元/吨	30 元/吨
8 月 1 日	买入 100 吨大豆价格为 4 080 元/吨	卖出 10 手 9 月份大豆合约：价格 4 040 元/吨	40 元/吨
盈亏状况	亏损 40 元/吨	盈利 30 元/吨	基差走强 10 元/吨
套保结果	净损失 100×40－100×30＝1 000（元）		

在该例中，现货价格和期货价格均上升，但现货价格的上升幅度大于期货价格的上升幅度，基差走强，从而使得某公司在现货市场上因价格上升买入现货蒙受的损失大于在期货市场上因价格上升卖出期货合约的获利，盈亏相抵后仍亏损 1 000 元。

如果现货市场和期货市场的价格不是上升而是下降，则某公司在现货市场获利，在期货市场损失。所以，只要基差走强，现货市场的盈利不仅不能弥补期货市场的损失，而且会出现净亏损。

2. 基差走强与卖出套期保值

基差走强对卖出套期保值有利，现货市场的盈利不仅能弥补期货市场的损失，而且会出现净盈利。

➲ 实盘案例 4-6

3 月 1 日，焦炭的现货价格为 2 400 元/吨，某焦炭生产企业对该价格比较满意。为了避免现货价格下跌从而减少收益，决定在期货市场上进行焦炭套期保值交易。此时焦炭期货 5 月合约价格为 2 440 元/吨，该焦炭生产企业在期货市场卖出 10 手（1 手＝100 吨）5 月份焦炭期货合约。不久，焦炭价格果然下降，至 4 月 1 日，在现货市场以 2 370 元/吨的价格卖出焦炭 1 000 吨，同时，在期货市场上以每吨 2 400 元买入 5 月份焦炭合约，来对冲 3 月份卖出的合约（见表 4-4）。

表 4-4　基差走强与卖出套期保值分析表

	现货市场	期货市场	基差
3 月 1 日	焦炭价格为 2 400 元/吨	卖出 10 手 5 月焦炭期货合约价格为 2 440 元/吨	-40 元/吨
4 月 1 日	卖出 1 000 吨焦炭价格为 2 370 元	买入 10 手 5 月焦炭期货合约价格为 2 400 元/吨	-30 元/吨
盈亏状况	亏损 30 元/吨	盈利 40 元/吨	基差走强 10 元/吨
套保结果	净盈利（40-30）×1 000=10 000（元）		

该例中现货价格和期货价格都下降，但是现货价格下降的幅度小于期货价格下降的幅度，基差走强，从而使企业在现货市场上亏损的幅度小于期货市场上盈利的幅度，盈亏相抵后仍盈利 10 000 元。

卖出套期保值时，只要基差走强，现货市场与期货市场不仅可以盈亏相抵，而且会出现净盈利。

（二）基差走弱与套期保值效果

现货价格和期货价格均上升，但现货价格的上升幅度小于期货价格的上升幅度或者现货价格和期货价格都下降，但现货价格的下降幅度大于期货价格的下降幅度，此时基差走弱。

1. 基差走弱与买入套期保值效果

基差走弱对买入套期保值有利，现货市场的盈利不仅能弥补期货市场的损失，而且会出现净盈利。下面我们举例分析基差走弱时买入套期保值的效果。

➲ 实盘案例 4-7

7 月 1 日，铝的现货价格为每吨 15 600 元，安徽海螺型材集团有限责任公司对该价格比较满意，计划 8 月份买入 100 吨现货铝。为了避免将来现货价格可能上升，提高原材料成本，该公司决定在上海期货交易所进行铝期货套期保值交易。此时铝 9 月份期货合约的价格为每吨 15 400 元/吨，基差 200 元/吨，该公司于是在期货市场上买入 20 手（1 手=5 吨）9 月份铝合约。8 月 1 日，该公司在现货市场上以 15 700 元/吨的价格买入铝 100 吨，同时在期货市场上以每吨 15 800 元卖出 20 手 9 月份铝合约，来对冲 7 月 1 日建立的空头头寸，基差为-100。从基差的角度看，基差从 7 月 1 日的 200 元/吨变为 8 月 1 日的 -100 元/吨，基差走弱。套期保值效果见表 4-5。

表 4-5　基差走弱与买入套期保值分析表

	现货市场	期货市场	基差
7 月 1 日	铝现货市场价格为 15 600 元/吨	买入 20 手 9 月份铝合约：价格为 15 400 元/吨	200 元/吨
8 月 1 日	买入 100 吨铝：价格为 15 700 元/吨	卖出 20 手 9 月份铝合约：价格为 15 800 元/吨	-100 元/吨
套利结果	亏损 100 元/吨	盈利 400 元/吨	基差走弱 300 元/吨
	净盈利 100×400-100×100=30 000（元）		

在该例中，现货价格和期货价格均上升，但现货价格的上升幅度小于期货价格的上升幅度，基差缩小，从而使得公司在现货市场上因价格上升买入现货蒙受的损失，小于在期货市场上因价格上升卖出期货合约的获利，盈亏相抵后仍盈利 3 万元。

2. 基差走弱与卖出套期保值效果

基差走弱对卖出套期保值不利，现货市场的盈利不仅不能弥补期货市场的损失，而且会出现净亏损。下面用焦炭企业的例子，说明基差走弱时卖出套期保值的效果。焦炭生产企业最担心其产品价格不断下跌，导致利润受损，因此企业通常采用卖出焦炭中远期的方式来规避价格风险。

实盘案例 4-8

假定在6月11日，某地一级冶金焦现货价格为2 200元/吨，当地某焦化厂每月产焦炭2 000吨。由于焦炭价格已处于历史高位区，该焦化厂担心未来数月焦炭销售价格可能难以维持高位。为了规避后期现货价格下跌的风险，该厂决定在期货交易市场进行套期保值交易。当日，一级冶金焦炭9月份合约价格在2 500元/吨附近波动，该厂当天即以2 500元/吨卖出2 000吨，进行套期保值。

正如焦化厂所料，随着炼焦煤厂加快炼焦煤生产速度和焦炭的大量上市，焦炭价格开始下滑。7月11日焦炭1 109合约和现货市场价分别跌到2 400元/吨和2 000元/吨，此时该厂在现货市场上以2 000元/吨的价格抛售了2 000吨焦炭，同时在期货市场上以2 400元/吨的价格买入2 000吨9月份合约平仓。套期保值效果见表4-6。

表 4-6 基差走弱与卖出套期保值分析表

	现货市场	期货市场	基差
6月11日	焦炭现货市场价格为2 200元/吨	卖出9月份焦炭合约价格为2 500元/吨	-300元/吨
8月1日	卖出2 000吨焦炭价格为2 000元/吨	买入9月份焦炭合约价格为2 400元/吨	-400元/吨
套利结果	亏损200元/吨	盈利100元/吨	基差走弱100元/吨
	净亏损（200-100）×2 000=200 000（元）		

在该例中，现货价格和期货价格均下降，但现货价格的下跌幅度大于期货价格的下跌幅度，基差走弱，从而使得公司在现货市场与期货市场盈亏相抵后仍亏损20万元。

练习题

一、单项选择题

1. 套期保值是通过建立（　　）机制，以规避价格风险的一种交易方式。

A. 期货市场与现货市场之间盈亏冲抵　　B. 以小博大的杠杆

C. 期货市场代替现货市场　　D. 买空卖空的双向交易

2. 基差公式中所指的期货价格通常是（　　）的期货价格。

A. 最远交割月　　B. 最近交割月　　C. 居中交割月　　D. 当年交割月

3. 下列不能利用套期保值交易进行规避风险的是（　　）。

A. 农作物减产造成的粮食价格上涨　　B. 原油供给减少引起的制成品价格上涨

C. 利率上升使得银行存款利率提高　　D. 粮食价格下跌使得买方拒绝付款

4. 基差为正且数值增大，属于（　　）。

A. 反向市场基差走弱　　B. 正向市场基差走弱

C. 正向市场基差走强　　D. 反向市场基差走强

5. 某公司购入 500 吨小麦，价格为 1 300 元/吨，为避免价格风险，该公司以 1 330 元/吨价格在郑州期货交易所做套期保值交易，小麦 3 个月后交割的期货合约上做卖出保值并成交。2 个月后，该公司以 1 260 元/吨的价格将该批小麦卖出，同时以 1 270 元/吨的成交价格将持有的期货合约平仓。该公司该笔保值交易的结果（其他费用忽略）为（　　）。

A. −50 000 元　　B. 10 000 元　　C. −3 000 元　　D. 20 000 元

6. 7 月 1 日，大豆现货价格为 2 020 元/吨，某加工商对该价格比较满意，希望能以此价格在一个月后买进 200 吨大豆。为了避免将来现货价格可能上涨，从而提高原材料成本，决定在大连商品交易所进行套期保值。7 月 1 日买进 20 手 9 月份大豆合约，成交价格 2 050 元/吨。8 月 1 日当该加工商在现货市场买进大豆的同时，卖出 20 手 9 月份大豆合约平仓，成交价格 2 060 元。请问在不考虑佣金和手续费等费用的情况下，8 月 1 日对冲平仓时基差应为（　　）元/吨能使该加工商实现有净盈利的套期保值。

A. 大于−30　　B. 小于−30　　C. 小于 30　　D. 大于 30

二、判断题（正确的画“√”，错误的画“×”）

1. 在期货市场上，套期保值者是为了实物交割，投机者是为了获取风险收益。（　　）

2. 利用期货市场进行套期保值，可以达到锁定企业经营成本，实现预期收益的目的。（　　）

3. 在反向市场上，随着交割月的临近，期货价格和现货价格通常会趋同。（　　）

4. 卖出套期保值要先在现货市场卖出现货。（　　）

三、综合题

1. 假设市场利率为 5%，大豆价格为 4 500 元/吨，每日仓储费用为 0.8 元/吨，保险费每月 10 元/吨，则每月持仓费是多少？

2. 2 月中旬，豆粕现货价格为 2 760 元/吨，我国某饲料厂计划在 4 月份购进 1 000 吨豆粕，为了防止豆粕价格上涨该饲料厂在大连商品期货交易所进行套期保值，5 月豆粕合约建仓价格为 2 790 元，4 月份该厂以 2 770 元/吨的价格买入豆粕 1 000 吨，同时平仓 5 月豆粕期货合约，平仓价格为 2 785 元/吨。

请问：该饲料厂需要进行何种套期保值？如何操作？套期保值效果如何？

第五章

期货交易基本分析法

本章主要内容

期货市场价格的影响因素、基本分析的常用方法、基本面分析的步骤与应用。

本章重点

期货市场价格的影响因素。

基本分析法是根据商品的实际供给和需求关系及影响供求关系变化的种种因素来预测商品价格走势的一种分析方法。

第一节 基本分析法的内容

基本分析法是利用供求关系的变化来预测未来市场期货价格走势的变化，以决定买卖策略。一般来说，商品供大于求，则期货价格看跌；反之则看涨，见表 5-1。

表 5-1 供求关系的变化对期货价格的影响

需求		供给		综合	
变动方向	影响价格	变动方向	影响价格	均衡数量	均衡价格
增长	上升	减少	上升	不定	上升
增长	上升	增长	下降	上升	不定
减少	下降	减少	上升	减少	不定
减少	下降	增长	下降	不定	下降

基本分析法主要对影响期货价格的各种因素进行分析。影响期货价格的因素，主要是市场供求因素，还有政策因素、经济周期波动因素、政治因素、自然条件因素、投机因素、心理因素等。这些因素最终都是通过供求影响期货市场价格的。

一、市场供求因素

商品的供求与价格是相互影响、相互制约的。从短期看，市场上商品的供求决定价格，从长期来看，价格决定着市场上商品的供给和需求。

（一）供给方面

供给方面主要是指本期商品供给量的构成及其变化。本期商品供给量主要由前期库存量、本期产量和本期进口量三部分组成。

1. 前期库存量

前期库存量是指前期积存下来可供社会消费的商品实物量，它是构成总供给量的重要部分。根据存货持有者身份的不同，可分为生产者存货、经营者存货和政府存货。前期库存量的多少，体现着供应量的紧张程度，供应短缺将导致价格上涨，而充裕的供应将导致价格下跌。因而，对于能够储藏的小麦、玉米、大豆等农产品及能源和金属矿产品等，研究前期库存量是非常重要的。

2. 本期产量

本期产量是指当期商品的生产量，是市场商品供给量的主体。由于期货合约所交易的商品是在合约成交时刚投产或即将投产的产品，与前期库存量不同，本期产量可能受各种因素的影响，因此本期产量是个变量。这一点对于受自然因素影响较大的农产品而言尤为明显。对于农产品期货，必须注意分析研究播种面积、气候情况和农作物生产条件、生产成本及政府政策等因素的变动情况，这样才能较好地把握本期产量。美国农业部在每月中旬发布的《世界农产品供求预测》中预测世界大豆等农产品的供应量，以及分国别的供应量。这一报告对芝加哥大豆期价有相当大的影响。美国农业部在每月中旬发布的《油料作物概况》对世界油料作物的供应量做预测。这些资料对了解国际市场的变化，掌握芝加哥大豆期价的变化规律是有帮助的。

3. 本期进口量

本期进口量是对国内生产量的补充，通常会随着国内市场供求平衡状况的变化而变化。同时，本期进口量还会因国际、国内市场价格差、汇率、国家进出口政策及国际政治因素的影响而变化。此外，某种商品本期进口量占社会消费总量的比重越大，表明进口依赖程度高，则本期进口量的变化对市场商品供给和商品价格的影响就越大，因此，对国际形势、进口贸易政策、进口数量等要及时了解掌握。进口数据可以从每月海关的统计数据中获得，进口预测数据的主要来源有美国农业部周四发布的《每周出口销售报告》及有关机构对南美大豆出口装运情况的报告。进口预测数据对大连大豆期价的影响较大，但由于贸易商在国际市场卖回去或转运他国等情况，进口预测数据很难反映真实的进口数量。

（二）需求方面

商品市场的需求量通常由国内消费量、出口量和期末结存量三部分组成。

1. 国内消费量

国内消费量主要受消费者的收入水平、购买能力、消费者人数、消费结构变化、商品新用途发现、替代品的价格及获取的方便程度等因素的影响，它也是一个变量。一般来说，这些因素的变化对期货商品需求及价格的影响要大于对现货市场的影响。

2. 出口量

在产量一定的情况下，某种商品出口量的增加会减少国内市场供应量；相反，出口量的减少，会增加对国内市场供应量。因此，它是影响国内需求总量的重要因素之一。分析其变化应综合考虑影响出口量的各种因素的变化情况，如国际、国内市场供求状况，内销和外销价格比值，本国出口政策和进口国进口政策变化，关税和汇率变化等。

3. 期末结存量

期末结存量是分析期货商品价格变化趋势最重要的数据之一。一般来说，当本期商品供不应求时，期末结存量将会减少，商品价格往往就会上升，此时投资者就可以考虑买入期货合约；反之，若期末结存量增加，则意味着当年的供应量大于需求量，商品价格一般会处于下跌趋势，此时投资者就可以考虑卖空期货合约。

因此，分析本期结存量的实际变动情况，可从商品实物运动的角度看出本期商品的供求状况及其对下期商品供求状况和价格的影响。20××年的全球食糖供需平衡表见表 5-2。

表 5-2 20××年的全球食糖供需平衡表　　单位：万吨

项目	08/09	09/10	10/11	11/12
期初库存量	40 505	29 240	28 413	29 264
甜菜糖产量	30 344	33 406	31 526	33 689
甘蔗糖产量	113 800	120 272	129 422	134 793
糖总产量	144 144	153 678	160 948	168 482
原糖进口量	28 274	30 553	31 576	29 479
精炼糖进口量	16 793	20 206	18 674	1 7720
总进口量	46 656	52 365	51 828	48 777
总供应量	231 305	235 283	241 189	246 523
原糖出口量	27 549	31 058	32 306	33 652
精炼糖出口量	20 237	20 170	20 297	22 052
总出口量	47 786	51 228	52 603	55 704
人用消费量	153 437	154 918	158 622	161 274
其他消费量	842	724	700	728
总使用量	154 279	155 642	159 322	162 002
期末库存量	29 240	28 413	29 264	28 817
总需求量	231 305	235 283	241 189	246 523
库存使用比	18.95%	18.26%	18.37%	17.79%

二、政策因素

政策因素包括经济政策因素和货币政策因素。两种政策因素使用越频繁，对期货价格影响也越大。

（一）经济政策因素

各国为了维护自身的政治和经济利益，常常会制定和修改某些政策和措施。有些政策和措施会对期货价格产生不同程度的影响。除了国内政策措施变化外，国际性商品协定和组织机构的政策变化也对期货市场价格产生影响。世界上一些大宗商品如石油、铜、橡胶、咖啡、可可等的主要生产国和消费国，大都订立了贸易协定，成立了国际性行业组织，例如石油输出国组织、国际锡生产国协会、天然橡胶生产国协会等。这些国际性商品协定和国际组织，为维护其利益，经常采取一致的政策措施来影响国际市场的商品供求关系和市场价格，如削减产量、出口管理制、限制价格波幅等。这些政策措施，对期货市场商品价格产生不同程度的影响，如石油输出国组织经常召开部长级会议，经协商规定各成员国最高日产量，以防止因生产过剩而造成油价下跌。

（二）货币政策因素

商品期货交易与金融货币市场有着紧密的联系。利率的高低、汇率的变动都直接影响商品期货价格变动。在期货市场中，货币政策因素对期货价格的影响主要表现在货币供应量、贴现率、利率和汇率等方面。美元、欧元、日元、英镑等主要国际流通货币的利率或汇率的波动，对期货市场价格有着极为明显的制约作用。货币量的多少决定商品期货价格的大体走势，因此在分析期货市场的价格走势时，必须注意各国金融货币变动的情况及其对商品价格可能带来的影响。一般来说，各国货币的汇价变化和利率波动对期货市场价格有着极为明显的制约作用。因此，从事期货交易的人士对金融货币因素的变动十分敏感，特别是美元、欧元、英镑等国际流通货币的汇价与利率变化，更成为人们预测国际期货市场价格时所关注的重要内容。

1. 货币供应量

货币供应量的多少决定商品期货价格的大体走势。当货币供应量增加时，商品价格随之上升；反之亦然。货币供应量与商品价格成正比关系。货币供应量对金融期货的影响最大，货币供给量的多寡直接影响金融期货的价格。例如，对于股指期货，货币供应量增加，股指期货价格上涨，反之则下跌。因为货币供应量增加，说明社会上的游资相应增加，股价则随之上涨，处于牛市的股指期货价格自然会向上攀升。

2. 利率

当银根紧缩时，利率上升，加重了期货交易商的利息负担，增加了交易成本，迫使交易商尽早平仓或退出市场，使期货价格趋跌；当银根放松时，利率降低，又会刺激投资者积极参与期货交易，使市场活跃，期货价格趋升。对于投机性期货交易者来说，保证金利息是其交易的主要成本。因此，利率的高低变动将直接影响期货交易者的交易成本：如果利率提高，交易成本上升，投机者风险增大，就会减少期货投机交易，使交易量减少；如果利率降低，期货投机交易成本降低，交易量就会放大。利率调整是政府紧缩或扩张经济的宏观调控手段。

3. 汇率

期货市场是一种开放性市场，期货价格与国际市场商品价格紧密相连。国际市场商品价格的比较必然涉及各国货币的交换比值——汇率，汇率是本国货币与外国货币交换的比率。当本币贬值时，即使外国商品价格不变，但以本国货币表示的外国商品价格将上升，反之则下降。因此，汇率的高低变化必然影响相应的期货价格变化。据测算，美元对日元贬值

10%，日本东京谷物交易所的进口大豆价格会相应下降10%左右。由于国际上大宗商品一般都用美元计价，所以，美元的涨跌与大宗商品价格呈反方向变动。美元贬值，商品价格上涨；反之，商品价格下跌。同样，人民币如果对美元升值，那么国内商品期货价格就应该下跌。

除了利率和汇率因素外，作为金融货币体系重要组成部分的股票及债券市场、黄金市场和外汇市场的运行，也会影响期货市场的运行，从而影响期货价格。当股票、债券、黄金价格上升时，说明社会游资过多，市场过热，将会引致通货膨胀率上升，并刺激利率上涨，此时投机者会因为担心加息而抛空期货合约，致使商品期货价格下跌。反之，当股票、债券、黄金价格下跌时，投机者又大量入市买入期货合约，从而引起期货价格上涨。因此，期货价格通常与股票、证券和黄金价格呈反方向变动。因此在期货交易中，考虑所选用的计价货币及其他货币的汇率变动对于期货价格的影响是相当重要的。

4. 贴现率

贴现率提高，从事期货交易的成本高，另外贴现率提高预示着市场利率的升高，经济趋于紧缩，期货价格下跌；调低贴现率，资金成本低，且经济趋于扩张，期货价格上涨。

三、经济周期波动因素

经济形势的好坏与社会总供求状况、期货商品供求关系存在密切的联系。由于期货市场是与国际市场紧密相连的开放市场。因此，期货市场价格波动不仅受国内经济周期波动的影响，而且还受世界经济景气状况的影响。

经济周期一般由四个阶段构成，即危机、萧条、复苏、繁荣。

在危机阶段，由于需求萎缩，供给大大超过需求，库存增加导致价格大幅下跌；在萧条阶段，价格下跌停止，但这一阶段社会购买力仍然很低，商品销售仍然困难，因此，价格仍处于低水平上；进入复苏阶段，由于生产的恢复和发展及需求的增加，促使价格逐渐回升；而到了繁荣阶段，由于商品需求不断增加，而供应量满足不了日益增长的需求，从而刺激价格迅速上涨至较高水平。

商品价格在经济周期各个阶段的变化导致期货市场出现短期的价格上涨或下跌的现象。因此，当我们分析较长时期期货价格走势时，应该密切注意国内外经济情况的变化。我们一般可以通过各国的经济增长率、国民生产总值等指标判断经济的繁荣与萧条，而通过货币供应量，各种物价指数的高低判断通货膨胀的情况。

四、政治因素

政治与经济历来都是密不可分的，一个地区、一个国家乃至世界政局形势，对经济的影响都是很大的。期货市场对政治气候的变化异常敏感，各种政治性事件的发生常常对价格造成不同程度的影响。当政局动荡时，经济整体受影响，期货市场也受冲击，期货价格也会剧烈动荡和局势的变化。

一个国家的政变、内战、罢工、大选、劳资纠纷等因素以及国际方面的战争、冲突、经济制裁、政坛重要人物的变故等，所有这些因素都会导致期货价格的波动。例如，叙利亚的战争冲突预期致使原油期货价格上涨。

五、自然条件因素

自然条件主要是指气候条件、地理变化及自然灾害等，具体包括洪涝灾害、干旱、台风、霜冻、虫灾、地震等因素。由于期货商品大多为初级大宗物资，如大豆、小麦、铜、铝及橡胶等，其生产消费与自然条件密切相关。有时候因自然条件出现的变化，会对这些产品的正常生产和消费带来较大影响。

例如，2011 年 3 月 11 日 13 时 46 分，日本发生 9.0 级地震，受大地震影响，日本三大汽车公司工厂全部停产。导致日本橡胶连续多日暴跌。日本地震和随之而来的海啸对商品期货及货币市场造成了极大的即时打击，更多更广泛的影响力还将继续渗透至美国和全球经济中，强震之后的日本将对世界经济产生重大影响。地震导致日本第一核电站停机，这必将导致日本国内的电力供应短缺，而日本核电约占总电力供应的 30%。所以一旦电力供应的下降或将拉动燃油发电的需求。因此随着灾后重建的启动，日本原油和燃料的实质需求如果出现较大变动，就会对国际原油价格走势产生影响。

此外，一些商品因为产地与交易所交割仓库相距较远，因为气候条件的变化，暂时耽误正常运输，造成短期供应紧张，也会对期货价格产生明显影响。自然因素对期货商品，尤其是受自然因素影响大的农产品，具有相当的制约性：当自然条件不利时，农作物的产量就会受到影响，从而使供给趋紧，刺激期货价格上涨：反之，如气候适宜，又会使农作物增产，增加市场供给，促使期货价格下跌。例如，巴西灾害性天气的出现，对国际上咖啡和可可的价格影响很大。由此可见，变幻莫测的气候因素对某些商品，特别是农副产品的期货市场价格具有较大的制约性。

当今世界科技水平迅速提高，但对自然环境的突发性变化，特别是对各种自然灾害的抗御能力是十分有限的。因此，自然因素对期货商品，尤其是受自然因素影响较大的农产品，仍具有相当的制约性：自然因素对期货价格形成的刺激作用既是剧烈的，但往往又是短暂的，除非因自然条件的改变对商品的长期供求产生深远影响，否则价格原先的趋势一般会慢慢恢复。

六、投机因素

在期货市场中，大投机商经常利用某些消息或价格的波动，人为地进行买空和卖空，从而对期货价格的变动起着推波助澜的作用。

例如，5 月，大投机商利用我国大面积干旱的减产预期，短期炒作早籼稻期货价格，期价一度大幅上涨，从 5 月 13 日的 2 443 元上涨到 5 月 30 日的 2 661 元，短短十几天，价格上涨 9%。直到出现了大范围的降雨，缓解了旱情，才结束了炒作，期价一路下跌，到 6 月 17 日基本跌到 2 487 元，基本跌回了原价，如图 5-1 所示。

七、心理因素

心理因素是指投机者对市场的信心。投机者的心理因素也会对期货市场的商品价格变动产生影响。人们对市场信心十足，即使没有什么特别的利好因素刺激，也可因投机者的心理因素作用而推动价格上涨；反之，当人们对市场缺乏信心时，价格即有可能因此而下降。

心理因素是影响期货价格的一个重要因素。在心理因素分析中，需要着重分析的是市场

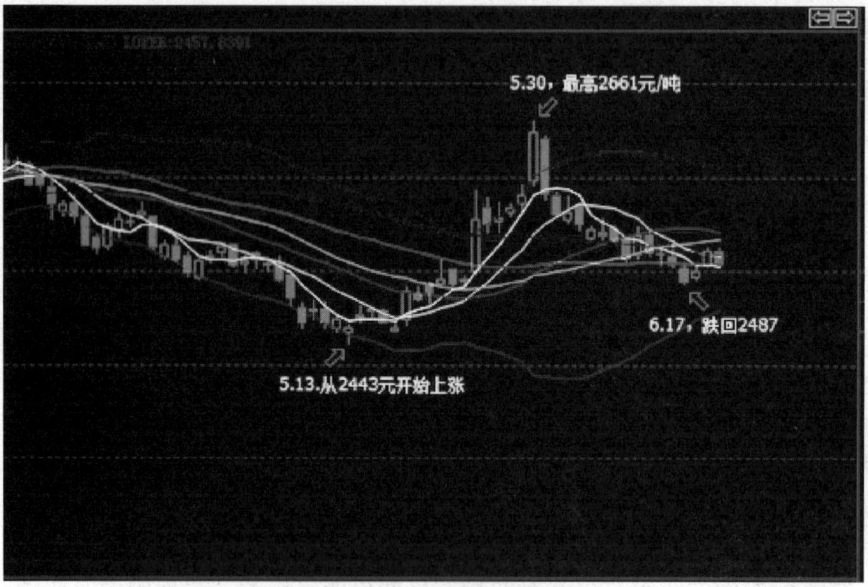

图 5-1　5 月我国大面积干旱，导致早籼稻期货价格大幅上涨

大众参与者的心理因素，这是衡量市场涨跌的重要参考指标。大众心理往往更能客观地反映广大期货交易者对期货价格走势的看法。

第二节　基本分析常用方法

基本分析并没有固定的模式，投资者可以根据自己的实际情况确定自己的模式，下面简单介绍几种实践中常用的基本分析方法。

一、平衡表法

平衡表法是在表中列出供给与需求方面的重要数据，例如期初库存量、当期生产量、进口量、出口量、期末库存量，除此以外，还列出前期的对照值及未来期的预测值，表 5-3 为中国玉米供需平衡表。

表 5-3　中国玉米供需平衡表　　单位：千吨

	12-09	1-10	2-10	3-10	4-10	5-10	6-10	7-10	8-10	9-10	10-10	11-10
期初库存量	170 085	158 338	145 860	134 013	122 769	111 826	100 875	90 210	80 172	69 875	60 162	110 938
当期生产量										1 000	61 800	89 200
国内总供给量	170 085	158 338	145 860	134 013	122 769	111 826	100 875	90 210	80 172	70 875	121 962	200 138
进口量	34	12	1	2	4	5	64	194	432	513	200	200
总供给量	170 118	158 350	145 861	134 015	122 773	111 831	100 940	90 404	80 604	71 388	122 162	200 338

续表

	12-09	1-10	2-10	3-10	4-10	5-10	6-10	7-10	8-10	9-10	10-10	11-10
食用玉米消费量	1 098	1 208	1 208	1 000	900	800	700	700	700	700	700	700
饲料消费量	7 708	8 000	7 300	6 900	6 900	7 000	7 000	6 500	7 000	7 500	7 500	7 300
工业消费量	2 700	3 000	3 100	3 100	2 900	2 900	2 800	2 800	2 800	2 800	2 800	2 800
种子消费量												
损耗量	238	240	240	240	240	240	220	220	220	220	220	220
出口量	36	42	0	6	7	16	9	12	9	6	4	4
国内总需求量	11 780	12 490	11 848	11 246	10 947	10 956	10 729	10 232	10 729	11 226	11 224	11 024
期末库存量	158 338	145 860	134 013	122 769	111 826	100 875	90 210	80 172	69 875	60 162	110 938	189 314

尽管平衡表是一项非常有用的参考资料，清楚列示了各种关键数据。但是，平衡表作为一项分析工具仍具有一定的局限性，它本身没有办法回答期货价格是否合理的问题。价格水平与基本面情况是否对应，还需借鉴其他的分析方法。

二、计量经济模型法

在对商品期货价格走势进行定性分析的同时，可以利用统计技术进行定量分析，提高预测的准确度，还可以通过建立经济模型，系统地描述影响价格变动的各种供求因素之间相互制约、相互作用的关系。利用计量经济模型来分析各经济要素之间的制约关系，已成为基本面分析的重要预测手段之一。

（一）回归分析法

回归分析法是一种具体的、实用价值较高的分析方法，在基本分析中运用最广泛，也是最基础的分析方法。

回归分析法依据相关关系中自变量个数不同进行分类，可分为一元回归分析法和多元回归分析法。只有当诸多的影响因素中，确实存在一个对因变量作用明显高于其他因素的变量，才适合将它作为自变量，应用一元线性回归分析法进行分析。在实际问题中，一个变量仅受单个影响因素影响的情况极少，通常是受到多个变量的影响，如家庭消费支出，除了受家庭可支配收入的影响外，还受诸如物价水平、存款利息等多种因素的影响，表现在线性回归模型中有多个解释变量。这样的模型被称为多元线性回归模型。在现实中多元线性回归分析法比一元线性回归分析法使用更为广泛。

（二）联立方程计量模型分析法

联立方程计量模型分析法是使用一组联立方程式来表达经济变量之间的关系。

从理论上说，联立方程计量模型比单一方程式更精密、结构也更完善，预测效果更精确，但是模型复杂后，不仅计算难度大大增加，对数据的要求也进一步提升。因此，就实用性来说，有些专家认为，联立方程计量模型不是十分必要的分析工具。

三、季节性分析法

季节性分析法是一种统计分析方法，它是用季节指数反映商品价格的季节性变化规律，对期货价格走势进行分析的方法。季节性分析法表明在某一年份中可能发生价格上升或下降的某些特殊时期，或者力图指出可能出现全年价格最高点和最低点的一些特殊月份。

【案例 5-1】 季节性分析法在棉花市场中的应用。

一年四季，市场上的各种因素周而复始地影响着棉花的生长，从而影响着棉花期货价格的走势，如图 5-2 所示为各年份棉花季节性指数，可以看出棉花的季节特征十分明显。

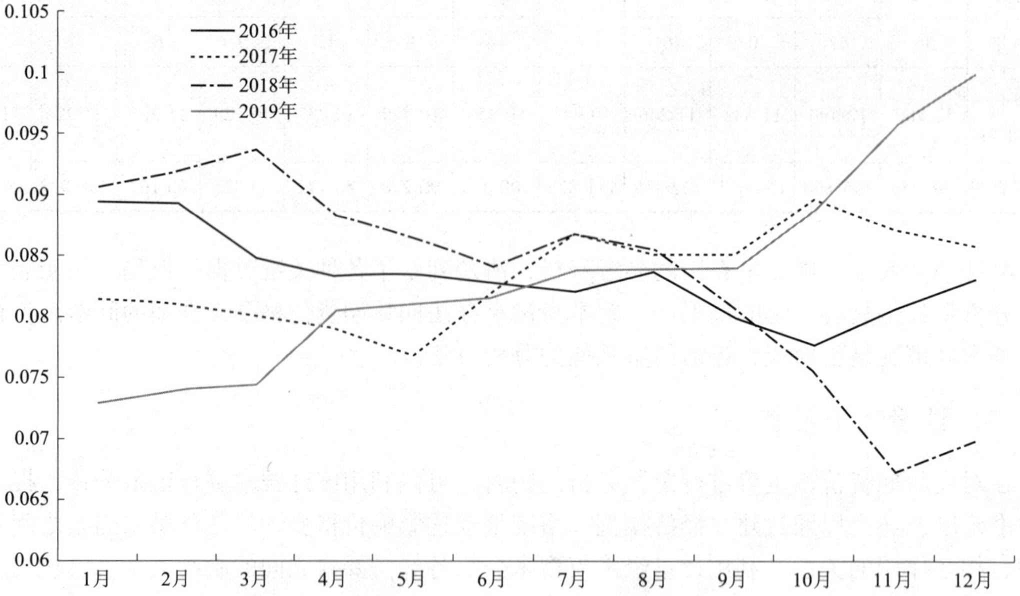

图 5-2 各年份棉花季节性指数

结合图 5-2 与表 5-4，通常可以用某月份上涨年份的百分率来度量该月份是否具有季节性特征。其中上涨年份的比率大于等于 75%，或者小于等于 25% 的月份，应当引起投资者的注意。分析的结果：3—4 月是相对而言易下跌的月份，而 11—12 月是相对而言易上涨的月份；其余月份涨跌概率均等。但季节性分析法只能为我们提供市场发展的轮廓，但很难为具体的操作提供详细的指导，这是季节性分析法的不足之处。

表 5-4 棉花月度走势统计

月份	上涨年份数	下跌年份数
1—2	2	2
2—3	2	2
3—4	1	3
4—5	2	2
5—6	2	2

续表

月份	上涨年份数	下跌年份数
6—7	2	2
7—8	2	2
8—9	2	2
9—10	2	2
10—11	2	2
11—12	3	1

四、分类排序法

在期货交易的某些品种中，经常会碰到有效数据时间不长或数据不足的情况，这样前面讲述的定量分析方法就无法使用。分类排序法适用于有效数据时间不长，数据不全面和无法满足定量分析方法对资料及数据全面性的要求的情况。

1. 分类排序法的基本步骤

① 确定影响价格的主要因素或指标。

② 将每一个因素或指标的状态按利多、利空的程度进行等级划分。

③ 对每一个因素或指标的状态进行评估，得出对应的数值。例如，用数值 2 对应强烈利多，1 对应利多，0，-1，-2 分别对应中性、利空、强烈利空。

④ 将所有指标所得到的数值相加求和，并根据相加后的总数值评估该品种未来趋势。

2. 应用分类排序法的注意事项

① 采用分类排序法，只适用于判断价格的未来趋势，并不能预测价格的绝对水平或价格的变动幅度。

② 由于基本面指标的状态判断及赋值大小，与分析师个人的判断有关，所以这种分析方法所得到的结论与分析师个人的主观判断有较大的关系。

练习题

一、单项选择题

1. 目前，货币政策是世界各国普遍使用的宏观经济政策之一，其核心是对（　　）的管理。

A. 利率　　B. 汇率　　C. 价格指数　　D. 货币流通量

2. 在 2003 年伊拉克战争期间，国际市场上原油期货价格变化幅度较大，这属于（　　）对价格的影响。

A. 经济周期波动因素　　B. 货币政策因素

C. 政治因素　　D. 经济政策因素

3. 下列有关商品需求量决定因素的说法，错误的是（　　）。

A. 商品价格越高，需求量就越小

B. 互补商品中，一种商品价格的上涨会引起另一种商品需求量的增加

C. 收入增加导致对商品需求量增加

D. 预期某种商品价格会上涨时，该商品的需求量会增加

4. 当巴西出现灾难性天气时，国际市场上可可的期货价格会（　　）。

A. 上涨　　B. 下跌　　C. 不变　　D. 不确定

5. 有分析报告指出，美国近期经济景气状况仍不容乐观。能够反映经济景气程度的需求类指标是（　　）。

A. 货币供应量　　B. 全社会固定资产投资额

C. 新屋开工量和营建许可量　　D. 价格指数

二、判断题（正确的画“√”，错误的画“×”）

1. 在经济周期的高涨阶段，由于商品需求不断增加，而供应量满足不了日益增长的需求，从而刺激商品价格迅速上涨至较高水平。（　　）

2. 一般而言，政府收入政策与就业政策的变化对商品期货需求及价格的影响要小于现货市场的影响。（　　）

3. 当经济发展缓慢时，中央银行通常会提高利率以刺激经济增长。（　　）

4. 投机者的心理变化与投机行为在期货交易中形成了相互依赖、相互制约的关系。（　　）

三、简答题

经济周期波动对商品期货价格有什么影响?

阅读资料

美林“投资时钟”

美林“投资时钟”理论是一种将“资产”“行业轮动”“债券收益率曲线”“经济周期四个阶段”联系起来的方法，是一种非常实用的指导投资周期的工具。美林“投资时钟”分析框架，可以帮助投资者识别经济周期的重要拐点。而正确识别经济增长的拐点，投资者可以通过转换资产以实现获利。美林“投资时钟”理论按照经济增长与通胀的不同搭配，将经济周期划分为四个阶段（如图 1 所示）。

（1）“经济上行、通胀下行”构成复苏阶段，此阶段由于股票对经济的弹性更大，其相对债券和现金具备明显超额收益。

（2）“经济上行、通胀上行”构成过热阶段，在此阶段，通胀上行增加了持有现金的机会成本，可能出台的加息政策降低了债券的吸引力，股票的配置价值相对较强，则商品将明显走牛。

（3）“经济下行、通胀上行”构成滞胀阶段，在此阶段，现金收益率提高，持有现金最明智，经济下行对企业盈利的冲击将对股票构成负面影响，债券相对股票的收益率提高。

（4）“经济下行、通胀下行”构成衰退阶段，在此阶段，通胀压力下降，货币政策趋松，债券表现最突出，随着经济即将见底的预期逐步形成，股票的吸引力逐步增强。

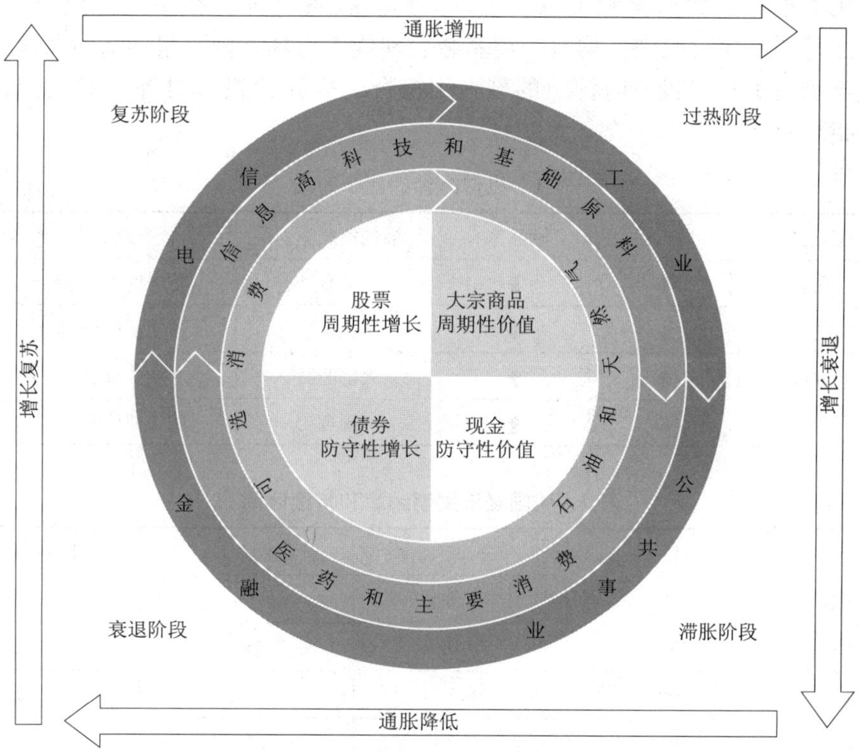

图1　美林“投资时钟”

1. 收益率（见表1至表5和图2、图3）

Ⅰ衰退：债券>现金>大宗商品；股票>大宗商品

Ⅱ复苏：股票>债券>现金>大宗商品

Ⅲ过热：大宗商品>股票>现金/债券

Ⅳ滞胀：现金>债券>大宗商品/股票

2. 制订战略

Ⅰ周期性：当经济增长加快（北），股票和大宗商品表现好。周期性行业，如高科技股或钢铁股表现超过大市。当经济增长放缓（南），债券、现金及防守性投资组合表现超过大市。

Ⅱ久期：当通胀率下降（西），折现率下降，金融资产表现好。投资者购买久期长的成长型股票。当通胀率上升（东），实体资产，如大宗商品和现金表现好。估值波动小而且久期短的价值型股票表现超出大市。

Ⅲ利率敏感：银行和可选消费股属于利率敏感型，在一个周期中最早有反应。在中央银行放松银根，增长开始复苏时的衰退和复苏阶段，它们的表现最好。

Ⅳ与标的资产相关：一些行业的表现与标的资产的价格走势相关联。保险类股票和投资银行类股票往往对债券或股权价格敏感，在衰退或复苏阶段中表现得好。矿业股对金属价格敏感，在过热阶段中表现得好。石油与天然气股对石油价格敏感，在滞胀阶段中表现超过大市。

中国市场通过历史数据检验可以发现，美林“投资时钟”在中国基金市场的有效性，在经济周期运行的不同阶段中，均有一类基金表现优于市场指数，且多数时候这类具有明显优势的基金类型与美林“投资时钟”的刻画相符合，美林“投资时钟”对人们进行基金投资有一定的指导意义。

表1　投资时钟的四个阶段

阶段		增长率	通胀率	最佳资产类别	最佳行业板块	收益率曲线斜率
Ⅰ	衰退	⬇	⬇	债券	防守性增长	牛市陡
Ⅱ	复苏	⬆	⬇	股票	周期性增长	—
Ⅲ	过热	⬆	⬆	大宗商品	周期性价值	熊市平
Ⅳ	滞胀	⬇	⬆	现金	防守性价值	—

表2　美国经济周期频率和持续时间

阶段		总计/月	总计/年	频率/%	平均持续时间/月
Ⅰ	衰退	58	4.8	15%	19.0
Ⅱ	复苏	131	10.9	35%	21.8
Ⅲ	过热	100	8.3	27%	20.0
Ⅳ	滞胀	86	7.2	23%	17.2
		375	31.3	100%	19.5

表3　美国几大类资产的实际回报率

阶段		债券	股票	大宗商品	现金
Ⅰ	衰退	9.8	6.4	-11.9	3.3
Ⅱ	复苏	7.0	19.9	-7.9	2.1
Ⅲ	过热	0.2	6.0	19.7	1.2
Ⅳ	滞胀	-1.9	-11.7	28.6	-0.3
		3.5	6.1	5.8	1.5

表4　美国在每一个阶段中的实际资产回报的全部细节

衰退	月数	债券	股票	大宗商品	现金
1974-12 到 1975-01	1	45	142	-78	0
1980-04 到 1982-11	31	9	10	-6	5
1990-11 到 1991-12	13	11	20	-9	3
2001-05 到 2002-06	13	8	-18	-18	1
	58	9.8	6.4	-11.9	3.3

复苏	月数	债券	股票	大宗商品	现金
1975-01 到 1976-12	23	4	20	-17	-1
1982-11 到 1983-07	8	7	34	10	5
1984-03 到 1986-12	33	15	20	0	5
1991-12 到 1994-05	29	3	6	-4	0
1996-12 到 1999-02	26	6	27	-27	3
2003-03 到 2004-03	12	2	33	16	-1
	131	7.0	19.9	-7.9	2.1

过热	月数	债券	股票	大宗商品	现金
1976-12 到 1978-11	23	-5	-9	14	-2
1983-07 到 1984-03	8	3	-6	12	5
1986-12 到 1989-01	25	0	6	20	2
1994-05 到 1996-12	31	5	21	16	2
1999-02 到 1999-11	9	-2	16	56	2
2004-03 到 2004-07	4	-10	-1	20	-4
	100	0.2	6.0	19.7	1.2

滞胀	月数	债券	股票	大宗商品	现金
1973-04 到 1974-12	20	-8	-31	50	-3
1978-11 到 1980-04	17	-13	0	4	-2
1989-01 到 1990-11	22	5	4	31	2
1999-11 到 2001-05	18	4	-9	23	2
2002-06 到 2003-03	9	7	-23	44	-1
	86	-1.9	-11.7	28.6	-0.3

总计	月数	债券	股票	大宗商品	现金
1973-04 到 2004-07	375	3.5	6.1	5.8	1.5

表 5　汇率（按年计算的波动）

		复苏			过热
		强			强
美元/日元	+6.7	日元	美元/日元	+9.9	日元
美元/欧元	-1.6	美元	美元/澳元	+7.0	澳元
美元/加元	-2.7	美元	美元/英镑	+5.8	英镑
美元/英镑	-4.6	美元	美元/欧元	+1.7	欧元
美元/澳币	-7.0	美元	美元/加元	0.0	—
美元/兰特	-10.5	美元	美元/兰特	-3.7	美元

续表

欧元/日元	+8.5	日元	瑞郎/澳元	+0.4	澳元
瑞郎/澳元	-9.4	瑞郎	欧元/日元	+8.1	日元
		衰退			滞胀
		强			强
美元/加元	-0.8	美元	美元/欧元	+2.0	欧元
美元/日元	-1.3	美元	美元/英镑	+1.2	英镑
美元/澳元	-1.4	美元	美元/加元	+0.3	加元
美元/英镑	-6.3	美元	美元/兰特	0.0	—
美元/欧元	-8.9	美元	美元/澳元	-5.7	美元
美元/兰特	-13.7	美元	美元/日元	-7.4	美元
欧元/日元	+8.3	日元	欧元/日元	-9.3	欧元
瑞郎/澳元	+3.3	澳元	瑞郎/澳元	-10.4	瑞郎

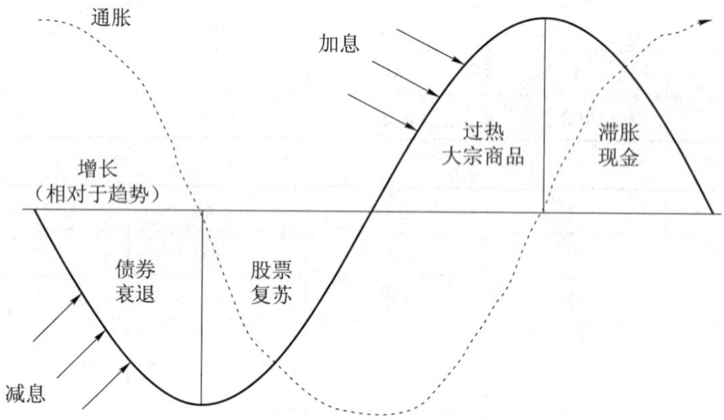

图 2　美林“投资时钟”的四个阶段

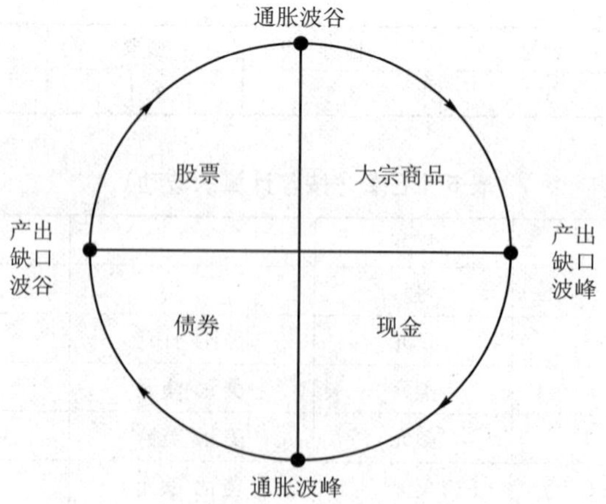

图 3　美林“投资时钟”资产配置

第六章

期货交易技术面分析理论

本章主要内容

技术面分析的概念与特点，技术面分析的理论基础，交易量和持仓量和价格的关系，实盘应用案例分析，技术面分析的主要理论与应用。

本章重点

技术面分析的主要理论与应用。

第一节 技术面分析概述

一、技术面分析的概念与特点

（一）技术面分析的概念

技术面分析，是指以市场行为为研究对象，以判断市场趋势并跟随趋势的周期性变化来进行交易决策的方法总和。市场行为包括价格、成交量和持仓变化。

技术面分析派认为，所有期货的实际供需情况及其背后起主导作用的各种因素，包括期货市场上每个交易者对未来的希望、担心、恐惧等心理因素的影响，都已经反映在期货的价格和成交量上。所以，技术面分析派只关心市场本身的变化，而不对经济、政治、政策等外部因素进行研究。技术面分析的手段是绘制图表和形成技术指标，通过图表或技术指标的记录，研究市场过去及现在的行为反应，以推测未来价格的变动趋势。

（二）技术面分析的特点

1. 直观现实特性

由于技术面分析是以技术图表为主要工具的，因此，可以非常直观地记录价格变化的历史轨迹，表现出价格的涨跌及成交量的变化等，使人们可以非常客观地了解目前价格的变化方向。技术面图表非常真实地揭示出过去和当前价格的变化情况，无虚假与臆断的弊端。技术面分析的这一特点要求人们相信技术面图表，按照技术面分析的结论来判断市场，根据技术面图表的信号来进行交易。

2. 追逐趋势特性

技术面分析不是创造趋势、引导趋势，只是告诉人们如何去追逐趋势。因此，在原有趋势还没有结束之前，需要做的是顺势交易，反对逆势交易。如图 6-1 所示，从 2008 年 10 月 24 日见底 148.89 元/克之后，上海黄金期货价格走势一直处于上升趋势之中，在没有出现新趋势之前，逢低买入是唯一正确的选择。在新趋势出现以后，就应该及时改变策略，改变立场，顺应新的趋势方向交易，不可固守原来的观点和交易方向。追逐趋势要求人们一定不要在趋势之前抢跑，不要主观臆测顶部或底部、逆市做空或做多，这一点至关重要。不要主观臆断趋势改变的时间、价位，不要主观臆断后市趋势的模式、方式。必须在趋势后面跟跑，永远不要跑到趋势的前面。趋势出来了，追逐趋势就可以了，直到趋势出现反转为止。谨记：追逐趋势。

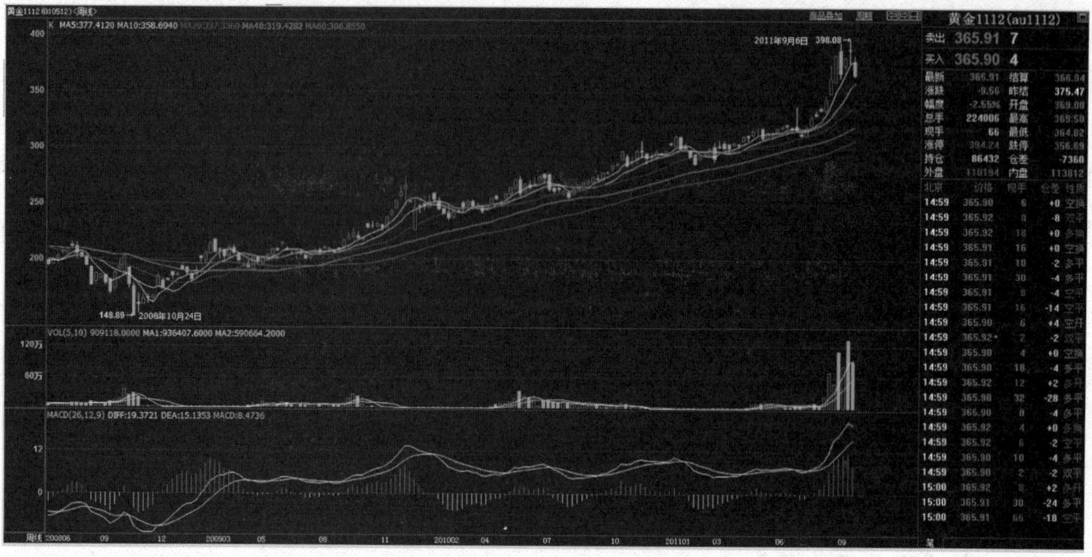

图 6-1　上海黄金期货价格走势图

3. 量化指标特性

技术面分析需要非常准确地确定交易中每一步的操作时机，必须界定出一个准确的价格或者价格范围。技术面分析提供的量化指标可以指出期货行情转折所在。期货市场的特点决定了交易时机的突出地位。在墨菲的《期货市场技术分析》一书中多次提及：时间抉择是期货交易成败的关键。严谨的技术面分析者，只要是严格依照技术面图表操作，一定可以找出具体的进场交易位置，经过技术面分析找到最佳的入市时机。期货交易的特点还决定了交易计划的重要性。一份完整的交易计划，离不开止损的设置与盈利目标的预估。这一点，因技术面分析的量化特点得以完成。期货交易的成功取决于持续的盈利，而持续的盈利，必定来源于稳定的、程序化的一套稳健的交易体系。由于技术面分析具有量化指标特性，因此使建立成功的交易方式、交易模式、交易体系成为可能。

（三）技术面分析的方法

技术面分析的方法如图 6-2 所示，将在以后章节中进行介绍。

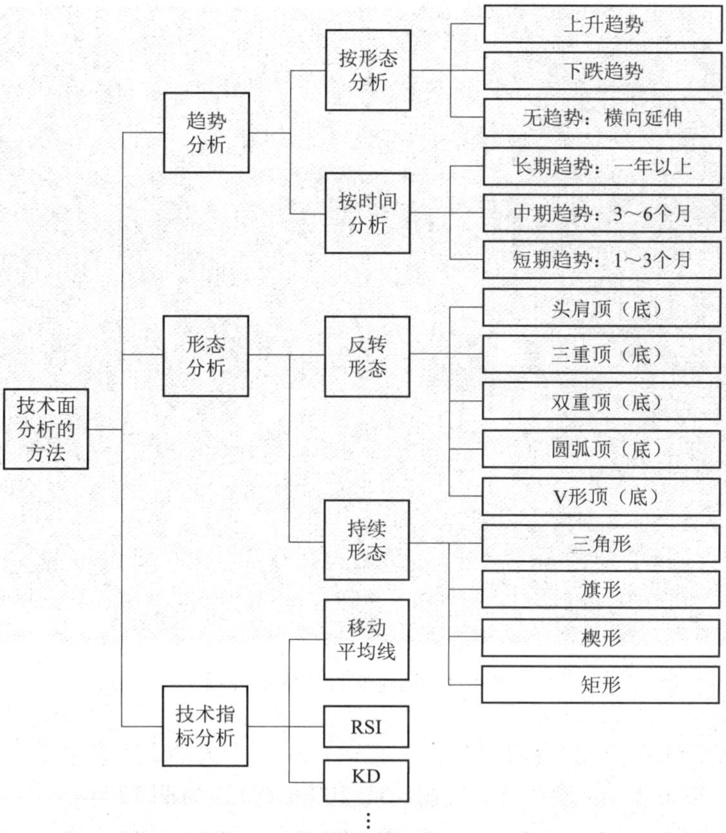

图 6-2　技术面分析的方法

二、技术面分析的理论基础

1. 市场行为反映一切

市场行为反映一切，是指基本面的所有信息，包括经济、社会、政治、政策、战争、自然灾害等一切足以影响供求关系变化的信息，也包括心理层面的影响等，都会反映到价格变化中来。因此，只需要研究价格的变化，或者通过价格的变化间接地研究基本面。通过研究价格图表及大量辅助技术指标，让市场自己揭示它未来最可能的趋势。如图 6-3 所示，棉花期货价格 8 月—12 月大幅飙升，这是因为棉花供不应求。期货市场中的众多参与者会对基本面进行分析，特别是现货商、大投机商等，利用自身的优势去搜集、分析大量基本面的信息，并据此作出买进卖出的决策，所以，价格的变化已经充分反映了基本面各个方面的影响。因此，人们只需要关注期货市场的价格及成交量的变化，而不需要再去关注基本面本身的变化。

2. 价格沿趋势变动

像物理学中的惯性定律一样，期货价格会以趋势方式演变，对于已经形成的趋势而言，一般是沿现存趋势继续演变，即在一个涨势中，如果没有外力作用（比如利空、利多消息），则趋势不会轻易改变，它会延续原来的趋势。如图 6-4 所示，美黄金期货价格从 1999

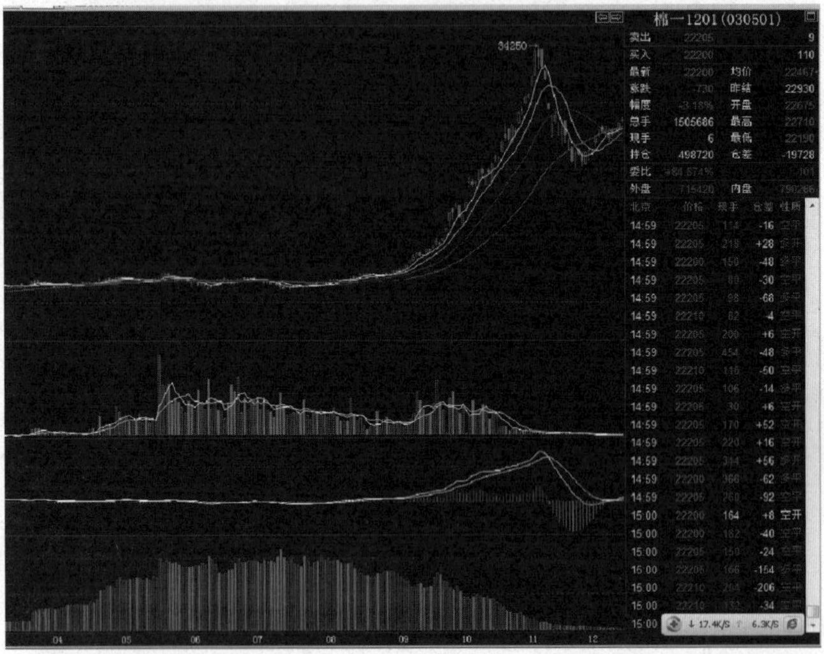

图 6-3　棉花期货价格走势图

年 8 月 25 日见底 253. 8 美元/盎司以来，一直运行在一个大的上升趋势中，到 2011 年 9 月 6 日创历史新高 1 922. 6 美元/盎司（1 盎司=31. 103 5 克），为期 12 年。

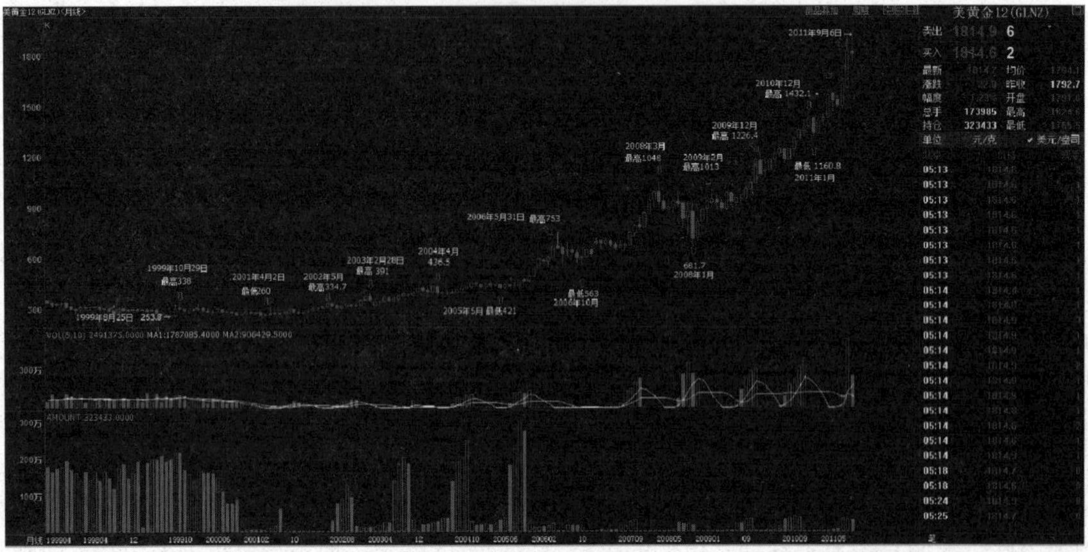

图 6-4　美黄金期货价格上升趋势

事实上，技术面分析的全部意义，就是要在一个趋势发生、发展的早期，及时、准确地把它揭示出来，从而达到顺着趋势交易的目的。技术面分析的本质就是判断趋势、顺应趋势、追逐既成趋势。既然价格按照趋势变动，有趋势可循，技术面分析就有它存在的意义。人们只需要寻找一些方法，据以判断出趋势的方向，然后顺势而为，就可以达到获取利润的目的。

3. 历史会重演

价格形态通过特定的图表反映了人们看好或看淡市场的心理。历史会重演，意思是说，当现在出现了与过去相同或相似的指标数值或者图形形态时，就可以认为它会重复过去的价格走势，据此作出买入或者卖出的决策。如图 6-5 所示，美国 No. 11 糖期货的价格每一次跌到 10 日平均线附近时，就会有做多资金进场买进，将价格托起，所以价格一直沿着 10 日线稳步上行。历史一次次重演。

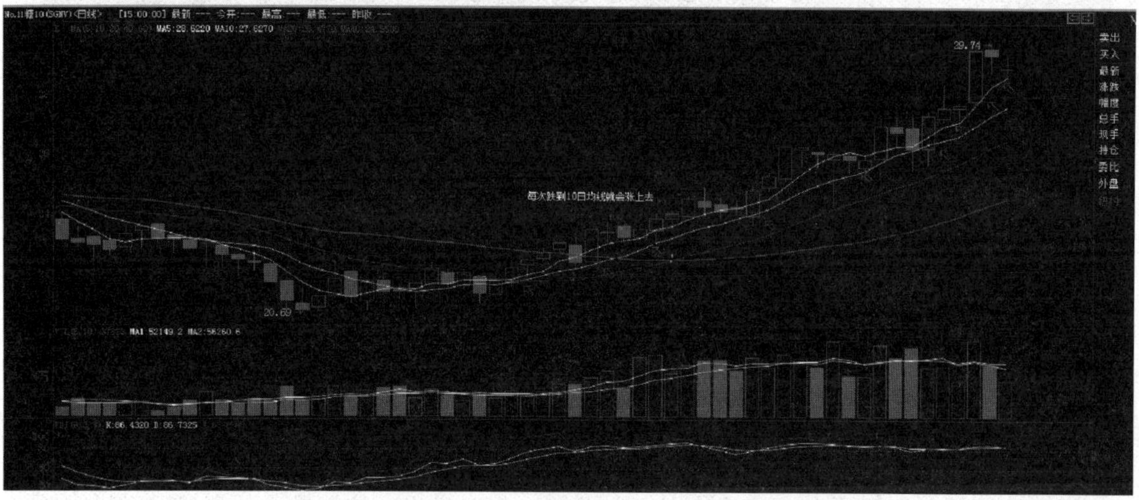

图 6-5　美国 No. 11 糖期货受 10 日平均线支撑

三、基本面分析与技术面分析的关系

基本面，是指一切影响供需的事件。基本面分析主要是对这些基本事件进行归纳总结，最终来确定商品的内在价值。当商品的价格高于其价值时，价值被高估，在交易中可以择机卖出做空；反之，如果价格低于价值，则价值被低估，在交易中可择机买入做多。

➲ 实盘应用案例 6-1

2008 年美国次级贷引发的全球性金融危机，使得商品期货价格呈恐慌性下跌，2008 年 12 月 19 日沪铜期货价格最低跌到了 21 410 元/吨，价值被严重低估。随后各国政府纷纷出台政策，刺激经济复苏。铜价开始止跌上扬，一轮新的升势随即展开。此时可根据对基本面的分析，判断出未来铜价走势将上涨。但大势判断正确了，进场机会的把握也很重要。如图 6-6 所示，2010 年 11 月 11 日沪铜期货价格为 70 000 元/吨，张某认为，因为 2006 年 5 月 12 日铜价曾高达 83 200 元/吨，所以铜价会继续上涨。于是张某在 70 000 元/吨的价位买入一手铜。之后铜价开始下跌，到 2010 年 11 月 24 日跌到 61 240 元/吨，每吨亏损 8 760 元。张某于 61 260 元/吨平仓出局。张某虽然可能看对了大趋势，但却在小的回调中赔钱出局。从图形看，张某平仓后铜价一路上涨，到 2011 年 2 月 15 日，铜价格最高涨到 77 450 元/吨。

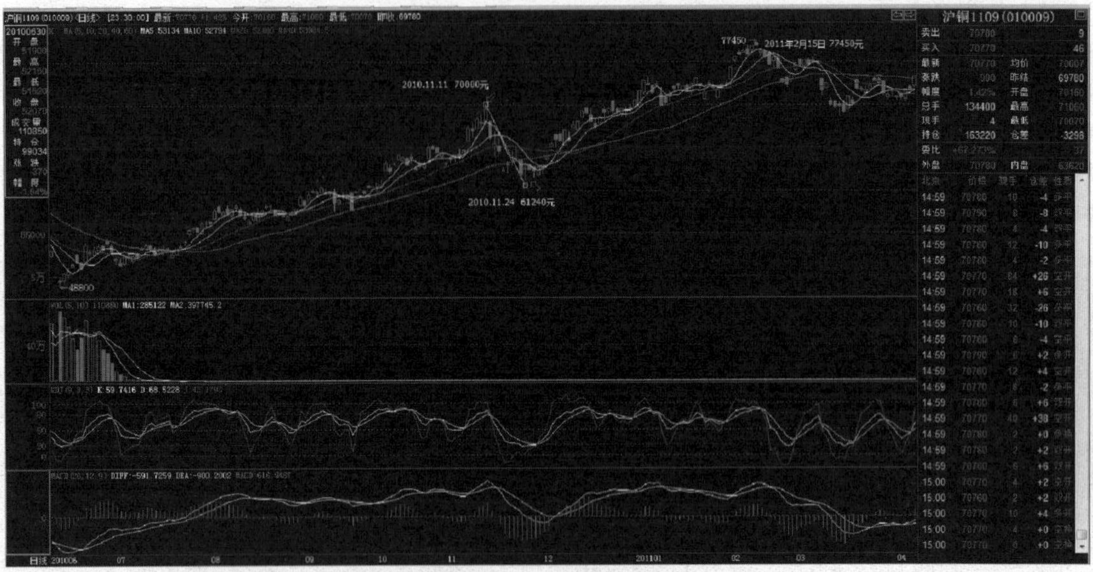

图 6-6 沪铜期货价格走势图

上述案例涉及三个问题：① 何时买入是最佳买点？这涉及进场时机的问题。② 出现亏损时该继续持有（张某可以追加保证金，继续持有多单），还是该止损平仓？这涉及认赔（止损）离场的时机问题。③ 盈利后该不该卖出、何时卖出？这涉及止盈离场的时机问题。

要解决以上三个问题，就需要技术面分析的方法，当然还涉及资金管理的问题。判断趋势很重要，但进场时机的把握同样重要，甚至更加重要。判断对了大趋势，进场的时机如果不对，仍会赔钱。因为期货实行的是保证金制，杠杆原理使盈利和亏损都会被放大很多倍。而技术面分析方法可以帮助人们更好地寻找最佳进场、离场的机会，降低风险，增加盈利的胜算。而且不仅如此，技术面分析的很多方法也可以帮助人们判断大趋势，特别是判断行情拐点的出现。所以不能说基本面分析方法与技术面分析方法孰好孰劣，两种分析方法各有其作用，可以结合起来使用。一般来说，基本面分析方法更多地用来判断大趋势，在一段时期内价格会上涨还是下跌？而技术面分析方法不仅可以通过图形和技术面分析指标帮助人们判断大趋势，还可以帮助人们寻找买入、卖出信号，找到最佳进场、离场的机会，并通过资金管理达到以较小的风险换取较大利润的目的。但要注意的是，技术面分析方法的应用，在基本面消息真空的情况下比较可靠，一旦出现突发的消息，在短时间内，一切技术面分析方法都可能失灵。所以，一切分析方法的应用，都应只是作为交易的参考，不可过于执着。

四、技术面分析的要素

技术面分析的要素有价格、成交量和持仓量。

（一）价格

价格的图示方法有以下几种。

1. 闪电图

把一天中的每一笔成交价都在坐标图中标出的方式称为闪电图，如图 6-7 所示。

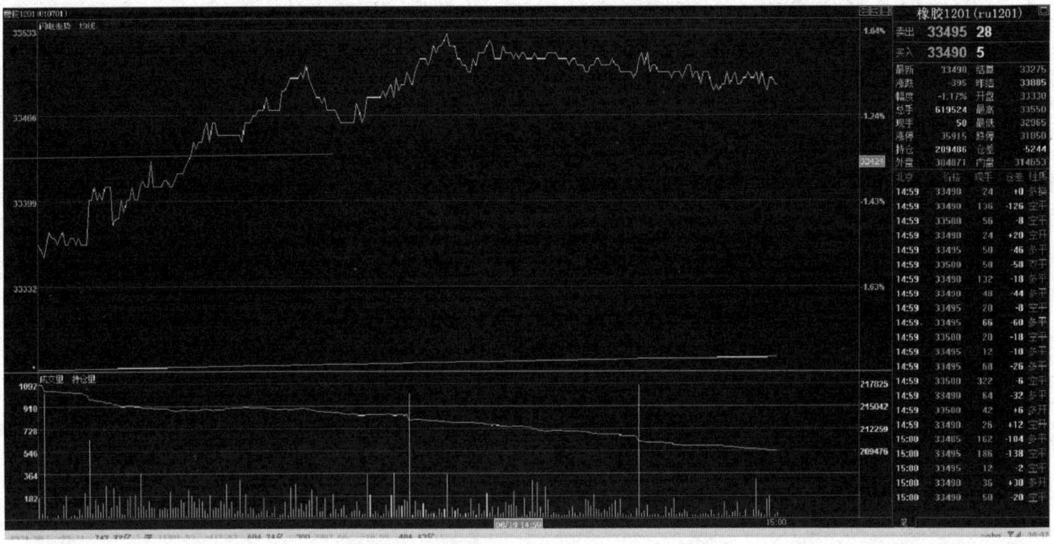

图 6-7　闪电图

2. 分时图

分时图不是把每一笔成交价都在坐标图中标出，而是把时间进行等分，将每段时间的最新价格标出来，随着时间延续就会出现一条弯弯曲曲的曲线，如图 6-8 所示。

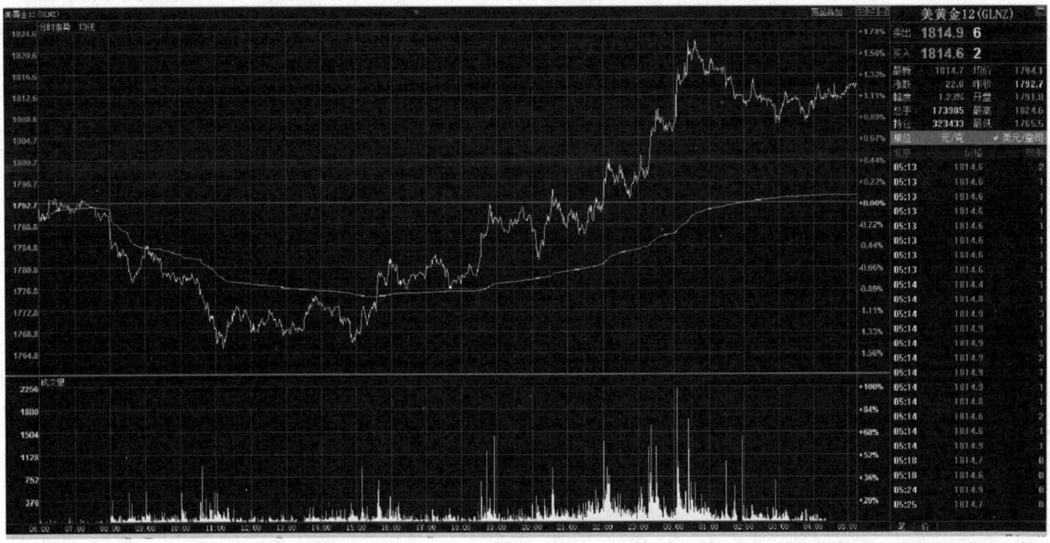

图 6-8　分时图

3. K 线图

K 线被广泛应用于证券期货市场的技术面分析中。

K 线是一种特殊的市场语言，不同的形态有不同的技术特征。在行情软件里，一根日 K 线记录的是商品在一天内价格变动的情况。将每天的 K 线按时间顺序排列在一起，就组成了价格历史变动情况的图形，称为 K 线图。

如图 6-9 所示，K 线由开盘价、收盘价、最高价、最低价四个价位组成，中间的矩形称为实体，实体以上的细线称为上影线，实体以下的细线称为下影线。

开盘价低于收盘价时，K线为阳线（一般用红色表示）；当开盘价高于收盘价时，K线为阴线，（一般用绿色表示）；当开盘价等于收盘价时，K线为同价线。

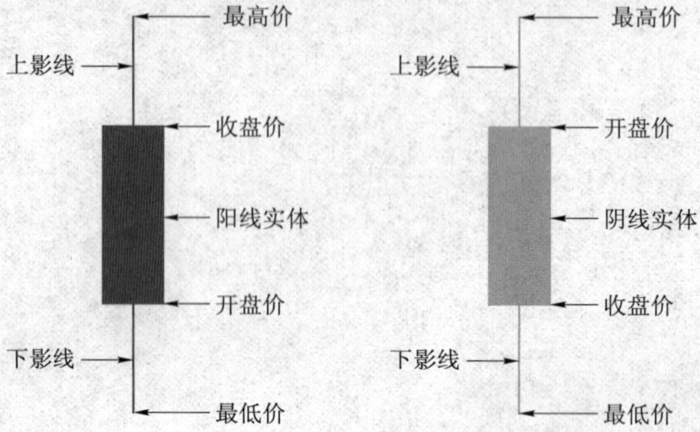

（a）阳线 （b）阴线

图6-9 K线图

4. 竹线图

竹线图（美国线）是价格图中最简单的一种。按时间不同，又可分为分时图、日图、周图、月图等。每个交易日的日竹线图用一条连接当日最高价和最低价的竖线表示，当日开盘价用一条与竖线相交、位于竖线左侧的短横线表示；当日收盘价用一条与竖线相交、位于竖线右侧的短横线表示，如图6-10所示。

低开高走 高开低走

图6-10 竹线图

（二）成交量

成交量是某特定时段内买入的合约总数或卖出的合约总数。

成交量的意义如下。

① 成交量是对价格变动趋势的确认。根据价格和成交量的匹配关系，可以分为技术性强市和技术性弱市。技术性强市是指价涨量增，价跌量减，说明大家对价格上涨趋势表示认同；技术性弱市是指价涨量减，价跌量增，说明大家对价格上涨趋势表示不认同。

② 成交量常用来确认价格形态。例如，头肩顶形成中，交易量的变化是在价格创新高时成交量较少，跌破颈线时成交量大。有效突破阻力位时成交量会放大，下跌趋势中，价跌量大，反弹量小。

（三）持仓量

持仓量（又称为持仓兴趣、未平仓合约数）是指没有对冲也没有到期交割的合约总量。

多头未平仓合约数与空头未平仓合约数相等。

1. 成交量与持仓量的关系

成交量与持仓量的关系有三种情况：第一，双方都开仓，成交量增加，持仓量增加。第二，一方平仓（换手），持仓量不变，但成交量增加。第三，双方均平仓，持仓量减少，成交量增加。

持仓量的变化可以判断出资金是流入市场还是流出市场（见表6-1）。

表6-1　多空交易行为与持仓量关系表

序号	买方	卖方	持仓量的变化
1	多头开仓	空头开仓	增加（双开仓）
2	（新）多头开仓	（老）多头平仓	不变（多头换手）
3	（老）空头平仓	（新）空头开仓	不变（空头换手）
4	空头平仓	多头平仓	减少（双平仓）

2. 成交量、持仓量和价格的关系

成交量、持仓量和价格的关系较复杂，一般认为，如果成交量和持仓量均上升，则当前价格趋势很可能按照现有的方向继续发展（无论是上涨还是下跌）。如果成交量和持仓量都下降，则当前价格趋势或许即将终结。

① 成交量、持仓量随价格上升而增加。成交量和持仓量增加，说明了新入市交易者买卖的合约数超过了原交易者平仓交易。市场价格上升又说明市场上买气压倒卖气，市场处于技术性强市，交易者正在入市做多，原来的上涨趋势不变。

② 成交量和持仓量下降而价格上升。成交量和持仓量下降，说明市场上原交易者正在对冲了结其合约，价格上升又表明市场上原卖出做空者在买入补仓时其力量超过了原买入做多者卖出平仓的力量。因此这种情况说明，市场处于技术性弱市，主要体现为空头回补而不是主动性做多买盘。

③ 成交量和持仓量增加而价格下跌。这种情况表明不断有更多的新交易者入市，且在新交易者中卖方力量压倒买方，因此市场处于技术性弱市，价格将进一步下跌。

④ 成交量和持仓量随价格下降而减少。成交量和持仓量减少，说明市场上原交易者为平仓买卖的合约超过新交易者买卖的合约。价格下跌又说明市场上原买入者在卖出平仓时其力量超过了原卖出者买入补仓的力量，即多头平仓了结离场意愿更强。因此未平仓量和价格下跌表明市场处于技术性强市，多头正平仓了结。

价格、成交量、持仓量关系表见表6-2。

表6-2　价格、成交量、持仓量关系表

序号	价格	成交量	持仓量	市场表现	策略
1	上涨	增加	增加	坚挺，多头市场	买入做多
2	上涨	减少	减少	疲弱，偏空	平掉多单
3	下跌	增加	增加	疲弱，空头市场	卖出做空
4	下跌	减少	减少	疲弱，偏多	平掉空单

➲ 实盘应用案例 6-2

如图 6-11 所示，美黄金期货价格从 7 月 1 日—8 月 9 日价升量增，8 月 10 日后价格一次次创新高，而成交量和持仓量却没有再创新高，尤其是 8 月 13 日—8 月 22 日及 8 月 25 日—9 月 5 日的两段升势中，价格加速上涨，而成交量却明显下降，呈现出价升量减的态势，说明投资者对目前价格不认可，上升乏力，市场开始走弱。如果后期成交量不能再次有效放大，持仓量继续减少，则美黄金期货价格的涨势很有可能将中止，并开始转为下跌趋势。

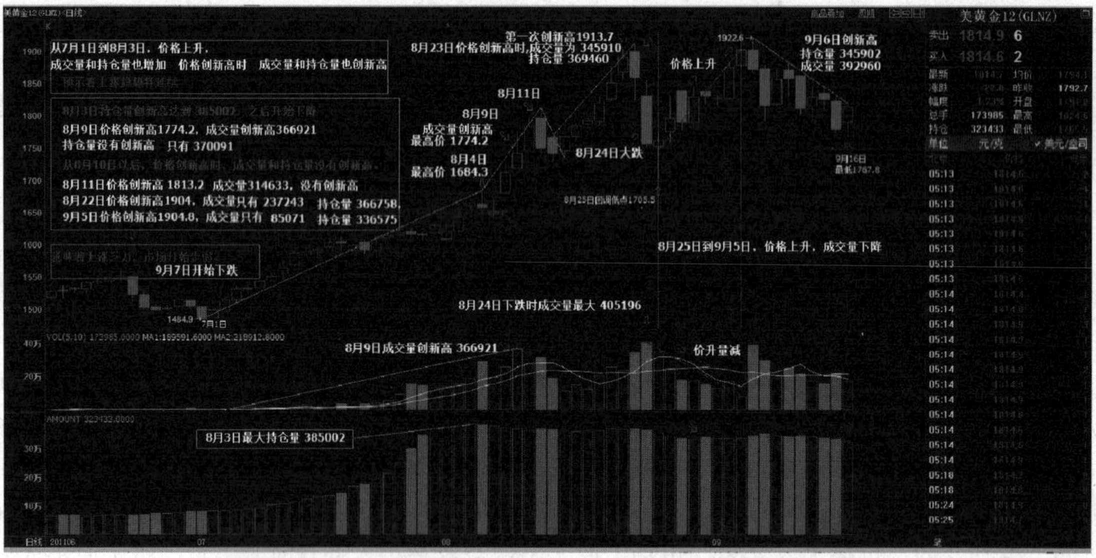

图 6-11　美黄金期货价格与交易量、持仓量变动图

3. 大户持仓量分析

大户的持仓情况通常受到投资者的特别关注。

美国商品期货交易委员会（CFTC）每周五公布截至本周二的上一周的持仓结构，主要分为非商业持仓、商业持仓及非报告持仓三部分。非商业持仓主要是指基金等大机构的投机仓位；商业持仓主要是指套期保值的商业仓位；非报告持仓主要是散户投机力量。

一般认为，基金是市场价格行情的推动力量，其净多、净空的变化对价格变化有很大影响。因而，市场非常重视 CFTC 的持仓报告，不少分析人员将其作为影响行情的重要因素来看待。

我国期货交易所每日收盘半小时后都会按时公布各个期货品种前 20 名会员的成交及持仓龙虎榜，从中可以获悉主力资金的动向，如图 6-12 所示。

另外，通过看价量分布图（分时图界面，按 F2 键），随时了解当天的多空开仓和平仓的比例，了解多空的实力对比，如图 6-13 所示。

日期	净多前十	净空前十	差额	三月锌价
2019年7月13日	46565	53479	-6914	18325
2019年7月14日	44889	59038	-14149	18305
2019年7月15日	40978	61569	-20591	18150
2019年7月18日	39197	59677	-20480	18390
2019年7月19日	40333	59293	-18960	18770
2019年7月20日	38305	58668	-20363	18695
2019年7月21日	39065	57939	-18874	18560
2019年7月22日	39846	58274	-18428	18790
2019年7月25日	38380	61772	-23392	18530
2019年7月26日	40268	64789	-24521	18900
2019年7月27日	45219	66506	-21287	19085
2019年7月28日	46399	65675	-19276	18910
2019年7月29日	42966	64555	-21589	18735
2019年8月1日	43731	64869	-21138	18915
2019年8月2日	43065	61380	-18315	18455
2019年8月3日	46301	60358	-14057	18395
2019年8月4日	45876	59891	-14015	18250
2019年8月5日	35257	51570	-16313	17165
2019年8月8日	33211	53842	-20631	
2019年8月9日	28117	46679	-18562	
2019年8月10日	32277	52981	-20704	
2019年8月11日	31951	52509	-20558	
2019年8月12日	36787	49333	-12546	
2019年8月15日	39288	53329	-14041	
2019年8月16日	41424	57652	-16228	
2019年8月17日			0	

图 6-12　沪锌净多头和净空头持仓变化

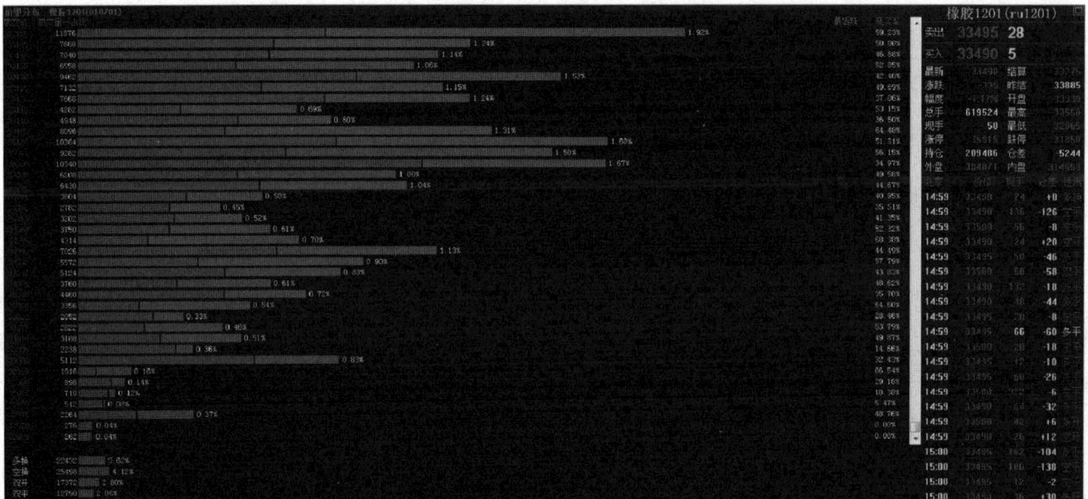

图 6-13　2019 年 8 月 19 日橡胶 1201 价量分布图

还可以单击鼠标右键，选大单提取，了解大户动向（如图 6-14 所示）。

从图 6-14 右下侧成交量数据可以看出，1 000 手以上的大单几乎都是大户开空仓或者平多单。因此，当日塑料 L 的价格下跌也就不足为奇了。

通过以上这些方法，都可以发现多空主力的动向。

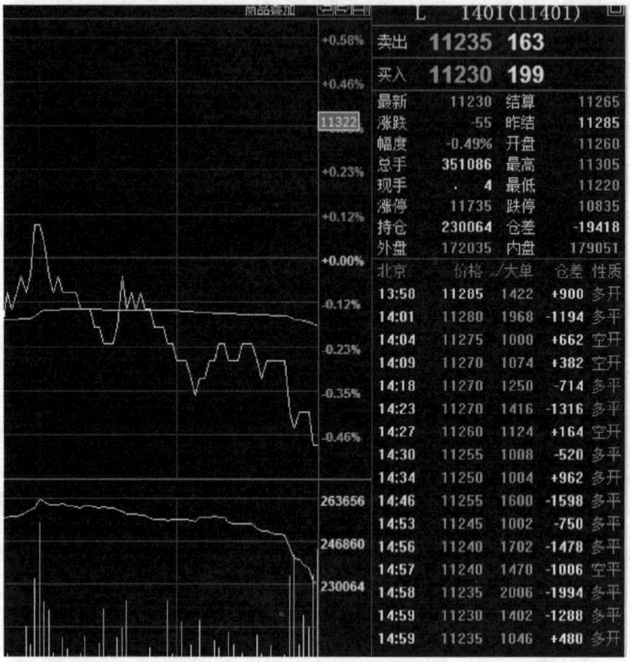

图 6-14 2013 年 11 月 8 日塑料 L1401 合约大单提取

第二节 技术面分析的主要理论与应用

一、道氏理论与应用

道氏理论是所有市场技术研究的鼻祖，道氏理论的形成经历了几十年。

道氏理论起源于查尔斯·亨利·道（1851—1902 年）提出的，他称其理论是反映市场总体趋势的晴雨表。罗伯特·雷亚继承了道氏理论，并加以组织与归纳而成为今天人们所见到的道氏理论，他所著的《道氏理论》成为后人研究道氏理论的经典著作。

（一）长期趋势

长期趋势又称主要趋势、基本趋势、原始移动，一般指持续一年或多年的市场变化趋势，其间，或为长期上涨的多头市场，或为长期下跌的空头市场。上升或下跌幅度一般超过 20%。

1. 长期上涨趋势

长期上涨趋势是指市场价格的每一个上涨高点都超过前一个上涨高点。而每一个次级的下跌，其波底都高于前一个下跌的波底，那么，主要趋势就是上升的，称为多头市场。

多头市场好比涨潮，一个接一个的海浪不断地涌来拍打海岸，直到最后到达目标的最高点，而后逐渐退去。在涨潮期间，后一个波浪都比前一个波浪涨得多而退得少，进而使水位逐渐升高。

2. 长期下跌趋势

长期下跌趋势是指当每一次下跌的低点都比前一次的低点低，而每一个次级的上涨高点都比前一个高点低时，长期趋势就是下跌的，称为空头市场。逐渐退去的落潮与空头市场相似。在退潮期间，后一个波浪都比前一个波浪更低，后一个波浪不能恢复前一个波浪所达到的高度。在商品期货市场，很多商品价格走势呈现出“潮汐运动”的特征。如 CBOT 大豆 30 年连续图一直在 450 ～ 1 600 美分“潮汐”般波动，CBOT 玉米除 1996 年那次大涨外，其 30 年连续图一直在 160 ～ 800 美分波动。这是由于农业生产技术的提高导致生产效率提高，生产成本大幅度下降，因而冲抵了社会平均价格指数的上涨幅度，使本来的“波浪运动”变成由一个个 5 年左右周期的小波浪运动相连而形成的“潮汐运动”。

对于长线投机者而言，长期趋势是他们捕捉的唯一目标，只要可以确定多头（空头）市场已经开始发动了，他们就买进（卖出）头寸持有，一直持有到确定多头（空头）市场已经终结，他们就卖出（买入）持有的头寸平仓，并准备反手做空（做多）市场。他们对于出现在整个大趋势中的次级下跌和短期变动不予理会。

（二）中期趋势

中期趋势（修正趋势）是与基本趋势完全相反的方向，又称为中期趋势、次级趋势、次级运动。

因为中期趋势经常与基本趋势的运动方向相反，并对其产生一定的牵制作用，因而也称为价格的修正趋势。它发生在主要趋势过程中，是长期趋势的反动作用，即中间性的离心变化。中期趋势一般持续的时间从 3 周至数月不等，幅度为基本趋势的 1/3 ～ 2/3。涨潮（退潮）期的波浪就好比是次级趋势。

➲ 实盘应用案例 6-3

如图 6-15 所示，美黄金期货价格从 1999 年开始一直处于长期上涨趋势中，但其间也会出现较大幅度的反向运动——下跌。

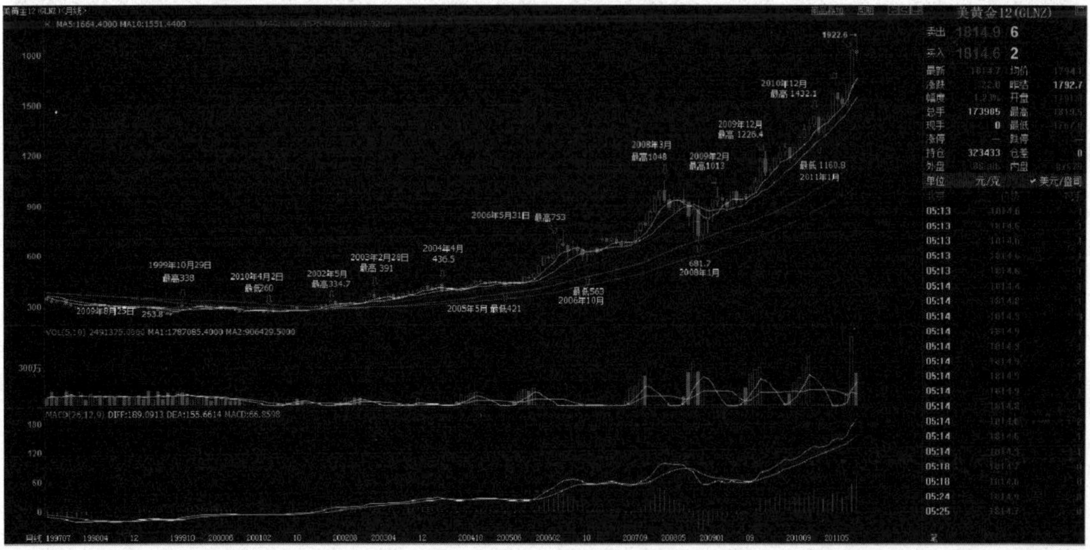

图 6-15　美黄金期货价格长期上涨趋势图

如图 6-16 所示，直线 AB 代表美黄金期货价格长期趋势上涨，而从 C 到 D，从 E 到 F，则是中期趋势，下跌。中期趋势结束后仍会继续上涨。

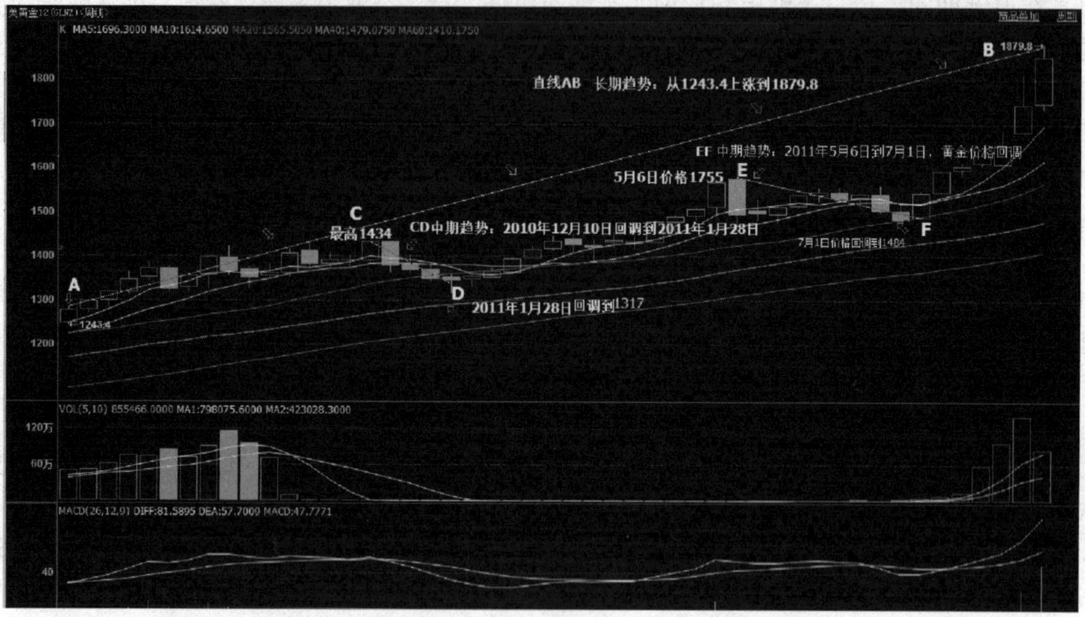

图 6-16 美黄金期货价格中期下跌趋势——波浪运动

在图 6-17 中，直线 AB 代表棉花期货价格处于长期下降趋势中。从 C 到 D，从 E 到 F，从 G 到 H 则是中期趋势，上涨。中期趋势结束后仍会继续下跌。中期趋势通常又由 3 个或 3 个以上的短期趋势所组成。

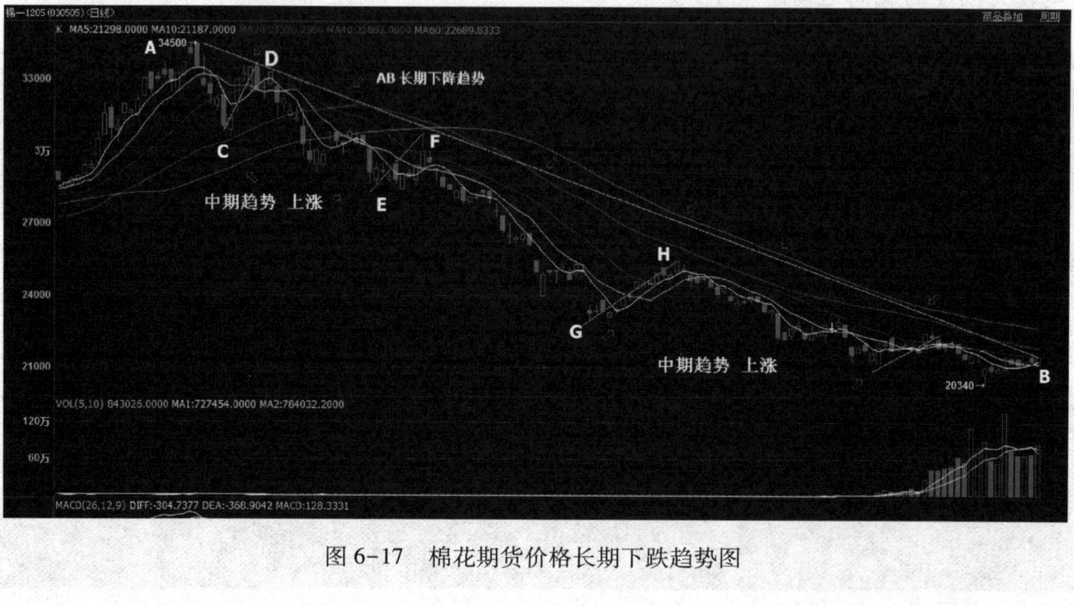

图 6-17 棉花期货价格长期下跌趋势图

（三）短期趋势

无风无浪时，海水的表面被微波所覆盖，这和市场的短期变动相像，它们是不重要的日常变动。短期趋势（日常波动）像微波，只反映价格的短期变化，一般短则数小时、几分钟，长则数天。

短期趋势的重要性较低，一般不为长线交易者所关注。对于中短线投机者来说，他们不太关注长期趋势提供的长线交易机会，只会去捕捉中期趋势和短期趋势所提供的中短线交易机会，而对于日内交易者和抢帽子交易者来说，日内每一个小的上下波动变化都是很好的交易机会。

二、艾略特波浪理论与应用

艾略特波浪理论的创始人是拉尔夫·纳尔逊·艾略特（如图 6-18 所示）。

艾略特波浪理论是建立在道氏理论和传统图表分析方法上的，绝大部分价格形态都可以用艾略特波浪理论（下称波浪理论）加以解释（如图 6-19 所示）。波浪理论以特殊的波动方式解释价格运动的内在规律。

图 6-18　拉尔夫·纳尔逊·艾略特

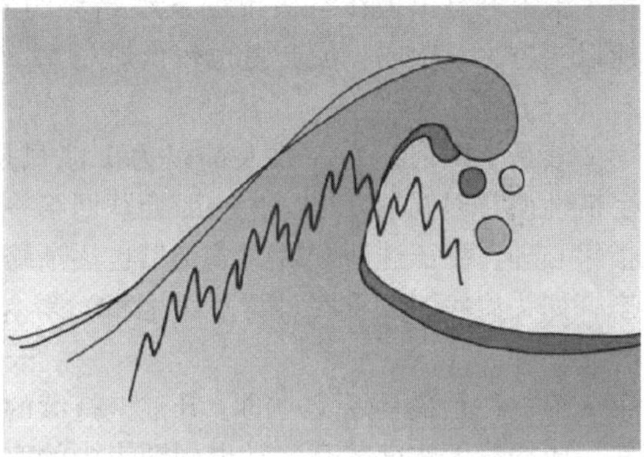

图 6-19　艾略特波浪理论

波浪理论可以用一句话来概括，即 8 浪循环（如图 6-20 所示）。在价格运行趋势中，不论周期大小如何，一个完整的循环，包含了 8 个明显不同走势的波浪。

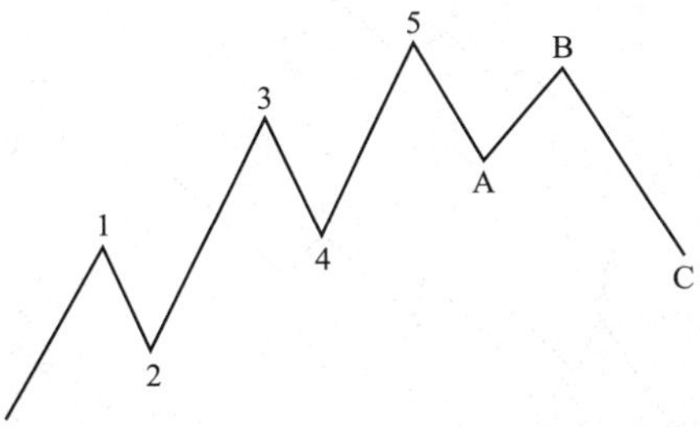

图 6-20　波浪理论的标准浪形——8 浪循环

在这种由 8 个波浪所组成的完整循环中，前 5 个波浪形成明显的上升趋势，其中包括 3 个上升浪和 2 个下跌浪。在上升趋势之后，是由 3 个波浪形成的下跌趋势，它是对上升趋势的总调整。这是艾略特对波浪理论的基本描述。而在这 8 个波浪中，上升的浪与下跌的浪各占 4 个，反映出价格走势的对称性。

（一）波浪理论的基本特点

① 价格的上升和下跌将会交替进行。

② 推动浪和调整浪是价格波动的两个最基本形态，而推动浪可以再分割成 5 个小浪，

通常用第 1 浪、第 2 浪、第 3 浪、第 4 浪、第 5 浪来表示，调整浪也可以划分成 3 个小浪，通常用 A 浪、B 浪、C 浪表示。与较大层级波浪同向行进的波段称为趋势波（1，3，5，A，C）；与较大层级波浪反向行进的波段称为反趋势波（2，4，B）。

③ 在上述 8 个波浪完毕之后，一个循环即告完成，走势将进入下一个 8 浪循环。

④ 时间的长短不会改变波浪的形态，因为市场仍会依照其基本形态发展。波浪可以拉长，也可以缩短，但其基本形态不变。

波浪模式可以倒置。如果是一个下跌的市场，将 8 浪的标准浪形倒置过来即可。

（二）波浪的形态特征

1. 第 1 浪

第 1 浪是 8 浪循环的开始，属于营造底部的形态。第 1 浪的涨幅通常是 5 浪中最小的。因为第 1 浪上升是出现在空头市场下跌趋势的末期，投资者误认为这只是下跌趋势中的反弹，所以买方力量很弱，成交量也较低。

2. 第 2 浪

第 2 浪是下跌浪，大多数人都以为 1 浪只是反弹，反弹结束后，2 浪是原来跌势的继续，恐慌性使其回调幅度很深，一般会跌回第一浪的起点附近。当跌至第 1 浪起点时，市场出现惜售心理，抛压逐渐衰竭，成交量也逐渐缩小，第 2 浪调整结束。在此浪中经常出现反转形态，如头肩底、双重底（详见第七章）等。

3. 第 3 浪

第 3 浪往往是最具爆发力的上升浪，持续的时间最长，上升的幅度最大。这时投资者信心恢复，成交量大幅度上升，常出现图表中的突破信号，如跳空缺口等，一些图形上的压力位被轻易击破，尤其在突破第 1 浪的高点时，是最强烈的买进信号。由于第 3 浪涨势激烈，经常出现“延长浪”现象。第 1，3，5 浪都有可能出现延长浪（如图 6-21 所示）。

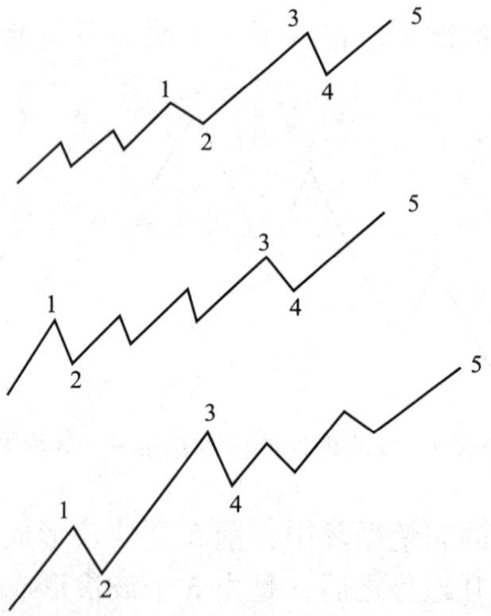

图 6-21　第 1，3，5 浪的延长浪

4. 第 4 浪

第 4 浪是行情大幅度上升之后的调整浪，第 4 浪的低点不会低于第 1 浪的顶点。

5. 第 5 浪

第 5 浪的涨势通常小于第 3 浪，且经常出现失败的情况，即第 5 浪的高点低于第 3 浪的高点。在此浪中经常出现图表中的反转形态，如头肩顶、双重顶、三重顶、圆弧顶等。

6. A 浪

在 A 浪中，大多数投资者认为上升行情尚未逆转，此时仅为一个暂时的回调，但实际上已经出现成交量与价格走势背离或技术指标出现的顶背离现象。但由于此时基本面的利多，市场仍较为乐观，所以 A 浪调整一般幅度不大，如图 6-11 中美黄金期货价格的走势就处于 A 浪的初期。

7. B 浪

B 浪一般成交量不大，它是多头的逃命线，但由于 B 浪是一段上升行情，很容易让投资者误以为 A 浪调整完之后，B 浪是延续前期的涨势，仍然积极买进，所以有时 B 浪反弹的幅度比较大，可能会到达甚至超过第 5 浪的高点，出现“多头陷阱”（如图 6-22 所示）。

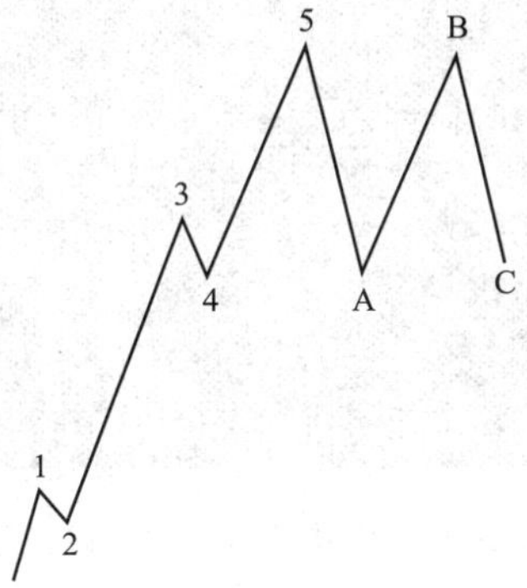

图 6-22　B 浪

8. C 浪

C 浪是下跌浪，跌幅最大，持续时间也较长。

波浪理论在运用时很复杂：一是因为每一个上升/下跌的完整过程中均包含有一个 8 浪循环，大循环中有小循环，小循环中又有更小的循环，即大浪中有小浪，小浪中有细浪，相当繁杂，难以把握；二是因为推动浪和调整浪经常出现延伸浪等变化形态，使各浪难以界定。

实盘应用案例 6-4

如图 6-23 所示，郑州棉花期货价格 2019 年 11 月到了 5 浪顶点之后，在周 K 线图上出现下跌三浪。A 浪下跌 28%，B 浪反弹顶点 34 500 元/吨，超过第 5 浪顶点 33 720 元/吨。C 浪下跌幅度高达 41%。

（三）各浪的涨跌幅度计算

1. 斐波那契数列

斐波那契数列：1，1，2，3，5，8，13，21，34，55，89，144，…

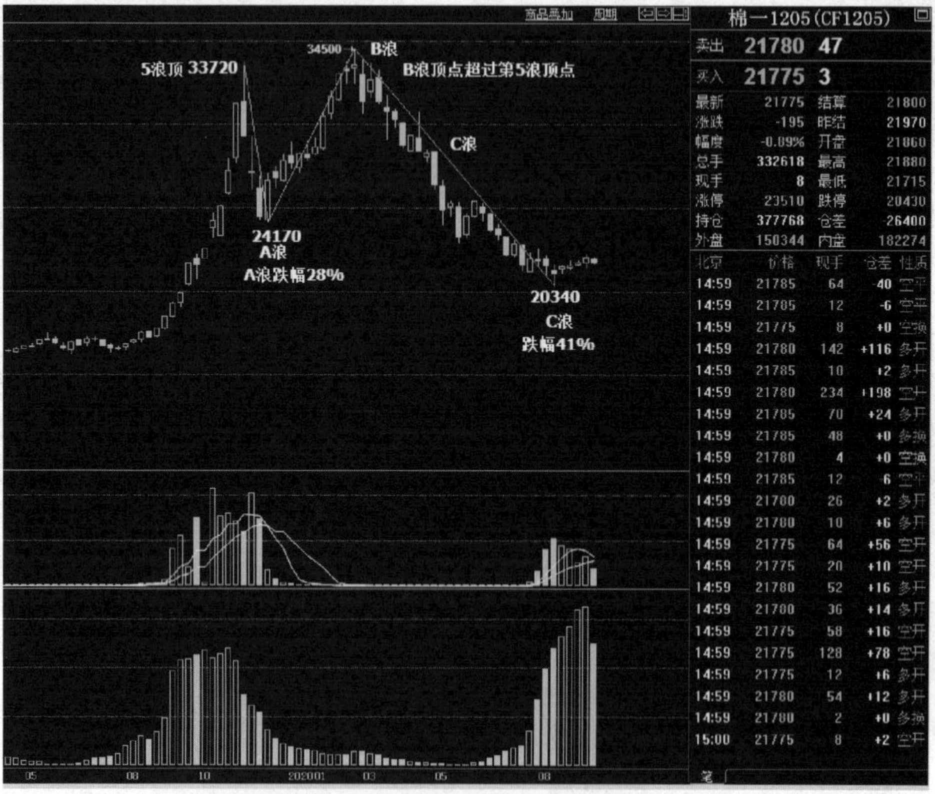

图 6-23　棉花期货价格下跌三浪

波浪理论基本浪形共有两大浪，1 浪上升，1 浪下降；

一级浪形是 8 浪，5 浪上升，3 浪下降；

二级浪形是 34 浪，21 浪上升，13 浪下降；

三级浪形是 144 浪，89 浪上升，55 浪下跌（如图 6-24 和图 6-25 所示）；

…………

这些数字都在斐波那契数列中。

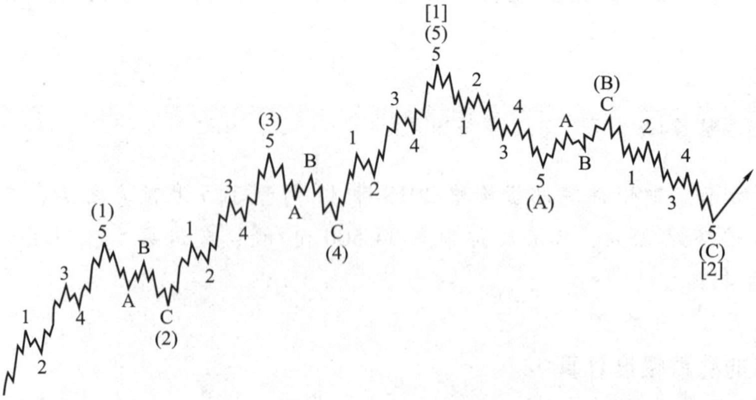

图 6-24　二级浪形示意图

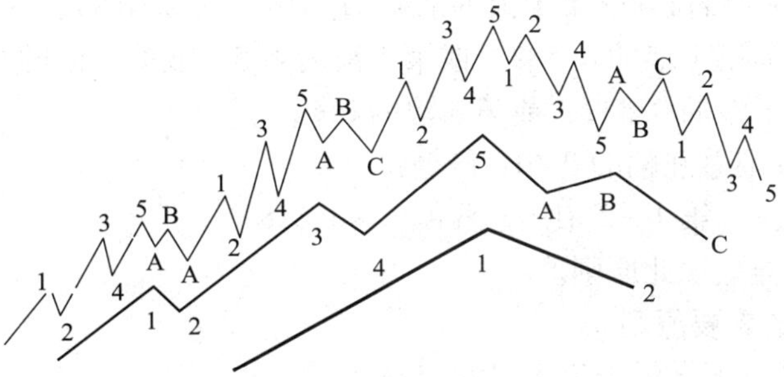

图 6-25　三级浪形示意图

在运用波浪理论时，最困难的是波浪层次的划分和起始点的确定。要正确地判断出某一波浪属于一级浪的第 3 浪还是次级浪的第 5 浪，每一浪何时开始，何时结束，都是不容易的。这不仅需要形态上的支持，而且需要对波浪运行的时间作出正确的判断。

2. 黄金分割率

波浪理论推测每一浪价格的涨幅和跌幅，采取黄金分割率去计算。要真正理解波浪理论，首先应当理解黄金分割。

黄金分割是由斐波那契数列得出的，这些数字具有以下特性。

① 数字的排列由 1 开始。

② 每两个相连数字相加等于其后第一个数字，如

1+1=2，1+2=3，2+3=5，3+5=8，5+8=13，8+13=21，…

③ 除前面 4 个数字以外，任何一个数字大约是其后第一个数字的 0.618 倍。如

8/13=0.615，13/21=0.619，21/34=0.617

④ 除前面 4 个数字以外，任何一个数字大约是前面第二个数字的 2.618 倍。如

21/8=2.625，34/13=2.615，55/21=2.619

⑤ 除前面 4 个数字以外，任何一个数字大约是前面第一个数字的 1.618 倍。如

13/8=1.618，21/13=1.615，34/21=1.619

⑥ 除前面 4 个数字以外，任何一个数字大约是其后第二个数字的 0.382 倍。如

8/21=0.381，13/34=0.382，21/55=0.382

⑦ 由斐波那契数列前面 4 个数字得到 1/2、1/3 及 2/3 的比例，奇异数字越大，之间的比例越接近黄金分割。如

21/8=0.625，610/377=0.618

由此，可以得到 4 个主要的比例关系：

0.618、0.382、1.618、2.618

从以上 4 个比率又可以得到：

0.382/2=0.191，1.618/2=0.809，0.618×0.382=0.236

上述比率称为黄金分割率。黄金分割率在自然界及人类社会中普遍存在，其最基本的公式是将数字 1 分割成 0.382 及 0.618。

在 8 浪模型中，最基础的比率是 1.618。

如第 3 浪的涨幅为第 1 浪涨幅的 1.618 倍或 2.618 倍；

即第 3 浪顶=第 1 浪的起点+第 1 浪的涨幅×1.618（或 2.618）；

第 2 浪回调幅度为第 1 浪的 0.382，或第 1 浪的 0.5，或第 1 浪的 0.618；

第 4 浪回调为第 3 浪的 0.382，或第 3 浪的 0.5；

第 5 浪为第 1—3 浪总涨幅的 0.618 倍等；

5 浪顶=1 浪起点+（第 1—3 浪的总涨幅）×0.618。

各浪在时间上同样呈现此原则。

（四）波浪理论的重要原则

① 第 2 浪的最低点不会低于第 1 浪的起点；

② 在第 1，3，5 浪中，第 3 浪绝对不会是最短的 1 浪；

③ 假如第 1，3，5 浪中有一个浪为延长浪，其余两个浪的持续时间及幅度会趋于一致；

④ 第 4 浪的最低点绝对不会低于第 1 浪的最高点，如图 6-26 所示。图 6-27 为黄金 1406 完整的上升 5 浪，下跌 3 浪形态。

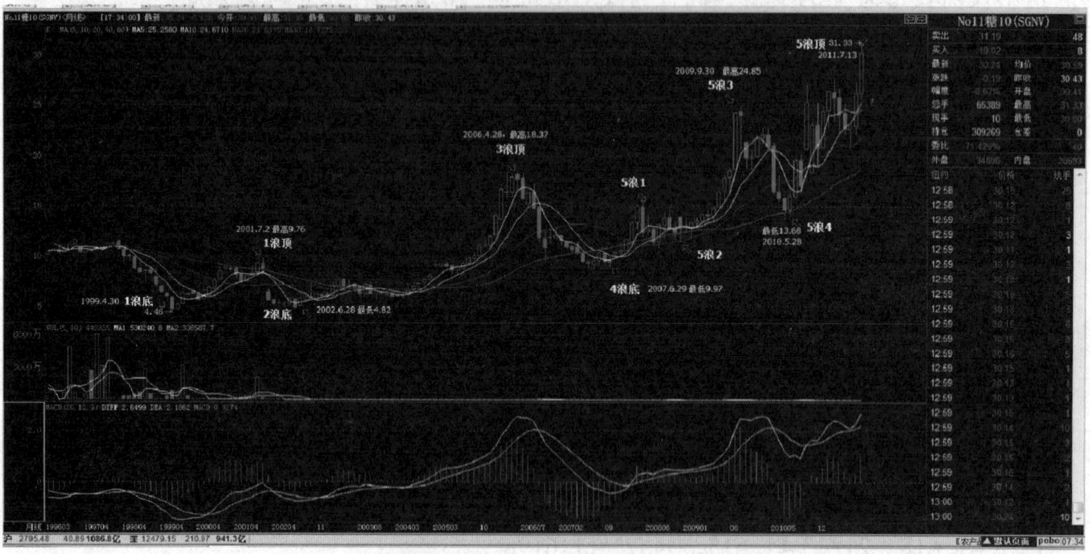

图 6-26　美 No. 11 糖上升 5 浪

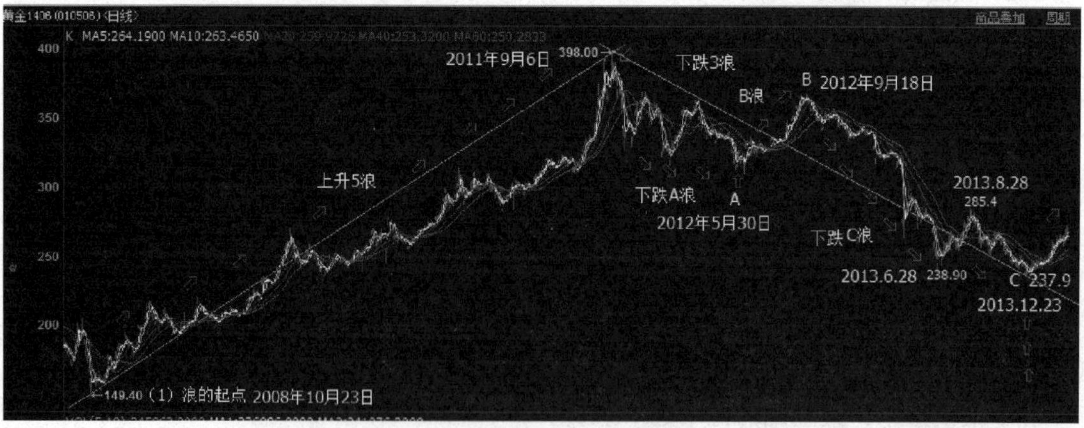

图 6-27　黄金 1406 上升 5 浪，下跌 3 浪

三、缺口理论与应用

缺口，是指价格在连续波动中有一段价格没有任何成交，在价格走势图中留下空白区域，又称为跳空。当价格出现缺口，经过几天，甚至更长时间的变动，然后反转过来，回到原来缺口的价位时，称为缺口的封闭，又称缺口的回补。一般而言，如果没有极特殊的情况，价格的变动都应该是连续进行的。但在实际操作过程中，经常遇到相邻的两根K线之间出现了没有交易的空白区，这就是缺口。在K线图中，缺口反映出某天价格最高价比前一天最低价还低或者最低价比前一天最高价还高。从技术面分析的角度来看，缺口一般是一种比较明显的趋势信号。如果价格经过一段时间的调整后向上跳空，则表示上涨趋势可能来临；若价格出现向下跳空，则可能预示将要下跌。缺口一般可分为四种类型，即普通缺口、突破缺口、持续性缺口和消耗性缺口。从缺口的大小可以预测走势的强弱，可以确定是刚刚突破，还是已到趋势尽头（如图6-28所示）。

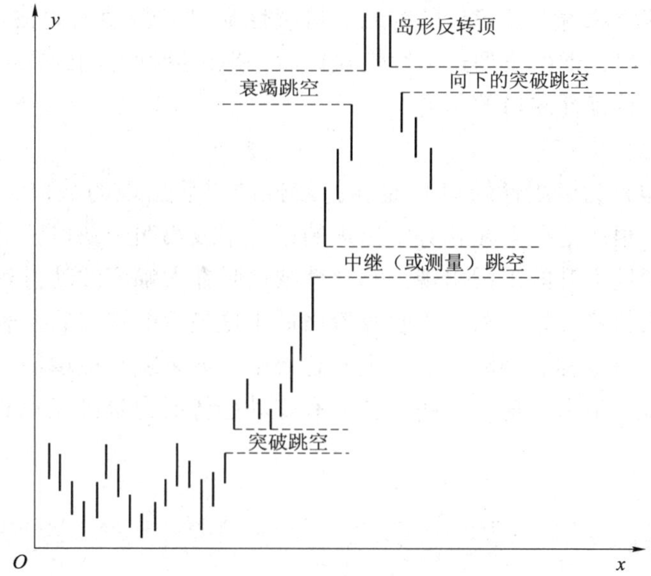

图6-28 缺口理论示意图

1. 普通缺口

普通缺口通常在密集的交易区域中出现，因此许多需要较长时间形成的整理形态或反转形态，如三角形、矩形等都可能由这类缺口形成。普通缺口的显著特点是出现后未走出箱体，而且都会被填补。

2. 突破缺口

突破缺口是当一个整理形态完成后，突破盘局时产生的缺口。突破缺口一般预示行情走势将要发生重大变化，而且这种变化趋势将沿着突破方向发展。突破缺口越大，表示未来的变动越强烈。突破缺口一般不会回补。价格可能会回到跳空的上边缘（在向上突破的情况下），或部分回补，但通常会保留一部分突破缺口不完全回补。突破缺口形成时通常会伴随大的成交量。一般来说，突破缺口跳空出现后，成交量越大，那么缺口回补的可能性就越小。但是如果突破缺口被完全回补，那么可能说明原先的突破并不成立。如向上突破时成交量明显增大，且缺口未被封闭，则这种突破形成的缺口是真突破缺口。突破缺口确认以后，投资者可大胆进场顺势操作。向上跳空缺口在之后的市场调整中通常起着支撑作用，而向下跳空缺口，在之后的市场反弹中将成为阻力。

3. 持续性缺口

在上升或下跌趋势的中途出现的缺口为持续性缺口（也称为量度性缺口、中继缺口），是在突破缺口与消耗性缺口之间出现的缺口，在价格剧烈波动的开始与结束之前一段时间内出现的缺口大多是持续性缺口。其前提是，该缺口出现以前，已经有一个突破缺口，持续性缺口一般有加速运动的特点。持续性缺口说明市场将继续原来的趋势。在上升趋势中，持续性缺口的出现表明市场持续坚挺，在下降趋势中，则显示市场依然疲软。在上升趋势中，持续性缺口在此后的市场调整中将构成支撑区，它们通常不会被填回，而一旦价格重新回到持续性缺口之下，可能意味着上升趋势的终结。持续性缺口可帮助人们估计后市波动的幅度，因此也称为量度性缺口，即价格到达持续性缺口后，后市继续变动的幅度，一般等于价格从开始突破跳空到这一持续性缺口的幅度。

4. 消耗性缺口

消耗性缺口（也称为衰竭性缺口）是在持续性缺口后出现的缺口，短时间内回补一般认为是消耗性缺口。很多情况下在趋势中出现的第三个或第四个缺口就是消耗性缺口，通常在恐慌性抛售或消耗性上升的末段出现。消耗性缺口是在大幅度波动过程中价格的最后一次跳跃，在随后的几天价格开始下跌。当收盘价格低于这最后的缺口后，表明原来的势头已经衰竭，所以消耗性缺口也称衰竭缺口。在上升趋势中，如果跳空被填回，则代表着短期头部已经形成，多头完成了最后一搏，说明维持原有变动趋势的力量已经减弱，价格即将进入回调整理或将反转。

➲ 实盘应用案例 6-5

白糖 1201 于 2019 年 6 月 3 日出现突破性缺口之后持续上涨，上涨期间出现了 7 个缺口，在 2019 年 7 月 25 日出现衰竭性缺口后从最高点 7 519 元/吨开始下跌，到 2019 年 9 月 19 日下跌到 6 760 元/吨，跌幅达 10.1%，如图 6-30 所示。

四、相反理论与应用

相反理论的基本要点是当期货市场所有人都看好时，就是牛市开始到顶，当人人看淡时，熊市已经见底。期货市场是零和市场，它本身不创造新的价值，没有增值，市场研究发现，赚钱的人占 10%以下，90%以上都是输家。要做赢家就必须做到：“众人皆醉我独醒”“别人贪婪时我恐惧，别人恐惧时我贪婪”。但相反理论并不是说大众任何时候都是错的。

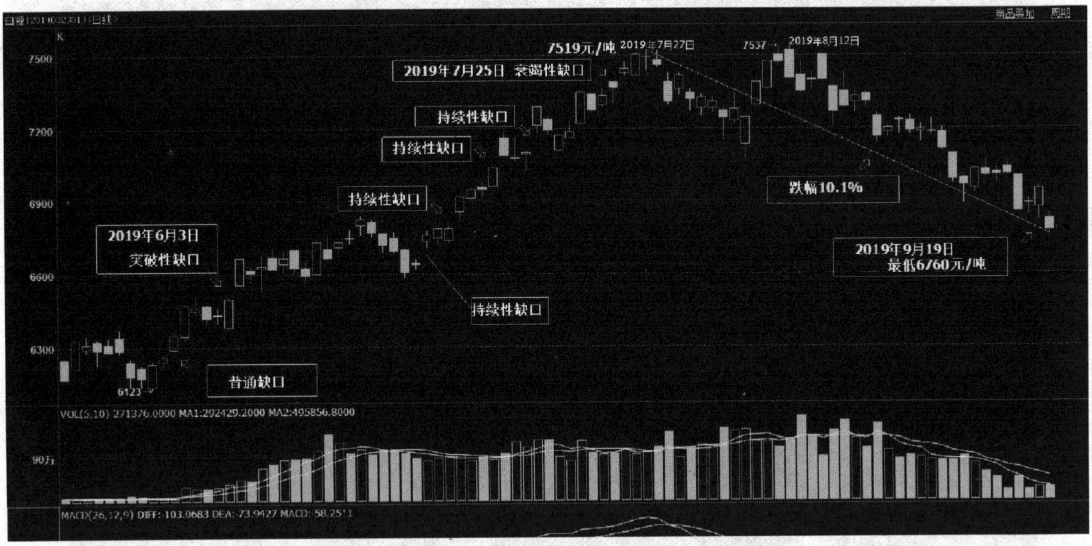

图 6-29　白糖 1201 衰竭性缺口

➲ 实盘应用案例 6-6

相反理论案例

美黄金价格从 2014 年 8 月 25 日 253.8 美元/盎司，上涨到 2017 年 8 月 23 日最高价 1 917.7 美元/盎司，连续上升 13 年。在这一阶段中买入黄金者都是获利的。

行情初期，大家看好黄金时陆陆续续买进，还有些人一直在观望。看多，未必做多。在犹豫恐惧中，价格不断上涨，基本面也会不时有各种利好黄金的信息出台，支持价格的上涨。特别是 2011 年的通货膨胀，美债、欧债危机对世界经济的不良预期，使更多的做多力量不断地加入进来，从而推动黄金价格不断攀升、疯狂上涨。

直到有一天，所有想买入的都已经买入了，再也没有新的资金愿意在高位买入了，做多力量就衰竭了，后续资金无以为继。这个过程是一个量变到质变的过程。所有的人都一致看好并加入做多的行列中时，趋势就将发生质的变化（如图 6-30 所示），在买盘推动的疯狂上涨中，行情突然开始逆转。各大交易所纷纷提高黄金期货的交易保证金，获利丰厚的买盘蜂拥而出，2017 年 8 月23 日—25 日美黄金价格狂跌，从最高 1 917.7 美元/盎司跌至 1 705.4 美元/盎司，三天跌了 212.3 美元，跌幅高达 11%。之后略有反弹，但上升趋势已经逆转，如图 6-30 和图 6-31 所示。

相反理论不是应用在行情的初期、中期，而是应用在行情末期（即将转势之初），由牛市转为熊市或熊市转为牛市的转折期。

运用相反理论时，国外有一个量化指标——好友指数。由于国内没有对好友指数的权威发布部门，投资者可以自行对专家的言论进行归纳分析，或经过自己的一手调查，得出看好看淡的比例，据此作出决策。还可以参照心理线指标（SPY），成交量比率指标（VR），情绪指标（BRAR）综合判断好友指数。

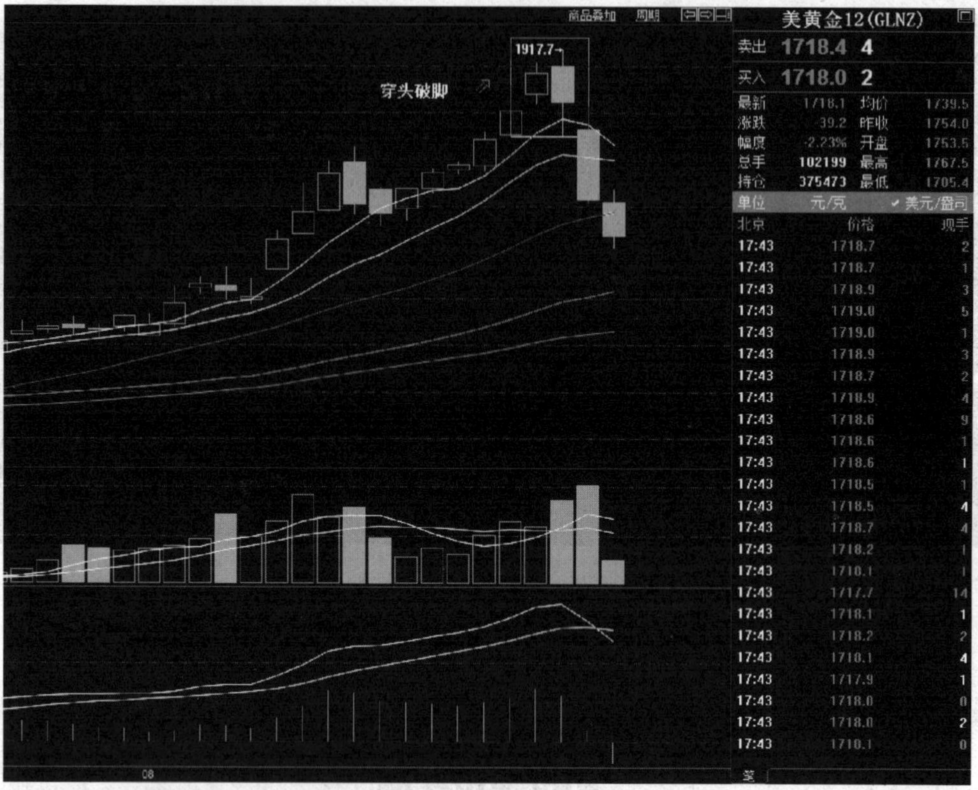

图 6-30　美黄金期货价格走势图

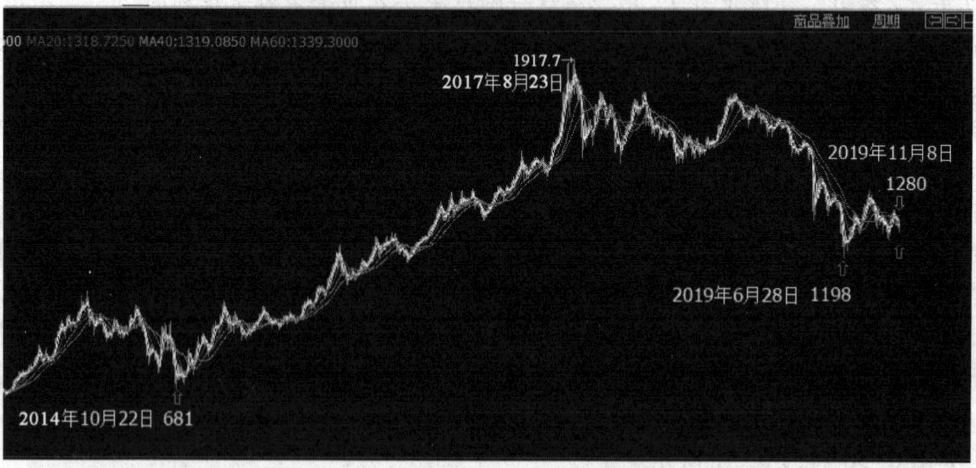

图 6-31　美黄金价格上升趋势逆转

五、江恩理论与应用

威廉·江恩是 20 世纪最著名的投资家之一。在他的投资生涯中，共从市场上赢得 3.5 亿美元的纯利润，平均交易成功率高达 80% 以上，人们惊叹几乎每次江恩都是正确的。所以他的理论和方法值得去深入研究。江恩理论是通过数学、几何学、宗教、天文学的综合运用，建立独特的分析方法和测市理论。江恩理论认为，期货市场也存在宇宙中的自然规则，市场的价格运行趋势不是杂乱的，而是可通过数学方法预测的。它的实质就是在看似无序的市场中建立严格的交易秩序。江恩理论的主要分析方法为江恩圆形图预测价格运行的时间周期；江恩四方图预测具体的价格点位；江恩角度线预测价格的支撑位和压力位。

（一）江恩圆形图

江恩认为，宇宙中的一切均以圆形运行，无论是实质性的东西，还是抽象化的东西，都是如此。根据江恩的研究，事物的周期可用 5 000 年、1 000 年、100 年、1 年、24 小时等依次划分，来体现大自然的波动法则。1 000 年前发生的事，1 000 年后同样可能发生。

在预测期货价格时，江恩将圆周的 360°按照 1/2，1/3，1/4 和 1/8 进行分割，包括时间上的月数、周数、日数都可以按此方法进行分割。期货市场价格的运行也按此方法进行分割，进而进行准确的预测。江恩把一天 24 小时按此方法分割成三等份、四等份和八等份。结果得出每天的 3 点、6 点、8 点、9 点、12 点、15 点、16 点、18 点、21 点和 0 点，都是重要的时刻。江恩还把每小时的时间进行划分，最小的变动周期是 4 分钟。他认为，当天某个时间发生突变，则第二、三天要留意同样的时间里市况是否会逆转。江恩应用最多的是按上述分割方法把圆周上的弧度转化为天数，即 45 天、90 天、120 天、135 天、180 天、225 天、240 天、270 天、360 天等。其中，最重要的是 90 天、180 天、270 天和 360 天。天数的分割要以实际交易天数分割为宜。

（二）江恩角度线

江恩角度线（又称甘氏线）是江恩理论中的重要组成部分。江恩认为，世界的一切事物都离不开数学，离不开几何形体，故商品价格的支撑位和压力位可以用角度线来获得，包括上倾角度线和下倾角度线。上倾江恩角度线是从市场底部向右上方向延伸的直线；下倾江恩角度线是从市场顶部向右下方向延伸的直线。

江恩角度线的基本比率为 1∶1（每单位时间的横坐标尺度与每单位价格的纵坐标尺度相等）。

1×1 江恩角度线：表示每单位时间内，价格移动 1 个单位，即 1 个时间单位对应 1 个价格单位，将产生 1×1 江恩角度线或 45°几何角，如图 6-32 中的射线 *OB*；

1×2 江恩角度线：表示每单位时间内，价格移动 2 个单位，即 1 个时间单位对应 2 个价格单位，将产生 1×2 江恩角度线或 63. 25°几何角，如图 6-32 中的射线 *OC*；

1×3 江恩角度线：表示每单位时间内，价格移动 3 个单位，即 1 个时间单位对应 3 个价格单位，将产生 1×3 江恩角度线或 71. 5°几何角；

1×4 江恩角度线：表示每单位时间内，价格移动 4 个单位，即 1 个时间单位对应 4 个价格单位，将产生 1×4 江恩角度线或 75°几何角，如图 6-32 中的射线 *OD*；

1×8 江恩角度线：表示每单位时间内，价格移动 8 个单位，即 1 个时间单位对应 8 个价格单位，将产生 1×8 江恩角度线或 82. 5°几何角；

2×1 江恩角度线：表示每 2 个单位时间内，价格移动 1 个单位，即 2 个时间单位对应 1 个价格单位，将产生 2×1 江恩角度线或 26. 3°几何角，如图 6-32 中的射线 *OA*；

3×1 江恩角度线：表示每 3 个单位时间内，价格移动 1 个单位，即 3 个时间单位对应 1 个价格单位，将产生 3×1 江恩角度线或 18. 25°几何角；

4×1 江恩角度线：表示每 4 个单位时间内，价格移动 1 个单位，即 4 个时间单位对应 1 个价格单位，将产生 4×1 江恩角度线或 15°几何角；

8×1 江恩角度线：表示每 8 个单位时间内，价格移动 1 个单位，即 8 个时间单位对应 1 个价格单位，将产生 8×1 江恩角度线或 7. 5°几何角，如图 6-32 所示。

价位、江恩角度线与几何角、百分比的关系如图 6-33 所示。

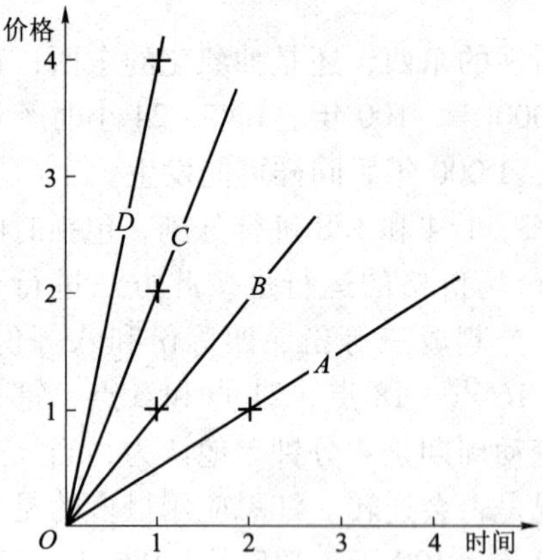

图 6-32　价格与时间的关系

价格	百分比	几何角	江恩角度线
1/8	12.5	7.5°	8×1
2/8	25	15°	4×1
1/3	33	18.25°	3×1
3/8	37.5	26.3°	2×1
4/8	50	45°	1×1
5/8	62.5	63.25°	1×2
2/3	67	71.5°	1×3
6/8	75	75°	1×4
7/8	87.5	82.5°	1×8
8/8	100		

图 6-33　价格、百分比、几何角、江恩角度线的关系

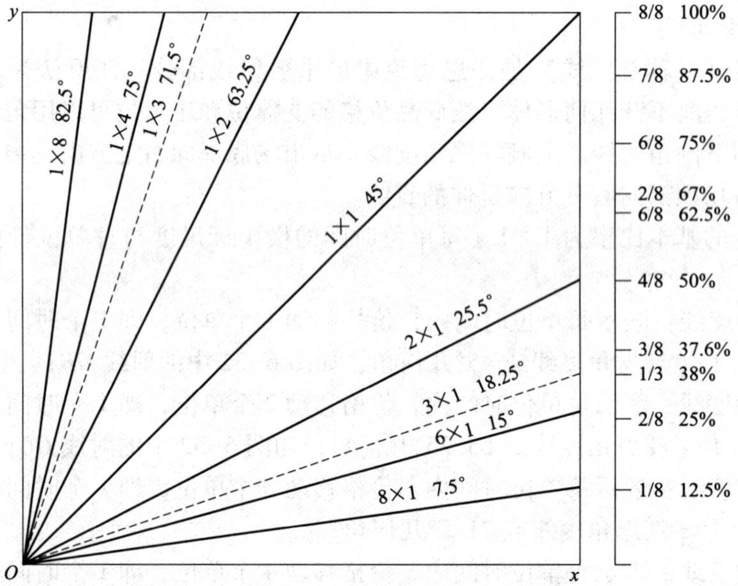

图 6-34　上倾角度线

1. 上倾角度线

以图表上的最低位作为基点向上画出一条竖线，向右画出一条横线，构成一个坐标系，在 y 坐标上记录价格，在 x 坐标上记录时间，在此坐标系中的江恩角度线为上倾角度线。它们不仅能确定何时价格会从底部反弹，而且能够指示将会反弹到何种价格。按照江恩的经验，商品价格从低位向上反弹时，一般会在这些角度线遇到阻力而回落。一旦向上突破某条

角度线，则该线将会变成日后下跌的支撑线。如图 6-34 所示，如果趋势由下降转为上升，价格通常会沿着江恩角度线向上反弹，当上升趋势比较缓和时，价格会沿 2×1 江恩角度线上升，反弹的目标价格是前一下跌幅度的 3/8 或者说是 37.5%，且 2×1 江恩角度线会成为价格上升的支撑线。

在大多数情况下，价格向上反弹会沿着 1×1 江恩角度线上升，那么此时的反弹目标价格则是前期跌幅的 4/8 或者 50%。如果反弹迅速有力，那么上升趋势会提高至 1×2 江恩角度线（63.25°）、1×3 江恩角度线（75°）或 1×8 江恩角度线（82.50°），反弹的目标价格分别为 5/8（62.5%）、6/8（75%）和 7/8（87.5%）。如果价格在上升，那么，沿着 1×2 江恩角度线上升的速度，比沿 1×1 江恩角度线上升速度要快，而沿 2×1 江恩角度线的上升速度要比前两者都慢。如果价格在下降，那么，价格沿 1×2 江恩角度线下降的速度要快于 1×1 江恩角度线，更快于 2×1 江恩角度线。

2. 下倾角度线

如图 6-35 所示，是市场趋势由上升转为下降时绘制的江恩角度线。下倾角度线的基点一般选择价格的显著头部位置，下倾角度线由上向下倾斜。

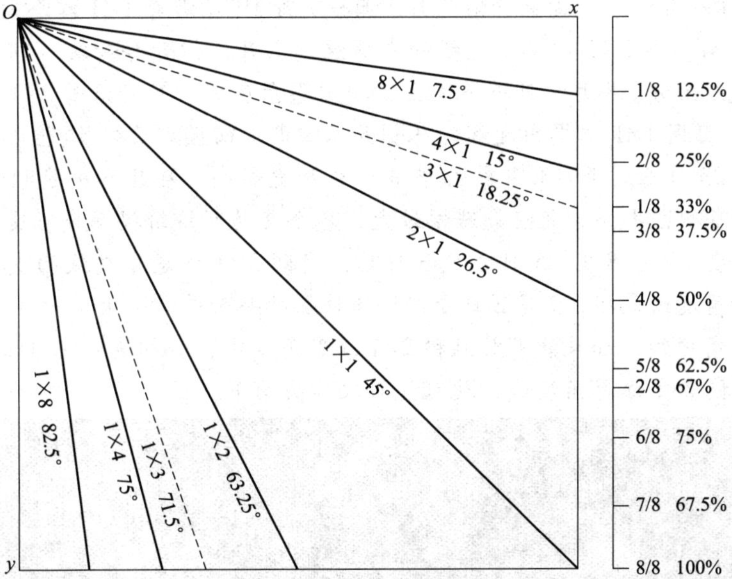

图 6-35 下倾角度线

2×1 下倾角度线，表示在 2 个时间单位内，价格下降 1 个单位。价格下跌走势是对前一个上升趋势的回调。当价格向下回调时，从前一个底部价格画出的上倾角度线仍然有效。所不同的是，原来对价格上升的阻力线现变成抵抗下跌的支撑线。例如，当价格跌破上升 1×1 江恩角度线（45°）后，会首先遇到上升 2×1 江恩角度线（26.5°）的支撑，接着依次是上升 3×1 江恩角度线（18.25°）、4×1 江恩角度线（15°）和 8×1 江恩角度线（7.5°）的支撑。江恩认为，如果价格持续下跌在 1×1 角度线（45°）之下，这条线应该称为死亡线。

3. 江恩角度线的画法

1）上倾角度线画法

取一个行情相对低的点作为起点 A，引出角度线，连接行情相对高的点（阶段高点）

B，作为1×1中轴线，由此确定波动率，其下方的2×1线、3×1线、4×1线、8×1线为关键的支撑线，且最下方的8×1线支撑力度最强。1×2线、1×3线、1×4线、1×8线为关键的阻力线，最上方的1×8线对价格的压制力度最大。

2）下倾角度线画法

取一个行情相对高的点作为起点*A*，引出角度线，连接行情相对低的点（阶段低点）*B*，作为1×1中轴线，由此确定波动率，其上方的2×1线、3×1线、4×1线、8×1线为关键的压力线，且最上方的8×1线压制力度最大。其下方的1×2线、1×3线、1×4线、1×8线为关键的支撑线，且最下方的1×8线对价格的支撑力度最大。

➲ 实盘应用案例6-7

如图6-36所示，选择美黄金7月1日低点连接7月19日高点，画江恩角度线。在K线图上单击鼠标右键，找到画线工具，单击鼠标左键，再单击江恩角度线，将十字标移动到7月1日低点处单击，拉至7月19日高点处，松开鼠标，就会出现9根江恩角度线。

从图6-36可以看出，美黄金价格7月1日—7月19日沿着1×1江恩角度线上升，7月22日回调3天之后，遇3×1江恩角度线的支撑继续上升，但升势趋缓。到8月3日一直沿着3×1江恩角度线上升。8月9日一举冲上2×1江恩角度线，开始沿着2×1江恩角度线加速上升，到8月11日遇1×1江恩角度线的压制开始回调，回调到2×1江恩角度线再遇支撑继续上升，到8月23日涨到1913.7美元/盎司，创历史新高。在此再次受到1×1江恩角度线的压力，两天没有冲过去，加之短期涨幅过大，各个交易所纷纷提高期货交易保证金，使得美黄金价格大幅度下跌，8月25日连跌3日后，受到3×1江恩角度线的支撑，再次掉头向上，向2×1江恩角度线靠拢，9月2日受经济事件影响导致美黄金大涨近3%，9月5日周一冲上了2×1江恩角度线，如果能有效站稳2×1江恩角度线，会加速向1×1江恩角度线挺进，如果不能有效站稳2×1江恩角度线，就可能再次掉头向下。

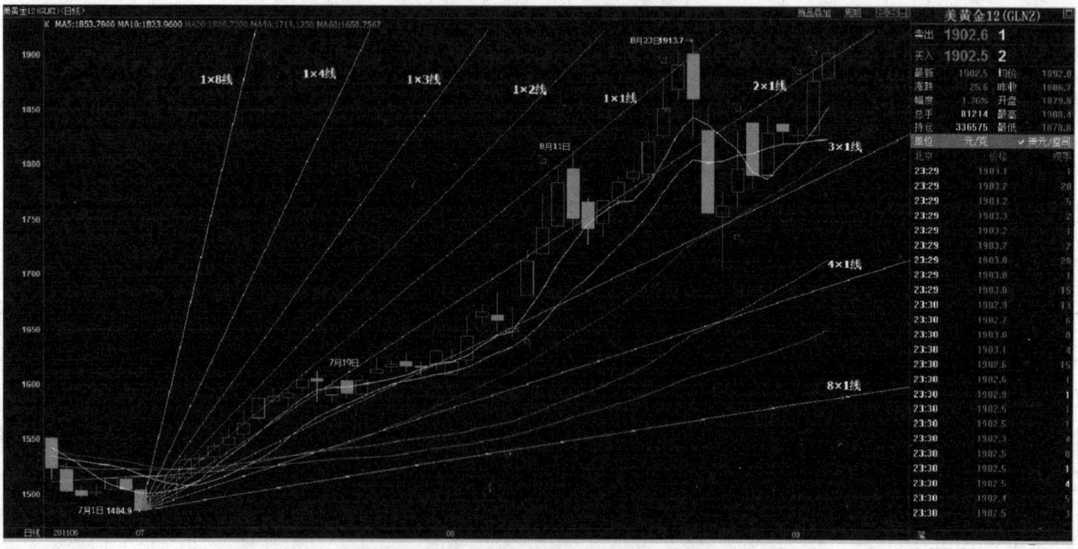

图6-36 美黄金江恩角度线（一）

9 月 6 日美黄金创出新高 1 922. 6 美元/盎司后，收盘没能有效站上 2×1 江恩角度线，收于 2×1 江恩角度线下方，9 月 7 日继续下跌，收大阴线，由于已接近 3×1 江恩角度线，暂时受到支撑，如图 6-37 所示。9 月 12 日，跌穿了 3×1 江恩角度线，9 月 15 日已经连续 3 天收于 3×1 江恩角度线之下，收盘价为 1 781. 4 美元/盎司，向 4×1 江恩角度线靠拢，一旦跌穿 4×1 江恩角度线，会重见 8 月 25 日回调的低点，并有可能进一步向 8×1 江恩角度线靠拢，那么 9 月 6 日的历史高点就很有可能成为阶段头部，甚至是历史的大顶部。

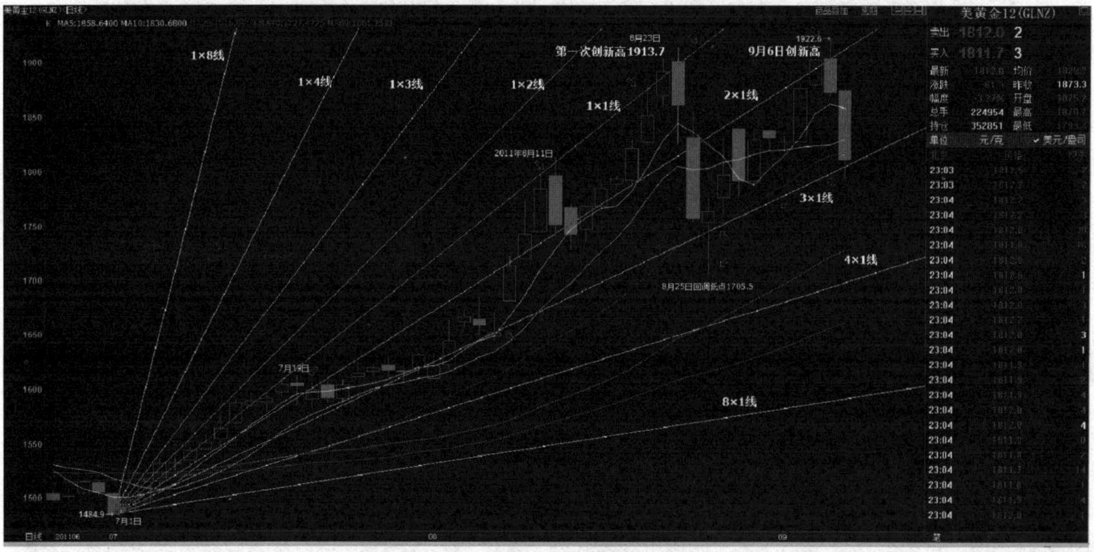

图 6-37　美黄金江恩角度线（二）

9 月 16 日，最低跌至 1 767. 8 美元/盎司，在此遇到 40 日平均线（1 767. 6 美元/盎司）的支撑，向上反弹，报收阳线（收于 1 814. 7 美元/盎司），如图 6-38 所示。

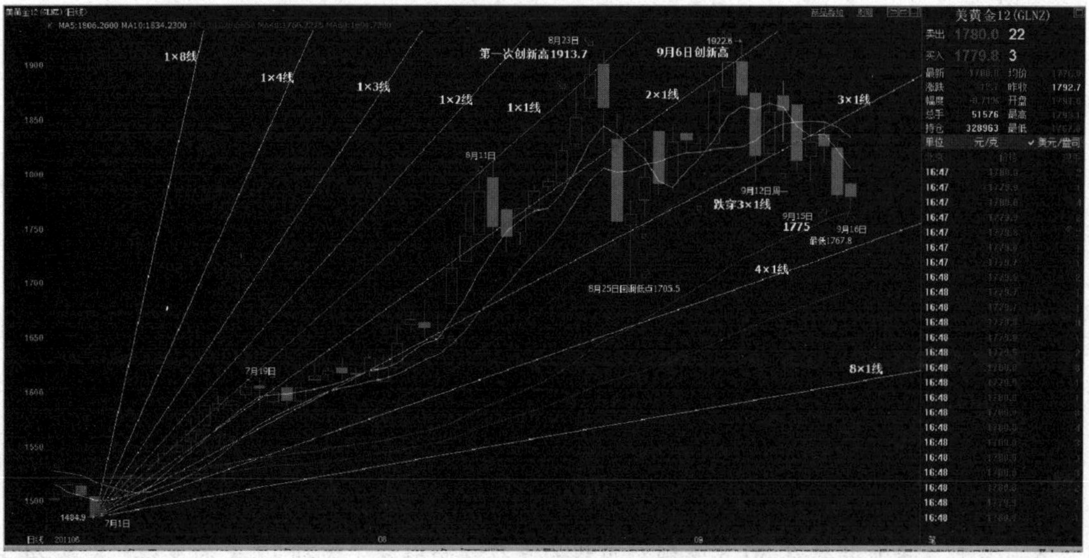

图 6-38　美黄金江恩角度线（三）

（三）江恩四方图

江恩四方图的画法是在一张方格纸上，以商品价格某个中期性的低点（或者高点）作为中心，按逆时针方向旋转，将单位价格依次填上，然后再在这张填满价格的方格纸上画出支撑线和压力线，如图 6-39 所示。

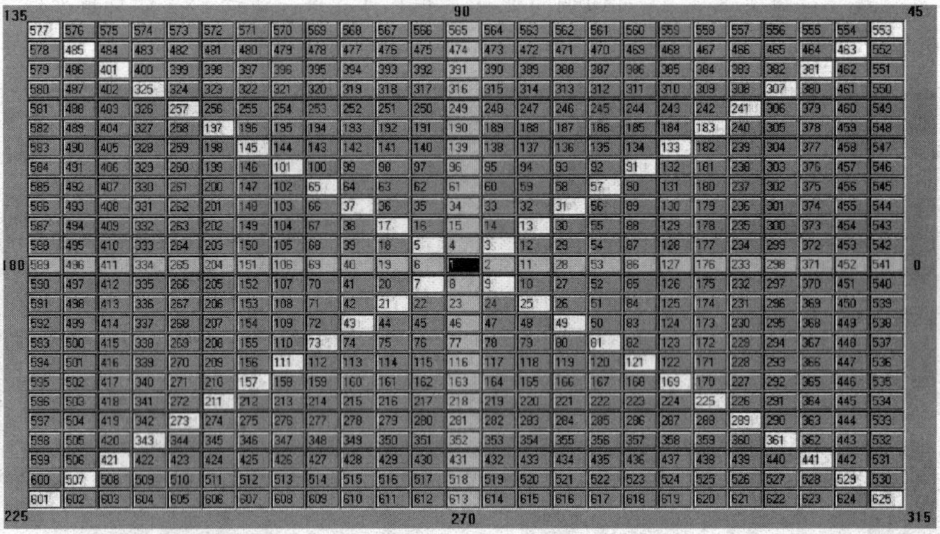

图 6-39 江恩四方图

➲ 实盘应用案例 6-8

如图 6-40 所示，以 6 月 7 日的美元指数 88.7 为江恩四方图的中心起点，逆时针依次递减 0.1，画出美元指数江恩四方图，图中的十字线和对角线对指数有压力和支撑作用，对角线的压力和支撑作用大于十字线的。

78.7	78.8	78.9	79.0	79.1	79.2	79.3	79.4	79.5	79.6	79.7
78.6	82.3	82.4	82.5	82.6	82.7	82.8	82.9	83.0	83.1	79.8
78.5	82.2	85.1	85.2	85.3	85.4	85.5	85.6	85.7	83.2	79.9
78.4	82.1	85.0	87.1	87.2	87.3	87.4	87.5	85.8	83.3	80.0
78.3	82.0	84.9	87.0	88.3	88.4	88.5	87.6	85.9	83.4	80.1
78.2	81.9	84.8	86.9	88.2	88.7	88.6	87.7	86.0	83.5	80.2
78.1	81.8	84.7	86.8	88.1	88.0	87.9	87.8	86.1	83.6	80.3
78.0	81.7	84.6	86.7	86.6	86.5	86.4	86.3	86.2	83.7	80.4
77.9	81.6	84.5	84.4	84.3	84.2	84.1	84.0	83.9	83.8	80.5
77.8	81.5	81.4	81.3	81.2	81.1	81.0	80.9	80.8	80.7	80.6
77.7	77.6	77.5	77.4	77.3	77.2	77.1	77.0	76.9	76.8	76.7

图 6-40 美元指数江恩四方图

8 月 6 日，美元指数在 80.8 受到对角线的支撑，而引发了为期 12 天的反弹，8 月 24 日遇到十字线的压制，在 83.5 受阻重归跌势（如图 6-41 所示）。

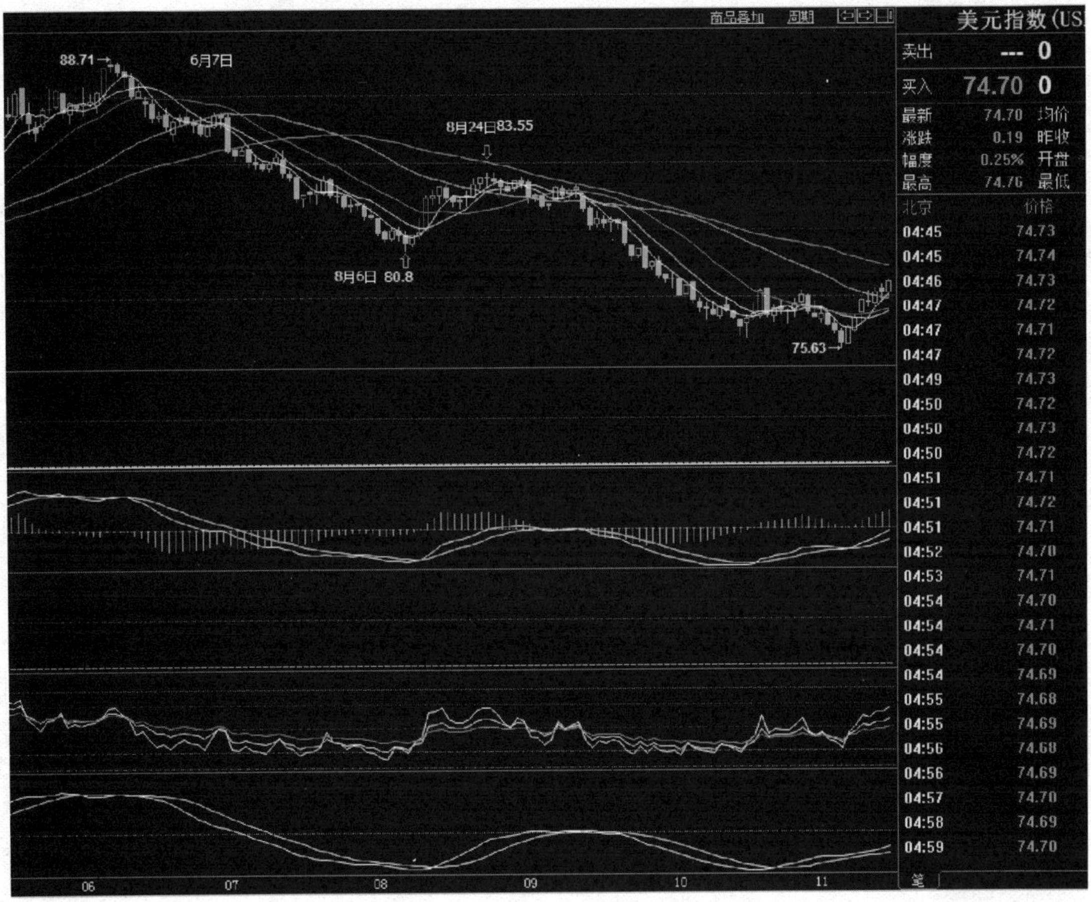

图 6-41　美元指数走势图

练习题

一、选择题

1. 道氏理论的目标是判定市场主要趋势变化，所考虑的是趋势的（　　）。

A. 期间　B. 幅度　C. 方向　D. 逆转

2. 根据相反理论，正确的认识是（　　）。

A. 牛市疯狂时，是市场暴跌的先兆　B. 市场情绪趋于一致时，将发生逆转

C. 大众通常在主要趋势上判断错误　D. 大众看好时，相反理论者就要看淡

3. 以下操作中能使持仓量保持不变的是（　　）。

A. 多头开仓，多头平仓　B. 空头平仓，空头开仓

C. 多头开仓，空头开仓　D. 空头平仓，多头平仓

4. 艾略特波浪理论考虑的因素主要是（　　）。

A. 形态　B. 比例　C. 时间　D. 价格

二、简答题

1. 简述波浪理论八个波浪的形态特征。
2. 简述技术面分析法的特点。

三、论述题

请举例说明成交量、持仓量和价格的关系。

第七章

期货交易技术面分析法

本章主要内容

技术面分析的主要方法：K 线分析、形态分析、指标分析、趋势分析与实盘应用案例分析。

本章重点

各种技术面分析方法的特点与应用。

第一节　K 线分析方法与应用

一、K 线的概念和类型

（一）概念

K 线又称为阴阳线、棒线、红黑线、蜡烛线、蜡烛图、阴阳烛，是期货技术面分析的最基本方法之一。K 线的概念在第六章第一节已介绍，不再赘述。

（二）类型

1. 从形态上划分

K 线从形态上划分，可分为阳线、阴线、同价线。阳线按实体大小可分为大阳线、中阳线、小阳线，阴线按实体大小可分为大阴线、中阴线和小阴线。同价线（如图 7-1 所示）通常以十字形和 T 字形表现出来。同价线按上影线、下影线的长短和有无，又可以分为长十字线、十字线和 T 字线、倒 T 字线、一字线等。当有上影线、下影线时为十字线，没有上影线时为 T 字线，没有下影线时为倒 T 字线，当没有上影线、下影线时为一字线。

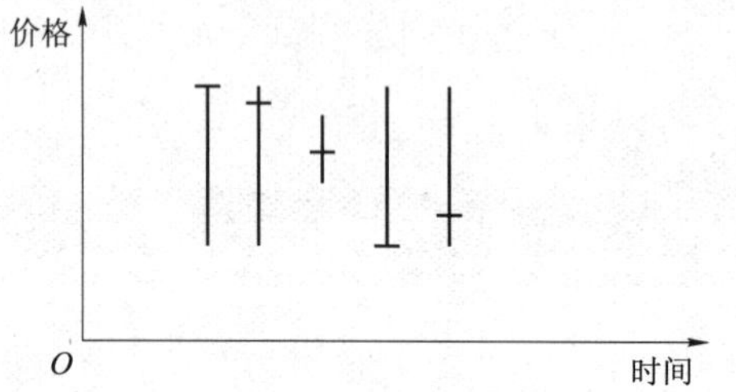

图 7-1 同价线

2. 从时间上划分

K 线从时间上划分，可分为日 K 线（如图 7-2 所示）、周 K 线、月 K 线、季 K 线、年 K 线、以及 1 分钟 K 线、5 分钟 K 线、15 分钟 K 线、30 分钟 K 线、60 分钟 K 线、2 小时 K 线、4 小时 K 线等。这些 K 线都有不同的作用。K 线时间越长，表明趋势越长，分析的意义越大，可靠性越强。

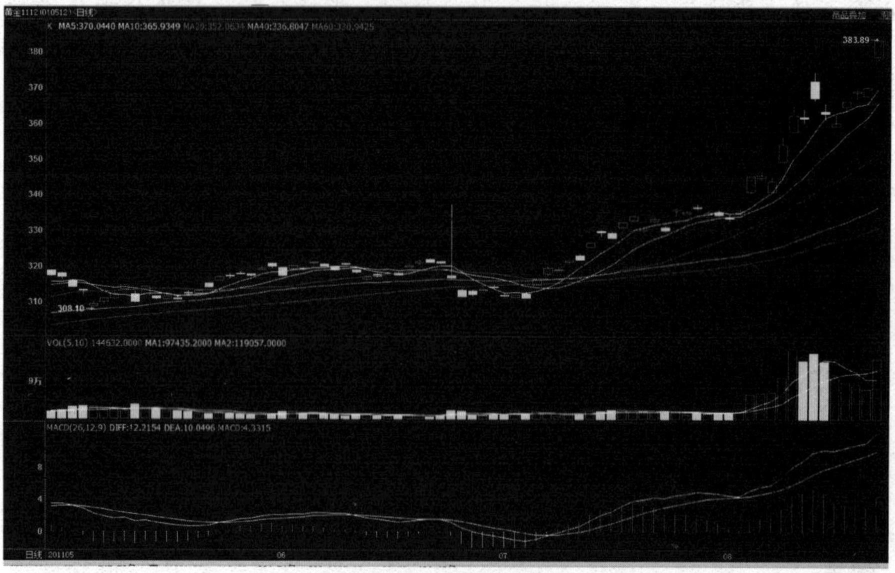

图 7-2 日 K 线图

一般来说，日 K 线反映的是价格短期走势。周 K 线、月 K 线、季 K 线、年 K 线反映的是价格中长期走势。1 分钟 K 线、5 分钟 K 线、15 分钟 K 线、30 分钟 K 线、60 分钟 K 线、2 小时 K 线、4 小时 K 线则反映的是价格在一日之内的超短期走势。

二、单根 K 线分析方法与应用

（一）分析意义

K 线所包含的信息是极为丰富的，单根 K 线的分析意义如下。

1. 上影线和阴线的实体代表做空的力量

上影线和阴线的实体比较长就说明做空的力量很大，上档抛压很重。大阴线说明空头力量很强。大阴线如果没有下影线（光头阴线）表示空头力量极强。

2. 下影线和阳线的实体代表做多的力量

下影线和阳线的实体比较长说明做多的力量很大，逢低买盘积极踊跃。大阳线说明多头力量很强。大阳线如果没有上影线（光头阳线）表示多头力量极强。如图 7-3 所示，从左到右代表多头力量由强到弱，空头力量由弱到强。

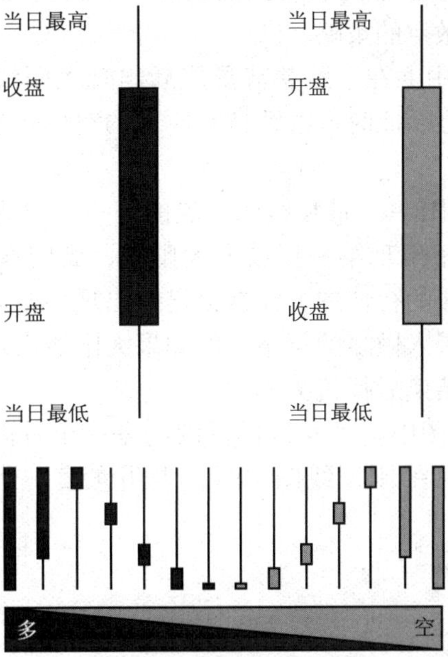

图 7-3　单根 K 线多空力道对比图

单根 K 线应用时，应注意 K 线图所处的价位区域。同一个 K 线形态，当其出现在不同的位置时，其意义与解释是不同的，甚至完全相反。例如：带上下影线的同价线，如果出现在顶部时，一般预示着趋势将转为下跌；如果出现在底部时，一般预示着趋势将转为上涨。

（二）类型

1. 大阳线

（1）阳线大小的界定

阳线大小的界定取决于开盘价和收盘价的距离，即阳线实体的长度。如果阳线实体很长，则为大阳线；阳线实体很短，则为小阳线，介于两者之间的为中阳线。一般来说，阳线的大小可以按以下方法进行大致区分。

大阳线：$|(收盘价-开盘价)/开盘价|>7\%$

中阳线：$7\% \geq |(收盘价-开盘价)/开盘价|>3\%$

小阳线：$3\% \geq |(收盘价-开盘价)/开盘价|>1\%$

小阳星：$1\% \geq |(收盘价-开盘价)/开盘价|$

（2）交易策略

大阳线所处的位置不同，其技术含义和所采取的交易策略也不同。

① 大阳线出现在底部区域。在大跌势的末期，价格在底部区域震荡盘整之后，突然出现

了放量大阳线，是跌势中止的信号，将开始一轮上升行情，此时可以采取买入做多的策略。

② 大阳线出现在上涨途中。价格上涨一段时间后进行横盘整理，之后出现大阳线，快速脱离盘整区域，如果第二天涨势能持续，且成交量继续放大，此时可以采取进场买入或加仓买入的策略。

③ 大阳线出现在上涨末期。经过长时间的上涨，再次出现大阳线，标志着价格将见顶，应采取多单平仓并择机反手做空的策略。

④ 大阳线出现在下跌途中。在下跌趋势形成后出现大阳线时，只是下跌途中的一次反弹，反弹后会继续呈下跌趋势，此时可继续持有原来的空单，空仓者可采取暂时观望、逢高做空的策略。

⑤ 大阳线出现在周 K 线图中。周 K 线图反映的是一周内的波动情况，它比日 K 线图运行周期长。如果在周 K 线图中出现第一根放量大阳线，表明在一周的五个交易日内出现了连续上涨的走势，在强势上涨的行情中，经常会连续出现多根周阳线，所以当出现第一根放量大阳线时，可以采取逢低买入做多的策略。但如果大阳线出现于多根阳线之后，意味着短线可能会有回调，可于回调结束后择机买入。

⑥ 大阳线出现在月 K 线图中。月 K 线图反映的是一个月内的价格走势，它表明价格长期的运行趋势。当大阳线出现在月 K 线图中时，表明连续一个月的上涨幅度已经很大，存在大幅度调整的可能性。

➲ 实盘应用案例 7-1

如图 7-4 所示，在月 K 线图中，PTA 期货价格在连续几根阳线之后又出现了一根大大的阳线，表明涨幅已经很大，有可能出现大幅调整。果然在大阳线后出现了连续四个月的下跌行情，跌幅达到 31.6%。所以当月 K 线图中出现大阳线后，多单应逢高平仓离场，并结合其他指标综合进行分析判断，比如大阳线后出现了顶部十字星，则可以逢高反手做空。

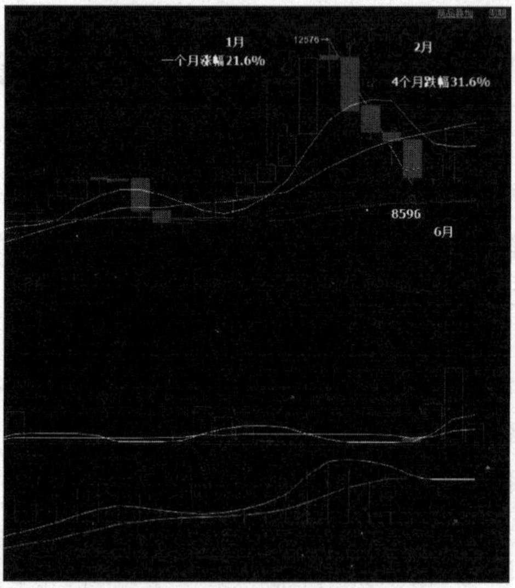

图 7-4 PTA 期货月 K 线图

2. 大阴线

（1）阴线大小的界定

阴线大小的界定取决于开盘价和收盘价的距离，即阴线实体的长度。如果阴线实体很长，则为大阴线；如果阴线实体很短，则为小阴线；介于两者之间的为中阴线。一般来说，阴线大小的区分方法与阳线大小的区分方法相同，如图 7-5 所示。

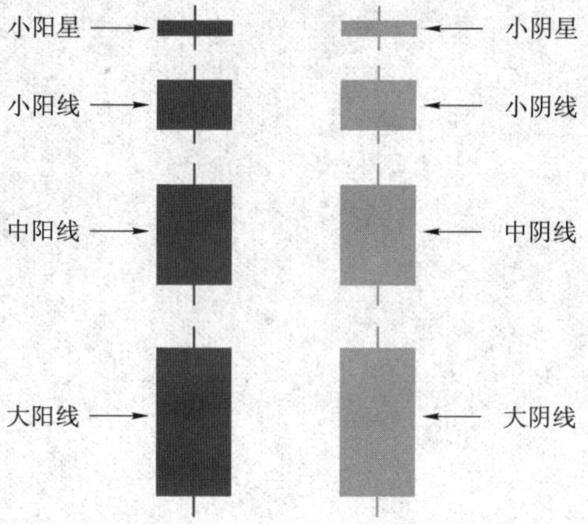

图 7-5　K 线的类型

（2）交易策略

大阴线由于所处的位置不同，其技术含义和所采取的交易策略也不同。

① 大阴线出现在顶部区域。在大涨势的末期，价格在顶部区域震荡盘整之后突然出现了大阴线，意味着涨势的中止，将开始一轮下跌行情，如图 7-6 所示。此时可采取卖出做空的策略。

图 7-6　大阴线出现在顶部区域

② 大阴线出现在下跌途中。价格下跌一定阶段后进行横盘整理，之后出现大阴线，快速脱离盘整区域，说明跌势仍将继续，如图 7-7 所示。此时可以再次进场卖出做空或加仓卖出做空。

图 7-7　大阴线出现在下跌途中

③ 大阴线出现在下跌末期。经过长时间的下跌，再次出现大阴线，标志着价格将见底，如图 7-8 所示。此时应采取平仓离场的策略，也可以反手买入做多。

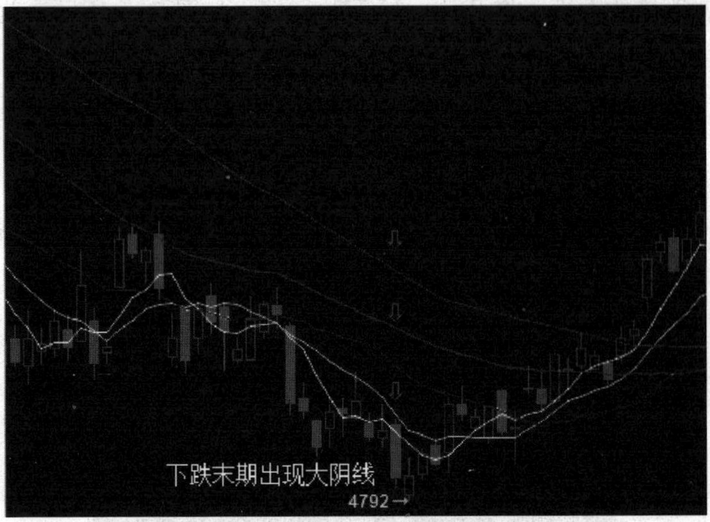

图 7-8　大阴线出现在下跌末期

④ 大阴线出现在上涨途中。在上涨趋势形成后出现大阴线时，如图 7-9 所示，只是上涨途中的一次回调，之后会继续涨势，此时可采取暂时观望、待回调结束后继续买入的策略。

⑤ 大阴线出现在月 K 线或季 K 线图中。如果大阴线出现在月 K 线、季 K 线图中，表明

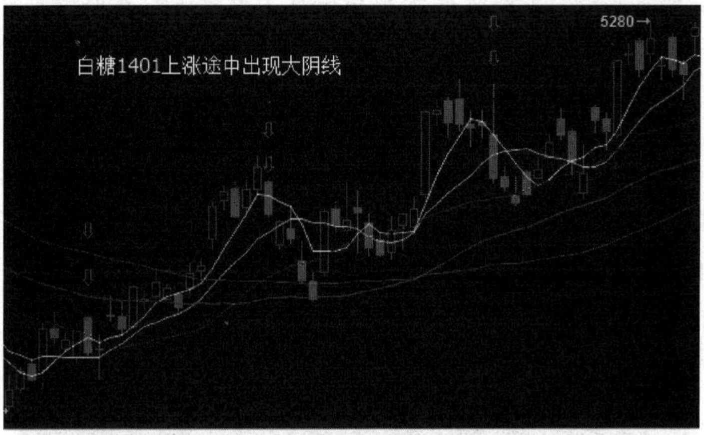

图 7-9　大阴线出现在上涨途中

连续下跌的幅度已经很大，存在大幅反弹的可能性。图 7-10 所示为大阴线出现在季 K 线图中。

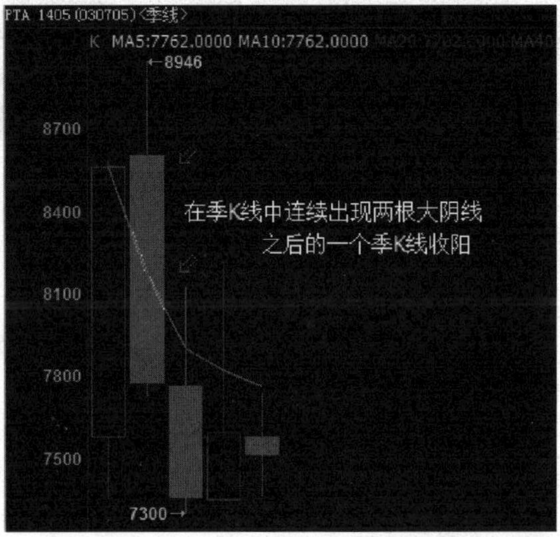

图 7-10　大阴线出现在季 K 线图中

➲ 实盘应用案例 7-2

如图 7-11 所示，美原油期货 2015 年 1 月 19 日从 50.4 美元/桶一路上涨，连续 6 个季度收阳，第 6 根季线是一根大阳线，上涨 1.92 倍，涨幅巨大，下跌的风险极大。果然，2016 年 7 月 11 日见顶 147.25 美元/桶，之后掉头向下，在季 K 线图中出现两根大阴线，6 个月跌幅高达 76.1%，此时，大幅反弹的可能性极高。果然 2017 年 1 月 15 日见底 35.16 美元/桶后止跌，出现大幅反弹，到 2019 年 5 月 2 日达到 114.83 美元/桶，涨幅达 2.27 倍。图 7-11 中大阴线的左侧说明，连续 6 个季度收阳，第 6 根季线出现大阳线，表明涨幅巨大，存在极大的下跌风险，应果断平掉多单，择机反手做空。图 7-11 中大阴线的右侧说明，大阴线连续出现在季K线图中，表明连续下跌的幅度已经很大，随时可能出现大幅反弹，应平掉空单，择机买入做多抢反弹，安全性极高，盈利的概率极大。

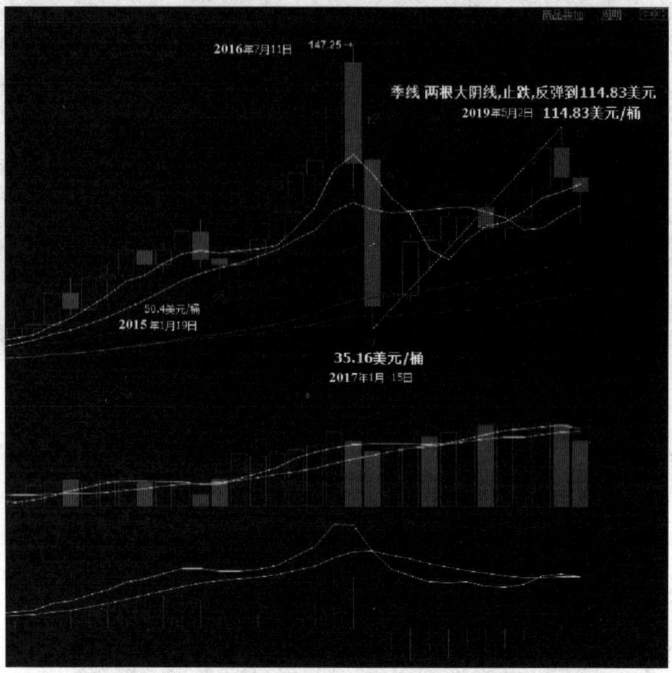

图 7-11　美原油期货季 K 线图中的大阴线

3. 纺锤线

（1）纺锤线的概念

K 线实体很小，上下影线很长的 K 线称为纺锤线。纺锤线代表缺乏上升或下降的力量，表明市场正在休整中，如图 7-12 所示。

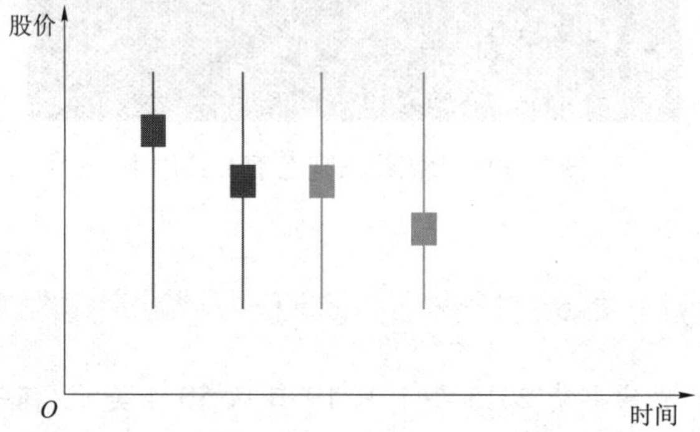

图 7-12　纺锤线

（2）交易策略

① 在大涨之后的顶部区域出现纺锤线。表示多头力量衰减，升势可能中止，可择机做空。

② 在大跌之后的底部区域出现纺锤线。表示空头力量衰减，跌势可能中止，可择机

做多。

③ 在横盘整理时出现纺锤线。在区间整理时，当遇到压力或支撑时，一般会出现十字星或纺锤线的 K 线形态，如图 7-13 所示，美黄豆在区间上方遇到阻力，出现了纺锤线掉头向下，在区间下方遇到支撑则掉头向上，此时可以顺势进行短线交易。

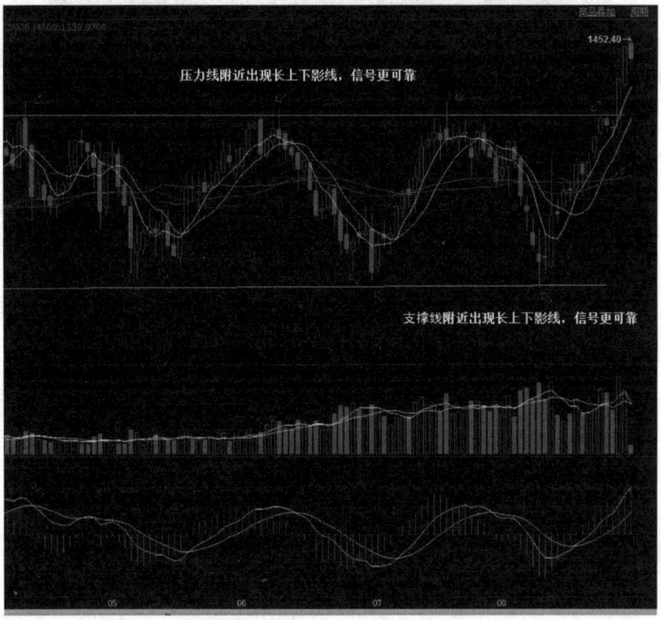

图 7-13　美黄豆期货纺锤线

4. 十字星

(1) 十字星的概念

收盘价等于开盘价，没有实体只有上下影线的 K 线，称为十字星或十字线。

(2) 十字星的意义

十字星的出现说明多空双方争夺激烈。十字星的上下影线越长，表示多空双方争夺越激烈；行情一旦确认，趋势发展的时间也会越长。

(3) 交易策略

① 在趋势中期出现的十字星为整固十字星。整固十字星上下影线一般较短，整理之后一般会继续原来的趋势，所以原来的趋势单可以继续持有。

② 在趋势末期出现的十字星为反转十字星。反转十字星上下影线较长，意味着趋势将要反转。反转十字星的上下影线越长，信号越可靠。在上升趋势的末期出现十字星时，预示涨势将结束，十字星的出现可以作为空头进场信号，是一个很好的做空时机；在下跌趋势的后期出现十字星时，预示跌势将会结束，十字星的出现可以作为多头进场信号，是一个很好的做多时机，此时可择机介入。

➲ 实盘应用案例 7-3

如图 7-14 所示，美原油 10 月合约的价格于 2019 年 5 月 2 日开始下跌，从 115.55 美元/桶下跌到 8 月 9 日的 76.15 美元/桶，三个月跌幅达 34.1%。2019 年 8 月 9 日，在大跌之后的阶段底部，周K线图上出现了带长下影线的十字星，是止跌信号。之后果然止跌反弹，到9月7日反弹到90.48美元/桶，仅23个交易日涨幅达18.8%。此例说明，在下跌趋势的末期出现带长下影线的十字星时，预示跌势将会结束，反弹力度也会比较大，可以买入做多。

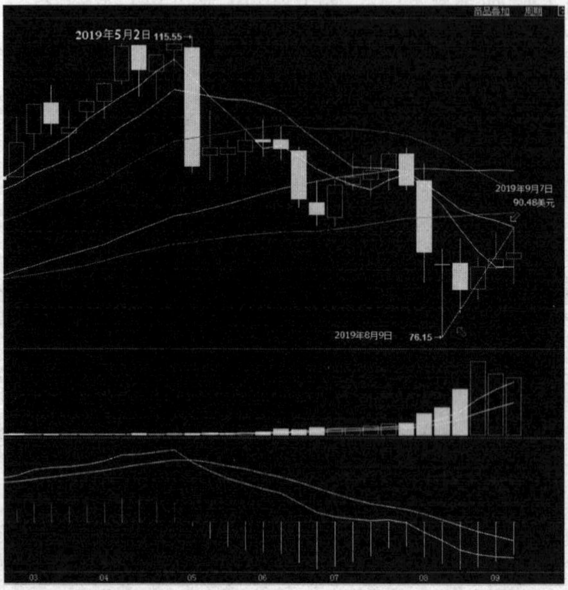

图7-14 美原油10月合约底部十字星

5. 射击之星

(1) 概念

射击之星是指出现在上升趋势末期的一根K线，其上影线较长（是K线实体的两倍以上），一般无下影线或下影线很短，近似于“⊥”。实体较小，可以是阴线，也可以是阳线，如图7-15所示。

图7-15 射击之星

(2) 形态的意义

射击之星又称为“流星”，一般出现在大幅上涨之后的顶部区域，是一个重要的趋势反转信号，说明大势可能见顶，上影线越长的射击之星见顶信号越强。射击之星的出现可以作为空头进场信号，是一个很好的做空时机。

(3) 交易策略

在大幅上涨之后的顶部区域，一旦出现射击之星，可以卖出做空。

➲ 实盘应用案例 7-4

如图 7-16 所示，橡胶 1201 合约于 4 月 12 日见顶后出现射击之星，之后大幅度下跌，5 月 17 日跌到 29 805 元/吨，一个月的跌幅达 21%。

如图 7-17 所示，2018 年 9 月 22 日美原油期货价格高达 130 美元/桶，周 K 线图的顶部出现带很长上影线的射击之星，之后原油价格开始一路下跌，最低跌至 2019 年 2 月 20 日的 45.13 美元/桶，五个月跌幅高达 65%。

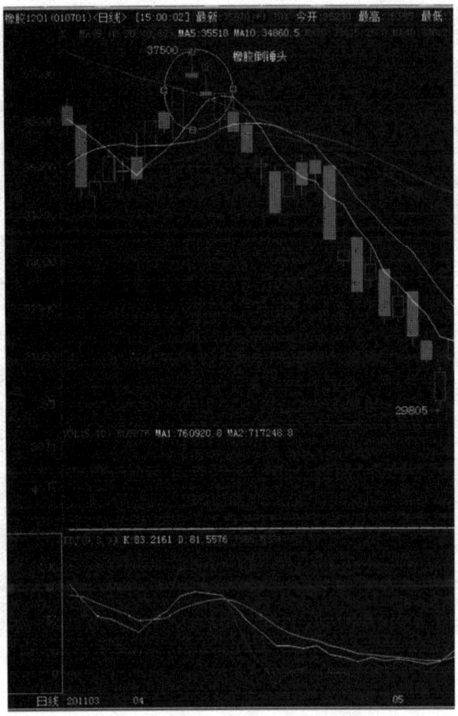

图 7-16　橡胶 1201 合约射击之星

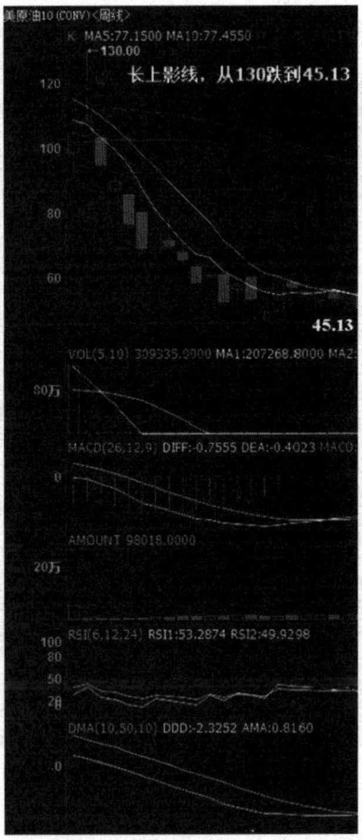

图 7-17　美原油期货射击之星

以上两例说明，射击之星的反转信号可信度很高，特别是趋势末期出现的上影线特别长的射击之星更加可靠。因此，一旦出现，可以果断进场做空。

6. 一字线

（1）一字线的概念

一字线是开盘价、收盘价、最高价、最低价都相同，在 K 线图上呈现一字形态的 K 线。

（2）一字线的意义

一字线在涨势或跌势中都有可能出现。一字线在上涨趋势中出现时，为买进信号；在下跌趋势中出现时，为卖出信号。

（3）交易策略

在上涨趋势中出现一字线时，价格封在涨停板上，说明此时多方力量强大，第二日继续上涨的可能性很大，可择机买入做多。在下跌趋势中出现一字线时，价格封在跌停板上，说明此时空头力量极强，日后继续下跌的可能性很大，可择机做空。

实盘应用案例 7-5

如图 7-18 所示，2008 年美国的次贷危机引发全球金融危机，沪铜从 2008 年 3 月 4 日年内最高价 70 560 元/吨开始急速下跌，在 10 月 6 日—10 月 27 日的 16 个交易日内，出现了 8 个跌停板，到 2008 年 12 月 19 日最低跌至 21 940 元/吨，跌幅高达 69%，此例说明，一字线极具杀伤力，一旦出现一字线可果断进场，顺势操作。

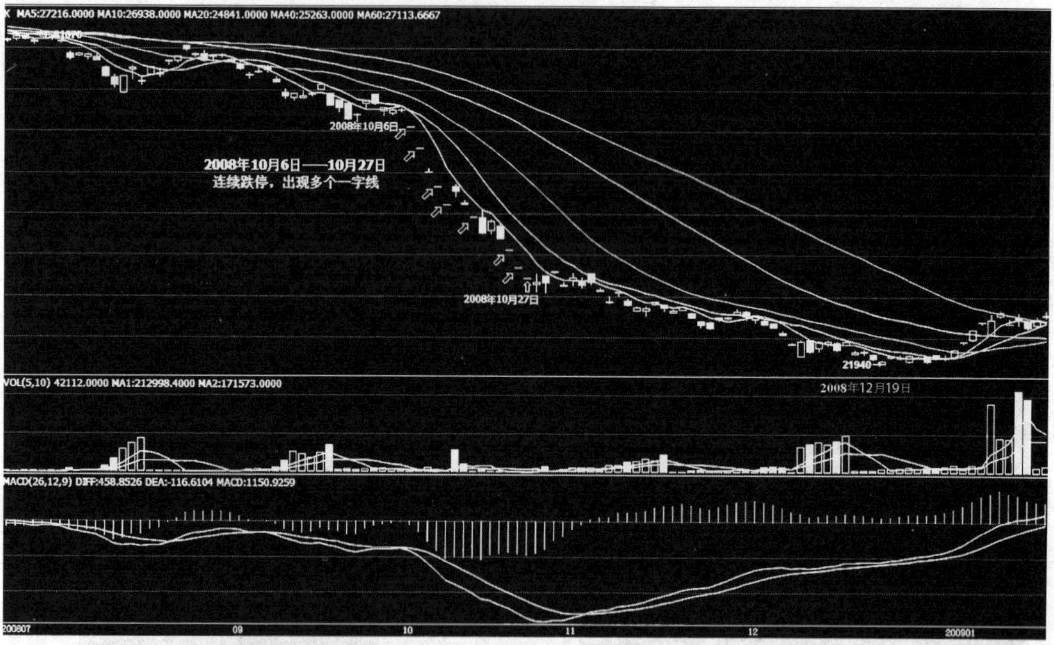

图 7-18 沪铜一字线

7. 锤头线与倒锤头线

（1）锤头线与倒锤头线的概念

锤头线是 K 线实体很小，有很长下影线无上影线（或非常短）的单根 K 线，形状像锤头，所以称为锤头线。锤头线的下影线长度应是实体长度的 2 ～ 3 倍。锤头线的实体可以是阴线，也可以是阳线，其意义相同，如图 7-19 所示。

（a）阳锤头线　　（b）阴锤头线

图 7-19 锤头线

倒锤头线与锤头线的形态相反，如图 7-20 所示。

（a）阳倒锤头线　　（b）阴倒锤头线

图 7-20　倒锤头线

（2）锤头线与倒锤头线的意义

锤头线一般出现在下降趋势的末期。开盘后先大幅度下跌，最后以最高价或次高价收盘，产生一根阳锤头线或阴锤头线，意味着跌势终止，趋势将反转。锤头线的出现可以作为多头进场信号，是一个很好的做多时机。如果锤头线的实体部分与前一根 K 线之间出现跳空缺口，则反转意义更强烈。但在出现锤头线时，须伴随成交量的放大，成交量越大，转势信号越强烈。倒锤头线与锤头线的意义相反，倒锤头线一般出现在上涨趋势的末期。倒锤头线意味着涨势终止，趋势将反转。倒锤头线的出现可以作为空头进场信号，是一个很好的做空时机。

（3）交易策略

锤头线出现的次日，价格如果不跌破锤头线的最低价，便可择机买入做多；倒锤头线出现的次日，价格如果不超过倒锤头线的最高价，便可择机卖出做空。

实盘应用案例 7-6

如图 7-21 所示，橡胶 1201 合约于 2018 年 11 月 30 日底部出现锤头线，最低探至 29 500 元/吨，之后一路上涨，2019 年 2 月 14 日最高涨到 41 970 元/吨，两个半月涨幅高达 42%。此例说明在下降趋势的末期出现锤头线，是可靠的买入信号。

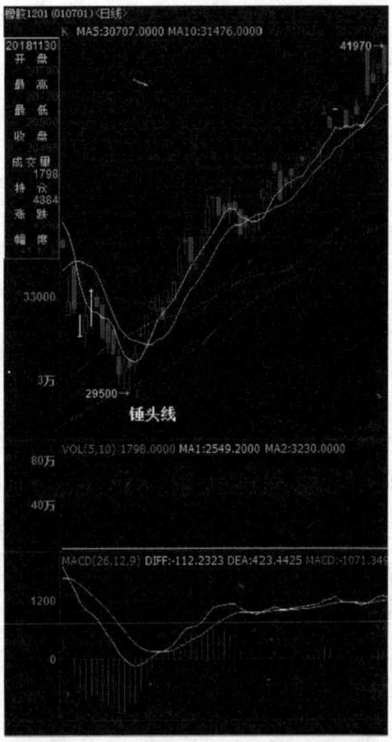

图 7-21　橡胶 1201 合约锤头线

三、两根 K 线的组合应用

两根 K 线组合在一起，形成不同的 K 线组合。这样的 K 线组合所包含的信息比单根 K 线更丰富，发出的买进和卖出信号更具有参考价值。

（一）有关概念

1. 跳空

跳空即两条 K 线之间不互相接触，中间有空格。

2. 高开

今日开盘价高于昨日收盘价。

3. 低开

今日开盘价低于昨日收盘价。

4. 跳空高开

今日开盘价高于昨日最高价。

5. 跳空低开

今日开盘价低于昨日最低价。

（二）两根 K 线的组合类型与应用

1. 乌云盖顶

乌云盖顶又称乌云线，是由处于顶部的两根不同颜色的阴线和阳线组成，如图 7-22 所示。

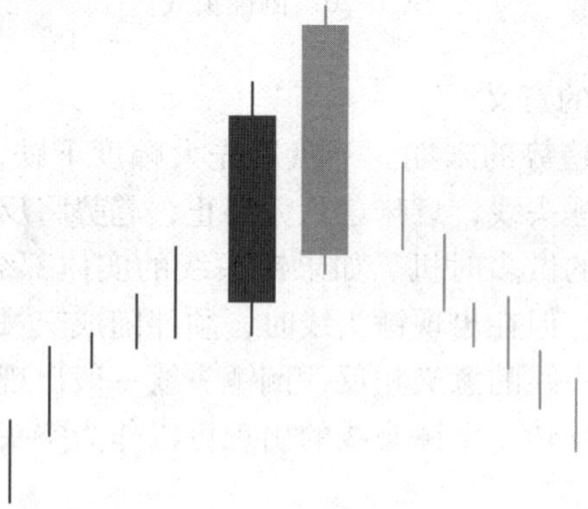

图 7-22　乌云盖顶

（1）形态的确认

① 乌云盖顶必须出现在上升趋势的末期。

② 第一根 K 线为阳线，第二根 K 线为阴线。

③ 第二根 K 线应跳空高开。

④ 第二根 K 线的收盘价要深入到第一根 K 线实体部分 50% 以下，深入得越多，见顶回落的可能性越大。

⑤ 第二根 K 线开盘之初的成交量越大，反转的可能性越大。

（2）交易策略

乌云盖顶是见顶信号，意味着趋势将要反转。乌云盖顶的出现可以作为空头进场信号，是一个很好的做空时机。一旦顶部出现乌云盖顶，可以建立趋势空单。

实盘应用案例 7-7

如图 7-23 所示，沪铜 1109 合约于 5 月 19 日出现乌云盖顶，形成历史大顶部，从最高价 85 490 元/吨，跌至 26 080 元/吨，跌于幅近 70%。

又如图 7-24 所示，美棉花于 3 月 11 日出现乌云盖顶，从 219.7 美分/磅跌至 7 月 29 日的 93.2 美分/磅，跌幅高达 57.6%

以上两个案例说明，乌云盖顶是可信度极高的见顶信号，可果断做空。

2. 曙光初现

乌云盖顶的图形反过来为曙光初现，如图 7-25 所示。

（1）形态的确认

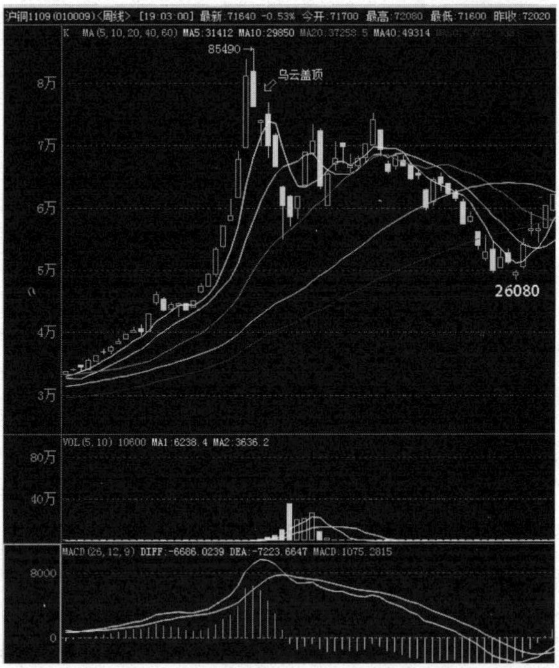

图 7-23　沪铜 1109 合约乌云盖顶

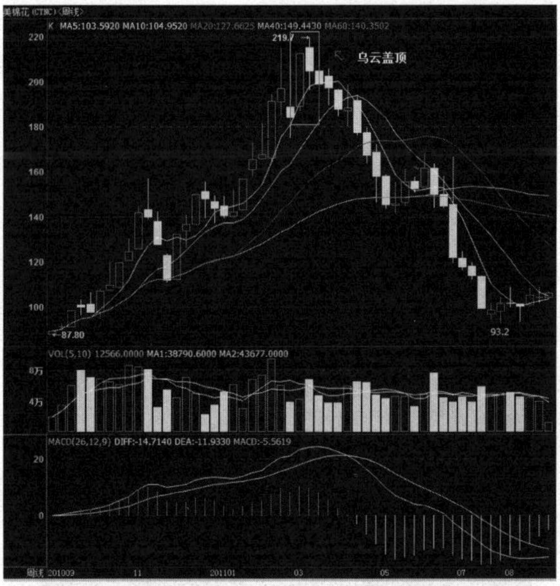

图 7-24　美棉花乌云盖顶

① 曙光初现必须出现在下跌趋势的末期。
② 第一根 K 线为阴线，第二根 K 线为阳线。
③ 第二根 K 线应跳空低开。
④ 第二根 K 线的收盘价要深入到第一根 K 线实体部分 50% 以上，深入得越多，趋势反

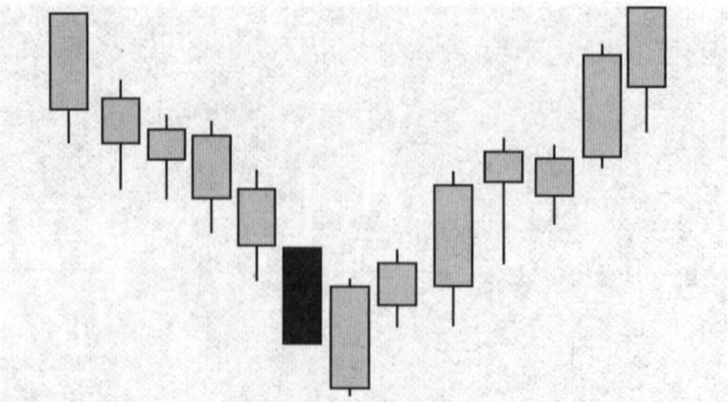

图 7-25　曙光初现

转的可能性越大。

⑤ 第二根 K 线形成时的成交量越大，反转的可能性越大。

（2）交易策略

曙光初现是见底信号，意味着趋势将要反转。曙光初现可以作为多头进场信号，是一个很好的做多时机。一旦底部出现曙光初现，可以建立趋势多单。

实盘应用案例 7-8

如图 7-26 所示，3 月 15 日，橡胶 1201 合约价格在下跌的中途，出现了曙光初现形态，之后一路上涨，从最低点 32 400 元/吨，到 2019 年 4 月 11 日上涨到最高点 37 500 元/吨，不到一个月时间涨幅高达 15.7%。如果此形态出现在底部区域，则涨幅会更大。案例说明，曙光初现是可信度极高的反转信号，可择机做多。

图 7-26　橡胶 1201 合约曙光初现

3. 穿头破脚

穿头破脚也是反转形态，可以看作是乌云盖顶和曙光初现的特例，它由处于顶部（或底部）的两根不同颜色的阴线和阳线组成。穿头破脚可以出现在下跌趋势的末期，也可以出现在上升趋势的末期（如图 7-27 所示）。

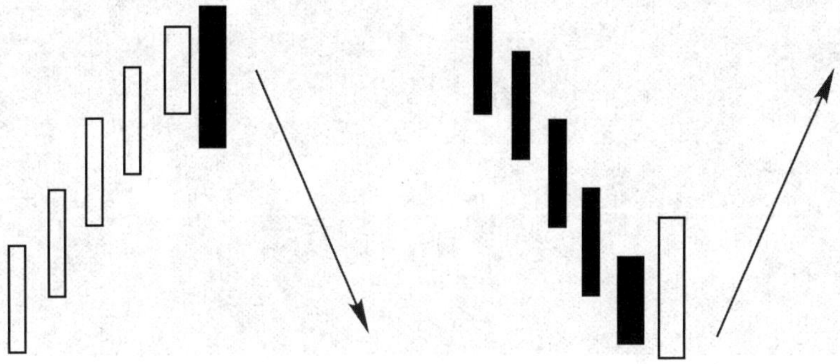

（a）穿头破脚（看跌吞没线）　　（b）穿头破脚（看涨吞没线）

图 7-27　穿头破脚

（1）形态的确认

① 穿头破脚必须出现在上升（下跌）趋势的末期。

② 第一根 K 线为阳线（阴线），第二根 K 线为阴线（阳线）。

③ 第二根 K 线应跳空高开（低开）。

④ 第二根 K 线的收盘价要将第一根 K 线完全覆盖，穿头破脚又称抱线，即第二根 K 线将第一根 K 线从头到脚全部包在里面。

⑤ 第二根 K 线形成时的成交量越大，反转的可能性越大；两根 K 线长度越悬殊，转势的力度就越强；第二根 K 线包容前面的 K 线越多，转势信号可信度越高；穿头破脚出现的位置越高（或越低），转势信号越可靠，即在行情末期出现的信号比在行情中期出现的信号更可靠。

（2）交易策略

穿头破脚出现在上升趋势的末期是见顶信号，出现在下跌趋势的末期是见底信号，都意味着趋势将要反转，而且比乌云盖顶和曙光初现的信号更加可靠。一旦出现，应抓住机会，进场参与交易。

➲ 实盘应用案例 7-9

如图 7-28 所示，美黄金在连续上涨后出现了穿头破脚形态，从 8 月 23 日的 1 917.7 美元/盎司跌到 8 月 25 日的 1 705.4 美元/盎司，三天的跌幅高达 11%。

如图 7-29 所示，美棉花在长期上涨之后的顶部区域出现了穿头破脚形态，而且构成形态的两根 K 线的长度很悬殊，第二根 K 线包容前面的 K 线很多，因此转势信号的可信度比较高。事实证明，其后 13 天的跌幅高达 30%。

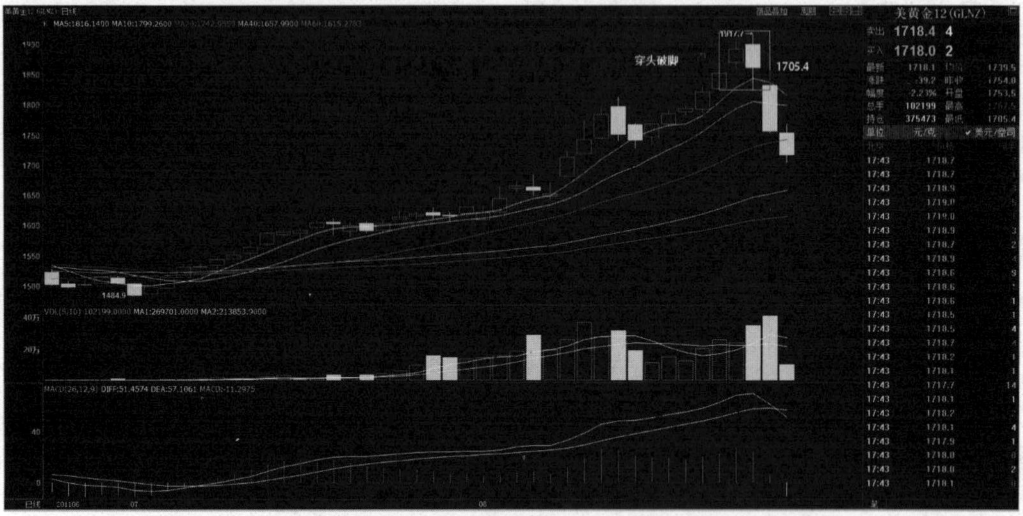

图 7-28　美黄金顶部穿头破脚

玉米 1405 合约顶部穿头破脚的例子如图 7-30 所示，No11 糖 10 月合约底部出现穿头破脚的例子如图 7-31 所示。

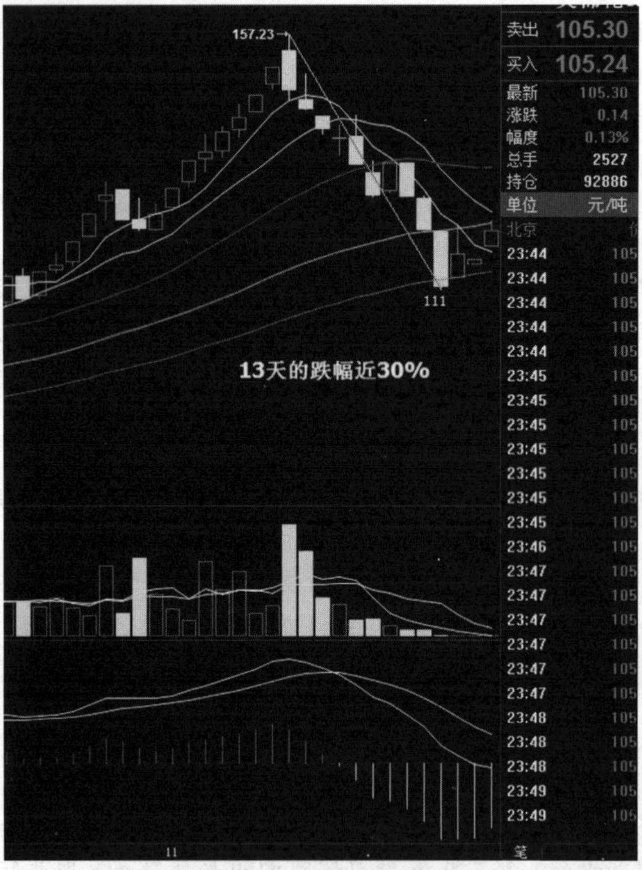

图 7-29　美棉花顶部穿头破脚

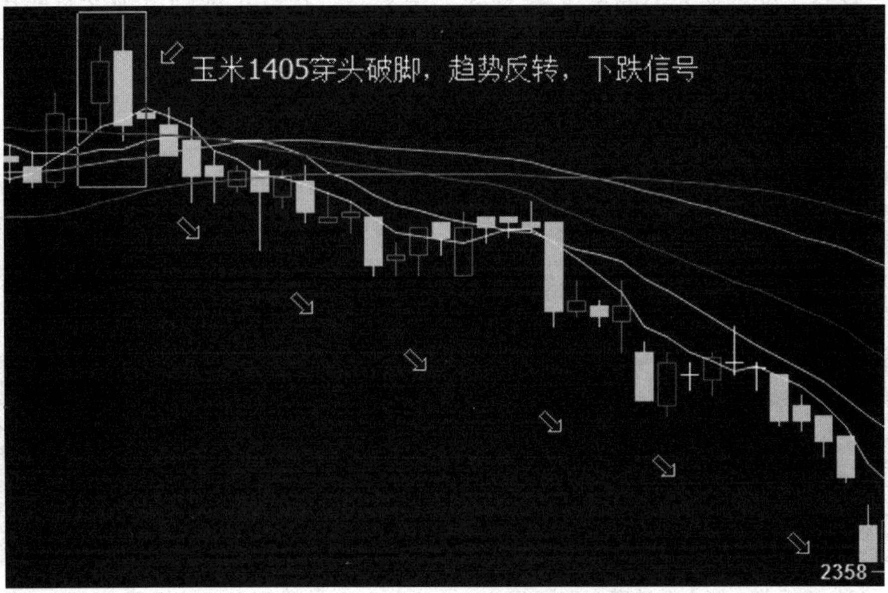

图 7-30　玉米 1405 合约穿头破脚

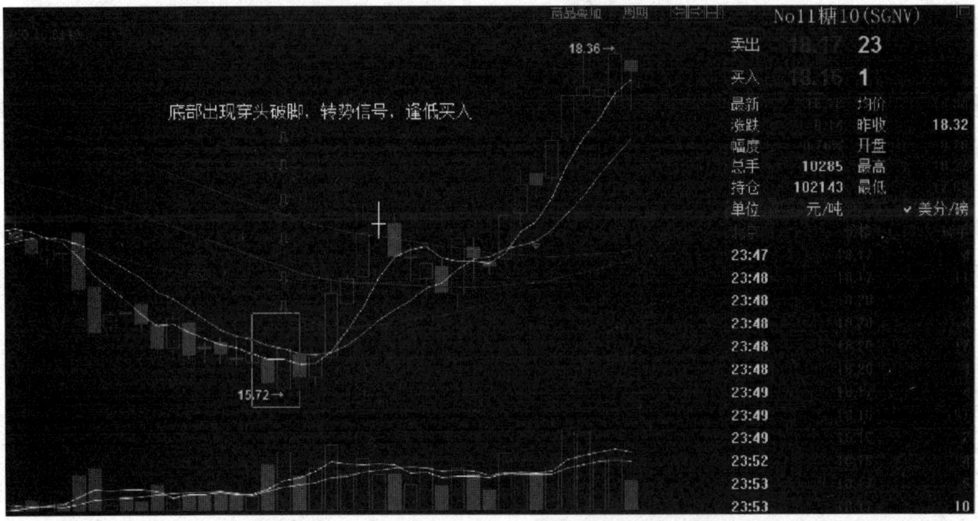

图 7-31　No11 糖 10 月合约底部穿头破脚

以上案例说明，穿头破脚是可信度极高的反转信号，一旦在大底部出现穿头破脚，可以买入，建立趋势多单；一旦在顶部出现穿头破脚，可以卖出，建立趋势空单。

但穿头破脚形态也有失败的案例。例如，美棉花在上涨的中期出现穿头破脚之后，并没有继续下跌，而是继续升势，如图 7-32 所示。可见，在上涨的中途，出现穿头破脚信号可信度不高，要谨慎操作。

又如，2016 年 2 月沪铝月 K 线图出现穿头破脚之后没有马上下跌，而是转头向上，继续上涨了 3 个月，到 5 月见顶出现射击之星后才开始下跌，一直跌到 2018 年 12 月，最低跌到 10 470 元/吨，跌幅达 58%（如图 7-33 所示）。究其原因，一是当时涨幅不太大，处于上涨中期；二是穿头破脚形态中两根 K 线悬殊不太大；三是穿头破脚出现在月线中，经过一个月的大跌，回调幅度已经足够大；四是当时基本面出现利多因素。此例说明，不能完全依靠 K 线形态，还要注意基本面变化，参考其他指标综合来进行分析判断。

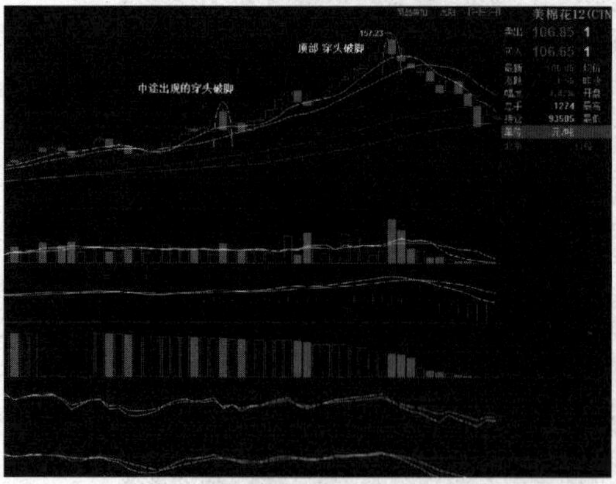

图 7-32 美棉花上涨中期的穿头破脚

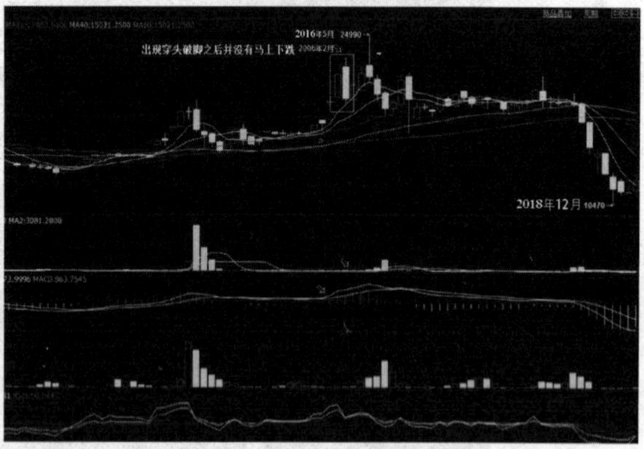

图 7-33 沪铝穿头破脚失效

4. 身怀六甲

（1）概念

身怀六甲（孕育线）是由两根 K 线组成的，与穿头破脚相反，前一根 K 线的实体较长，后一根 K 线的实体较短。后一根 K 线的最高价与最低价，均未超过前一根 K 线的最高价与最低价。看上去就好像是长 K 线怀中的胎儿，因此，被称为身怀六甲 K 线，又称孕育线。

（2）形态的类型

身怀六甲有三种形态：

① 前一条图线是一条长的阳线，第二条图线是一条短的阴线，称为阴孕线，如图 7-34（a）所示；

② 前一条图线是一条长的阴线，第二条图线是一条短的阳线，称为阳孕线，如图 7-34（b）所示；

③ 前一条图线是一条长的阳线（或阴线），第二条图线是一条十字星线，称为星孕线，如图 7-34（c）所示。

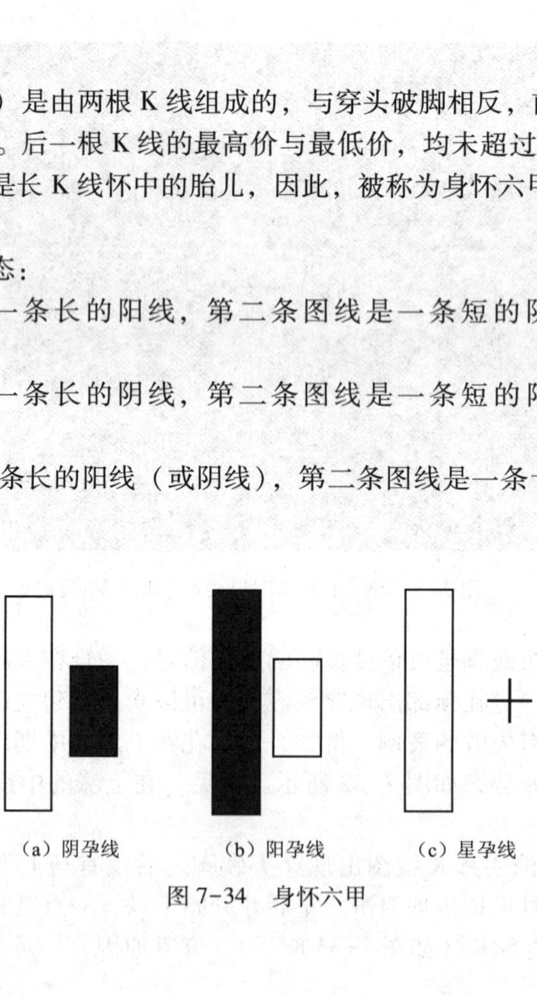

（a）阴孕线　（b）阳孕线　（c）星孕线

图 7-34 身怀六甲

（3）形态的确认

① 身怀六甲必须出现在上升（下跌）趋势的末期。

② 前一根 K 线的实体较长，后一根 K 线的实体相对短一些。后一根 K 线的最高价与最低价，均不能超过前一根 K 线的最高价与最低价。

（4）交易策略

身怀六甲如果在顶部区域出现，多为卖出信号，可以作为空头进场信号，是一个很好的做空时机；如果在底部区域出现，多为买入信号，可以作为多头进场信号，是一个很好的做多时机，可顺势操作。

➲ 实盘应用案例 7-10

如图 7-35 所示，美棉花在连续大跌后，在阶段底部区域出现身怀六甲形态，结束跌势掉头向上，从 11 月 10 日最低 111 美分/磅涨到 12 月 3 日最高 145 美分/磅，20 多天涨幅高达 30.6%。

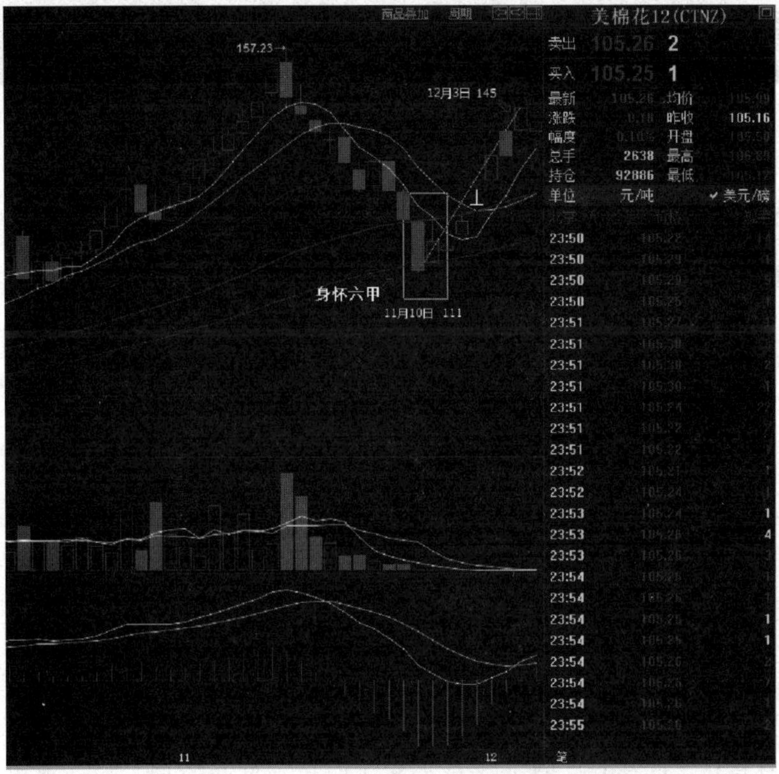

图 7-35　美棉花身怀六甲形态

如图 7-36 所示，黄金 1112 合约在底部出现身怀六甲形态后一路上涨，涨幅巨大。

以上两个案例验证了身怀六甲反转信号的可信度，一旦在大底部出现身怀六甲形态，可以果断买入，建立趋势多单；一旦在顶部出现身怀六甲形态，可以卖出，建立趋势空单。

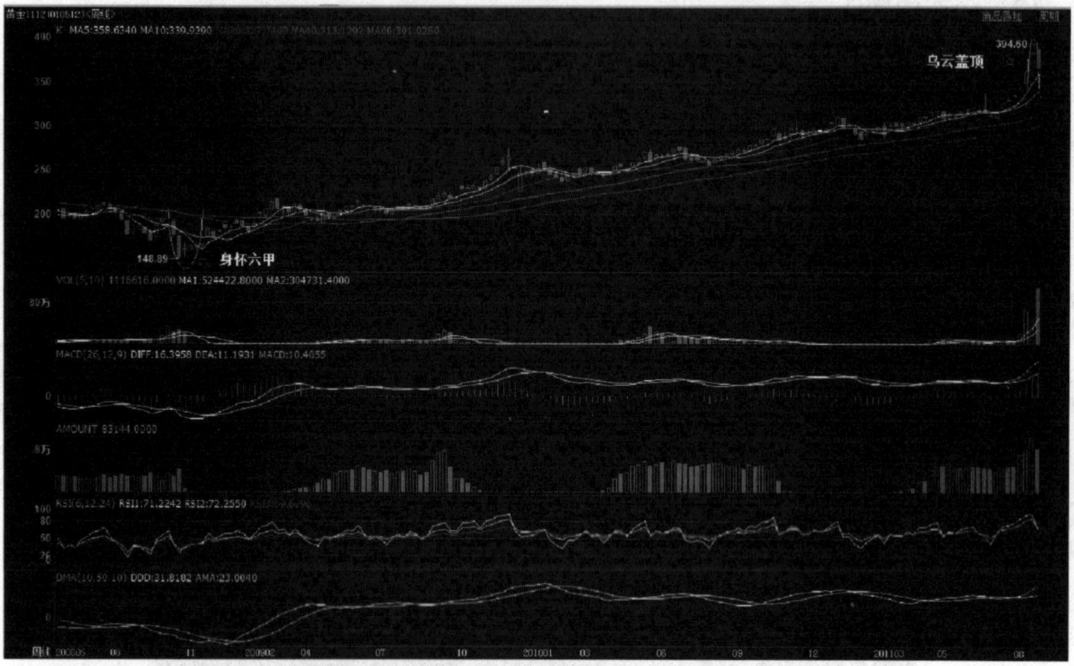

图 7-36 黄金 1112 合约身怀六甲形态

四、多根 K 线的组合应用

（一）早晨之星

早晨之星（希望之星），是由三根 K 线组成的 K 线组合，如图 7-37 所示。

1. 形态的确认

① 早晨之星一般出现在下降趋势的末端。

② 第一天出现一根中阴线或大阴线。

③ 第二天跳空低开，出现一根十字星线。

④ 第三天跳空高开，放量上涨，出现一根中阳线或大阳线。跳空缺口越大越可靠。

⑤ 第四天缩量小幅回调后继续上涨，则可确认形态确立。

⑥ 早晨之星如果正处于 W 底位置上，则早晨之星反转信号更加可信。

图 7-37 早晨之星

2. 交易策略

早晨之星是趋势反转信号，是非常好的买入时机。见此信号，空仓者可以建立多头头寸，原来持有空单者应买入平仓，反手做多。

➲ 实盘应用案例 7-11

如图 7-38 所示，PTA1201 合约于 7 月 12 日在底部出现了带长下影线的十字星线，第三天跳空高开，出现很大的阳线形成早晨之星，之后止跌上涨，一路上扬，从 7 月 12

日的 8 652 元/吨上涨到 9 月 8 日的 10 268 元/吨，涨幅 18.7%，验证了早晨之星信号的可靠性。

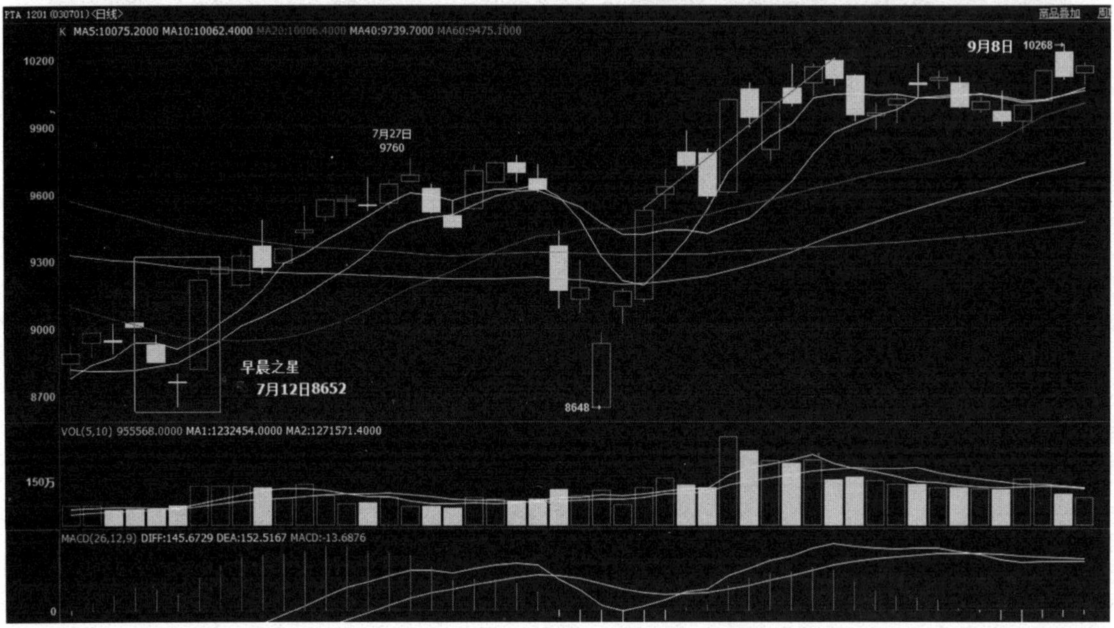

图 7-38　PTA1201 合约早晨之星

（二）黄昏之星

黄昏之星的情况同早晨之星正好相反，它是在上升趋势中出现的反转信号，是非常好的卖出时机，如图 7-39 所示。

1. 形态的确认

① 黄昏之星出现在上涨趋势的末期。

② 第一根 K 线为承接前期上升走势的大阳线。

③ 第二根 K 线是出现在跳空高开缺口的十字星线或锤头线，若第二根 K 线有长长的上影线，可靠性更大。

④ 第三根 K 线为大阴线，必须深入到第一根阳线中心以下。

2. 交易策略

黄昏之星是趋势反转信号，是非常好的卖出时机，见此信号，空仓者可以建立空头头寸，原来持有多单者应坚决卖出平仓，反手做空。

图 7-39　黄昏之星

➲ 实盘应用案例 7-12

如图 7-40 所示，4 月 11 日，沪铜 1111 合约在头肩顶形态的右肩，出现黄昏之星，之后一路下跌，22 个交易日跌幅达 13.9%。

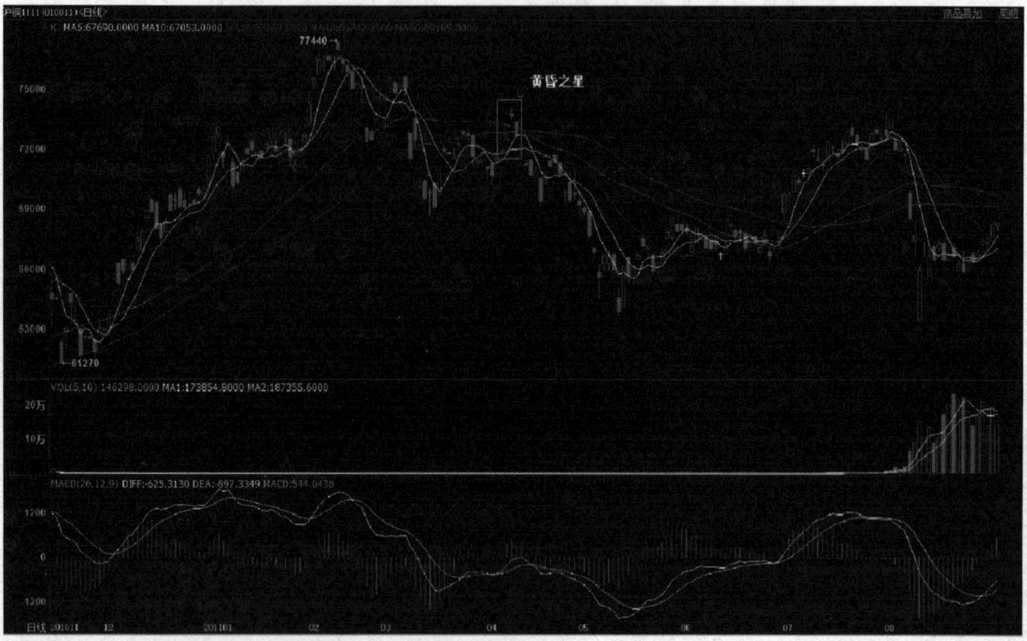

图 7-40　沪铜 1111 合约黄昏之星

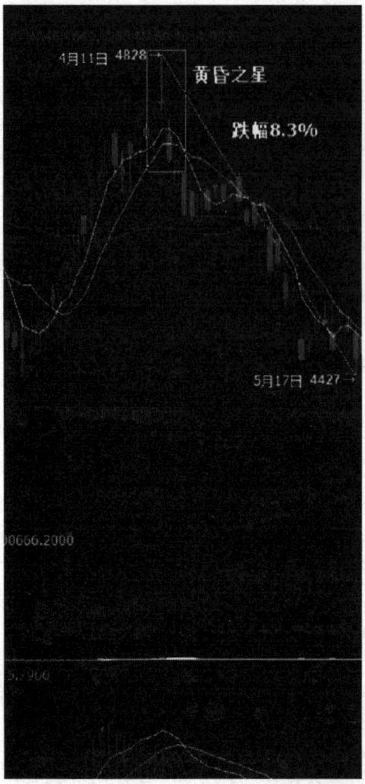

图 7-41　郑州大豆 1205 合约黄昏之星

此例说明，黄昏之星虽然不是出现在最高点，但也属于顶部区域，再配合头肩顶形态来判断，信号的可信度更高。

如图 7-41 所示，郑州大豆 1205 合约于 4 月 11 日出现射击之星，4 月 12 日跳空低开，形成黄昏之星形态。从 4 月 11 日的 4 828 元/吨下跌到 5 月 17 日的 4 427 元/吨，下跌幅度为 8. 3%。可见，黄昏之星的第二根 K 线为射击之星时，信号更加可靠，可以果断做空。

（三）出水芙蓉

1. 概念

出水芙蓉是一根大阳线上穿三条均线（又称一阳穿三线），且平均线呈多头排列，出现此形态意味着买盘强劲，后势上涨的可能性极大，如图 7－42 所示。

2. 形态的确认

① 一根大阳线至少要上穿三条均线。

② 均线要呈多头排列。

3. 交易策略

如果在趋势的初期和中途出现出水芙蓉，并有大的成交量配合，可采取跟进做多的策略。

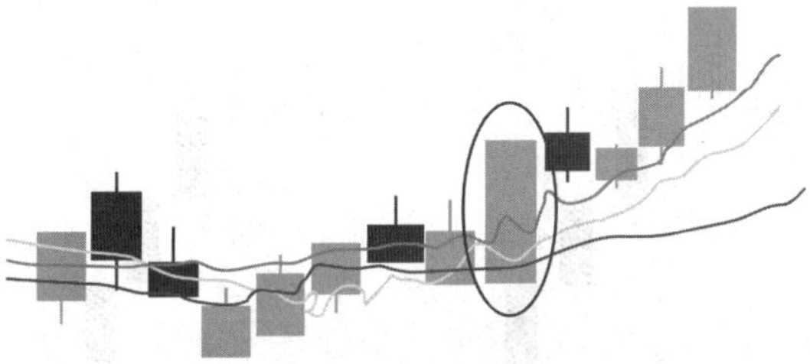

图 7-42　出水芙蓉

➲ 实盘应用案例 7-13

如图 7-43 所示，PTA1201 合约于 8 月 11 日收一根大阳线，上穿三根均线，形成出水芙蓉形态，8 月 24 日上涨到 10 208 元/吨，涨幅高达 12%。

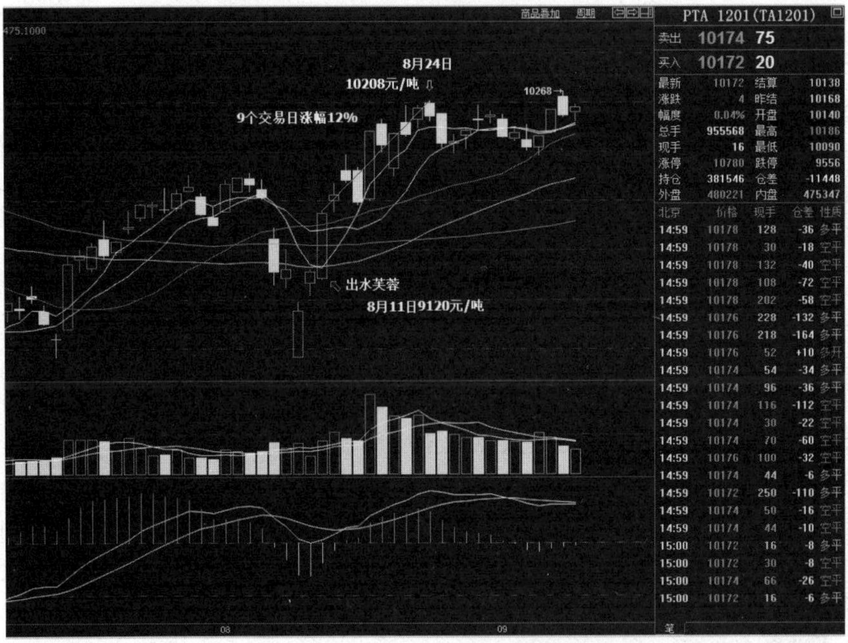

图 7-43　PTA1201 合约出水芙蓉

（四）三只乌鸦

1. 概念

三只乌鸦出现在一个上涨的趋势末期，第一天出现一根长阴线，第二天和第三天紧跟着两根更长的阴线，形成三只乌鸦形态，如图 7-44 所示。此形态说明空头力量极强，趋势将下跌，如图 7-44 所示。

2. 形态的确认

① 这三根阴线都必须为长的阴线实体，且长度应该大致相等。

② 这三根阴线出现之前市场趋势为上涨。

③ 这三天中每天开盘价的位置都必须处于前一天的实体之内。

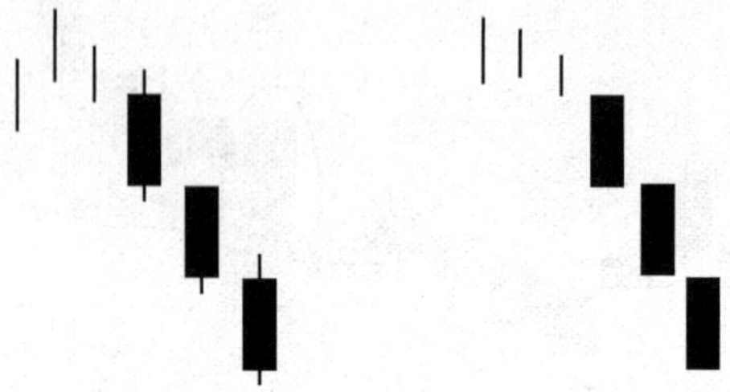

图 7-44 三只乌鸦

④ 这三天中每一天收盘价的位置必须接近当天的最低价。

3. 交易策略

三只乌鸦是趋势反转信号，是很好的卖出时机，空仓者可以建立空头头寸，多单要及时平仓离场。

（五）三线分形

1. 底部三线分形

底部三线分形由三根 K 线组成，中间 K 线的最低点低于左右两根 K 线的最低点，右边第三根 K 线的最高点高于中间 K 线的最高点。

（1）形态的确认

① 在下跌趋势的中途或末期出现（位置越低越可靠，涨幅也越大），由三根 K 线组成。

② 中间 K 线的最低点低于左右两根 K 线的最低点。

③ 第三根 K 线须为阳线，且其收盘价要高于前两根 K 线的最高点。

④ 第四天回抽时，第四根 K 线的最低点一般来说不应低于第三根 K 线实体的 1/2。

⑤ 如果回抽时，第四根 K 线的最低点低于中间 K 线的最低点，则形态失效。

（2）交易策略

第四天回抽时，第四根 K 线的最低点没有低于第三根 K 线实体的 2/3，掉头向上时，买入做多。如图 7-45 所示，橡胶 1201 合约日线图出现底部三线分形，从 32 400 元/吨上涨到 37 500 元/吨，上涨幅度达到 15.7%。

2. 顶部三线分形

顶部三线分形由三根 K 线组成，中间 K 线的最高点高于左右两根 K 线的最高点，第三根 K 线的最低点低于中间 K 线的最低点。

（1）形态的确认

① 在上升趋势的中途或末期出现（位置越高越可靠，跌幅也越大），由三根 K 线组成。

② 中间 K 线的最高点高于左右两根 K 线的最高点。

③ 第三根 K 线须为阴线，且其收盘价要低于前两根 K 线的最低点。

④ 第四天回抽时，第四根 K 线的最高点一般来说不应高于第三根 K 线实体的 1/2。

⑤ 如果回抽时，第四根 K 线的最高点高于中间 K 线的最高点，则形态失效。

（2）交易策略

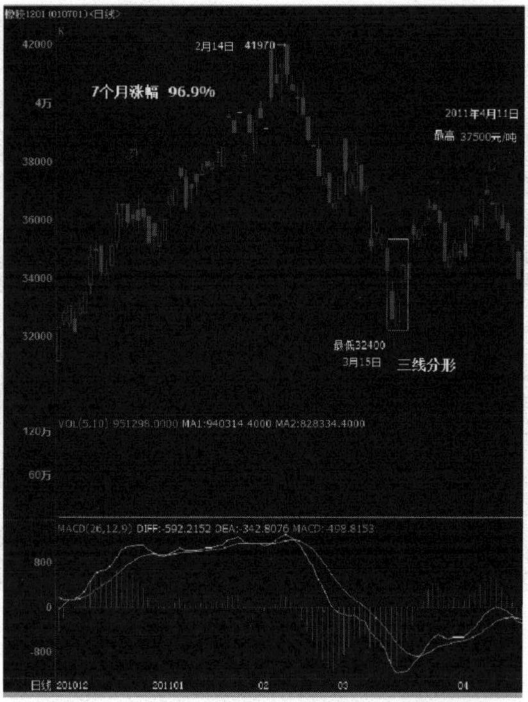

图 7-45　橡胶 1201 合约底部三线分形

第四天回抽时，第四根 K 线的最高点没有高于第三根 K 线实体的 2/3，掉头向下时，卖出做空。如图 7-46 所示，在伦铝日 K 线图中，出现顶部三线分形结构之后，价格明显下跌。

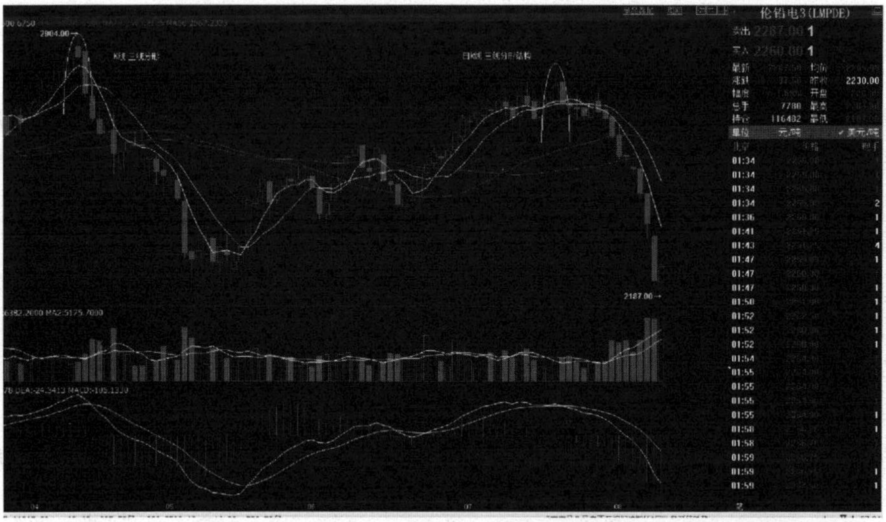

图 7-46　伦铝顶部三线分形

如图 7-47 所示，在橡胶 1201 合约月 K 线图中，出现顶部三线分形，第四根 K 线的最高点没有超过第三根 K 线的 1/2，当跌到第三根 K 线的最低点之下时，可以卖出做空。

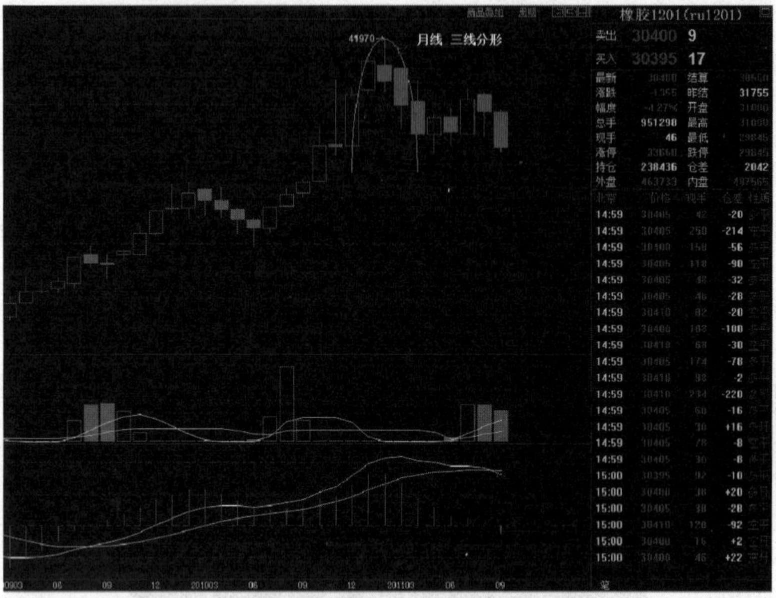

图 7-47 橡胶 1201 合约顶部三线分形

第二节 形态分析方法与应用

一、形态分析方法的概念和类型

（一）概念

前面所说的 K 线组合，是由两根或者三根 K 线组合而成的，用以分析判断未来的行情走势。将更多的 K 线组合到一起，组成各种不同的轨迹形态，通过研究较长时期的价格轨迹来分析多空双方力量的对比变化，并用以分析预测未来价格趋势的方法称为形态分析方法。

（二）类型

价格运行轨迹所形成的形态，分为反转形态和整理形态。

1. 反转形态

反转形态是指形态出现后原有的价格运行趋势将终止，并将形成一种与原趋势方向相反的趋势，如图 7-48（a）所示。

2. 整理形态

整理形态是指一个趋势发展过程中出现了一个暂时的休整，整理结束后原有的趋势仍将持续，也称为中继形态、持续形态，如图 7-48（b）所示。

二、反转形态分析方法与应用

反转形态，是指形态出现后原有的价格运行趋势将终止，并将形成一种与原趋势方向相反的趋势。

反转形态的种类很多，主要有双重底（顶）、三重顶（底）、头肩顶（底）、多重顶

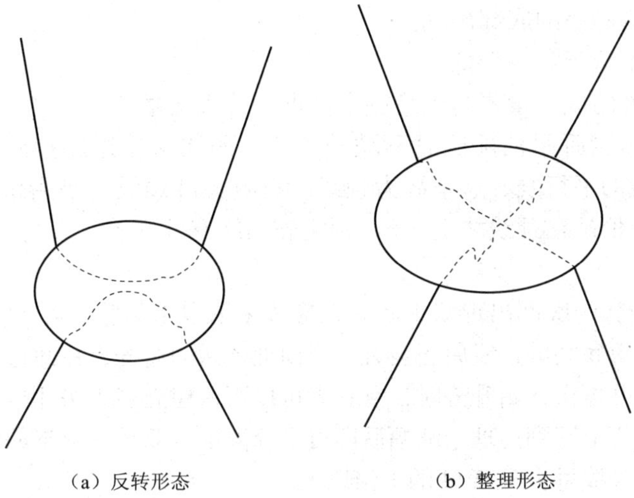

图 7-48　反转形态和整理形态

（底）、V 形顶（底）、圆弧顶（底）等。另外，三角形、矩形、菱形、楔形等形态，在大多数情况下为整理形态，但有时也会成为反转形态。

（一）双重底（顶）形态

1. 双重底形态

（1）概念

在跌势中，当价格持续下跌到某一水平后出现向上反弹，但回升幅度不大，时间也不长；价格又再次下跌，当跌至前次低点附近时获得支撑，再一次回升。第二个低点处的成交量要高于第一个低点处的成交量，此时买方力量增强，价格开始上升，价格在这段时间的移动轨迹就像 W，这就是双重底，又称 W 底，如图 7-49 所示。

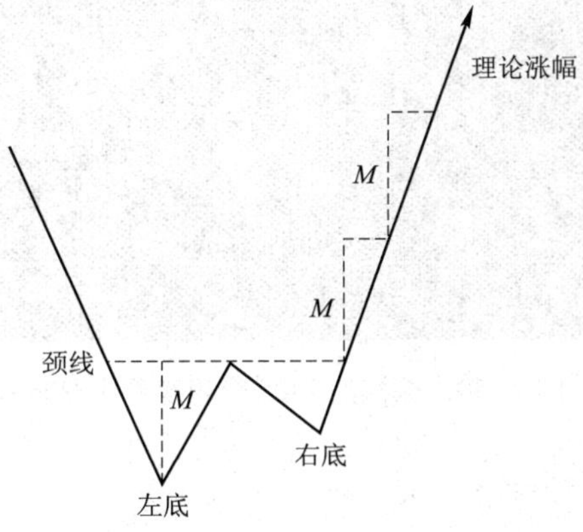

图 7-49　双重底

双重底是反转形态，通常在长期性下跌趋势的底部出现。双重底的出现，表示跌势告一段落，即将止跌回升。

（2）形态的确认

① 在长期性下跌趋势的底部出现。

② 第二个低点不低于第一个低点。

③ 第二个低点处的成交量要高于第一个低点处的成交量。

④ 双重底突破颈线后回抽确认时不跌破颈线。颈线，是指连接两个相对低点画直线，过反弹高点作此直线的平行线，这条线为颈线。有效突破颈线，是指价格上涨到颈线之上，至少连续 3 天的收盘价站在颈线之上 3%，则突破颈线有效。

（3）交易策略

在长期性下跌趋势的底部出现双重底时，应该采取以下策略：在双重底有效突破颈线后买入做多。大多数双重底突破颈线后还会有一个回抽确认的过程，在此过程中要耐心等待，当回抽确认不跌破颈线并再次开始升势时，空仓者可以买入建立多头头寸持有，已经持有多单者可以追加多头头寸，等上涨到达理论涨幅后即可平仓离场。双重底形态的理论涨幅，为连接两个相对低点的直线到颈线垂直距离 M 的 1 倍以上。

➲ 实盘应用案例 7-14

10 月 21 日，棕榈油 1405 合约有效突破双重底的颈线位 BG，如图 7-50 所示，双重底形态的理论涨幅≥BC 的高度≥6 000-5 500≥500（元/吨）；11 月 25 日实际上涨最高点达到 6 494 元/吨，DE 的高度=6 494-6 000=494≈500（元/吨）。

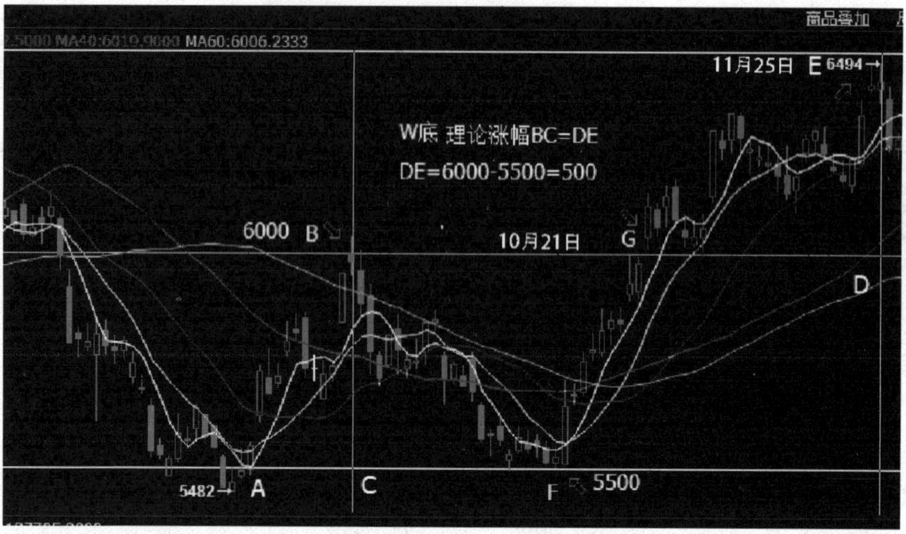

图 7-50 棕榈油 1405 合约双重底形态

2. 双重顶形态

（1）概念

当价格持续上涨至某一价格时，由于短线获利卖盘的卖压出现，价格自高位滑落，然后成交量随价格的下跌而逐渐萎缩，价格止跌回升，涨升至与前一个高点附近时，价格再次下跌，且向下有效跌破颈线，价格在这段时间内的移动轨迹就像 M，又称 M 顶，如图 7-51

所示。

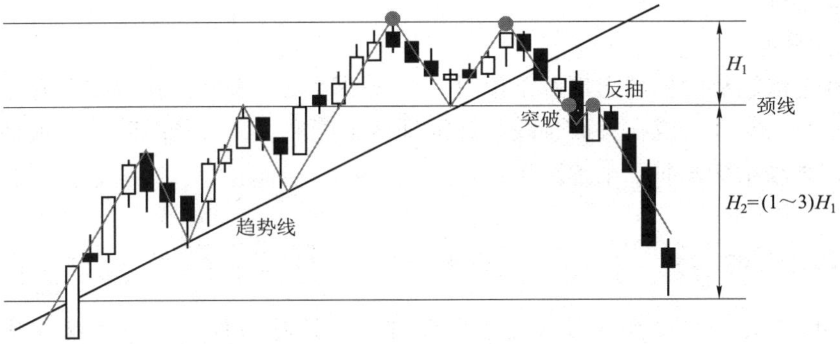

图 7-51　双重顶

（2）形态的确认

① 双重顶形态在长期性上升趋势的末期出现。

② 双重顶形态的第二个高点不高于第一个高点。

③ 双重顶突破颈线后回抽确认时不能向上冲过颈线。

如果不符合以上条件，则形态可能是无效的，如图 7-52 所示，就是一个双重顶形态无效的案例。沪铜 1109 合约出现双重顶，并一度跌穿了颈线，但在跌穿颈线后回抽确认时，很快又站到了颈线之上。之后价格一路上升，双重顶形态失效。究其原因主要为以下方面：

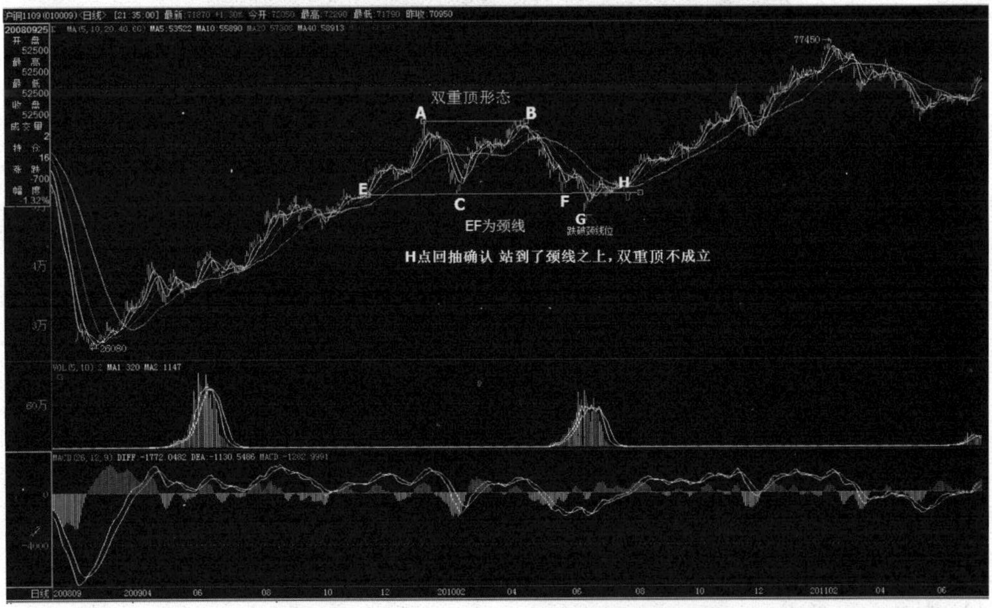

图 7-52　沪铜 1109 合约双重顶无效

第一，双重顶的两个顶距离太近。双重顶的两个顶距离越远、双重顶的构筑时间越长，反转信号越可靠，理论跌幅也越大。第二，此双重顶出现在上升趋势的中途。如果双重顶出现在上升趋势的末期，信号更加可靠。第三，第二个高点高于第一个高点不符合双重顶形态的第二个确认条件。

（3）交易策略

在长期性上涨趋势的顶部出现双重顶时，应该采取以下策略：在双重顶有效突破颈线后逢高卖出建立空头头寸，或在突破颈线后回抽确认不能向上冲过颈线时再次追加卖出，持有空头头寸，达到理论跌幅时，平掉空单。

➲ 实盘应用案例 7-15

从 2018 年 11 月—2019 年 3 月，美元指数用 4 个月时间构筑了一个双重顶，2019 年 6 月美元指数有效跌穿了颈线 AB，预计美元指数将进一步下跌。理论跌幅：DE＝CD。果然美元指数一路下跌，最低降到 74.18，下跌达到了理论跌幅，如图 7-53 所示。沪铜 1401 合约形态分析图如图 7-54 所示。

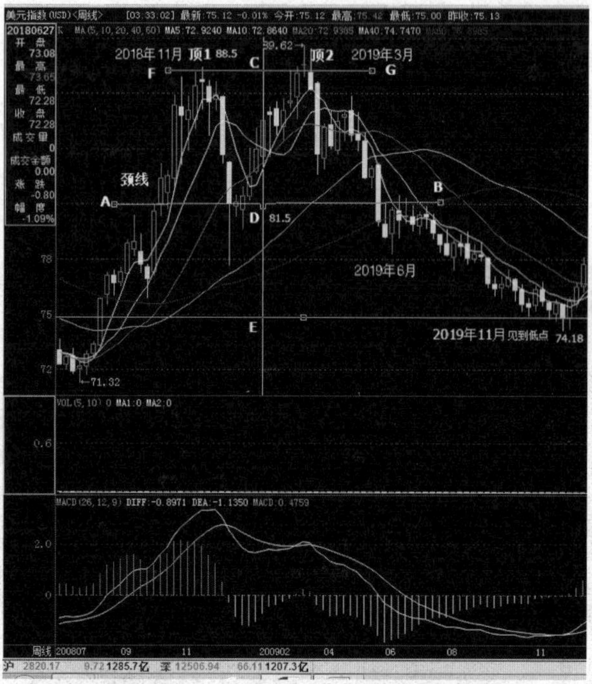

图 7-53 美元指数双重顶形态

（二）头肩顶（底）

1. 头肩顶形态

（1）概念

头肩顶形态是一个顶部反转形态。在经过一段较长时间的上涨后，价格小幅回调，形成左肩，价格再次上涨且超过左肩创新高，形成头部。从头部最高点回落到上次回调的低点附近时，再次上涨，至左肩的水平时回落，形成右肩。再次下跌时跌破上次的低点，形成头肩顶形态，如图 7-55 所示。

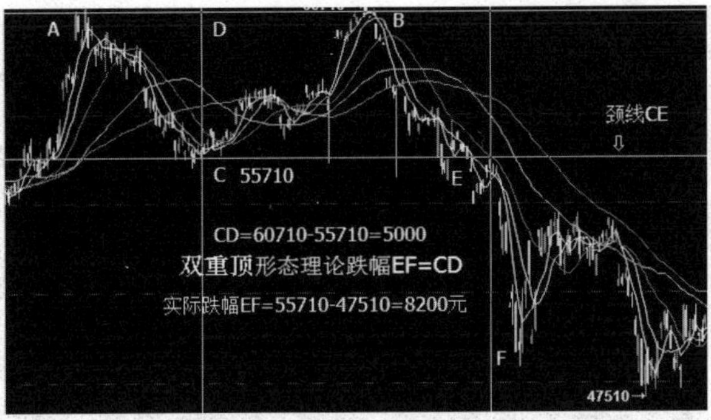

图7-54 沪铜 1401 合约双重顶形态分析图

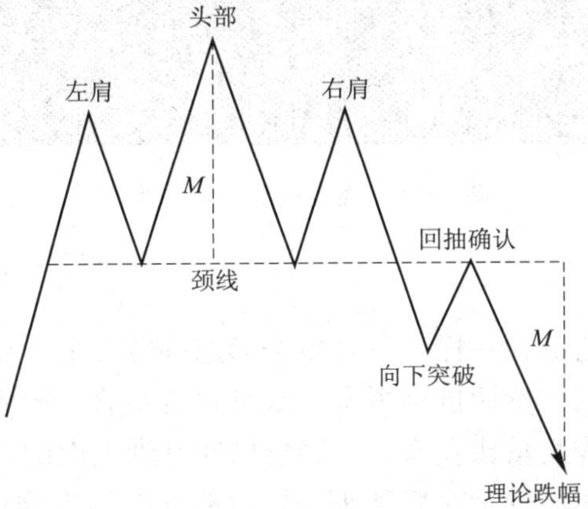

图 7-56 头肩顶形态

（2）形态的确认

① 在上升趋势末期出现。

② 有一个突出的头部，有一个左肩与一个右肩，两肩高度大致相等。

③ 必须有效突破颈线。有效突破颈线，是指跌到颈线之下，至少 3 天的收盘价能够站稳在颈线之下 3%，则突破颈线有效，否则无效。

（3）交易策略

出现头肩顶形态时可以采取以下交易策略：头肩顶形态突破颈线，经回抽确认形态有效后，卖出建立空头头寸。头肩顶的颈线，是指左肩的低点与右肩低点的连线。

头肩顶形态的理论跌幅为从头部到颈线垂直距离的 1 倍以上。

实盘应用案例 7-16

如图 7-56 所示，美元指数从 2017 年 12 月 1 日—2019 年 5 月 2 日构筑了一个跨度一年半的大头肩顶形态，2018 年 6 月 7 日在 88.71 形成头部，左右肩的形成用时一个多月，跌穿颈线后，一路跌到 72.70，达到了理论跌幅。

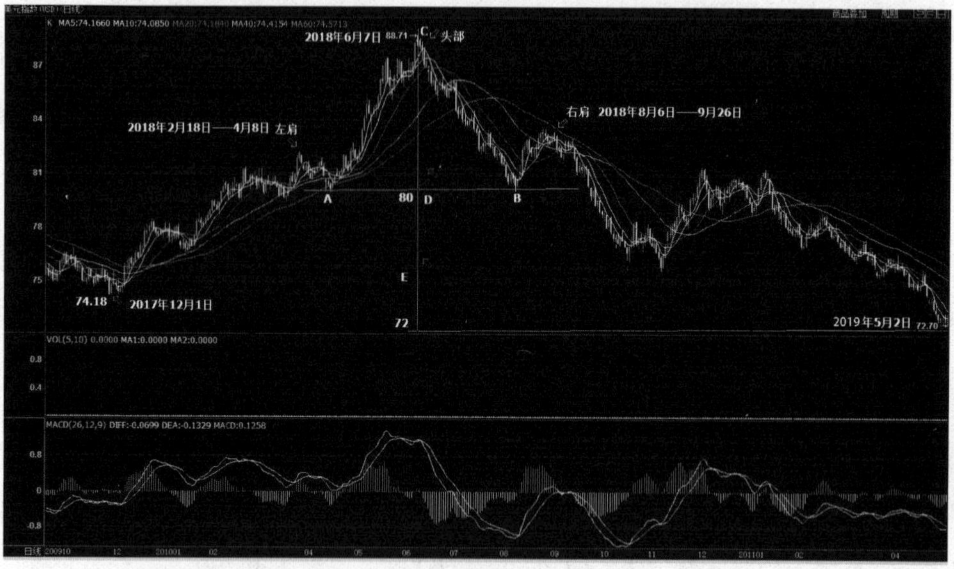

图 7-56 美元指数头肩顶形态

2. 头肩底形态

（1）概念

头肩底形态和头肩顶的形状一样，只是整个形态倒转过来。在经过一段较长时间的下跌后，价格小幅反弹形成左肩，然后价格再次下跌且跌破左肩，形成头部。从头部最低点回升时，成交量增加。头部的成交量比左肩多。当价格回升到上次的反弹高点附近时，出现第三次回落，这时的成交量很明显少于左肩和头部，价格在跌至左肩的水平时止跌，形成右肩。再次上升时伴随成交量增加，当冲过颈线的阻力时，伴随着大的成交量，形成头肩底形态，如图 7-57 所示。

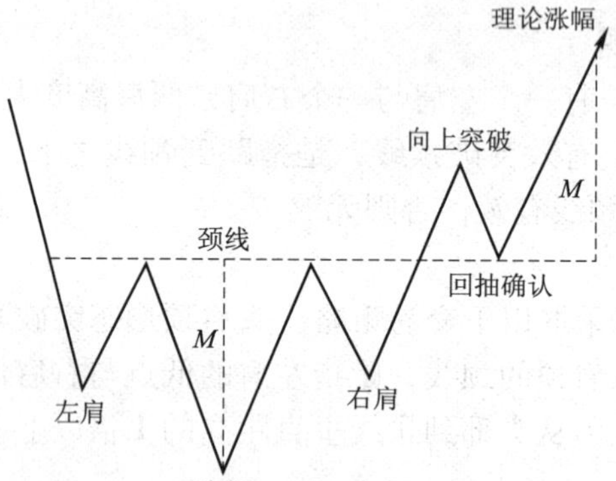

图 7-57 头肩底形态

（2）形态的确认

① 在下跌趋势末期出现。

② 有一个突出的头部，有一个左肩与一个右肩，两肩高度大致相等。

③ 必须有效突破颈线。

④ 当头肩底形态向上突破颈线的阻力时，必须要有大量成交的配合。

（3）交易策略

出现头肩底形态时可以采取以下交易策略：头肩底形态突破颈线，经回抽确认形态有效后，买入建立多头头寸。头肩底是一个底部反转形态，说明原下跌趋势结束，将开始一轮涨势。但突破颈线后一般会有一个回调确认的过程，等确认突破颈线有效后再买入建立多头头寸。

➲ 实盘应用案例 7-17

棕榈油 1401 合约形成典型的头肩底形态如图 7-58 所示。

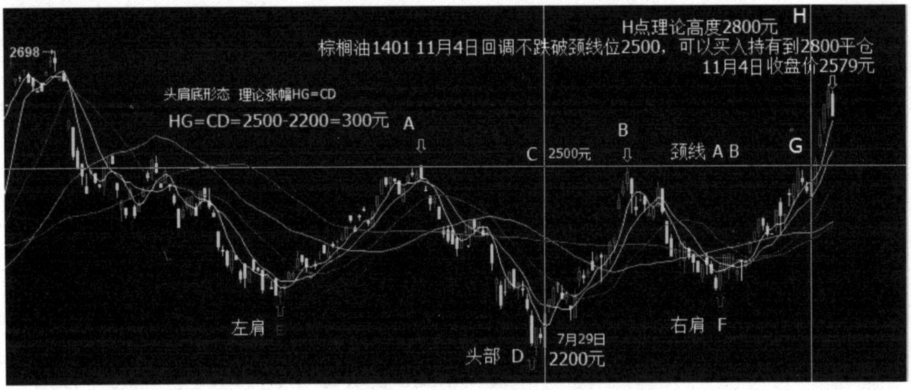

图 7-58　棕榈油 1401 合约头肩底形态

3. 复合头肩顶（底）

标准的头肩顶（底）很少出现，大多是复合头肩顶（底），如图 7-59 所示。

复合头肩顶（底）一般有以下几种类型。

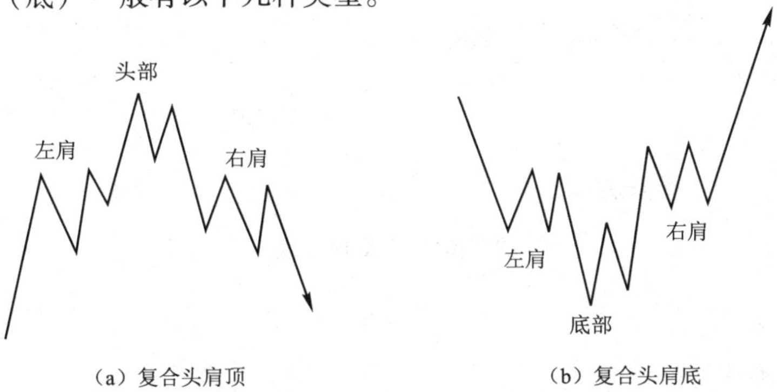

图 7-59　复合头肩顶（底）

① 一头双肩顶。

② 一头多肩顶，一头多肩底。

③ 多头多肩顶，多头多肩底。

复合头肩顶（底）的确认方法与普通头肩顶（底）相同，只是复合头肩顶（底）的颈线不易画出，一般以最明显的两个近期低点（高点）的连线作为颈线，或者以回落（反弹）到某价位区域次数最多的低点（高点）连接一条水平线作为颈线。复合头肩顶（底）与普通头肩顶（底）相比较，上升的动力相对要弱些，但具有同样的分析意义，其分析方法和交易策略与普通的头肩顶（底）相同。

4. 头肩底形态与头肩顶形态的区别

① 头肩底形态的形成时间较长且形态较为平缓，不像头肩顶形态形成时那样剧烈而急促；② 头肩底形态形成过程中的总成交量比头肩顶形态的总成交量要小；③ 头肩底形态突破颈线时必须要有很多成量交配合才有效，而头肩顶形态突破颈线时可以是无成交量下跌；④ 头肩底形态的价格在突破颈线后一般会反抽确认；⑤ 头肩底形态的颈线常常向右方下倾，如果颈线向右方上倾，则意味着市场更加坚挺，如图 7-60 所示。

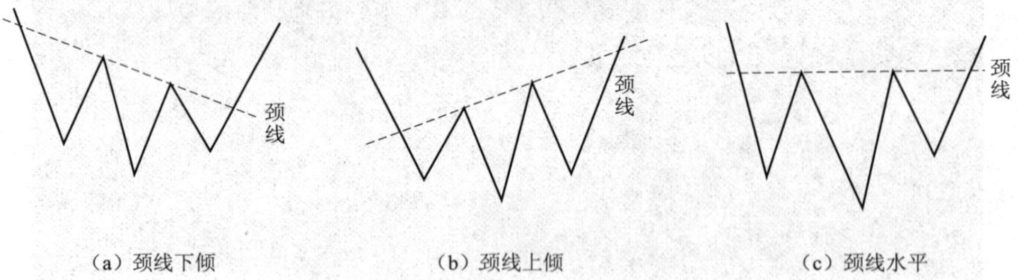

图 7-60 头肩底形态颈线

(三) 三重顶（底）形态

当头肩顶（底）形态的头部与两个肩部高度几近一致时，为三重顶（底）形态，如图 7-61 所示。

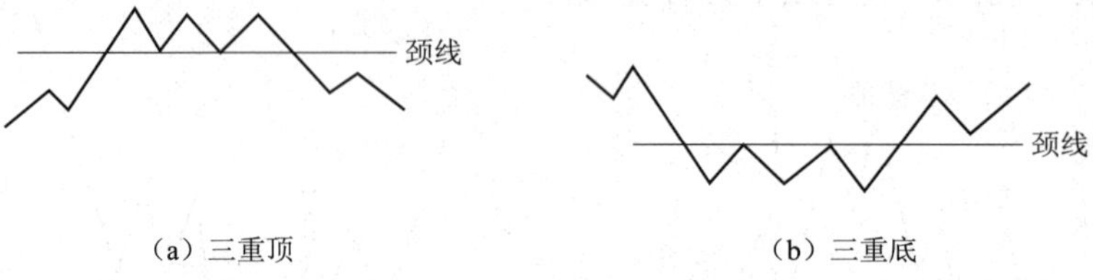

图 7-61 三重顶（底）

1. 三重顶形态

(1) 形态的确认

① 三重顶形态在上升趋势末期出现。

② 三个顶部的高度大致相等。

③ 三重顶形态在形成三个顶的过程中，成交量逐渐减少，第三个顶的成交量明显小于前两个顶。

④ 三重顶形态一般多出现在周 K 线图等较长期的 K 线图之中。

（2）交易策略

三重顶形态是一个顶部反转形态，说明原涨势结束，未来将朝着相反的方向移动，即将开始一轮跌势。待确认有效突破颈线后，可卖出建立空头头寸。

三重顶形态的理论涨幅为从头部到颈线垂直距离的 1 倍以上。

三重顶形态的颈线是回调两个低点的连线，如图 7-62 所示。三重顶形态有效突破颈线，是指跌到颈线之下，至少 3 天的收盘价站稳在颈线之下 3% 的位置，否则无效。

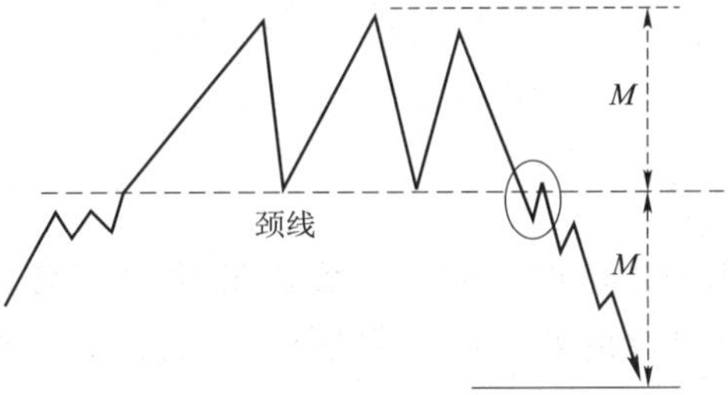

图 7-62　三重顶形态

➲ 实盘应用案例 7-18

如图 7-63 所示，在周 K 线图上，美元指数出现三个顶：第一个顶在 2017 年 11 月出现，高点为 119；第二个顶在 2018 年 7 月出现，高点为 121.02；第三个顶在 2019 年 2 月出现，高点为 120.5。然后向下突破颈线之后一路下跌到 80.42，稍做反弹后继续下跌，最低到 70.68，跌幅达到 41%，大大超过了理论跌幅。

图 7-63　美元指数三重顶形态

2. 三重底形态

三重底是倒转的三重顶，如图 7-64 所示，分析含义相同。

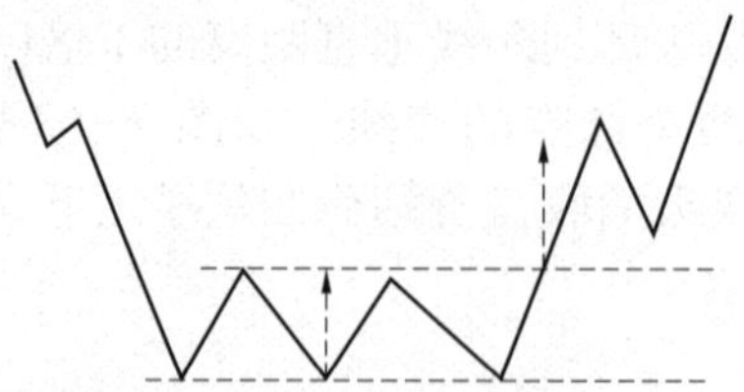

图 7-64 三重底形态

(1) 形态的确认

① 三重底形态的三次低点形成的时间，一般要在 10 个交易日以上。

如果时间间隔过小，说明行情处于震荡整理中，底部形态的构筑基础不牢固，形态过小，上攻力度有限。

② 三重底的形成过程中，成交量要逐步增大，否则将极有可能导致三重底形态的构筑失败。

③ 三个底部与颈线的距离大致相等。

④ 突破颈线位时要有大的成交量配合，才能最终确认形态有效。

(2) 交易策略

三重底是底部反转形态，说明原跌势已结束，将开始一轮涨势。待确认有效突破颈线后，可买入建立多头头寸。

3. 三重顶（底）与头肩顶（底）形态的区别

头肩顶（底）形态经常会出现颈线上倾或下倾，而三重顶（底）形态的颈线一般是水平的，具有矩形特征，更容易演变成整理形态，而不是反转形态。另外，如果三重顶（底）的三个顶（底）的高度依次从左到右是下降（上升）的，则三重顶（底）就演变成了直角三角形，在应用三重顶（底）时应该加以注意。

（四）V 形顶（底）形态

1. V 形顶形态

(1) V 形顶形态的形成

V 形顶多发生于大涨行情的末期，在急剧上涨之后，遇利空消息打压，突然掉头急速下跌。V 形顶的特点与 V 形底正好相反，如图 7-65（a）所示。

(2) 交易策略

如果左侧的上涨趋势线很陡峭，且涨幅巨大，一旦出现黄昏之星、穿头破脚、射击之星等反转形态，并向下有效跌穿上升趋势线，则可以果断卖出做空。

2. V 形底形态

(1) 概念

V 形底形态一般发生在大幅度急剧下跌的末期，由于严重超跌或基本面突发利好，短时会急剧上涨，上涨角度很陡峭，属于一种失控的、暴涨暴跌的形态。V 形底的形成时间较短，研判较困难，参与风险相对较大。但这种形态爆发力很强，形态一旦确立，短期上涨速度很快且涨幅巨大。

(a) V形顶　　(b) V形底

图 7-65　V 形顶（底）

（2）形态的特点

① 通常 V 型底的左侧跌势十分陡峭，而且持续时间较长。

② V 形底部十分尖锐，一般形成转势的时间仅两三个交易日，有时就在恐慌大跌的交易日当天出现，在低点成交量明显增多。

③ 右侧回升阶段上涨迅猛且陡峭，成交量也随之增加，如图 7-65（b）所示。

（3）形态的确认

① 在反转之前，原下跌趋势迅猛，中途很少出现调整，并出现多个价格跳空缺口，由于前期价格下跌速度太快，所以在反转时往往没有重要的阻力位，价格可以达到很高的反弹高度。

② 在反转的底部，往往会出现早晨之星反转形态或日 K 线出现带很长下影线的十字星、锤头线，或出现穿头破脚形态，且成交量巨大。

③ 原有的下跌趋势线非常陡峭，当趋势反转时，价格会急速突破原有下降趋势线，以更陡峭的方式上涨。

（4）交易策略

如果左侧的下跌趋势线很陡峭，且跌幅巨大，一旦止跌并向上有效穿过下跌趋势线，则可以果断买入做多。V 形底没有明确的理论涨幅，一般都会回到原来下跌的起点区域。

实盘应用案例 7-19

如图 7-66 所示，2016 年 12 月 24 日伦铜见底反弹，放量上穿下跌趋势线，周 K 线图出现了 V 形底形态，铜价从最低 2 817.50 美元/吨大幅上升，到 2019 年 2 月 7 日伦铜价格最高价为 10 184.00 美元/吨，涨幅高达 2.62 倍。

如图 7-67 所示，美原油经前期急速上涨后于 2018 年 7 月 11 日见顶 147.25 美元/桶，之后掉头向下跌穿上升趋势线，周 K 线图出现 V 形顶形态，预示趋势反转，价格将下跌。果然从最高价 147.25 美元/桶开始下跌，到 2019 年 1 月 16 日最低跌到 33.2 美元/桶，跌幅高达 77.5%。

（五）圆弧顶（底）形态

圆弧顶（底）是可靠的、极具威力的反转形态。

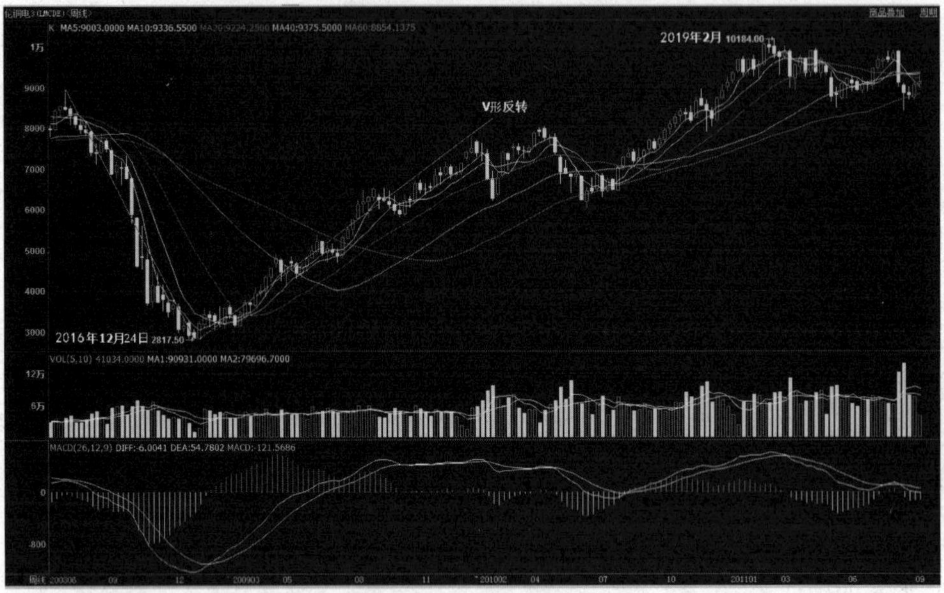

图 7-66　伦铜 V 形底

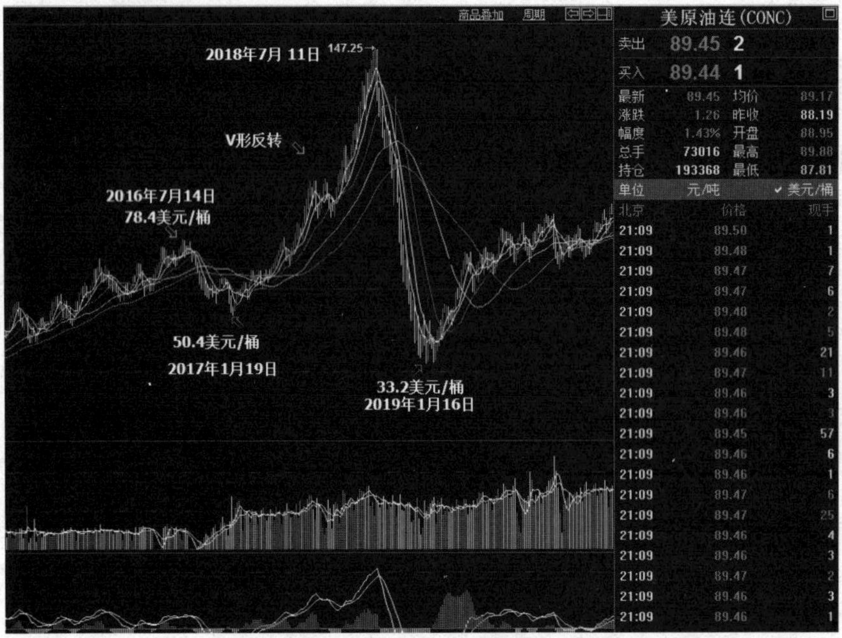

图 7-67　美原油 V 形顶

圆弧顶（底）的顶部（底部）呈现平滑的圆弧形态，没有突出的相对高点或低点。圆弧顶（底）可以视为头肩顶（底）的复杂形态，是多空势力明显逐步转移的形态。在形成的时间上，圆弧顶（底）的形成时间在数周至数月之久，而一个期货合约为期一年，所以在期货交易中圆弧顶（底）并不常见。

1. 圆弧顶形态

（1）概念

如图 7-68（a）所示，在圆弧顶的左侧，上涨行情末期开始遇阻，价格上升速度减缓，多空开始拉锯战，涨跌互现；在圆弧顶的右侧，买方趋弱，卖方力量逐渐加强，卖方逐渐控制市场，某一天行情急转直下，当市场向下跳空时，就证明圆弧顶部形态已经完成。

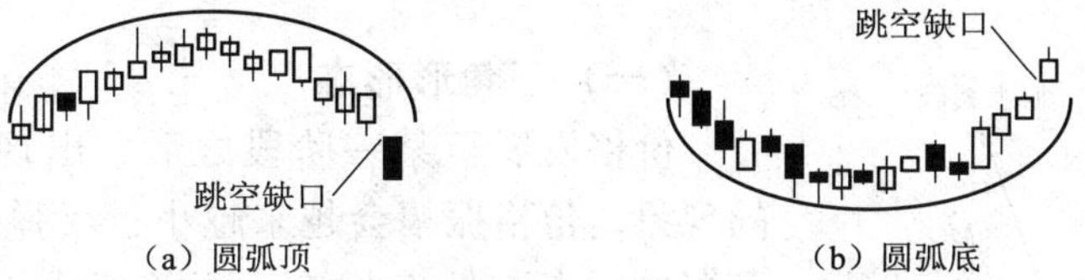

图 7-68　圆弧顶（底）

（2）形态的确认与交易策略

在圆弧顶部形态中，必须包含一个向下的跳空缺口，作为市场顶部的验证信号；当圆弧顶的颈线被有效突破时，是卖出的最佳信号。圆弧顶形成的时间一般较长，待完全形成后，下跌的杀伤力巨大，多头应坚决离场，并反手做空。

2. 圆弧底形态

圆弧底形态与圆弧顶形态的图形和意义正好相反，如图 7-68（b）所示。

（1）概念

在圆弧底的左侧，下跌行情末期下降速度减缓，多空开始拉锯战，涨跌互现；在圆弧底的右侧，卖方趋弱，买方力量逐渐加强，买方逐渐控制市场，某一天行情急速上涨，当市场向上跳空时，就证明圆弧底部形态已经完成。

（2）形态的确认与交易策略

在圆弧底形态中，必须包含一个向上的跳空缺口，作为市场底部的验证信号；当圆弧底的颈线被有效突破时，是买入的最佳时机，如图 7-69 所示。

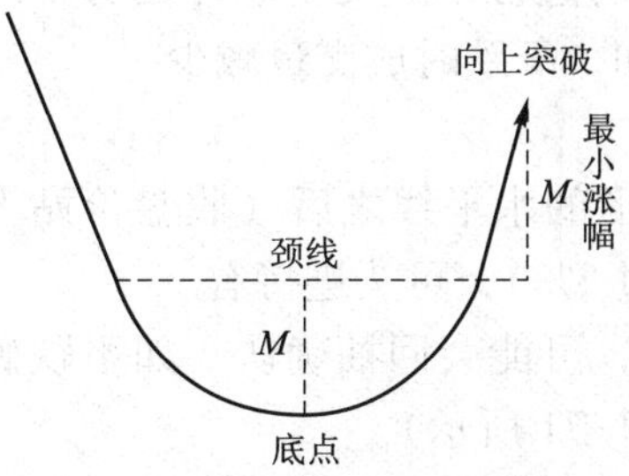

图 7-69　圆弧底形态

圆弧底形成的时间一般较长，待完全形成后，上涨的幅度很大，多头大胆进场做多，空头应果断离场。圆弧底的成交量多呈现不规则状，在突破圆弧底的颈线时，如果成交量大幅增加，信号更可靠。

三、整理形态分析方法与应用

经过一段时间的快速上涨（下跌）后，价格在一定区域内上下窄幅波动进行整理，整理结束后仍继续原来的趋势，这种形态称为整理形态或持续形态，也称为巩固形态或中继形态。整理形态是一个趋势发展过程中的暂时休整，整理结束之后会继续原来的趋势。整理形态的种类主要有三角形（对称三角形、上升三角形、下跌三角形）、菱形、矩形（箱形）、旗形、楔形等。

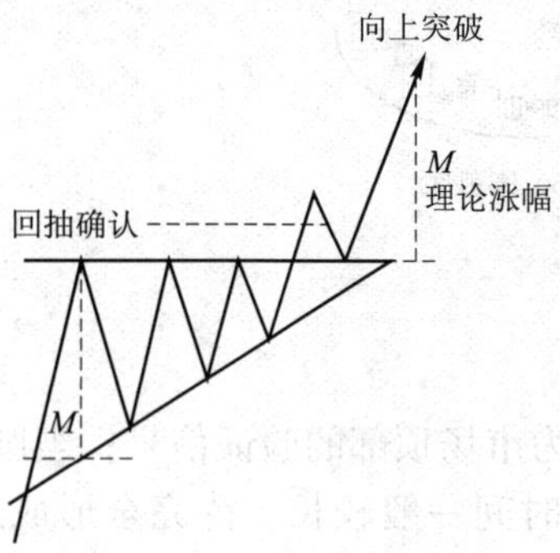

图 7-70 上升三角形（一）

（一）三角形形态

价格发展至某一阶段之后，出现价格反复或者停滞的现象，价格振幅会越来越小，反弹的高点与高点相连，下探的低点与低点相连，两条直线相交于一点，形成一个三角形形态，这种形态又以对称三角形为典型代表。此形态的出现，一般要待市场朝一定方向有效突破后，才能正确判断其未来走势。

1. 上升三角形

上升三角形形态大多出现在上升趋势中的整理阶段，整理结束后继续保持上升趋势，如图 7-70 所示。

（1）上升三角形的形成

价格在某水平线呈现强大的卖压，价格从低点回升到水平线便告回落，但价格未回落至上次低点又反弹向上，反复持续多次，使价格在一条阻力水平线下波动，并日渐收窄。把每一个短期波动高点连接起来，可画出一条水平阻力线；而每一个短期波动低点则可相连出另一条向上倾斜的线，这就是上升三角形。成交量在形态形成的过程中不断减少。

（2）形态的确认

① 上升三角形一般出现在上涨的中途。

② 当向上突破上升三角形的水平线时须伴有大成交量。

③ 上升三角形在形态形成的过程中成交量总体趋势不断减少；通常在上升时成交量增加，下跌时成交量减少。

（3）交易策略

① 向上有效突破上升三角形的水平线之后（收盘价站上三角形水平线 3 天，且涨幅超过 3%），可买进持有。

② 突破三角形的水平线后，可能会回抽确认，如不跌破水平线时，可加码买进（如图 7-71 所示）。

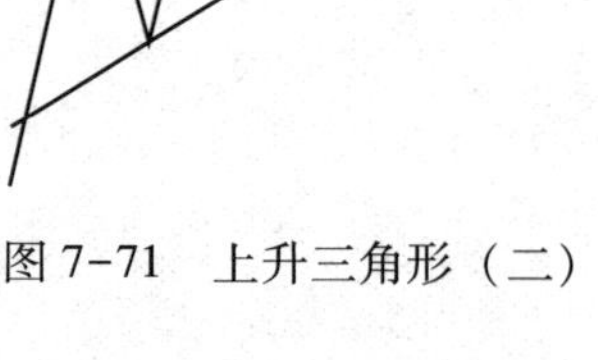

图 7-71 上升三角形（二）

上升三角形的理论涨幅为三角形第一个低点至水平压力线的垂直距离。

➲ 实盘应用案例 7-20

如图 7-72 所示，美棉花在上涨趋势中，出现上升三角形整理形态。向上突破三角形的上边之后，继续原来的涨势，上涨幅度超过了理论涨幅。

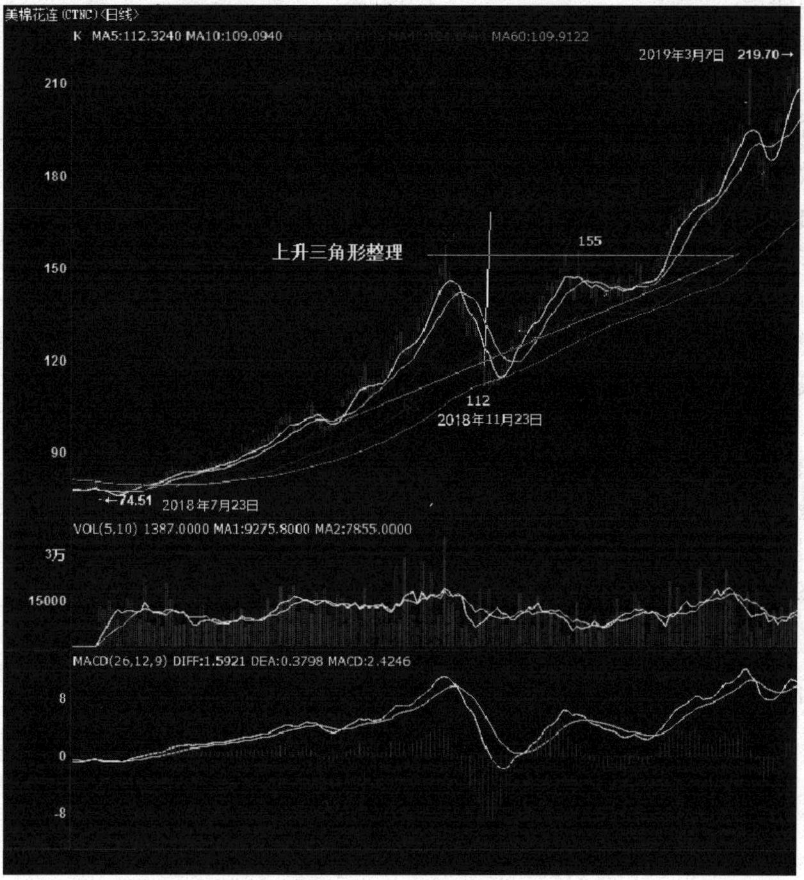

图 7-72　美棉花上升三角形形态

2. 下降三角形形态

下降三角形的图形与上升三角形恰好相反，如图 7-73 所示。

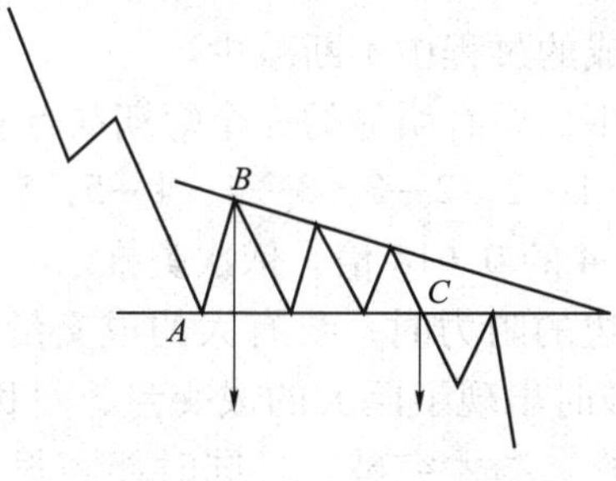

图 7-73　下降三角形

(1) 形态的确认

① 下降三角形一般出现在下跌的中途。

② 当向下突破下降三角形的水平线时不必伴有大成交量。

③ 下降三角形通常在上升时成交量减少，下跌时则成交量增加。

（2）交易策略

① 向下有效突破下降三角形的水平线之后（收盘价跌到三角形水平线之下 3 天，且跌幅超过 3%），可卖出持有空单。

② 向下突破三角形的水平线后，可能会回抽确认，如不能重返三角形的水平线之上时，可加码卖出做空。

下降三角形的理论跌幅为三角形第一个高点至水平压力线的垂直距离。

3. 对称三角形形态

对称三角形形态一般属于整理形态，即经过整理后，会继续原来的趋势。

在上升趋势或下跌趋势中，都有可能出现对称三角形整理形态。但在上升趋势的顶部或下跌趋势的底部出现时，多为反转形态。据统计，对称三角形中，大约有 3/4 属于整理形态，1/4 属于反转形态。

（1）对称三角形的形成

价格在特定范围内波动，每一次短期反弹的高点都比上次低，每次短期回落的低点都比上次高，将图形上高点 1，3，5 和低点 2，4，6 分别连接起来，就可以画出一个上下相对称的三角形形态，如图 7-74 所示。

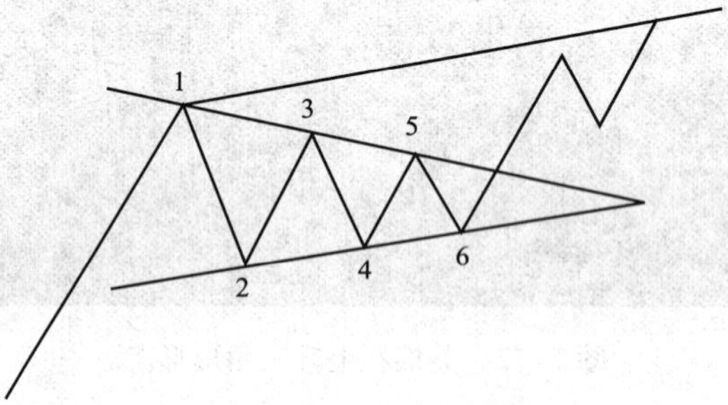

图 7-74 对称三角形

（2）形态的确认

① 成交量在对称三角形形成的过程中不断减少。

② 对称三角形形成的过程中，要有明显的三个短期高点和短期低点出现。

三角形内部包括 5 条线段：1—2，2—3，3—4，4—5，5—6。线段 5—6 是线段 4—5 的 0.618 倍，线段 4—5 是线段 3—4 的 0.618 倍，依次类推。

③ 向上突破对称三角形上边的阻力时，要有大的成交量配合，向下突破，则不必有大的成交量的配合。如果向下跌破时出现了巨大的成交量，对称三角形很可能不是整理形态，而是反转形态，如若在三角形的末端才突破，且同时伴随很大的成交量，可以确信是反转形态。

④ 对称三角形向上或向下突破时，须在整个形态的 1/2～3/4 处突破，此时买卖信号最为可靠，如果超过了 3/4，信号的可信度大大降低。

⑤ 对称三角形的突破，必须以收盘价突破形态的 3% 以上才可确认有效。

⑥ 对称三角形突破后，可能会出现短暂的反方向移动（回抽确认）。向上突破后回抽时，如果不跌破高点的连线，则突破有效；向下突破后回抽时，如果不能重新站上低点的连

线，则向下突破有效。若价格回抽时，突破上述位置，形态的有效性不可靠。

（3）交易策略

如果向上有效突破对称三角形上边的阻力，可以买入做多；如果向下有效突破对称三角形的下边支撑，可以卖出做空。

对称三角形的理论涨幅：对称三角形向上突破时，从形态的第一个上升高点开始，画一条和三角形底部平行的直线，理论涨幅为两条平行线的距离。上升的速度，将会以形态开始之前同样的趋势上升。对称三角形向下突破时，从形态的第一个低点开始，画一条与对称三角形底边平行的直线，理论跌幅为两条平行线的距离。

4. 扩散三角形形态

扩散三角形出现在趋势中期时是整理形态，但出现在趋势末期时大多是反转形态，它是头肩顶的变形。

（1）扩散三角形的形成

经过一段时间的上涨后，价格开始下跌，遇支撑后再次上涨，遇阻后再次下跌，每一次上涨的高点都比前一次高，每次下跌的低点也比前一次低。在完成左肩与头部之后，在右肩反弹时超越头部的高点创出新高。整个形态以狭窄的波动开始，然后在上方和下方扩大，把上下的高点和低点分别连接起来，就可以画出一个三角形状，也可以说是一个右肩创新高的头肩顶，如图 7-75 所示。

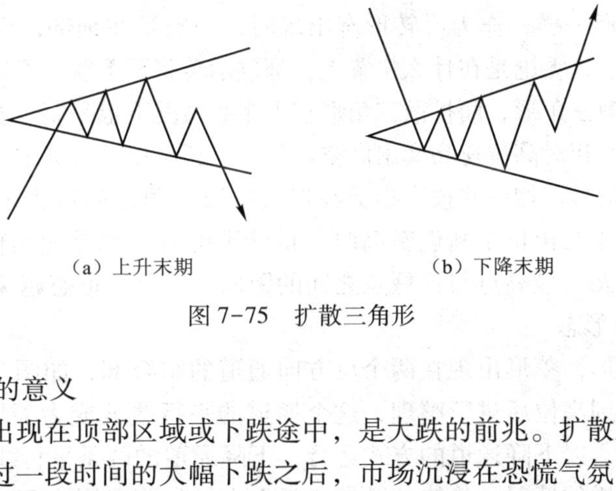

（a）上升末期　　（b）下降末期

图 7-75　扩散三角形

（2）扩散三角形的意义

扩散三角形一般出现在顶部区域或下跌途中，是大跌的前兆。扩散三角形很少出现在大跌后的底部，因为经过一段时间的大幅下跌之后，市场沉浸在恐慌气氛中，不可能形成这种形态。所以出现扩散三角形时，向下突破的概率极大。但在极少数情况下，扩散三角形也有可能会向上突破，尤其是扩散三角形的上边线不是向上倾斜而是向水平发展时可能向上突破，预示趋势会上涨，但这种情况出现的概率极低。

（3）形态的确认

当扩散三角形的下沿被有效跌穿时，扩散三角形形态便可确立。扩散三角形下跌的幅度无法预测，但一般来说，跌幅都极大。

（4）交易策略

在顶部区域，当扩散三角形的下沿被有效跌穿，形态确立后，可以择机卖出做空。

（二）菱形形态

菱形形态由于其形状似“钻石”，也称为钻石形态，菱形形态是扩散三角形、对称三角形、头肩顶形态的综合体，其颈线为V形，如图7-76所示。

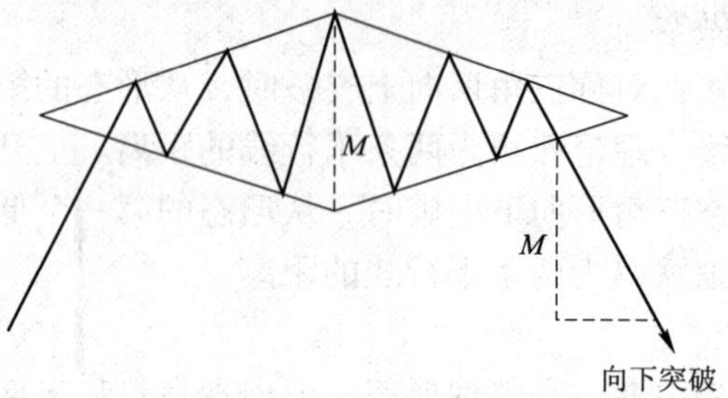

图7-76 菱形

（1）形态的确认

一般情况下，当构成扩散三角形右下方的主要支撑线被有效跌穿时，形态可以确认。

（2）形态的意义

菱形是一个特殊而少见的形态。当菱形出现在下跌趋势的中途时，一般为整理形态，形态一旦确立，意味着将继续原来的下跌趋势；当菱形出现在大涨之后的顶部区域时，其形态确立后，趋势往往会反转，由上涨转为下跌，且往往跌幅巨大。

（3）交易策略

菱形与扩散三角形一样，作为反转形态出现时，一般是在顶部，而很少出现在底部。所以，只要见到菱形形态，无论是在什么位置上，都预示着将要下跌，可以果断卖出做空。由于菱形的形成初期是扩散三角形，而扩散三角形在大多数情况下也是属于看跌形态，所以可以在菱形形态形成之初，在相对高位逢高卖出做空。另外，还可以结合其他一些技术分析方法，寻找更多更可靠的卖出信号。如一些技术指标在形成扩散三角形的过程中，会出现顶背驰的现象，是做空信号；如果在价格不断创新高时，量能不配合，也是卖出信号，可以择机做空。菱形的最小跌幅是形态内最高点与最低点之间的距离。因此，形态越宽，跌幅也越大。

（4）特殊的菱形形态

有一种特殊的情形，菱形出现在两个反方向通道的结合部，如图7-77所示。如果价格以上升通道方式运行到高位后进行整理，这个通道的平行线就成为菱形的左上边和右下边。随后，价格转身向下，以下降通道的方式运行，下降通道的两条平行线成为菱形的右上边和左下边。一旦出现这样的情况，价格的跌幅通常至少是先前涨幅的50%。

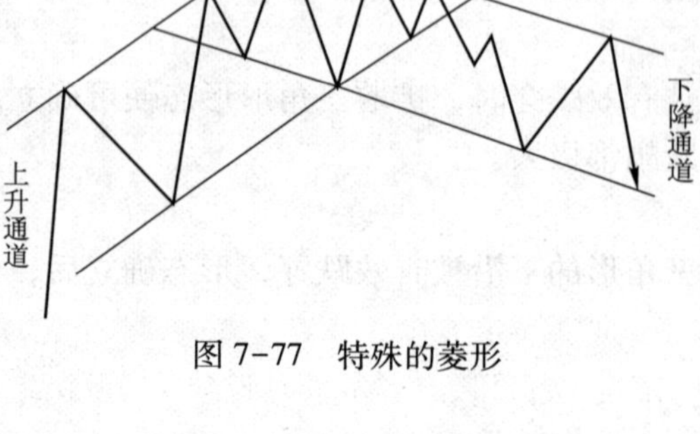

图7-77 特殊的菱形

➲ 实盘应用案例 7-21

如图 7-78 所示，伦铝的价格在上升通道中运行到高位后开始进行整理，这个通道的平行线成为菱形的左上边和右下边。随后，掉头向下，形成下降通道，下降通道的两条平行线成为菱形的右上边和左下边。2 月 11 日已经跌穿颈线，价格的跌幅通常至少是先前涨幅的 50%。8 月 2 日，最低跌至 1 955. 75 美元/吨，最大跌幅达 30. 2%（5 月 5 日最高价 2 803. 00 美元/吨）。

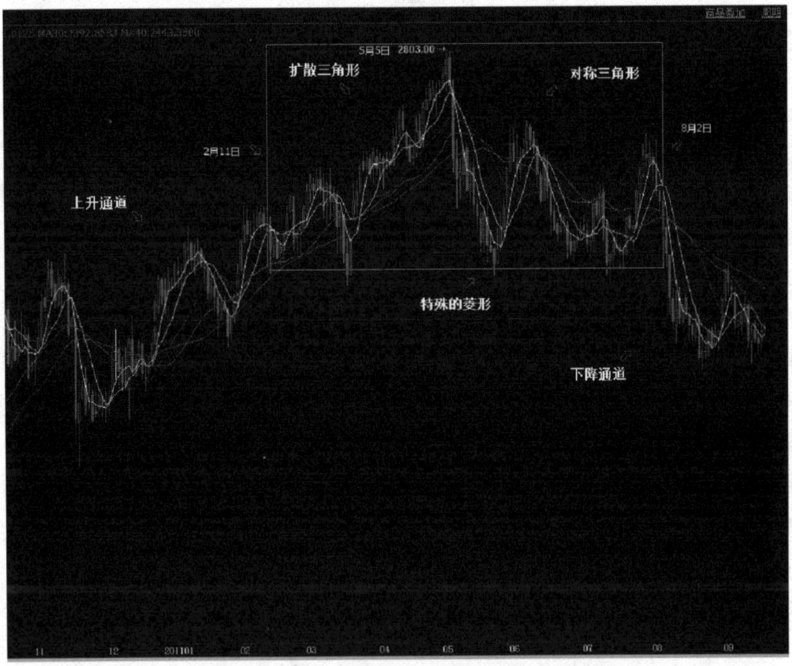

图 7-78 伦铝的特殊菱形形态

（三）矩形形态

矩形形态（箱形形态）由两条平行线构成，是一种标准的横向盘整形态。

（1）形成过程

由于价格每一次上涨时，总在同一位置遭到抛压，价格每一波回落时，也大约在同一位置获支撑而反弹，连接每一次的反弹高点形成一条水平压力线；连接每一次回调的低点而形成一条水平支撑线。压力与支撑之间形成矩形（箱形），价格在一段时间内会在箱体中波动，形成矩形整理。矩形区域又称为横向整理、整固区域（如图 7-79 所示）。

（2）形态的确认

① 矩形的持续时间可以为数周到数月，一般为 3 个月以上。如果形态的持续时间少于 3 个星期，则可能为旗形整理形态。矩形形态持续的时间越长，突破信号越可靠，理论涨跌幅度也越大。如果矩形持续的时间为 3 个月以上，则可达到理论涨跌幅度，如果矩形形态的持续时间为 6 个月以上，则一般能超过理论涨跌幅度。

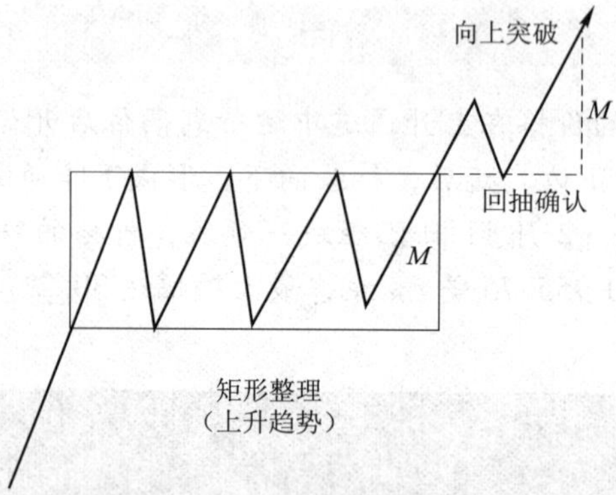

图 7-79　矩形整理形态

② 突破后，收盘价至少 3 天收在压力线之上或者支撑线之下，且幅度超过 3%，形态可以确认有效。

③ 一般会在突破后的 3 天至 3 星期内出现回抽确认。如果回抽不突破压力线或支撑线，则形态确立。

④ 突破方向。矩形形态在形成过程中，成交量有时萎缩，有时放量。如果每次上涨时成交量放大，每次下跌时缩量，则向上突破的可能性较大。向下突破时不需要有成交量放大，但在向上突破时，成交量必须放大才能确认矩形形态成立。

（3）交易策略

一旦突破有效，可以根据突破的方向顺势操作。如果回抽不突破压力线或支撑线，再次提供进场机会，向上突破时买进，向下突破时卖出。理论涨跌幅度为矩形的高度。一个较宽的矩形，比一个狭窄细长的矩形波动幅度更大，一旦突破，理论涨跌幅度也越大。

实盘应用案例 7-22

美黄豆上一年的 5 月 19 日从最低价 881.5 美分/蒲式耳开始上涨，到本年的 2 月 10 日涨到 1 400 美分/蒲式耳，涨幅 58.8%。大幅上涨之后开始进行为期 6 个月的矩形整理，8 月 26 日向上有效突破矩形上沿，继续上涨，连续 3 天站在上沿之上，突破有效，如图 7-80 所示。

理论涨幅等于矩形高度 = 1 400 - 1 280 = 120，即未来上涨的第一目标价格至少可以达到：1 400 + 120 = 1 520 美分/蒲式耳。由于矩形形态持续时间将近 6 个月，理论涨幅可能达到矩形高度的两倍，所以第二目标价位为 1 400 + 120×2 = 1 640 美分/蒲式耳。上涨 4 个交易日后于 8 月 31 日开始向下进行回抽确认，9 月 12 日跌穿上沿 1 400 美分/蒲式耳，并连续 3 天不能回到上沿之上，说明前期的突破是假突破，前期突破时建立的多单可反弹到矩形上沿1 400 美分/蒲式耳附近时平仓出局并反手做空，目标价格为矩形的下沿 1 300 美分/蒲式耳。9 月 19 日突破矩形下沿，并大幅度下跌至 12 月 14 日最低点 1 094.25 美分/蒲式耳。

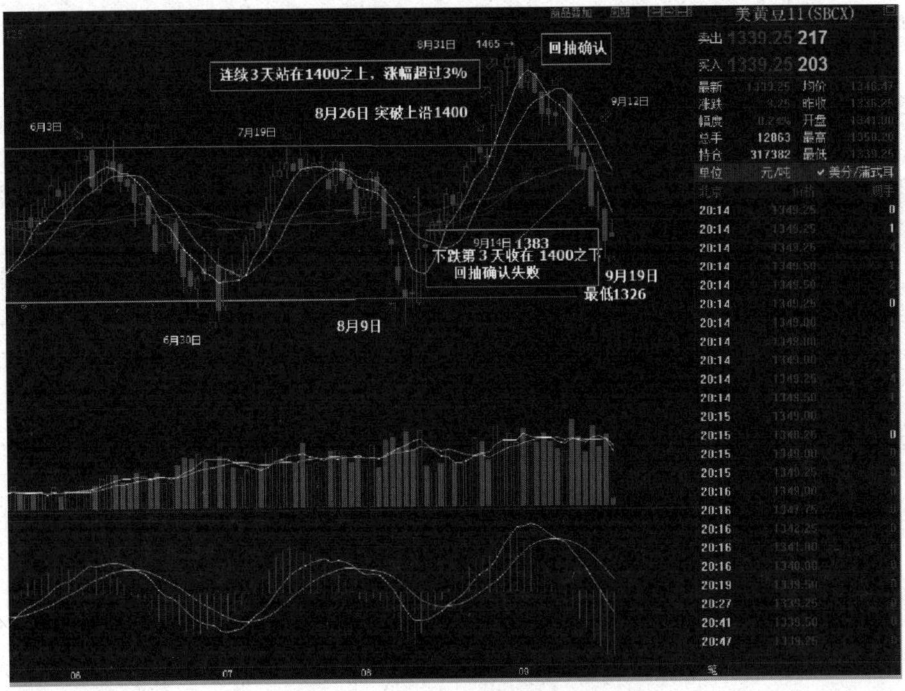

图 7-80　美黄豆矩形整理

（四）旗形形态

旗形形态就像一面挂在旗杆顶上的旗帜，这种形态通常在急速而又大幅的波动中出现，经过快速的短期波动后，形成一个与原来趋势呈相反方向倾斜的长方形，这就是旗形形态。旗形形态又可分为上升旗形（上升下飘旗形）和下降旗形（下降上飘旗形）。

1. 上升旗形

（1）上升旗形的形成过程

价格经过陡峭的飙升后，接着形成一个狭窄、稍微向下倾斜的价格密集区域，把这密集区域的高点和低点分别连接起来，画出两条平行且下倾的直线，这就是上升旗形（如图 7-81 所示）。旗形是一个整理形态，即形态完成后价格将继续原来的趋势方向移动，上升旗形是继续升势。旗形一般出现在极端行情中，在极度强势的走势中，一般都会出现旗形整理，预示着后市将继续走强。

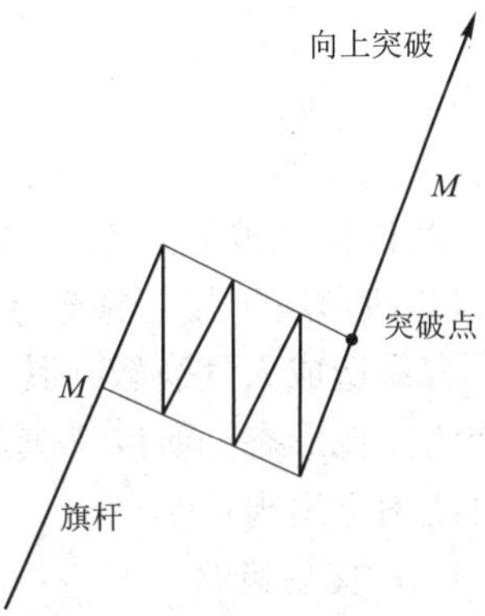

图 7-81　上升旗形

（2）形态的确认

① 上升旗形在急速上升之后出现。在形成期间成交量不断地减少；如果在形成期间出现很高的成交量，则旗形形态可能是反转形态，而不是整理形态。成交量的变化在旗形走势中是十分重要的，它是观察和判断旗形形态性质的主要方法。

② 上升旗形向上突破时，要有大成交量的配合。

③ 价格应在 4 周内向预定的方向突破。理论涨幅为旗形旗杆的长度。

（3）交易策略

向上突破有效后，可买进做多；回抽趋势线不跌破时，可加码买进持有。

2. 下降旗形

下降旗形是个整理形态，即形态完成后价格将继续原来的趋势方向移动，下降旗形是继续下跌。

（1）下降旗形的形成过程

价格经过快速暴跌后，形成一个狭窄、稍微向上倾斜的价格密集区域，把这密集区域的高点和低点分别连接起来，画出两条平行且上倾的直线，这就是下降旗形（如图 7-82 所示）。

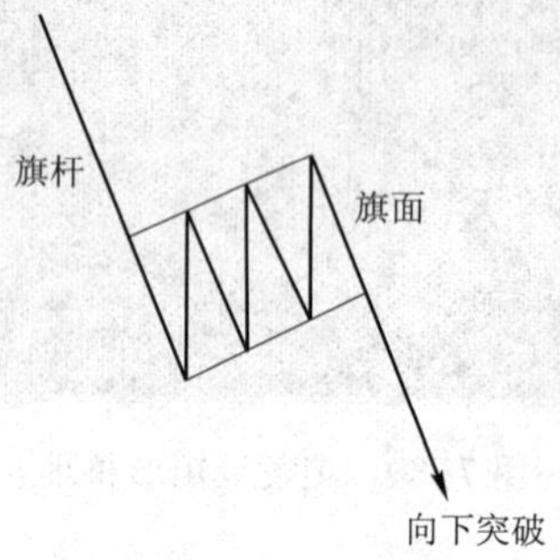

图 7-82　下降旗形

（2）形态的确认

① 在急速下跌后出现，在形成期间成交量不断减小。

② 价格跌破低点连成的支撑线后，常有一个回抽确认。

③ 旗形属于强势整理形态，整理时间不能过长，一般在 5 ～ 10 天，如果整理时间太长，容易造成人气涣散，其形态的力道也会逐渐消失，如果超出 3 周还未选择方向，很可能转变为其他形态。所以，旗形整理形态一般出现在日线图上，很少出现在周线图中，更不会在月线图上出现。

（3）交易策略

向下突破有效后，可做空；回抽不能站上趋势线时，可加码卖出做空。

➲ 实盘应用案例 7-23

如图 7-83 所示，2 月 10 日，美豆油开始形成上升旗形整理形态，6 个多月后于 8 月 29 日选择向上突破，继续原来的涨势。9 月 1 日回抽确认，9 月 2 日再次向上，如连续 3 天站在上沿之上，可以买进做多。

如图 7-84 所示，美棉花在下跌趋势中，形成一个下降旗形整理形态，9 月 20 日向下突破旗形的下沿，将继续原来的下跌趋势。

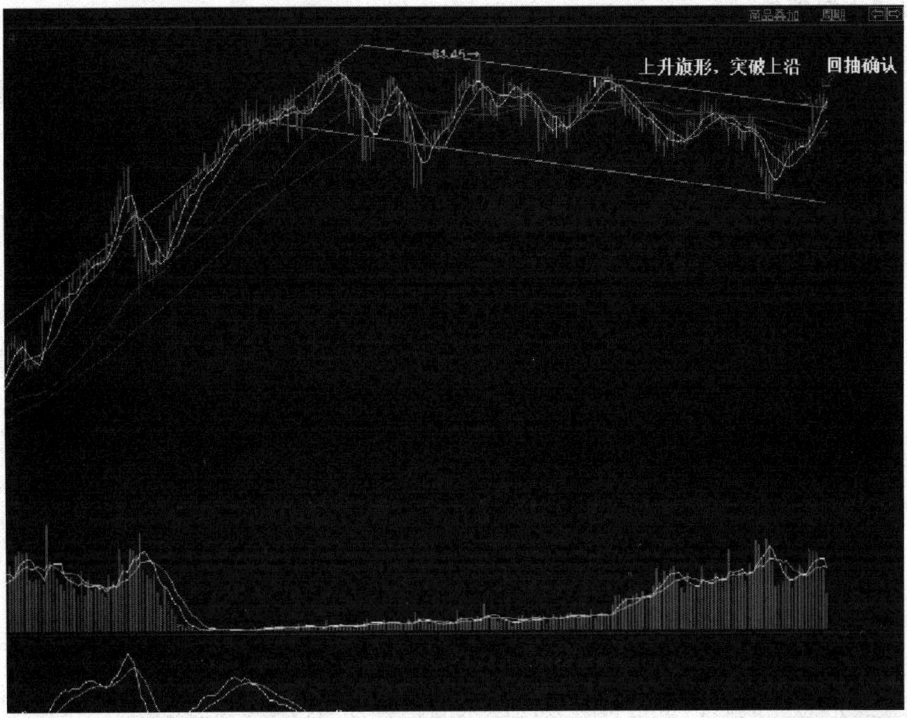

图 7-83　美豆油上升旗形整理形态

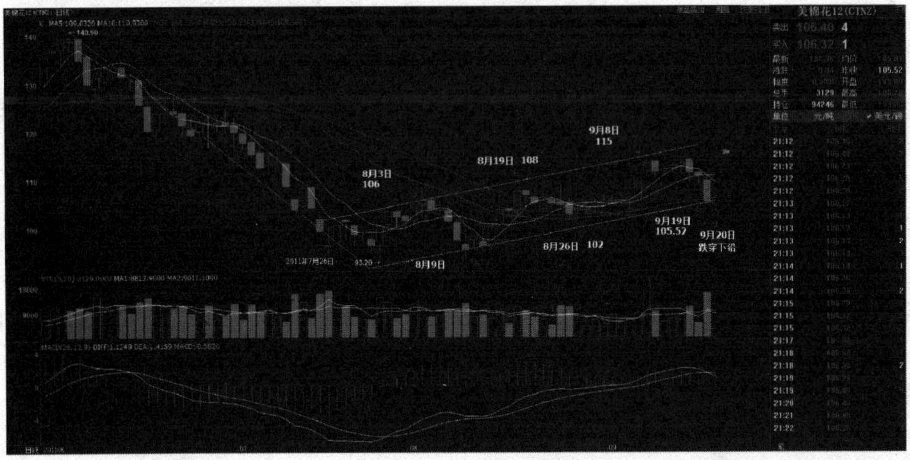

图 7-84　美棉花下降旗形整理形态

（五）楔形形态

楔形形态和旗形形态很相像，也是在急速而又大幅的波动中出现，也有一个旗杆。价格经过快速的波动后，形成一个与原来趋势方向相反的倾斜三角形，形成楔形形态。楔形的价格在两条收敛的直线中变动，但与三角线整理形态不同的是，楔形的两条线同时上倾或下倾。楔形形成过程中的成交量变化和三角形一样向顶端递减。楔形形态又可分为看涨下倾楔形（下降楔形）和看跌上倾楔形（上升楔形）。

1. 看涨下倾楔形

（1）形态的形成过程

价格经过陡峭的飙升后，开始进行整理，逐渐形成一个紧密、狭窄和稍向下倾斜的价格密集区域，把这密集区域的高点和高点连接起来，画出一条下倾的直线，低点和低点连接起来，画出一条也是下倾的直线，这就是看涨下倾楔形（如图 7-85 所示）。

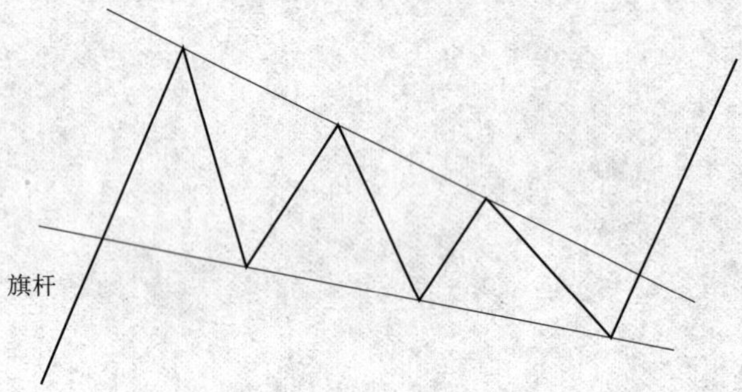

图 7-85 看涨下倾楔形

（2）形态的意义

看涨下倾楔形是一个整理形态，一般出现在涨势的中途，显示行情尚未见顶，只是一次技术性调整，形态完成后，价格将继续向原来的趋势方向移动——继续上升。

看涨下倾楔形与三角形的区别在于看涨下倾楔形的两边同时向下倾斜；与下降旗形的区别在于下降旗形的两边是平行的。

（3）形态的确认

① 看涨下倾楔形的两条线必须明显地收敛于端点；

② 经过两个星期以上的时间形成形态，在头部与端点的 2/3 处向上突破上边线；

③ 成交量由左向右递减，并且越接近顶端成交量越小；

④ 当价格上升突破看涨下倾楔形的上边线时，成交量明显放大；

⑤ 在突破上边线之后回抽时，不跌破上边线的延长线。

（4）交易策略

价格向上突破看涨下倾楔形的上边线，形态确立后（超过 3%），可买进做多；回抽确认时，不跌破看涨下倾楔形的上边线时，可加码买进；理论涨幅为旗杆的长度。

2. 看跌上倾楔形

看跌上倾楔形（上升楔形）与看涨下倾楔形（下降楔形）刚好相反。

（1）形态的形成过程

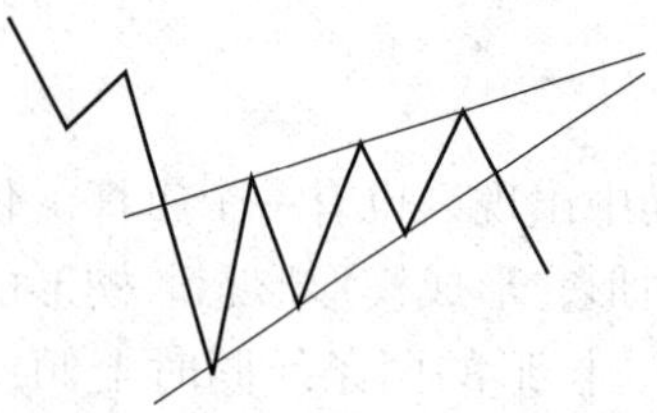

图 7-86 看跌上倾楔形

价格经过大幅下跌后，开始进行整理，逐渐形成一个紧密、狭窄和稍向上倾斜的价格密集区域。把这密集区域的高点和高点连接起来，画出一条上倾的直线，低点和低点连接起来，画出一条也是上倾的直线，形成看跌上倾楔形（如图 7-86 所示）。

（2）形态的意义

看跌上倾楔形是一个整理形态，一般出现在下跌趋势的中途，显示跌势尚未结束，只是一次技术性调整，形态完成后，价格将继续向原来的趋势方向移动——继续下跌。

（3）形态的确认

① 看跌上倾楔形的两条线必须明显地收敛于端点。

② 经过两个星期以上的时间形成形态，在头部与底端的 2/3 处向下突破下边线。

③ 成交量由左向右递减，并且越接近顶端成交量越小。

④ 在突破下边线之后，回抽时不能有效站到下边线之上。

（4）交易策略

价格向下突破看跌上倾楔形的下边线形态确立后，可卖出做空；回抽确认时，不能有效站到下边线之上时，再次加码卖出做空。

一般来说，看跌上倾楔形在跌破下边线的支撑后经常会出现急跌；但看涨下倾楔形往上突破上边线的阻力后，一般会横向徘徊，然后慢慢开始上升，成交量随之增加。

➲ 实盘应用案例 7-24

如图 7-87 所示，2 月 14 日橡胶 1201 合约价格见顶 41 970 元/吨，之后开始看涨下倾楔形整理，7 月 6 日向上突破，并连续 3 天站在看涨下倾楔形的上边线之上，突破有效。7 月 27 日到达反弹高点 36 565 元/吨后，向下回抽确认，8 月 12 日，连续 3 天收盘站在上边线之上，回抽确认形态有效，后势应延续原来的趋势，继续上涨。

图 7-87　橡胶 1201 合约看涨下倾楔形

第三节 趋势分析方法与应用

趋势的判断是非常重要的，尤其是长期趋势。正确判断出价格运动的趋势，是期货交易获利的基础。

一、趋势类型

趋势分为上升趋势、下降趋势。有些情况下是区间震荡，表明没有趋势。

在一个价格运动中，如果每一个低点都高于前一个低点，底部逐渐抬高，就称为上涨趋势；如果每一个高点都低于前一个高点，高点依次降低，那么就称为下跌趋势；如果每一个低点与前一个低点基本一样，每一个高点与前一个高点持平，称为区间震荡，或者横盘整理，或者无趋势。

二、回调与反弹

（一）回调

回调，是指在上涨趋势中的暂时回落。在上涨趋势中价格以上涨为主，但由于上涨幅度太大，会出现暂时回落的获利回吐现象，回调后仍将恢复上涨的趋势。如果主要趋势是上涨，则次要趋势就是回调，回调即下跌。

（二）反弹

反弹，是指在下跌趋势中的暂时回升。在下跌趋势中价格以下跌为主，但由于下跌幅度太大，会出现空头的获利平仓导致的价格暂时回升。反弹后仍将恢复下跌趋势。如果主要趋势是下跌，则次要趋势就是反弹，反弹即上涨。

（三）回调与反弹的幅度

回调与反弹的幅度应该小于100%，一般应在38.2%～61.8%。

实盘应用案例7-25

黄金期货价格从8月1日的333.6元/克上涨到8月23日的394.6元/克，上涨了61元/克，然后开始回调。回调的三个重要位置分别如下。

1. 0.382位置（黄金分割）

61×0.382=23.3（元/克），即回调目标位：394.6-23.3=371.3（元/克）

如果价格只调整到371.3元/克之后继续升势，说明上涨势头非常强。

2. 0.5位置

61×0.50=30.5（元/克），即回调目标位：394.6-30.5=364.1（元/克）

如果价格只调整到364.1元/克，说明上涨势头也比较强。

3. 0.618位置（黄金分割）

61×0.618=37.7（元/克），即回调目标位：394.6-37.7=356.9（元/克）

如果价格调整到了356.9元/克，说明上涨势头相对来说比较弱一些；如果回调幅度超过61.8%，甚至回调超过100%，也就是说，价格又回到了起点，则有可能就不是回调，而是转势了。

如图 7-88 所示，单击画线工具，画出黄金分割线。沪黄金期货价格从 8 月 23 日的 394.6 元/克，实际调整到 8 月 25 日的 363.51 元。调整 3 天之后继续上涨，黄金期货价格于 9 月 6 日再创新高 398.08 元/克。

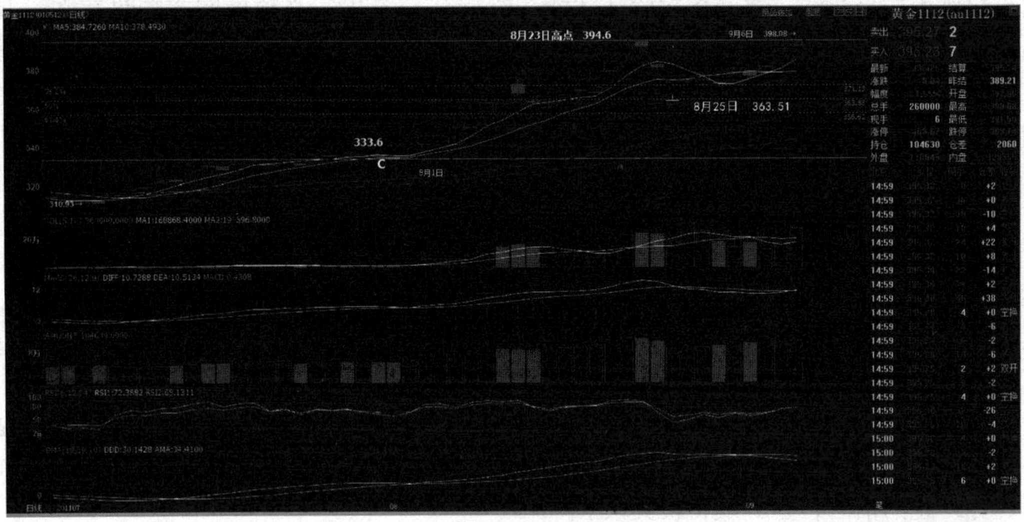

图 7-88　沪黄金价格回调

三、趋势线

1. 概念

所谓趋势线，就是根据价格上下变动的走势所画出的线。画趋势线的目的，是依趋势线寻找恰当的买卖点。

在一个上升趋势中，各个低点的连线就是表明上升趋势的趋势线。在一个下降趋势中，各个高点的连线就是表明下跌趋势的趋势线（如图 7-89 所示）。

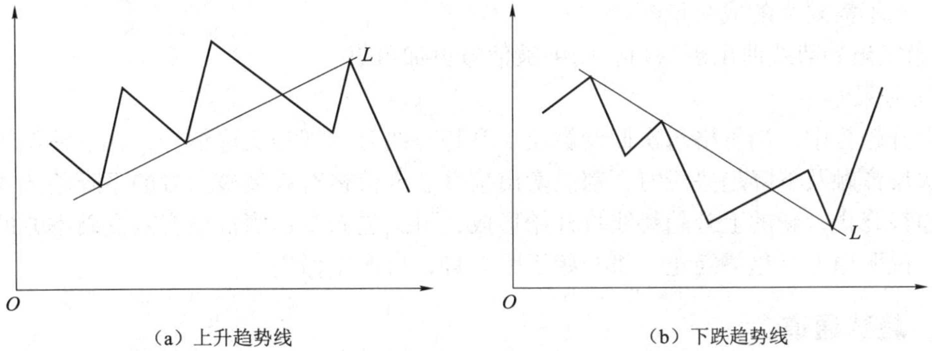

图 7-89　趋势线

2. 画法

画趋势线时，先选择两个决定性的点。

在上升趋势中，选择两个最先形成的低点连成一条直线，就得到上升趋势线。在下降趋势中，选择两个最先形成的高点连成一条直线，就得到下降趋势线。

3. 确认方法

趋势线是衡量价格波动方向的，由趋势线的方向可以明确地看出价格的趋势。要得到一条真正起作用的趋势线，要经多次验证才能最终确认。首先，必须确实有趋势存在；其次，画出趋势线后，还应得到第三个点的验证和修正，才能确认这条趋势线是有效的。

一般说来，所画出的直线被触及的次数越多，其作为趋势线的有效性越高；这条直线延续的时间越长，这条直线越具有有效性。

4. 作用

趋势线表明价格很有可能沿着这条线继续移动。

① 趋势线对价格今后的变动起约束作用。上升趋势线是支撑线的一种，会对价格起到支撑作用，当价格下行触及上升趋势线时，会受到来自上升趋势线的支撑，若支撑有效，则可以逢低买进做多；下降趋势线是压力线的一种，当价格上行触及下降趋势线时，会受到来自下降趋势线的阻力，若压力有效则可以逢高卖出做空。

② 趋势线被突破后，原来的趋势线失效，说明趋势将要反转。越重要、越有效的趋势线一旦被突破，其转势的信号越强烈，须反向操作。一般当有非常高的成交量出现时，可能为原趋势终止的信号，趋势线将被突破。

5. 突破的确认

① 如果在当天的交易时间内突破了趋势线，但其收盘价并没有突破趋势线，则不算是有效突破，那么这条趋势线仍然有效。收盘价突破趋势线，比交易日内的突破更重要。

② 突破趋势线后，离趋势线越远，突破越有效。一般突破幅度要大于 3%。

③ 突破趋势线后，在趋势线的上方（或下方）停留的时间越长，突破越有效，一般突破天数需超过 3 天。

④ 趋势线与水平线所成的角度越陡峭，越容易被一个短的横向整理所突破，因此越平缓的趋势线越具有技术性意义。

⑤ 当价格上升冲破下降趋势线的阻力时，需要有大的成交量配合；但向下跌破上升趋势线时，则不需要大的成交量配合。

⑥ 当突破趋势线时出现缺口，则突破信号更加可靠。

6. 交易策略

在上升趋势中，当价格每次回调触及上升趋势线时，都是买进信号；在下跌趋势中，当价格每次反弹触及下降趋势线时，都是卖出信号。当价格有效突破上方的下降趋势线时，说明下降趋势终止，新的上升趋势线将开始形成，可买进做多；当价格有效突破下方的上升趋势线时，说明原上升趋势终止，将开始下跌趋势，可卖出做空。

四、趋势通道

1. 概念

趋势通道是基于趋势线的一种方法。在已经得到了上升（下降）趋势线后，通过第一个高点（或低点）可以作出这条趋势线的平行线，就构成一个上升（下降）通道，如图 7-90 所示。

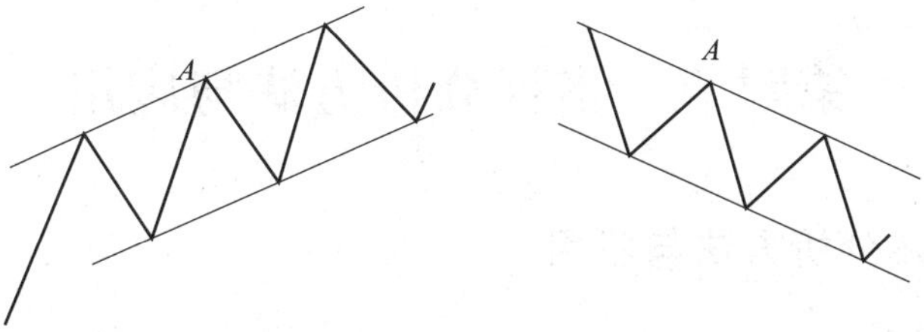

（a）上升通道　　　　（b）下跌通道

图 7-90　上升通道和下跌通道

2. 作用

趋势通道的作用是限制价格的变动范围，提示买卖信号。

3. 交易策略

① 在上升趋势中。当价格每次回调触及趋势通道下沿时，是买进信号，当价格每次反弹触及趋势通道上沿时，是卖出信号。一旦向上突破上沿，则意味着升势将加速，如图 7-91 所示。一旦向下突破通道的下沿，则意味着趋势终止，可能变为横向的矩形整理或趋势反转。在上升趋势中不要轻易做空，应逢低买进做多为主。

② 在下跌趋势中。当价格每次下跌触及通道下沿时，是买进信号，当价格每次反弹触及通道上沿时，是卖出信号。一旦向下突破通道的下沿，则意味着跌势将加速。一旦向上突破通道的上沿，则意味着趋势终止，可能变为矩形整理或将趋势反转。但在下跌趋势中，不要轻易抢反弹，应逢高做空为主。

➲ 实盘应用案例 7-26

如图 7-91 所示，美豆油 9 月 23 日向上突破上升通道的上沿，进入一个新的更陡峭的上升通道，以 45°加速上行。

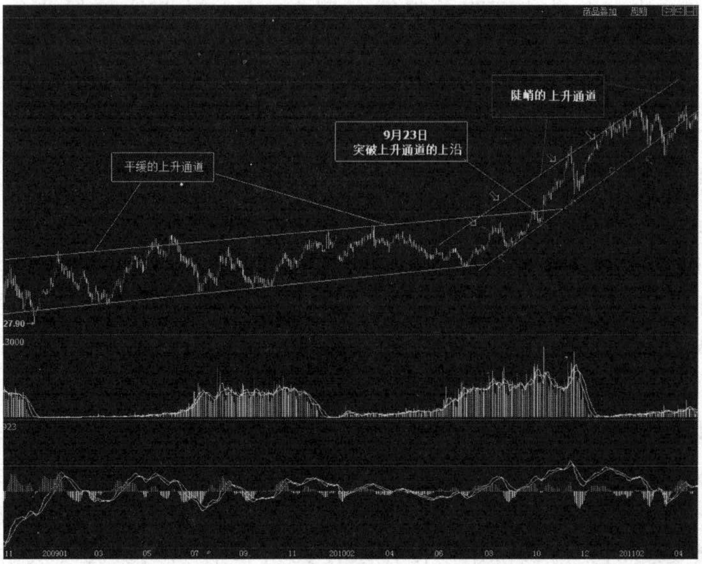

图 7-91　美豆油突破上升通道上沿

第四节 指标分析方法与应用

一、移动平均线分析方法与应用

（一）定义和特点

1. 定义

移动平均线（MA）是广泛应用的定量分析工具，是一个非常重要的技术分析指标。

移动平均线是采用统计学中“移动平均”的原理，将数列中的不规则波动予以剔除，把价格平均值连成曲线，显示出商品的平均成本及价格的历史波动情况，进而反映价格未来的趋势。移动平均线不仅可以用于日、周、月、季的价格分析，也可用于分、时平均线指导日内的短线交易。移动平均线依时间长短可分为短期移动平均线，中期移动平均线，长期移动平均线。短期移动平均线一般以5日或10日为参数，中期移动平均线大多以30日、60日为参数；长期移动平均线大多以100天和200天为参数。

西方投资机构非常看重200天移动平均线，并以此作为长期投资的依据。

2. 计算公式

移动平均线的计算方法是求连续若干天收盘价的算术平均值，天数就是MA的参数。

$$MA=(C_1+C_2+C_3+C_4+C_5+\cdots+C_n)/n \tag{7-1}$$

式中，C_n 为收盘价，n 为移动平均周期数。

例如：9月9日，黄金5日移动平均价格计算方法为

MA_5 =（9月5日收盘价390.6元/克+9月6日收盘价395.25元/克+9月7日收盘价378.7元/克+9月8日收盘价382.0元/克+9月9日收盘价378.0元/克）/5 =384.91元/克

3. 特性

① 追踪趋势的特性。MA能够表示价格的波动趋势，并追随价格，不会轻易改变。如果从价格的图表中能够找出上升或下降趋势线，那么，MA的曲线将保持与趋势线方向一致，它能消除由于偶然因素引起的价格起伏波动对大趋势的影响，使得趋势更加清晰。因此可据以做出买卖决策。

② 滞后性。在价格原有趋势发生反转时，由于MA追踪趋势的特性，它的行动往往过于迟缓，调头速度落后于大趋势，这是MA的一个极大弱点。MA发出反转信号比较滞后，如果按此信号买进卖出，往往不能抓住最高点或最低点。

③ 稳定性。由MA的计算方法就可知道，要较大地改变MA的数值比较困难，因为MA的变动是很多天的平均变动，一天有再大的变动，经过平均后就显不出来了。这就是MA的稳定性。因此MA比较可信，不容易被大资金操纵骗线，尤其是长周期的MA更为可信。

④ 助涨助跌性。当价格突破了MA时，无论向上突破还是向下突破，价格有继续向突破方面再走一程的愿望，这就是助涨助跌性。根据这个特性，可以做出买入或卖出的决策。

⑤ 支撑线和压力线的特性。由于MA的上述四个特性，使它在价格走势中起支撑线和压力线的作用。一般，若突破MA，就是突破了支撑线或压力线。向上突破压力线时，应该买进；向下跌穿支撑线时，应该卖出。使用MA通常是对不同参数（天数）的均线同时使用，比如同时使用5日均线、10日均线、30日均线。投资者可以对参数进行选择。

如前所述，移动平均线包括长期、中期和短期三类。长期、中期、短期是相对的，可以自己确定。比如，5 日移动平均线、10 日移动平均线可以作为短期移动平均线，20 日移动平均线、30 日移动平均线可以作为中期移动平均线，60 日移动平均线、120 日移动平均线等可以作为长期移动平均线。一般来说，参数越大，支撑线或压力线的特性就越明显。再比如，向上突破 5 日移动平均线就不如突破 60 日移动平均线的力度大。突破 60 日移动平均线，说明多头的力量和做多意愿更大，此时买入跟进更加可靠。

4. 运用移动平均线进行分析的方法

① 将实际价格曲线与移动平均线联系起来进行分析，即格兰威尔法则。

② 将多种不同时间的移动平均线联系起来分析，反映涨势跌势，即均线系统的多头排列、空头排列。

（二）格兰威尔八大法则

格兰威尔八大法则是利用价格与其移动平均线的关系作为买进与卖出信号的依据。

移动平均线代表着趋势的方向，当价格的波动偏离趋势时（价格与移动平均线的偏离），将会朝趋势方向修正。所以发生偏离时，是一个买卖信号。价格与移动平均线的差距称为乖离率。当乖离率越大时，价格修正的可能性就越大。另一方面，移动平均线反映的是较长期的价格走势，当趋势发生改变时，长期的趋势线还没有反应，价格将会先掉头，在这个时候，价格线将与移动平均线发生交叉现象，代表着趋势改变的意义，因此价格与移动平均线的关系也是观察的指标。格兰威尔八大法则，即结合利用乖离率和价格与移动平均线的关系两项观察指标，归纳出买进卖出信号，如图 7-92 所示。

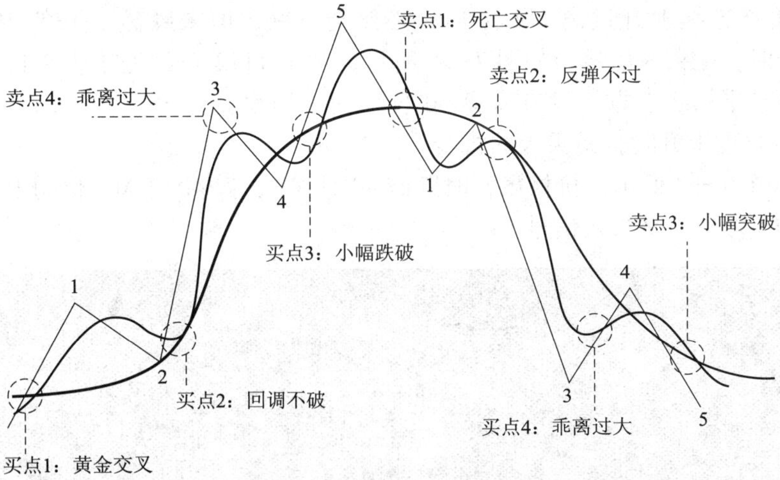

图 7-92 格兰威尔八大法则

1. 四个买进信号

买点 1：移动平均线从下跌开始走平，价格由下而上穿过 MA 形成黄金交叉，是买入信号。

如图 7-93 所示，沪锌 1109 合约处于空头排列之中，移动平均线 MA 从下降开始走平，并开始拐头向上，价格由下而上穿过 MA 形成黄金交叉，5 日移动平均线和 10 日移动平均线也已经上穿 60 日移动平均线，如果 20 日和 40 日移动平均线能够全部上穿 60 日移动平均线，则形成多头排列，意味着一个新的上升趋势的起点又将出现，可以买入，一路持有多单。

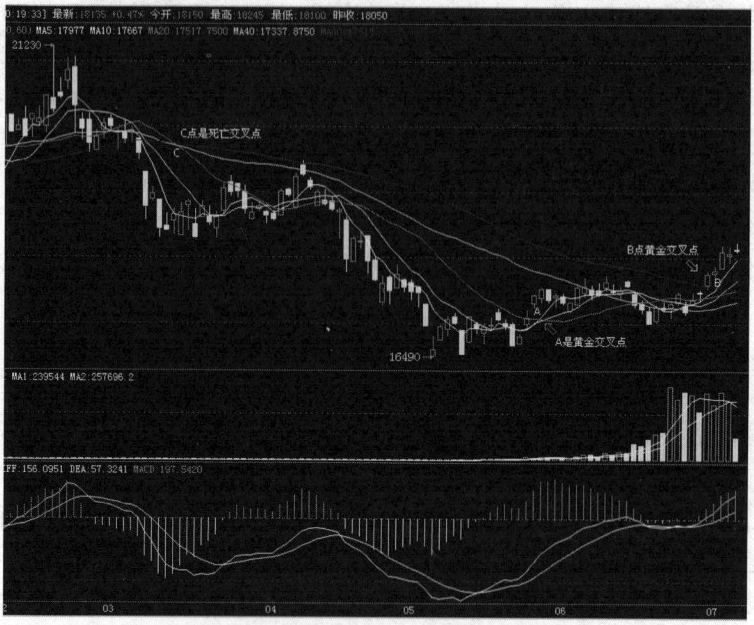

图 7-93　沪锌 1109 合约处于空头排列

买点 2：价格连续上升远离 MA 之后，必然会下跌，但未跌破上升的 MA。回调不破 MA，再度上升时，是买入信号。如图 7-94 所示，黄金 1112 合约处于多头排列之中，价格回调到 30 日移动平均线上方，没有跌穿 30 日移动平均线，且 30 日移动平均线是上升的。回调不破 MA，再度上升时，是买入的机会。

买点 3：如图 7-94 所示，价格虽暂时跌破 40 日 MA，但 40 日 MA 仍向上，且价格马上又回到 40 日 MA 之上，是买入信号。

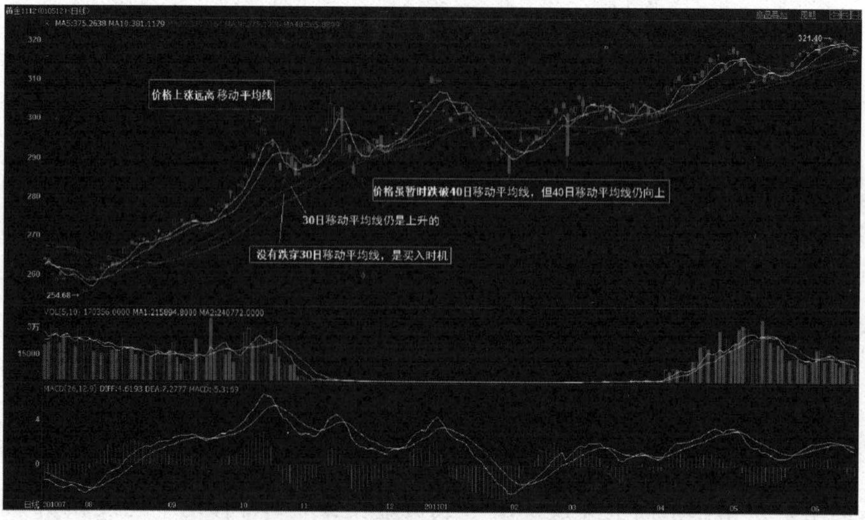

图 7-94　黄金 1112 合约多头排列

买点 4：价格跌破移动平均线后，突然暴跌，远离 MA，乖离率过大时，价格很可能向 MA 方向反弹，也是一个买入信号。

在这 4 个买入信号中，第一个是最佳做多时机，多单进场后持有时间可以长一些，获利机会最大。在第 1 买点虽然买入最安全，但由于它是趋势的起点，当时趋势不甚明朗，所以投资者一般还不敢大胆买入，涨到第 2 个买点时，趋势才渐趋明朗。此前如果踏空，此时是再次加仓买入的时机。如图 7-95 所示，橡胶 1201 合约处于多头排列之中时，凡是红箭头指示点都是买入点。在 A 点买入最安全，获利最大，但由于它是趋势的起点，大多数人还在犹豫徘徊，不敢跟进买入，涨到 C 点时趋势渐趋明朗，此时可加仓买入，一路持有多单。第四个买点是在下跌趋势中，逆市抢反弹，有一定风险，要短线交易，快进快出，设立好止损。

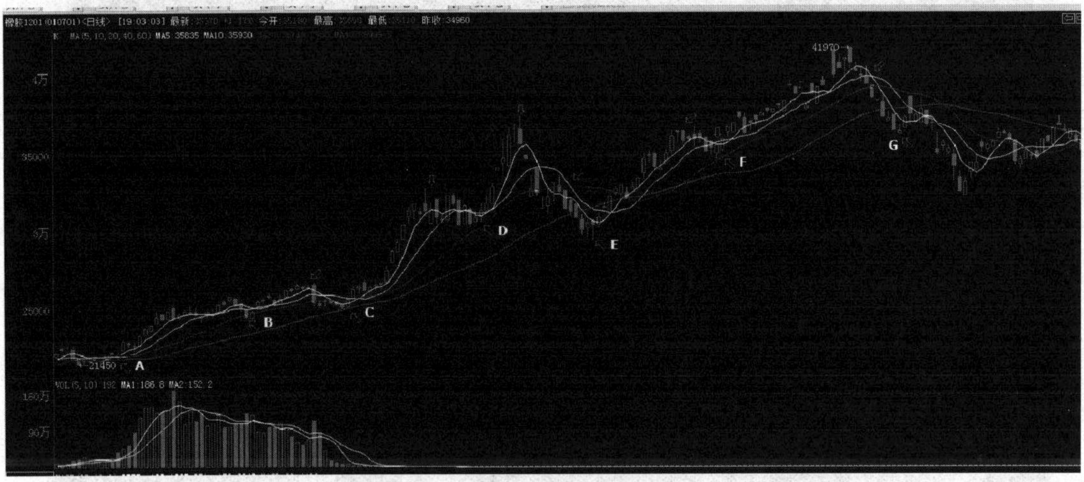

图 7-95 橡胶 1201 合约多头排列

2. 四个卖出信号

卖点 1：MA 由上升转为走平，并掉头向下，且价格从 MA 的上方往下跌破 MA 形成死亡交叉，此时是卖出信号。

卖点 2：价格跌落到 MA 之下，然后向 MA 弹升，但未突破 MA 再次回落，是卖出信号。

卖点 3：虽一时上升突破 MA，但随即又跌落到 MA 之下，而且此时 MA 继续下降，是卖出信号。

卖点 4：在上升趋势中，价格急速上升远超过上升的 MA，乖离率过大时，将出现短期的小幅调整，向 MA 靠拢，这也是短线卖出信号。在这 4 个信号中，第 1 个信号是做空最佳进场时机，此点开始下跌幅度会最大，也是多头止损点。第 4 个卖点是在上升趋势中，逆市操作，风险较大，要注意短线快进快出，设立好止损。如图 7-96 所示，应用格兰威尔八大法则，在棉花 1201 合约的最佳买点和卖点处，可以进场交易。

如图 7-97 所示，上海期货交易所的橡胶 1201 合约，应用格兰威尔八大法则，可以在最佳买点和卖点处做相应的买卖操作。

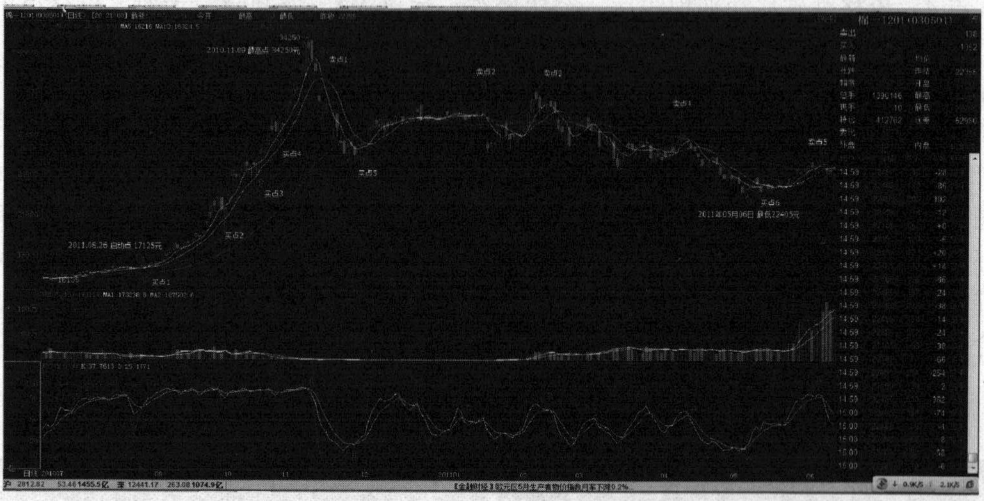

图 7-96　棉花 1201 合约最佳买点和卖点

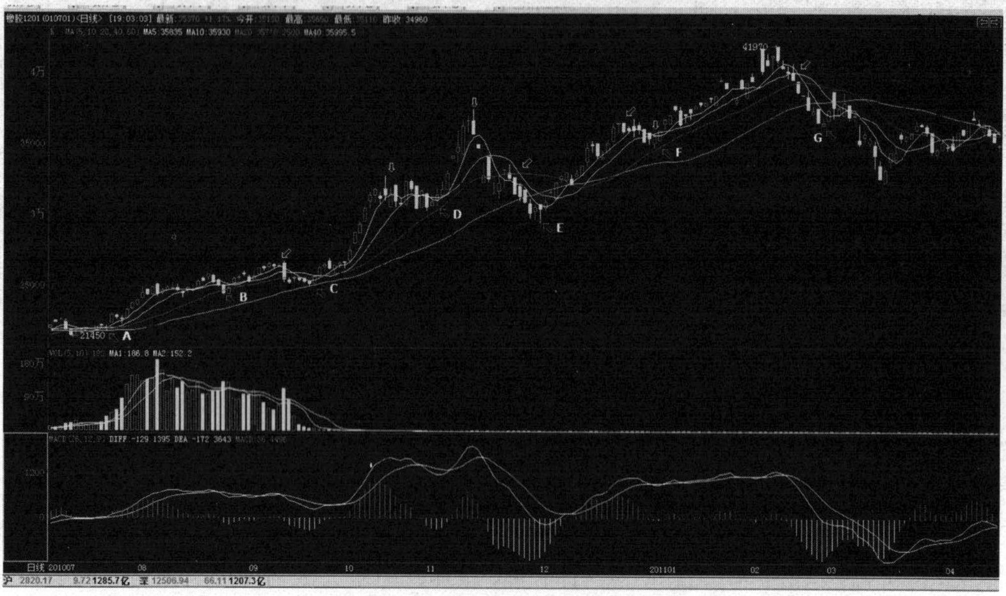

图 7-97　橡胶 1201 合约 K 线图

（三）组合短期、中期、长期的移动平均线分析

1. 移动平均线系统多头排列

当短期移动平均线从下方向上穿过中期移动平均线，接着又穿过长期移动平均线，是买入信号。随着短期移动平均线移至长期移动平均线的上方，中期移动平均线也穿过长期移动平均线，穿破的这一点称为黄金交叉点，是买入信号。短期、中期、长期的移动平均线由上而下依次排列，并且每条移动平均线都呈上升状态，是典型的上涨行情，称为移动平均线系统多头排列。

➲ 实盘应用案例 7-27

如图 7-98 所示，白糖 1405 移动平均线系统多头排列。5 日移动平均线在最上方，依次是 10 日、20 日、40 日的移动平均线，60 日移动平均线在最下方，说明处于涨势之中，应该买进多单持有。

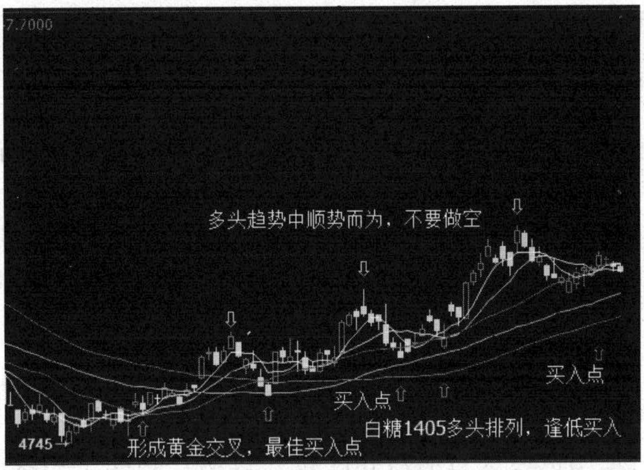

图 7-98 白糖 1405 移动平均线系统多头排列

2. 移动平均线系统空头排列

上升行情持续一段时间后涨势趋缓，首先是短期移动平均线出现停滞状态并开始掉头向下，表示多头开始动摇。随着短期移动平均线移至长期移动平均线的下方，中期移动平均线也跌破长期移动平均线，这一跌破点称为死亡交叉点，意味着上涨行情的结束，是卖出信号。

短期、中期、长期的移动平均线自下而上依次排列，并且各条移动平均线都呈下降状态，是典型的下跌行情，称为移动平均线系统空头排列。

➲ 实盘应用案例 7-28

如图 7-99 所示，白糖 1405 合约空头排列。60 日移动平均线在最上方，依次是 40 日、

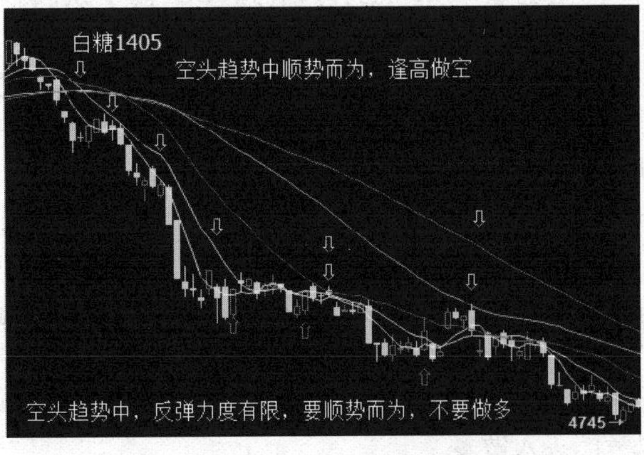

图 7-99 白糖 1405 合约空头排列

20日、10日的移动平均线，5日移动平均线在最下方，说明处于跌势之中，在出现反转信号之前，应该一直持有白糖1405空单。在出现反转信号之后，空单应该离场，等待做多的机会。

（四）应用评价

1. 优点

运用移动平均线判断趋势较为准确，依此进行买卖操作，可将风险降至最低程度，如果能在趋势发生变化的拐点进场交易利润可观。

2. 缺点

当行情发生牛皮盘整（无趋势）时，买卖信号频繁，容易产生错误买卖信号；移动平均线只考虑一种价格（收盘价），对于价格在当日之中的变化情况及成交量的大小，未能充分反映，另外，移动平均线反应较慢，比较滞后，依此操作会错过最高点或最低点。

二、平滑异同移动平均线分析方法与应用

（一）定义

平滑异同移动平均线（MACD）指标是一种趋向类指标，它是根据均线的构造原理，对收盘价进行平滑处理，运用快速（短期）和慢速（长期）移动平均线及其聚合与分离的征兆，加以双重平滑运算。

根据移动平均线原理发展出来的MACD，去除了移动平均线频繁发出假信号的缺陷，但保留了移动平均线的效果，因此，MACD指标具有均线的趋势性、稳重性、安定性等特点，是用来研判买卖时机，预测价格涨跌的常用指标。MACD是由有正负差（DIF）和异同平均数（DEA）两部分组成，DIF是核心，DEA是辅助。DIF是一个快速平滑移动平均线与慢速平滑移动平均线的差。目前，短期、长期的移动平均线一般选择12日、26日作为参数来计算。

（二）应用法则

1. 法则一

以DIF和DEA的取值和这两者之间的相对取值对行情进行预测，其应用法则如下：

① DIF和DEA均为正值时，为多头市场，即为上升趋势。在上升趋势中，买入做多为主，逢低做多思路。DIF向上突破DEA是买入信号；DIF向下跌破DEA是短线卖出信号，但只是上升趋势中的回调，多头可平仓，慎做空。

② DIF和DEA均为负值时，属空头市场，即为下跌趋势。在下跌趋势中，以卖出做空为主，逢高做空思路。DIF向下突破DEA是卖出信号，可卖出做空；DIF向上穿破DEA是买入信号，但只是下跌趋势中的反弹，空头平仓，谨慎做多。

③ 当DIF向下跌破0轴线时，为卖出信号。当DIF上穿0轴线时，为买入信号。

2. 法则二

法则二为指标与价格背离原则，即如果DIF的走向与价格走向相背离，则是采取行动的信号。

① 在跌势中，当价格向下，不断出现新的低点时，而DIF（DEA）没有出现新低点，说明跌势将终止，可以考虑买入做多。

② 在升势中，当价格向上，不断出现新的高点时，而DIF（DEA）没有出现新高点，

说明涨势将终止，可以考虑卖出做空。

实盘应用案例 7-29

如图 7-100 所示，白糖 1405 合约的 DIF 向上突破 DEA，形成黄金交叉，发出买入信号。MACD 上穿 0 线，且 MACD 系统多头排列，可以买入持有多单。

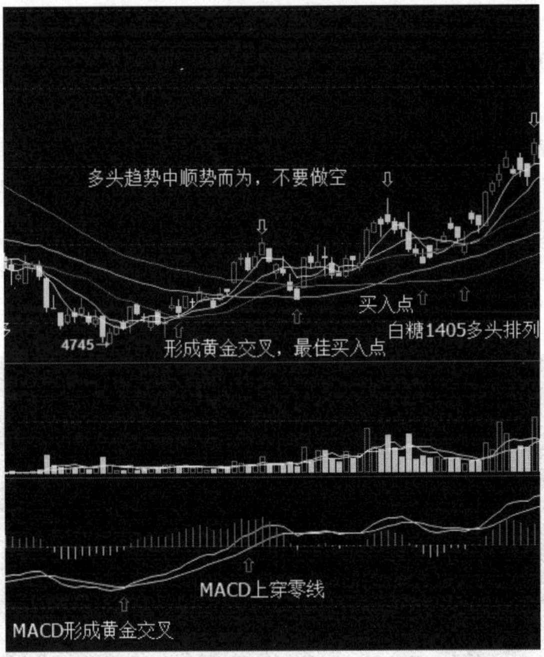

图 7-100 白糖 1405 合约，DIF 向上突破 DEA，形成黄金交叉

（三）应用评价

1. 优点

MACD 避免了移动平均线频繁出现买卖信号的缺点，过滤了一部分假信号，比移动平均线可靠性更高。

2. 缺点

在没有明显趋势时，失误的情况也较多。另外，对未来价格上升和下降的幅度也不能提供明确的建议。

三、随机指数分析方法与应用

（一）定义和计算公式

1. 定义

随机指数（KDJ）包含 K 线、D 线、J 线三条曲线，它是依据收盘价所处的位置来分析判断市场的上升或下跌动力。若上升动力强，价格往往会在靠近当天最高价处收盘；若下跌动力强，价格一般会在靠近当天最低价处收盘。一般用 K 值和 D 值所组成的 K 线和 D 线的组合变化，来说明市场内部价格波动的情况，结合 J 指标的取值大小，找出最佳买点和卖点。

2. 计算公式

$$K=[(C-L_n)/(H_n-L_n)]\times 100$$

式中：C——当前的收盘价；

L_n——n 日内的最低价；

H_n——n 日内的最高价；

D=最近 3 个 K 的简单平均数；$J=3\times D-2\times K$

K 和 D 均在 0 ～ 100 变化，J 是 K 与 D 的差值。

（二）应用法则

1. 从 KD 指标的取值方面考虑

K 和 D 的取值范围都是 0 ～ 100，可将其划分为 80 以上为超买区，20 以下为超卖区，其余为徘徊区或多空平衡区。

根据这种划分，KD 指标超过 80 可考虑择机卖出，低于 20 可考虑择机买入，如图 7-101 所示。

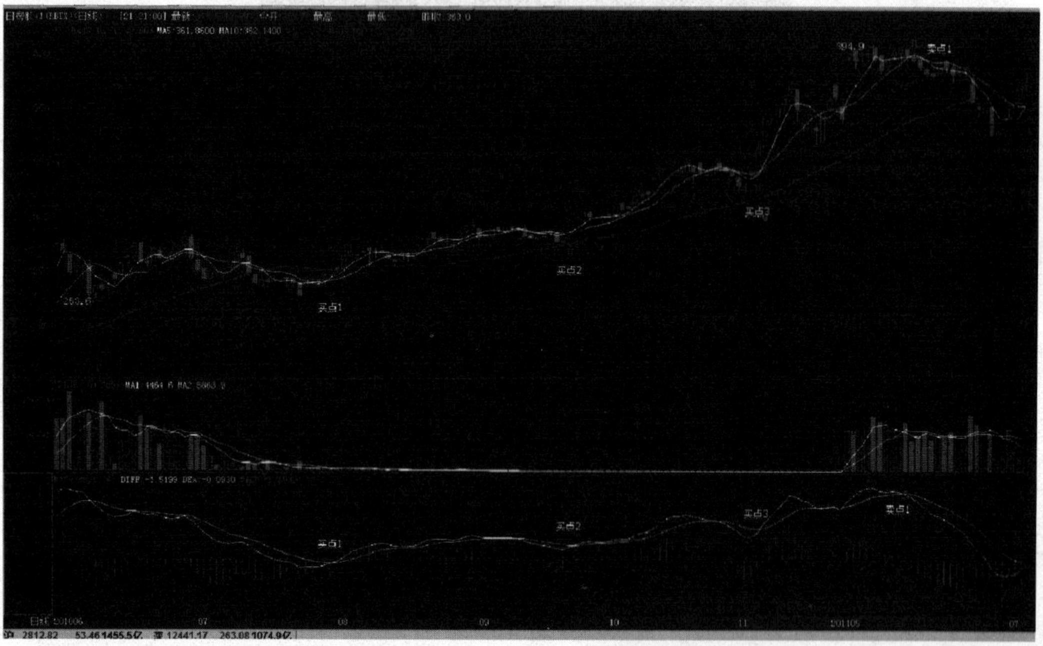

图 7-101　橡胶 MACD 指标图

2. 从 KD 指标曲线的形态方面考虑

如图 7-102 所示，当 K 的倾斜度趋于平缓时，就要注意将出现的买入（卖出）信号。当 KD 指标在较高或较低的位置形成了头肩顶（底）形和多重顶（底）时，是采取行动的信号；这些形态出现的位置越高（或越低），信号越可靠。

3. 从 KD 指标的交叉方面考虑

K 线上穿 D 线是金叉，为买入信号，如图 7-102 所示；K 线下穿 D 线是死叉，为卖出信号，如图 7-103 所示。

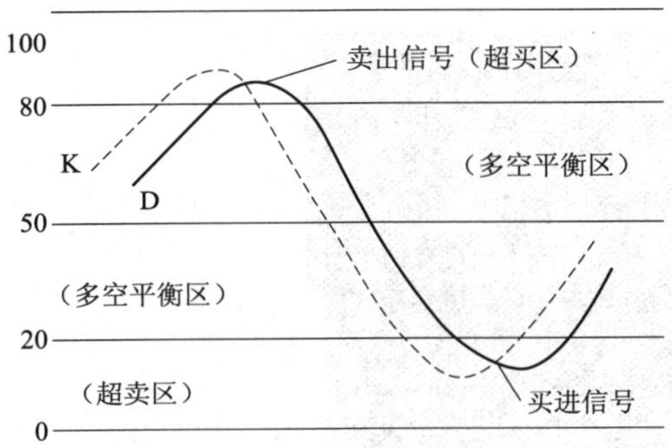

图 7-102　KD 的区域划分图

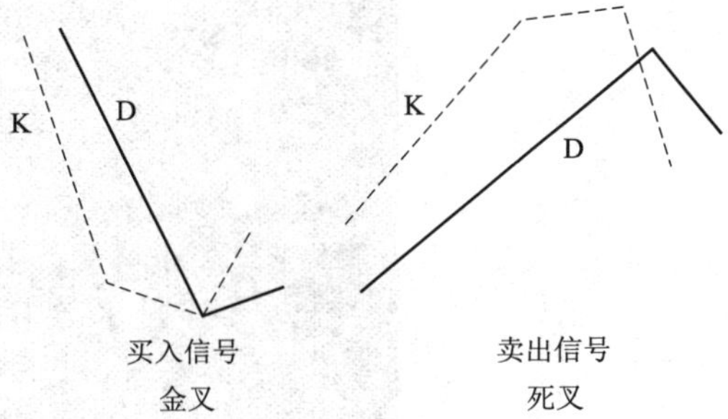

图 7-103　金叉与死叉

当 K 线上穿 D 线出现金叉时不能马上买入，还要看是否符合以下条件。

① K 线与 D 线交叉的位置要低。金叉出现时，位置越低越好。

② K 线与 D 线交叉的次数越多越可靠，如图 7-104 所示。

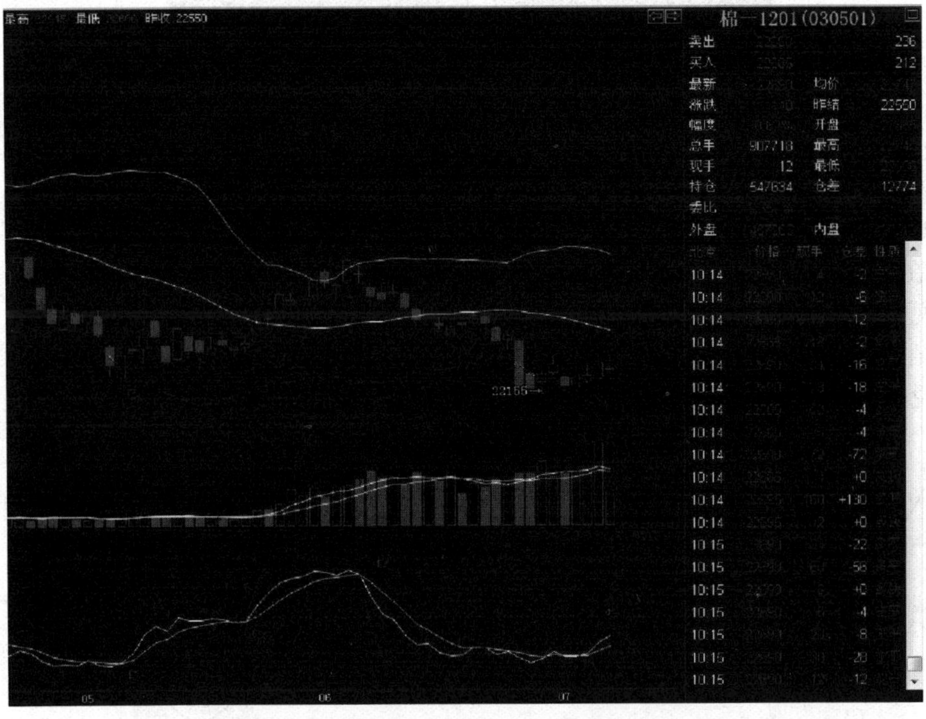

图 7-104　棉花 1201 合约 KDJ 在超卖区上穿

如图 7-105 所示，棉花 1201 在超卖区 20 附近 K 线上穿 D 线，可以考虑择机买入。但因为是第一次上穿，暂时不要急于买进，应再观察一下。果然，第三天 K 线又掉头下穿 D 线，K 线收阴。等到 K 线再次上穿 D 线时买入更加可靠。

③ 右侧相交原则。即 K 线在 D 线已经掉头向上时才同 D 线相交，比 D 线还在下降时与之相交要可靠得多。

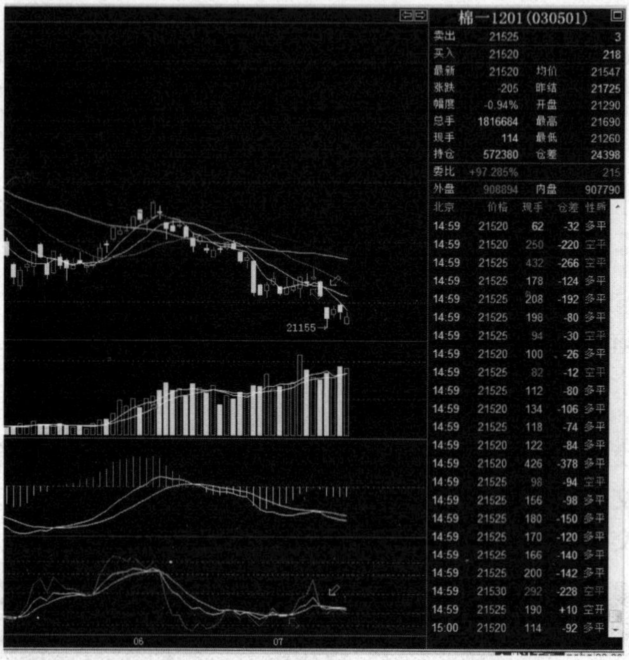

图 7-105 棉花 1201 K 线上穿 D 线

4. 从 KD 指标的背离方面考虑

在 KD 处于高位（或低位）时，如果出现与价格走向的背离，则是采取行动的信号。

① 在跌势中，当价格向下，不断出现新的低点而 KD 指标没有出现新低点时，称为底背离，说明跌势将终止，可以考虑买入做多，如图 7-106 所示。

② 在升势中，当价格向上，不断出现新的高点而 KD 指标没有出现新高点时，称为顶背离，说明涨势将终止，可以考虑卖出做空，如图 7-107 所示。

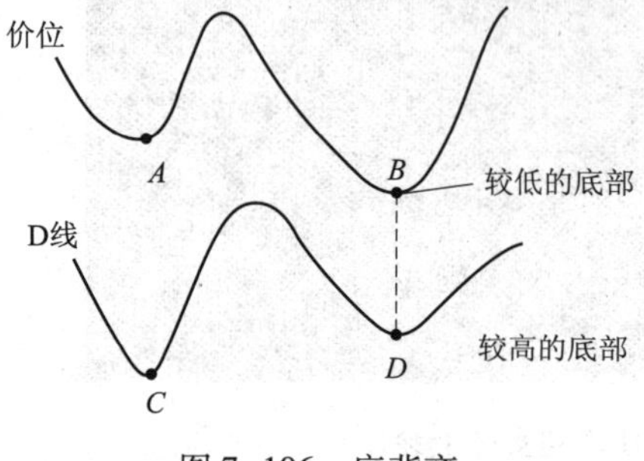

图 7-106 底背离

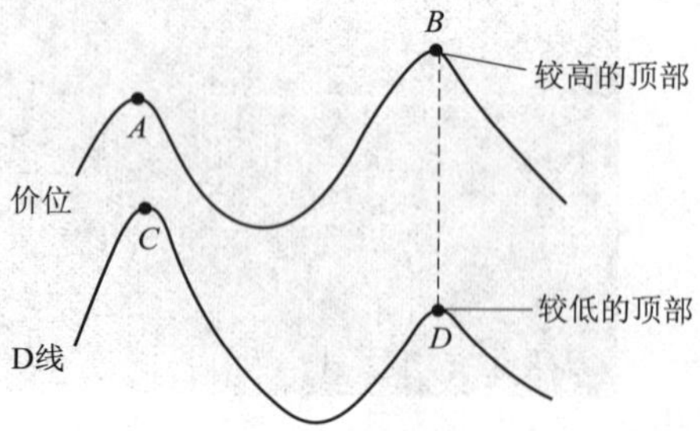

图 7-107 顶背离

5. 从 *J* 的取值考虑

J 的取值超过 100 和低于 0，都属于价格的非正常区域，大于 100 为超买，可以择机卖出做空，小于 0 为超卖，可以择机买入做多。

（三）KD 指标的应用评价

1. 优点

① KD 指标比较敏感，能够提前向投资者发出买卖信号。

② 适合中线、长线、短线操作，尤其为短线操作者提供比较可靠的买卖时机。

③ 应用 KD 线，可以对上升波浪的 1 浪、3 浪和 5 浪加以确定。

2. 缺点

有时 D 超过 80 甚至接近 100，价格仍然上涨，出现指标钝化；有时 D 跌破 20，甚至跌倒 0，指标出现钝化，此时 KDJ 指标就失去作用。因此，操作时，应结合其他分析指标综合考虑决定买卖点。

四、相对强弱指标分析方法与应用

（一）定义和计算公式

1. 定义

相对强弱指标（RSI）是通过比较基期内收盘价的平均涨幅和平均跌幅来分析买卖双方的相对力量，从而判断期货价格走势的分析指标。

2. 计算公式

$$RSI=100-100/(1+RS)$$

式中，RS=基期内 N 日收盘价上涨幅度之和的平均值/基期内 N 日收盘价下跌幅度之和的平均值。

RSI 值在 0～100，其中 N 日涨幅均值代表买力，N 日跌幅均值代表卖力。该公式可改写为第 N 日的 RSI=N 日内收盘价涨幅之和/（N 日内收盘价涨幅之和+N 日内收盘价跌幅之和）。

维尔德最初使用的是 14 日样本计算的 RSI，发展到现在，期货市场中依据价格波幅不同，往往采用不同日数的 RSI，如 5 日、10 日、20 日。天数越短震荡越剧烈，指标越敏感，但传递的错误信息相对较多。进行短线操作时可采用天数较少的 RSI，若进行长线操作可采用天数较多的 RSI。

（二）应用原则

1. 根据 RSI 取值的大小判断行情

将 100 分成四个区域，根据 RSI 的取值落入的区域进行操作（见表 7-1，图 7-108）。

表 7-1　相对强弱指标区域划分表

RSI 值	区域名称	市场特征	投资操作
80～100	超买区	极强	卖出
50～80	多空平衡区	偏强	买入
20～50	多空平衡区	偏弱	卖出
0～20	超卖区	极弱	买入

2. 多条 RSI 曲线联合使用

多条 RSI 曲线联合使用，称参数小的 RSI 为短期 RSI，参数大的 RSI 为长期 RSI。多条

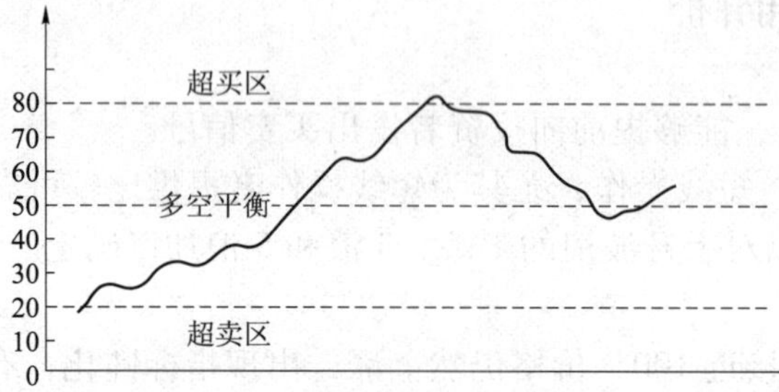

图 7-108 相对强弱指标区域划分图

RSI 曲线的联合使用法则与均线的使用法则相同。短期 RSI>长期 RSI，属于多头市场，择机买入做多；短期 RSI<长期 RSI，属于空头市场，择机卖出做空。

3. 从 RSI 曲线的形状判断行情

当 RSI 在较高或较低的位置形成头肩顶（底）形和多重顶（底），是采取行动的信号。这些形态一定要出现在较高位置（或较低位置），离 50 越远，结论越可靠。也可以利用 RSI 上升和下降的轨迹画趋势线，趋势线同样适用于 RSI。

4. 从 RSI 与价格的背离判断行情

在上升趋势中，价格屡创新高，而 RSI 指标却掉头向下，称为顶背离，是比较强烈的卖出信号，如图 7-109 所示。

在下降趋势中，价格是屡创新低，而 RSI 指标却开始掉头向上，称为底背离，是比较强烈的买入信号，如图 7-110 所示。

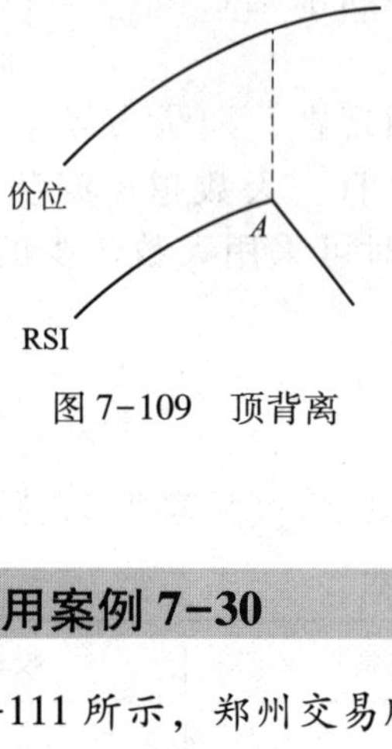

图 7-109 顶背离

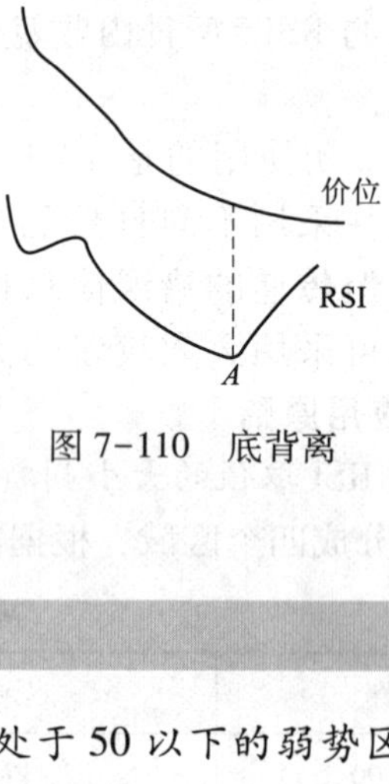

图 7-110 底背离

➲ 实盘应用案例 7-30

如图 7-111 所示，郑州交易所棉花 1201 合约 RSI 曲线处于 50 以下的弱势区，短期 RSI 曲线掉头下穿长期 RSI 曲线，形成死亡交叉，可以考虑卖出做空。

（三）应用评价

1. 优点

① RSI 指标比较敏感，能较早地给出顶部或底部的信号。

② RSI 进入超买、超卖区域后，较易发现市场的异常波动，发出预警信号。

③ RSI 值为 50 是均衡点，若长期大于 50（或长期低于 50），是长期牛市（或长期熊

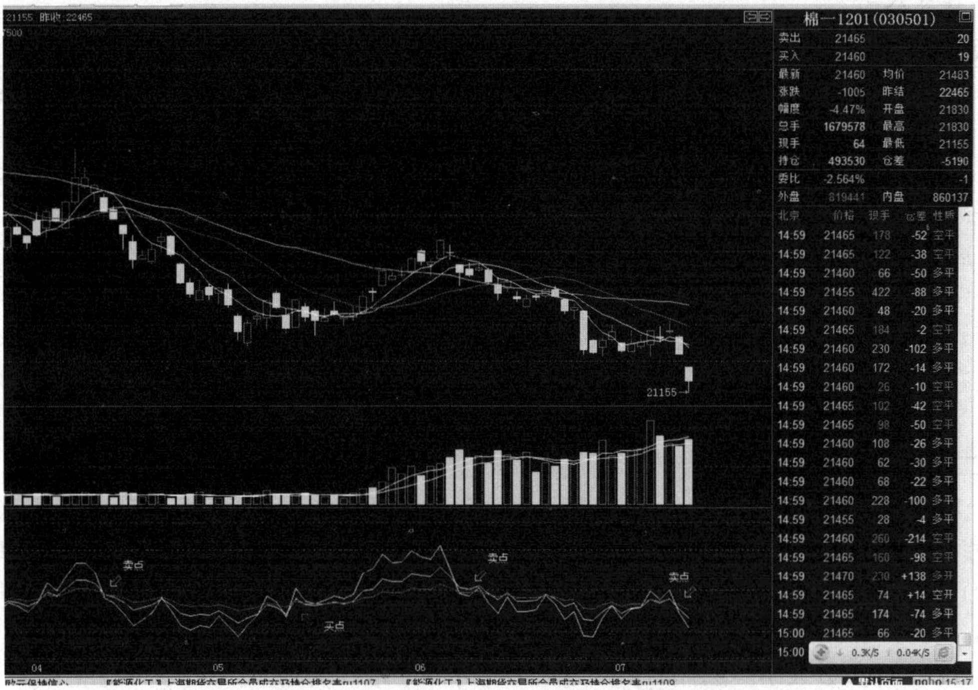

图 7-111　棉花 1201 合约 RSI 曲线死亡交叉

市）的量化指标。

④ 与价格的背离现象，是相当准确的转势信号。

2. 缺点

① 周期的决定较困难。维尔德本人比较喜欢用 14 日作为参数。在实际应用中，需要商品价格波幅作为决定的依据。一般周期短则较敏感，周期长则信号迟缓。

② 超买区与超卖区难以界定。一般在理论上，把 80 以上界定为 RSI 超买区，20 以下为超卖区，但因周期的长短不同而有差异。而且在特殊的涨跌行情中，RSI 会涨至 95 以上或跌至 5 以下，出现指标钝化。此时，RSI 就失去了意义。

③ 指标背离的有效性难以事前确认。指标背离的信号发生以后，有时也并不一定出现行情反转。有时会在出现两次、三次背离后，行情才真正反转，所以指标背离的有效性难以事前确认。RSI 虽有缺点，但作为辅助分析的工具，仍然是相当重要的指标。可根据 RSI 来研究市场的多空气氛，并结合其他指标来做决策。

五、乖离率指标分析方法与应用

（一）定义和计算公式

1. 定义

乖离率指标（BIAS）表明当日收盘价与移动平均线之间的差距，是测算价格对于移动平均线偏离程度的指标。其基本原理是如果价格偏离移动平均线太远，不管是在移动平均线上方或下方，都有向移动平均线回归的要求。

2. 计算公式

按收盘价与不同天数平均价之间的差距，可绘制不同的 BIAS 线。

参数：系统绘制三条 BIAS 线，分别为收盘价与 L1 日、L2 日、L3 日移动平均价的差。

$$BIAS(n)=[(C_t-MA(n))/MA(n)]\times 100\%$$

式中：C_t——n 日中第 t 日的收盘价；

MA（n）——n 日的移动平均数；

n——BIAS 的参数（可以是天数或周数、月数）。

分子为收盘价与移动平均线的距离，可正可负，除以分母后，就是相对距离。一般来说，参数选得越大，允许价格远离 MA 的程度就越大。正乖离率越大，表示做多获利越大，则多头获利回吐的可能性越高；负乖离率越大，则表示做空获利越大，空头回补的可能性越高。

（二）应用原则

1. BIAS 的取值

设计 BIAS 指标时，最初设想是找到一个正数或负数作为 BIAS 的分界线。只要 BIAS 超过这个正数，表示做空的机会将来临；相反，若 BIAS 低于这个负数，表示做多的机会来临。这条分界线的选择与以下三个因素有关。

① BIAS 的参数大小。选择的参数越大，分界线的范围就越大，见表 7-2。

表 7-2 BIAS 指标分界线的参考数字表

卖出时机	BIAS（10）>5%	BIAS（20）>8%	BIAS（60）>10%
买入时机	BIAS（10）<-4.5%	BIAS（20）<-7%	BIAS（60）<-10%

注：括号里的数字是参数，比如天数。可以在系统软件中自行修改。

② 波动性的强弱。商品在市场中的表现越活跃，选择的分界线越大。

③ 使用时间。不同时期，分界线的高低也可能不同。

2. BIAS 和价格的背离

在上升趋势中，价格还在继续上升，BIAS 却开始下降，是卖出信号；在下降趋势中，价格还在继续下跌，但 BIAS 却已经止跌开始上升，是买入信号。

3. 两条 BIAS 相交

在高位，当短期 BIAS 下穿长期 BIAS，是卖出信号；在低位，短期 BIAS 上穿长期 BIAS 时，是买入信号。

实盘应用案例 7-31

如图 7-112 所示，沪铜乖离率指标对照上方的 K 线图，可以看出，当箭头接近正乖离率+8 掉头向下时为卖出时机，当箭头接近负乖离率-8 附近并掉头向上时为买入时机。

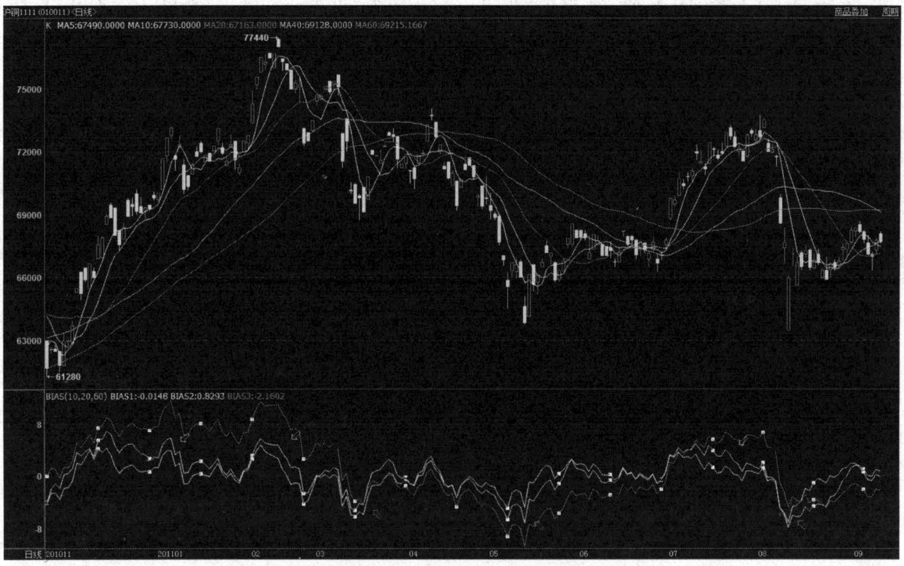

图 7-112　沪铜乖离率指标图

（三）应用评价

1. 优点

在暴涨或暴跌行情中，其他指标失灵时，BIAS 却出现较准确的买卖信号。BIAS 指标更适合用于指导在趋势市场中寻找多空平仓的时机。

2. 缺点

盘整行情中，BIAS 不够敏感，预测意义不大。在使用 BIAS 指标时，最好配合其他指标共同来研判趋势。

六、布林通道分析方法与应用

（一）定义

布林通道（BOLL）属于压力支撑指标，可以反映出价格的超买超卖。BOLL 指标是由三条曲线组成，分别为通道上轨、中轴（用虚线画）、通道下轨。中轴是一定周期的移动平均线，价格的波动基本上是在布林线内运行，上轨对价格有反压作用，为阻力线；下轨对价格有支撑作用，为支撑线。布林通道的宽窄，随着价格波动幅度的大小而变化，价格涨跌幅加大时，布林通道会变宽；当涨跌幅度变小时，布林通道会变窄。当布林通道成水平方向移动时，是盘整状态；当布林通道朝右上方移动时，为上升趋势；当布林通道朝右下方移动时，为下降趋势。

（二）应用原则

① 价格向上穿越布林通道上轨时，一般会回调，为短线卖出机会；价格向下穿越布林通道下轨时，一般会形成反弹，为短线买入信号。

② 当布林通道沿水平方向移动，而价格连续穿越上轨，或者价格在中轴上方运行，代表价格维持强势，预示未来价格将上涨，可以寻机买入；当价格在下轨和中轴之间运行，或者下穿下轨，代表价格维持弱势，预示着价格将下跌，可以寻机卖出。

③ 当布林通道的上轨和下轨越来越靠近，通道越来越窄时，说明价格处于窄幅盘整的状态，波动幅度越来越小，这往往是大行情来临的前兆，价格随时可能向上或向下突破，应多加关注。

➲ 实盘应用案例 7-32

如图 7-113 所示，2010 年 7 月 23 日以前美棉花一直处于窄幅盘整，布林通道很狭窄。7 月 23 日脱离布林通道的下轨开始上升，布林通道开始逐渐变宽，并且掉头向上，表明美棉花趋势开始上升。11 月 10 日受到上轨的压力掉头向下，但 11 月 24 日在下轨获得支撑，再次上行，12 月 9 日上穿中轴之后，连续 3 个月一直在中轴与上轨的强势区间运行，到 2011 年 3 月 7 日创历史新高 219.7 之后，在上轨受压掉头向下，3 月 13 日跌穿中轴进入弱势区，4 月 13 日跌穿下轨，沿下轨一路下跌，同时，短期乖离率下穿长期乖离率，形成空头排列，表明空头趋势已经形成，布林通道也拐头向下。到 5 月 5 日脱离下轨向上反弹，进行窄幅盘整，布林通道开始收窄，经过约一个月的窄幅盘整后，再次掉头向下，到 7 月 19 日在下轨受到支撑，小幅反弹。9 月 8 日，美棉花放量突破了布林通道的上轨（受中国棉花开始不限量收储的利好消息影响），布林通道变宽，似乎将要结束调整，展开一轮新的上涨行情。但 9 月 15 日却再次跌回通道之内，布林通道再次收窄，由于欧债危机没有彻底解决，新棉面临大量上市，需求不旺，库存销售不畅，基本面不支持大幅上涨但受到收储价格 19 800 元/吨的支撑，短期仍处于盘整行情之中。

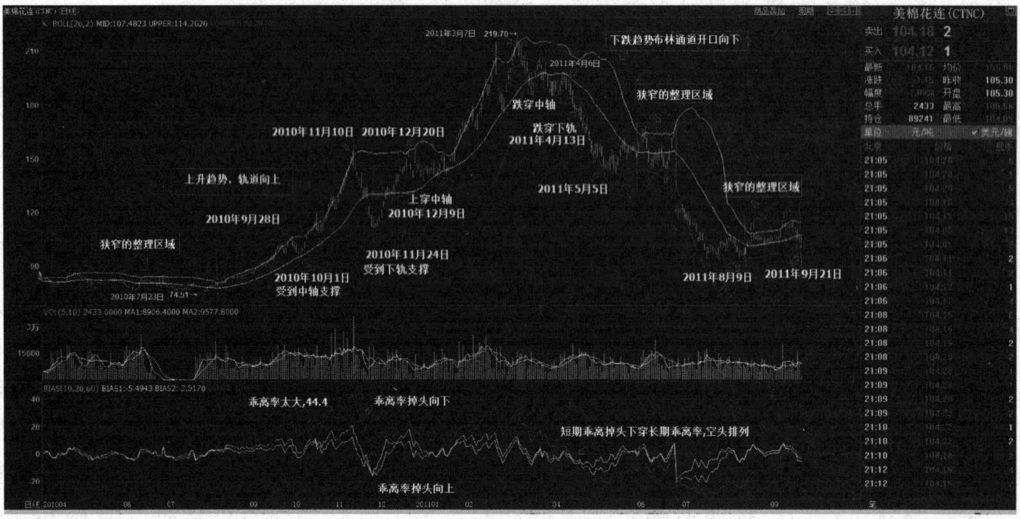

图 7-113 美棉花 BOLL 通道图

七、动量指标分析方法与应用

（一）定义

动量指标（MTM）是一种专门研究价格波动的中短期技术分析工具。在期货市场上有类似于物理学上的恒速原理的现象：如果价格的上涨（下跌）趋势在继续，则价格的上涨

（下跌）速度会大体保持一致。动量指标正是从恒速原理出发，以分析价格波动的速度为目的，研究价格在波动过程中各种加速、减速、惯性作用以及价格由静到动或由动转静的现象。动量指标的理论基础是价格和供需量的关系，价格的涨幅随着时间日渐缩小，变化的速度力量慢慢减缓，行情则可能将反转。反之，下跌亦然。动量指标通过计算价格波动的速度，得出价格进入强势的高峰和转入弱势的低谷等不同信号，由此成为一种较可靠的测试工具。价格在波动中的动量变化可通过每日的动量点连成曲线即动量线反映出来。在动量指标图中，水平线代表时间，垂直线代表动量范围。动量以0为中心线，中心线的上部是价格上升地带，中心线的下部是价格下跌地带，动量线就是根据价格围绕着中心线周期性波动来反映价格波动的速度。另外，为了使动量指标更直观、准确地反映价格的真实波动情况，在分析软件上，MTM 指标图上还辅以另外一条线——MTMMA，即 MTM 的移动平均线。MTM 指标的研判围绕这两条线之间的关系展开。

（二）计算公式

$$\text{MTM}=\text{当日收盘价}-N\text{ 日前收盘价}=C-C_n$$

$$\text{MTMMA}=\text{MTM 的 }M\text{ 日移动平均}$$

参数 N 一般设置为 12 日，参数 M 一般设置为 6 日。

式中：C 为当日收市价，C_n 为 N 日前收市价，N 为设定参数，一般选设 10 日，可在 6～14 日选择。

（三）应用原则

1. 参照0轴线的应用原则

① MTM 指标是以0轴线为中心线。MTM 曲线主要是以0轴线为中心，围绕其上下波动。当 MTM 曲线在0轴线上方时，说明多头力量强于空头力量，价格是处于上升趋势；当 MTM 曲线在0轴线下方时，说明空头力量强于多头力量，价格是处于下跌趋势。

② 当 MTM 曲线从0轴线下方开始向上突破0轴线时，说明多头力量逐渐强大，价格向上运动的能量开始放出，价格将向上运动，是中长线买入信号。

当 MTM 曲线从0轴线上方开始向下突破0轴线时，说明空头力量逐渐强大，价格向下运动的能量开始放出，价格将向下运动，是中长线卖出信号。

③ 当 MTM 曲线从0轴线下方向上突破0轴线，并向上运动较长一段时间后，价格向上运动的速度开始放缓，说明多头力量开始衰弱，一旦 MTM 曲线开始掉头向下，预示着价格将见顶回落，是较强的短线卖出信号。当 MTM 曲线从0轴线上方，向下突破0轴线并向下运动了较长的一段时间后，价格向下运动的速度开始放慢，说明空头力量开始衰弱，一旦 MTM 曲线开始掉头向上，预示着价格将短期见底反弹，是较好的短线买入信号，可以开始少量建仓。

④ 当 MTM 曲线向上突破0轴线后，只要 MTM 曲线不掉头向下，说明价格向上运动的速度和能量始终能支撑着价格的上涨，趋势不会改变，应坚决一路持有多单，直到 MTM 曲线掉头向下为止。当 MTM 曲线向下突破0轴线后，只要 MTM 曲线没有掉头向上，说明价格向下运动的能量仍较大，可继续一路持有空单，不要抢反弹，直到出现止跌信号为止。

2. MTM 曲线与价格曲线的配合使用

① 当 MTM 曲线与价格曲线从低位同步上升，表明短期内价格有继续上涨趋势，投资者应继续持有多单或逢低加仓买入；当 MTM 曲线与价格曲线从高位同步下降，表明短期内价

格将继续下跌趋势，投资者应继续持有空单或逢高加仓卖出。

② 当 MTM 曲线从高位回落，经过一段时间强势盘整后再度向上并创出新高，而价格曲线也在高位强势盘整后再度上升创出新高，表明价格的上涨动力依然较强，可继续持有多单；当 MTM 曲线从高位回落，经过一段时间盘整后再度向上，但到了前期高点附近时却掉头向下未能创出新高，而价格曲线还在缓慢上升并创出新高，MTM 曲线和价格曲线在高位形成了相反的走势，这可能就意味着价格上涨的动力开始减弱，MTM 指标出现了顶背离现象。此时一旦价格下跌，多单应果断及时地离场。

③ 当 MTM 曲线在长期下跌过程中，经过一段时间弱势反弹后，再度向下并创出新低，而价格曲线也在盘整后再度向下创出新低，表明价格的下跌动能依然较强，可继续持有空单；当 MTM 曲线从低位向上反弹到一定高位再度向下回落，但回调到前期低点附近时止跌企稳、未能创出新低，而价格曲线还在缓慢下降并创出新低，MTM 曲线和价格曲线在低位形成相反的走势，意味着价格下跌的动能开始衰弱，MTM 指标出现了底背离现象。此时一旦价格向上，可以短线买入。

3. 利用 MTM 曲线和 MTMMA 曲线的交叉情况来分析行情

以日 MTM 曲线分析参数设定为 24 日、MTMMA 曲线分析参数也设定为 24 日为例，其主要分析方法如下。

① 当 MTM 曲线和 MTMMA 曲线经过长时间的底部整理后，MTM 曲线开始向上运行，MTMMA 曲线也同时走平或小幅上升，说明价格上涨的动能开始增强，价格上升趋势初步形成，可逢低买入做多。

② 当 MTM 曲线开始向上突破 MTMMA 曲线时，说明价格的上涨动能充分，上升趋势已经形成，如果伴随较大的成交量配合则更可确认，应坚决地买入。

③ 当 MTM 曲线向上突破 MTMMA 曲线并运行一段时间后，又开始向下回调并靠近或触及 MTMMA 曲线，只要 MTM 曲线没有有效跌破 MTMMA 曲线，表明属于强势整理。一旦 MTM 曲线再度返身向上时，表明上涨动能再次聚集，可以加仓买入。当 MTM 曲线和 MTMMA 曲线再度同时向上延伸时，表明强势依旧，可一路持有多单。

④ 当 MTM 曲线和 MTMMA 曲线同时向上运行较长的一段时间后，由于 MTM 曲线运行速度超过 MTMMA 从而远离 MTMMA 曲线，一旦 MTM 曲线掉头向下，说明价格上涨的动能消耗过大，有短线回调的要求，此时应逢高减持多单。

⑤ 当 MTM 曲线从高位向下突破 MTMMA 曲线时，表明价格上升动能已经衰竭而下降的动能开始积聚，价格的上升趋势已经结束，下降趋势开始形成，多单应坚决卖出平仓。

⑥ 当 MTM 曲线向下突破 MTMMA 曲线后，MTMMA 曲线也开始向下掉头运行时，表明价格下跌动能开始加强，下降趋势日益明显，应坚决逢高卖出做空。当 MTM 曲线在 MTMMA 曲线下方一直向下运行时，说明弱势特征极为明显，空单可继续持有。

⑦ 当 MTM 曲线在 MTMMA 曲线下方运行很长一段时间后，开始慢慢掉头向上时，说明下跌动能暂时减缓，处于弱势整理格局，此时可平掉空单，暂时观望。当 MTM 曲线在 MTMMA 曲线下方开始向上突破 MTMMA 曲线时，说明反弹动能开始加强，将止跌反弹，此时可少量轻仓买入，一旦确认下跌趋势结束，则可以增加多头仓位，并一路持有，参与新一轮的多头行情。

➲ 实盘应用案例 7-33

2010 年 6 月 9 日，橡胶 1205 合约出现买入信号，可以买入持有多单，价格从最低 20 055 元/吨一路上涨到 38 920 元/吨时，出现卖出信号，此时可以平仓，获利 94%。因为是在多头趋势中，没有转势信号，所以不要逆市做空，等指标调整到位后再逢低买入。2010 年 12 月 17 日再次出现买入信号时进场做多，到 2011 年 2 月 9 日出现卖出信号，卖出平仓。此时，价格创新高，而动量指标没有创新高，出现顶背离现象，意味着价格经过长时间的大幅上涨，继续上涨的动力减弱，配合其他指标及基本面的分析可以判断，后市将转为下跌行情，可逢高做空。可在 43 500 元/吨附近卖出做空。由于趋势刚刚转为空头市场，空单可一路持有，逢反弹不必平仓，反而是加空仓的好机会，直到空头趋势终止。2011 年 10 月 27 日，再次出现买入信号，此时价格已经下跌八个多月，跌幅已经很大，可在 24 200 元/吨的价位平掉空单，伺机反手做多，此次空单获利 44%，如图 7-114 所示。

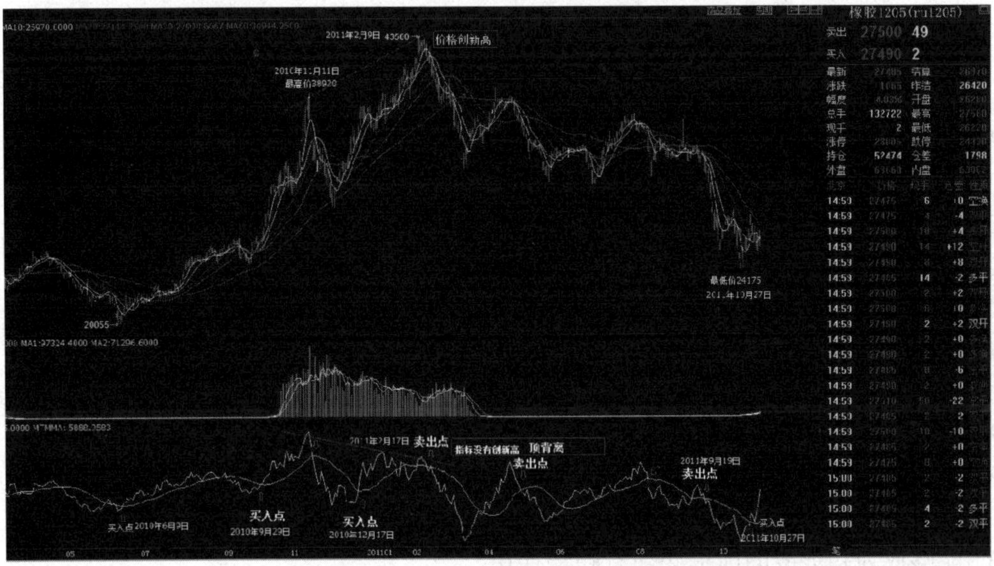

图 7-114　橡胶 1205 合约日 K 线图

练 习 题

一、选择题

1. 下列哪些信号为买入信号？（　　）

A. 平均线从下降开始走平，价格从下上穿平均线

B. 平均线从上升开始走平，价格从上下穿平均线

C. 价格连续上升远离平均线，突然下跌，但在平均线附近再度上升

D. 价格跌破平均线，并连续暴跌，远离平均线

2. 按道氏理论分类，趋势分为（　　）等类型。

A. 主要趋势　　B. 次要趋势　　C. 短暂趋势　　D. 无趋势

3. 基本分析法的特点是分析（　　）。

A. 价格变动长期趋势　　B. 宏观因素
C. 价格变动根本原因　　D. 价格短期变动趋势

4. 以下关于趋势线的说法，正确的是（　　）。
A. 趋势线被触及的次数越多，越有效
B. 趋势线维持的时间越长，越有效
C. 趋势线起到支撑和压力的作用
D. 趋势线被突破后，一般不再具有预测价值

5. 收盘价在移动平均线之下运动，回升时未超越移动平均线，且移动平均线已由水平转为下移的趋势，是（　　）。
A. 卖出时机　　B. 买入时机　　C. 增仓时机　　D. 减仓时机

6. 移动平均线是期货价格分析的必修课。对移动平均线的正确认识是（　　）。
A. 移动平均线能发出买入和卖出信号
B. 移动平均线可以观察价格总的走势
C. 移动平均线易于把握价格的高峰与低谷
D. 一般将不同期间的移动平均线组合运用

7. 三重顶（底）与一般头肩形的最大区别是（　　）。
A. 三重顶（底）比头肩形多一个顶（底）
B. 三重顶（底）的连线是水平的，故具有矩形特征
C. 头肩形不能转化为持续整理形态
D. 三重顶（底）更容易演变成突破形态

8. 用来表示市场上涨跌波动强弱的指标是（　　）。
A. MACD　　B. RSI　　C. KDJ　　D. KD

9. 下面不属于技术面分析手段的有（　　）。
A. 价格　　B. 供给量　　C. 交易量　　D. 持仓量

10. 有关趋势线的说法，不正确的是（　　）。
A. 能够成为趋势线的前提必须有趋势存在
B. 趋势线被触及的次数多少可用于证明其有效性
C. 有第三个点的验证后才能验证该趋势线有效
D. 趋势线延续的时间越长越无效

11. 下列图形中，能够消除日常价格运动中偶然因素引起的不规则性的是（　　）。
A. K 线图　　B. 条形图　　C. 点数图　　D. 移动平均线

12. 趋势线的作用是（　　）。
A. 预测价格的涨幅　　B. 预测价格的跌幅
C. 衡量价格的波动方向　　D. 描述价格的反转突破

13. 关于移动平均线，说法错误的是（　　）。
A. 移动平均线的曲线与趋势线方向保持一致，不轻易改变
B. 移动平均线的行动往往提前于大趋势变化
C. 移动平均线无论是向上或是向下突破，价格都有继续向突破方向运动的意愿
D. 移动平均线起到支撑和压力的作用

14. 移动平均线的特点有（　　）。

A. 追踪趋势　　B. 超前性　　C. 波动性　　D. 助涨助跌性

15. 下列哪些 RSI 的取值范围为卖出信号？（　　）

A. 0 ～ 20　　B. 20 ～ 50　　C. 50 ～ 80　　D. 80 ～ 100

16. 双重顶反转形态的成立条件是（　　）。

A. 有两个相同高度的高点　　B. 有两个相同高度的低点

C. 向下突破颈线　　D. 向上突破颈线

二、判断题（正确的画“√”，错误的画“×”）

1. 在 K 线理论中，如果开盘价高于收盘价，则实体为阳线。（　　）

2. 金字塔式买入、卖出是在市场行情与预料相反的情况下所采用的方法。（　　）

3. 如果建仓后市场行情与预料相反，可以采取平均买低或平均卖高的策略。（　　）

4. 楔形形成的过程中，成交量是逐渐减少的。（　　）

5. 无论是圆弧顶还是圆弧底，在其形成过程中，成交量都是两头多，中间少。（　　）

6. 在原有价格趋势发生反转时，由于移动平均线追踪趋势的特性，移动平均线的行动往往过于迟缓，调头速度落后于大趋势，这是移动平均线的一个极大弱点。（　　）

7. V 形的反转一般事先没有明显的征兆，只能从别的分析方法中得到一些不明确的信号，如已经到了支撑压力区等。（　　）

8. 期货市场常用的技术分析手段为价格、交易量和持仓量。（　　）

9. 趋势线延续的时间越长就越有效。（　　）

10. 移动平均线最基本的思想是消除价格随机波动的影响，寻求价格波动的趋势。（　　）

三、简述题

1. 举例说明大阳线的意义与交易策略。

2. K 线应用口诀：“连续上涨长上影，抛出筹码不要等。”请举例说明其含义。

四、实盘分析题

1. 如图 7-115 所示，黄金 1112 合约在季线图中出现一根大阳线，应该采取什么交易策略？

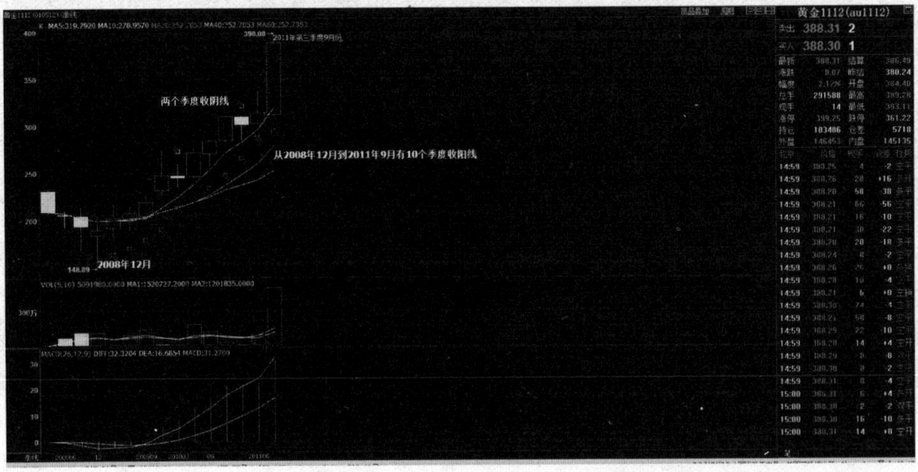

图 7-115　黄金 1112 合约季线图

2. 如图 7-116 所示，美黄金跌穿布林通道的中轴，乖离率拐头向下，应采取什么交易策略？请进行分析。

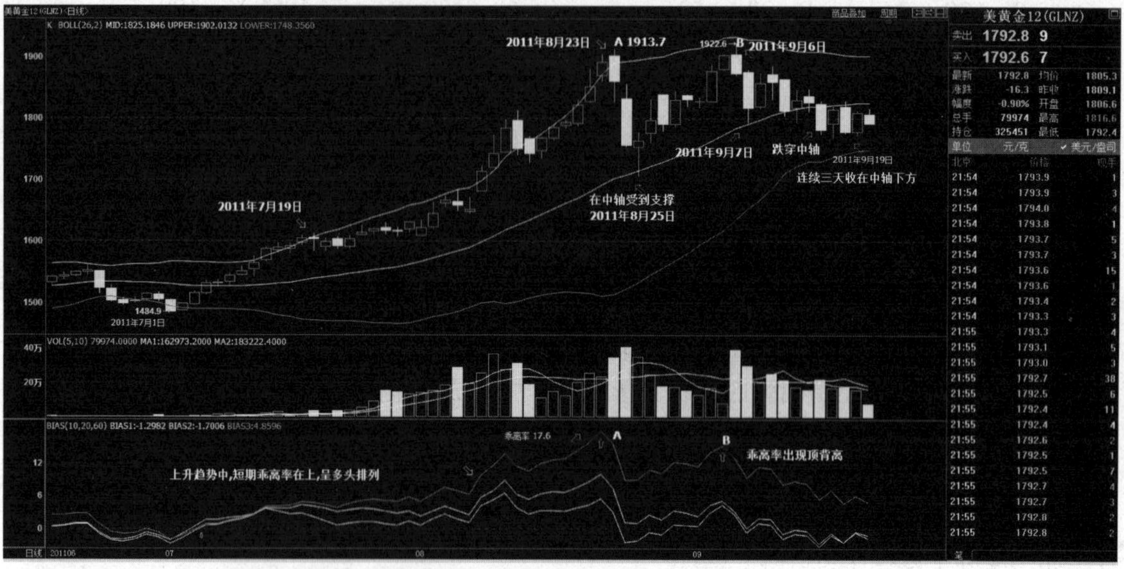

图 7-116　美黄金布林通道图

3. 图 7-117 是伦铜分时图，伦铜价格全天在平均线之上运行，当掉头下穿平均线时，应该如何进行日内操作？

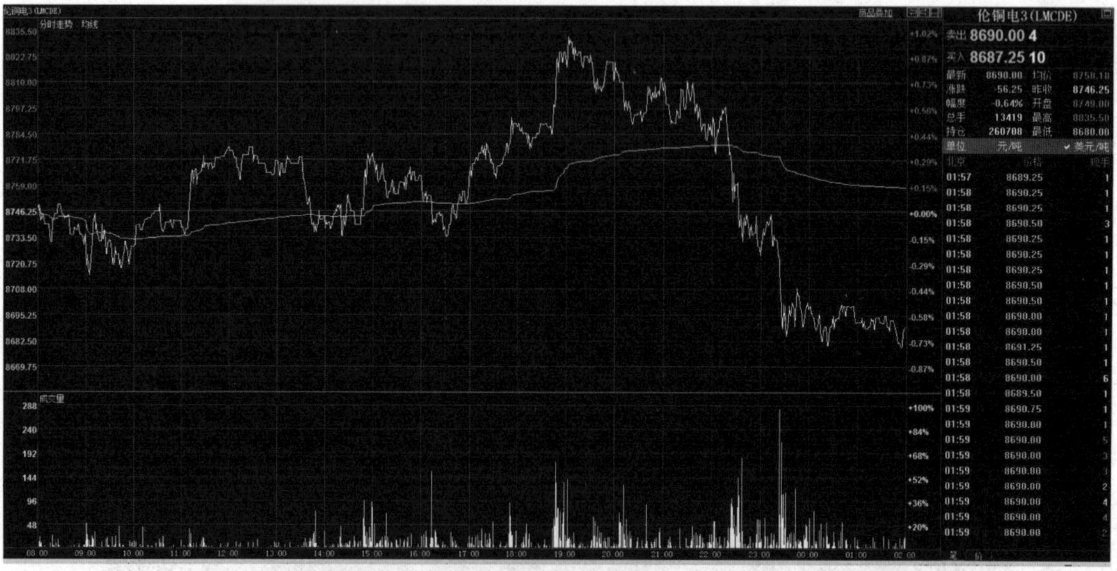

图 7-117　伦铜分时图

4. 图 7-118 是美黄金 12 月合约分时图，当价格站上平均线时，该如何操作？是否可短线买入？

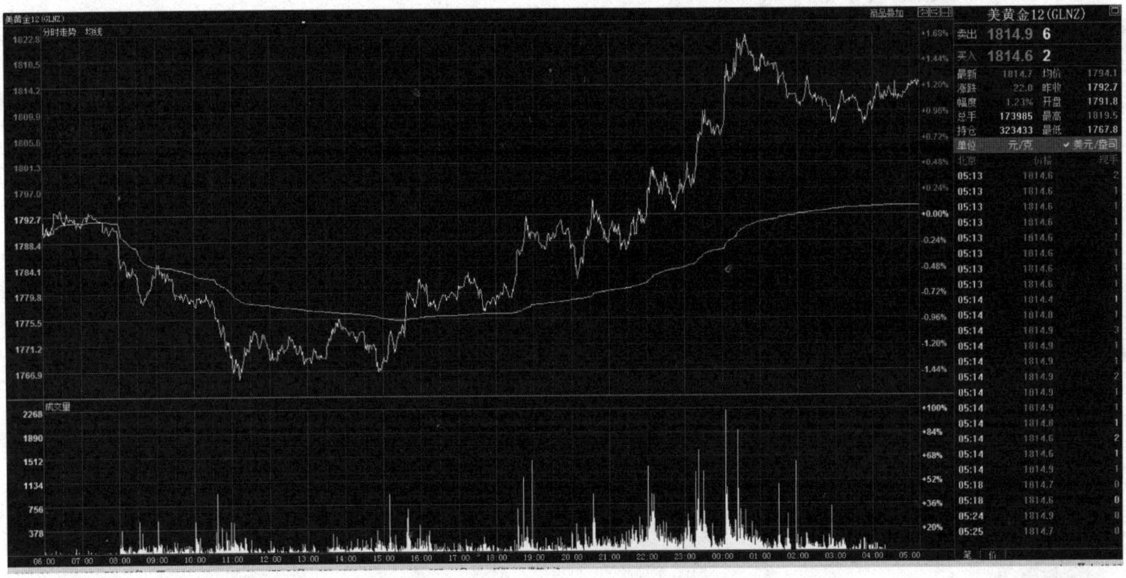

图 7-118 美黄金 12 合约分时图

第八章

期货投机交易

本章主要内容

期货投机交易的概念；期货投机者的类型与作用；期货投机的原则与方法；期货交易计划制订；投机交易实盘应用案例；模拟交易指导。

本章重点

资金管理办法；期货交易计划制订；盈利目标的设定；止损点的设定；建仓、平仓时机的把握。

第一节 期货投机交易概述

一、期货投机交易的概念

期货投机交易是指在期货市场上以获取价差收益为目的的期货交易行为。投机者根据自己对期货价格走势的判断，做出买进或卖出的决定，如果这种判断与市场价格走势相同，则投机者平仓后可获取投机利润；如果判断与价格走势相反，则投机者平仓后承担投机损失。由于投机的目的是赚取差价收益，所以投机者一般只是平仓了结期货交易，而不进行实物交割。

【案例 8-1】多头投机交易案例。

预计棉花期货价格会上升，则做多头。在 22 000 元/吨的价位买进棉花 1205 合约 10 手开仓，价格上升到 22 600 元/吨，卖出 10 手对冲平仓。

1 吨盈利为：22 600−22 000=600（元），10 手为 50 吨，共盈利：(22 600−22 000)×5×10=30 000（元）（见表 8-1）。

表 8-1 多头盈利计算表

代码	买入开仓价格/（元/吨）	卖出平仓价格/（元/吨）	盈利/元（1 手=5 吨）
CF1205	22 000	22 600	30 000

【案例 8-2】空头投机交易案例。

预计 5 月棉花期货价格将下跌，则做空头，在 22 600 元/吨的价位卖出棉花 1205 合约 10 手开仓，跌到 22 000 元/吨时，买进 10 手对冲平仓。

10 手共计获利：(22 600−22 000) ×5×10＝30 000（元）（见表 8-2）。

表 8-2 空头盈利计算表

代码	卖出开仓价格/（元/吨）	买入平仓价格/（元/吨）	盈利/元（1 手＝5 吨）
CF1205	22 600	22 000	30 000

但如果预测错了，则会遭受损失，并支付手续费（棉花期货手续费＝12 元/手）。

进行价差投机的关键在于，对期货市场价格变动趋势的分析预测是否准确。由于影响期货市场价格变动的因素很多，特别是投机心理等偶然性因素难以预测，因此正确判断难度较大，投机风险较大。

二、期货投机者的类型

（一）按交易头寸（交易部位）划分

按交易头寸划分，投机者可分为多头投机者和空头投机者。

1. 多头投机者

多头投机者是先逢低买进开仓，然后逢高卖出平仓而赚取价差者。例如：以 22 000 元/吨的价格买入棉花期货 1205 合约 10 手开仓，此时就是多头交易者，持有多头头寸，待价格上涨后卖出平仓，赚取价差。

2. 空头投机者

空头投机者先逢高卖出开仓，然后逢低买进平仓而赚取价差者。例如：以 26 000 元/吨价格卖出棉花 1205 合约 10 手开仓，此时就是空头交易者，持有空头头寸，待价格下跌后买入平仓，赚取价差。

（二）按交易量的大小或资金的多少划分

按交易量的大小或资金的多少划分，投机者可分为大投机者与中小投机者。这种划分，目前还没有绝对的量化标准。

1. 大投机者

大投机者资金实力雄厚、交易量很大，拥有较多的交易头寸，如索罗斯量子基金。

2. 中小投机者

中小投机者资金较少、交易量较小，拥有较少的交易头寸。

（三）按价格预测方法划分

按价格预测方法划分，投机者可分为基本面分析派和技术面分析派。

1. 基本面分析派

基本面分析派是运用基本分析法，通过分析商品供求因素来预测价格趋势。

2. 技术面分析派

技术面分析派是运用技术分析法，借助图形和技术指标来对商品的价格趋势进行分析。

（四）按投机者每笔交易的持仓时间划分

按投机者每笔交易的持仓时间划分，投机者可分为长线交易者、短线交易者、当日交易者、抢帽子交易者。

1. 长线交易者

长线交易者在买进或卖出期货合约后，通常持仓数周、数月以上，待价格变化有利时，再将合约平仓。长线交易者又称为趋势交易者。

2. 短线交易者

短线交易者一般是当日下单，通常持仓一日或数日，待价格变化有利时，将合约平仓。

3. 当日交易者

当日交易者一般持仓时间不超过一天，即当天买进，于一个交易小节内或者当天内平仓的交易者，很少留仓到第二天。

4. 抢帽子交易者

抢帽子交易者又称逐小利者，即利用价格频繁波动赚取微利的投机者。和当日交易者一样，这类交易者很少留隔夜仓。当日交易要求充足的时间和精神高度集中。另外，当日交易的代价会较大，短线频繁交易，缴纳的手续费会很高。有时交易所为了激活交易不够活跃的品种，或者为了控制隔夜持仓的风险，鼓励日内交易，会采取日内交易只收取单边手续费的优惠佣金政策。但当投机过度时，交易所又会取消这种优惠政策。

投机者还可以分为职业投机者和兼职投机者。如果你拥有一份稳定而悠闲的工作，时间比较宽松，想试试自己的投资盈利能力，参与期货投机交易，那么你不必辞职背水一战，不妨试试先做个兼职期货投机者，从模拟交易做起。

三、期货投机者在期货市场中的作用

投机交易，在期货市场上有增加市场流动性和承担期货风险的作用，有利于期货交易的顺利进行和期货市场的正常运转。它是期货市场套期保值功能和发现价格功能得以发挥的重要条件之一。

在期货市场上，投机是市场经济发展的一种自然选择。投机者在进行投机的过程中，需要丰富的知识，如有关商品、期货、经济、金融等方面的知识，更需要坚定的信心、过人的胆量、非凡的判断力和良好的心理素质。投机者在期货市场上的作用主要表现在以下几个方面。

（一）投机者是期货风险的承担者

投机者是期货风险的承担者，是套期保值者的交易对手。期货市场的套期保值交易能够为生产经营者规避风险，但它只能转移风险，并不能消灭风险，转移出去的风险需要有相应的承担者。期货投机者在期货市场上正是起着承担风险的作用。期货交易运作的实践证明，一个市场中只有套期保值交易根本无法达到转移风险的目的。如果只有套期保值者参与期货交易，那么，必须在买入套期保值者和卖出套期保值者交易数量完全相等时，交易才能成立。实际上，多头保值者和空头保值者经常是不平衡的，因此，仅有套期保值者的市场，套期保值是很难实现的。投机者的参与正好能弥补这种不平衡，促使期货交易的实现。在利益动机的驱使下，投机者根据自己对价格的判断，不断在期货市场上买卖期货合约，以期在价格波动中获利。在这一过程中，投机者必须承担很大的风险，一旦市场价格与投机者预测的方向相反时，就会造成亏损。如果期货市场上没有足够的投机者参与期货交易，套期保值者就没有交易对手，风险也就无从转嫁，期货市场套期保值回避风险的功能就难以发挥。

（二）促进市场流动性，保障期货市场发现价格功能的实现

发现价格功能是在市场流动性较强的条件下实现的。一般来说，期货市场流动性的强弱取决于投机成分的多少。如果只有套期保值者，即使集中了大量的供求信息，也难以找到交易对手，少量的成交量就可对价格产生巨大的影响，在交易不活跃市场中形成的价格，很可能是扭曲的。投机者的介入，为套期保值者提供了更多的交易机会，众多的投机者通过对价格的预测，积极进行买空卖空活动，增加了参与交易人数，扩大了市场规模和深度，使套期保值者较容易找到交易对手，自由地进出市场，从而使市场具有充分的流动性，保障期货市场价格发现功能的实现。

（三）使期货价格的连续性得到保证

要使风险高效转移，就必须有很多人愿意买卖合约。当套期保值者想通过卖出期货合约来锁定成本或利润时，他需要很快完成交易。期货交易所汇集了大量投机者而让快速交易成为可能。

投机者为了使投机交易获利，必须通过各种渠道，收集、传递、整理所有可能影响商品价格变动的信息资料，对价格走势进行分析判断，并将自己的判断通过交易行为反映在期货价格之中。同时，投机者在市场中的快进快出，使投机者能够及时修正自己对价格的判断，进一步影响期货价格的形成。因此，在流动性较好的市场中，由于适度的投机交易的存在，期货价格的连续性得到保证，能相对准确、真实地反映出商品的远期价格。

（四）减缓价格波动

适度的期货投机能够减缓价格波动。投机者进行期货交易，是为了赚取差价利润。当市场供大于求、市场价格低于均衡价格时，投机者通过分析判断，认为价格会重回均衡价格，于是低价买进合约，因而增加了市场的需求，使期货价格上涨，供求重新趋于平衡；当市场供不应求时、价格高于均衡价格时投机者会高价卖出合约，增加了供给，使期货价格下跌，供求重新趋于平衡。可见，期货投机对于缩小价格波动幅度发挥了很大的作用。

期货市场的投机者不仅利用价格短期波动进行投机，还利用同一种商品或同类商品在不同时间、不同交易所之间的差价变动来进行套利交易。这种投机，使不同品种之间和不同市场之间的价格，形成一个较合理的结构。

四、期货投机的原则

期货市场是一个高风险、高利润的市场。要在期货投机交易中保持较高的成功率，投机者不仅需要专业知识、分析判断能力，还需要遵循一定的原则。

（一）了解期货合约

充分了解期货合约，是正确进行投机交易的前提（详见本章第二、四节）。

在决定进行买卖交易前，应先选定一、两个交易量比较大、比较活跃的期货品种进行研究。首先要了解合约的代码、合约的特点、保证金的比例、交易一手所需的费用、最低交易数量等，还要对这几个品种的价格变化周期、影响价格变化的主要因素等做全面的研究。

（二）制订期货交易计划

在每次参与期货交易前，制订一个明确的期货交易计划，是所有获得成功的期货交易者的共同特点及获得长期稳定收益的基本保证（详见本章第二、四节）。

（三）确定获利目标

在交易计划中，要设定好预期的盈利目标。一方面，盈利目标不可定得过高，不可过于贪婪，要留有余地。另一方面，在控制风险的前提下，也要争取扩大盈利空间（详见本章第二、四节）。

（四）设定止损点

止损，即停止损失。当做错交易方向时，及时止损非常重要。期货合约的交易期限一般只有一年。因此，一旦证明做错了期货交易的方向时，必须第一时间止损离场，特别是接近交割月的近月合约，更要及时止损。要想在期货市场保持长期稳定的盈利，不是靠每次交易都正确，而是靠：① 把每次的盈利尽可能地扩大；② 把每次的损失控制在最小的、可承受的范围内，保证资金的安全。所以，止盈、止损都同等重要（详见本章第二、四节）。

（五）做好资金管理

期货交易的一个非常重要的原则是做好资金管理。做好资金管理是获得长期稳定盈利的基础（详见本章第二、四节）。

（六）顺势交易

顺势交易是期货交易最重要的原则之一。顺势而为就是要顺应期货价格的走势而交易，在行情上涨时买进做多，在行情下跌时卖出做空。

1. 把握趋势，顺势而为

把握趋势，就是摸准市场的脉搏，判断市场是涨势还是跌势，判断趋势的方法很多，可以选择适合自己的一套判断方法。一旦摸清脉搏，只需大胆进场，跟随趋势即可。只要事先设置好止损，控制好风险，就可以大胆持有头寸，不要怕做错。在期货市场上赔大钱的人，失败的真正原因是逆势操作，且不设置止损或者设置了止损但没有坚决执行。

2. 切忌逆势而为，不要为天下先

切忌逆势而为，就是不要在行情上涨时卖出做空，不要在行情下跌时买进做多。不要因为价格跌得太低而急于进场抢买便宜的筹码，只要没有出现转势信号，就不要逆市做多。也不要因为价格涨得太高而急于进场卖出做空。价格会一涨再涨，如图 8-1 所示，许多逆势做空者，在沪铜上涨的漫长道路上被市场无情地清洗出局。

“不要以为跌了很多就不会再跌了，跌了很多也还会再跌的!”期货专家王虓如是说。不要去主观臆测底部和头部，当市场还在涨势中，不要抢在市场的前头，逆势做空；也不要在大跌时，带头逆势抢反弹。逆势而为，就如同站在铁轨上，面向飞驰而来的火车！结局可想而知。这也是很多投资者损失惨重的真正原因。顺势而为就是忘掉自己，倾注全力去细心倾听市场的声音，要很好地了解市场的性格，坚决执行市场的命令。踏准节拍、步调一致，与市场融为一体，这是期货交易的最高境界。

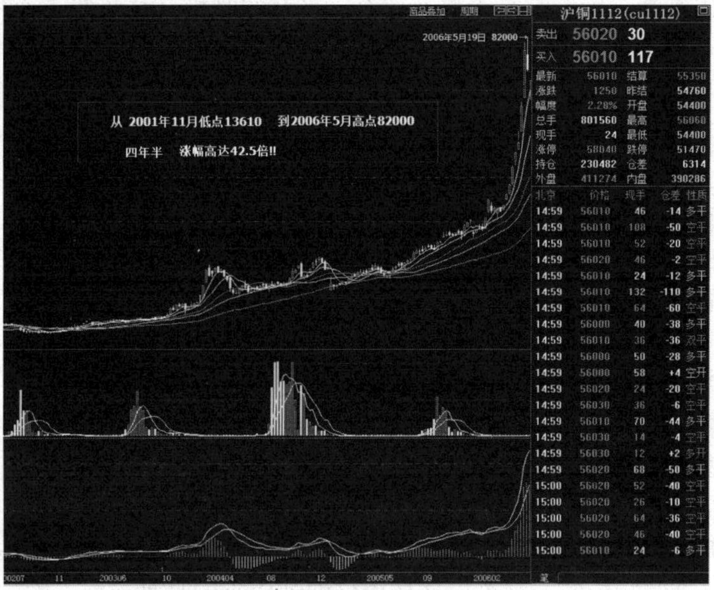

图 8-1　沪铜 1112 合约走势图

第二节　期货交易计划制订

一、期货交易计划的内容

(一) 制订交易计划的重要性

在每次参与期货交易前，制订一个明确的期货交易计划，是所有获得成功的期货交易者的共同特点。在交易过程中，期货价格瞬息万变，各种技术指标不停地发出买卖信号，各种各样的利多利空消息、各种不同的看法、各种不同的评论充斥媒体，影响着投资者的情绪和判断。如果不事前做出明确的交易计划，而是临场凭着感觉，进行情绪化交易，盲目地追涨杀跌，很容易导致损失。所以，要想在期货市场长期稳定地获胜，在开始进行交易之前，必须制订一套完整周密的交易计划，而且要坚决执行。一定要避免没有交易计划、盲目进行买卖操作。凡事预则立，不预则废。每个交易者应根据自己的资金状况、风险偏好、心理素质、反应速度等特点，制订一套适合自己的交易计划，以期降低风险、提高胜算。

(二) 期货交易计划的具体内容

交易计划，是指交易者为完成交易目标所制订的措施、方法和步骤。制订交易计划是对未来做出预见，因此在制订计划前，必须对各种可能出现的情况有清醒的认识，对交易的目标、措施、方法有一个清晰的思路和具体的设想。交易计划的具体内容一般应该包括以下几个方面。

① 选择交易品种。

② 确定每次交易的数量（买卖的手数）。

③ 对行情作出判断，确定交易策略及建仓、平仓的时机（详见第五至七章）。

④ 确定止损点。

⑤ 确定预期收益（止盈点）。

⑥ 计算风险收益比。

二、期货交易考虑的因素

（一）选择交易品种的方法

交易前，首先要根据自己的资金多少和风险偏好高低，选定一个自己熟悉的、准备进行交易的期货品种。在选择交易品种时，主要从以下3个方面来把握。

1. 波动率

波动率即价格涨跌波动的幅度大小。如天然橡胶、铜、黄金、白糖、PTA、塑料等品种，每日的涨跌幅度比较大，即波动率大，意味着短线获利的机会大，但是，一旦做错了方向，又来不及止损，损失就比较大；而玉米、小麦、早籼稻等品种，每日的波动幅度比较小，短线获利的机会小，但风险也小得多。如果风险偏好较高，可以选择波动率大、比较活跃的品种；如果风险偏好较低，则可以选择价格波动较小的品种。

2. 保证金

交易品种绝对价格的高低，直接决定了交易品种保证金的多少，也就决定了其可选择性。例如，11月7日，沪铜1201合约的收盘价为57 950元/吨，一手期铜的保证金按照15%计算，约为43 463元。如果开户资金只有5万元，就不适合做期铜交易。而一手PTA、塑料、PVC、白糖、大豆、豆油、豆粕、螺纹钢、锌、铝等的保证金均在1万元左右。所以，如果是资金较少而又风险偏好较高的投资者，可以选择比较活跃、保证金较少的品种，如白糖、PTA、塑料、PVC、大豆、豆油、豆粕、螺纹钢、锌等。

3. 交易品种的品性

在选择交易品种时，除了需要了解品种的波动率和价格外，还要了解它们的品性。国内的很多品种，如金属类、豆类、油脂类、能源化工类等，都与外盘联系密切，由于国内与国际期货市场的交易时间不同步，所以经常出现隔夜大幅高开或低开的情况，尤其是沪黄金、沪铜等。因此，短线交易者，一般不适合隔夜持有这些品种的头寸。但是，这些品种虽隔夜风险很大，但国内不易操纵其价格。白糖和橡胶，相对来说，不易受外盘影响，特别是白糖。郑州白糖的价格走势比较难以把握，不适合做短线交易。所以，资金较少而又风险偏好较低的投资者，建议不要做白糖、橡胶、黄金、铜等交易。资金较多而又风险偏好较高的投资者，铜、橡胶可以作为首选的品种，日内交易的盈利空间较大，一个交易日内，价格的涨跌经常在1 000元/吨上下，有时甚至达到2 000元/吨。当然，交易风险也较大。

（二）进行品种研究

选定了自己准备进行交易的期货品种后，应从以下几个方面对这个品种进行深入研究。

① 了解商品现货贸易的流程。即生产—运输—交易—计价公式—结算规则—仓储—损耗—消费等完整的业务链。

② 了解影响价格波动的主要因素。对于自己所选择的期货品种，要深入了解影响其价格的波动原因，注重对周期的研究，很好地把握其价格波动的周期。

③ 尽量掌握较完整的行业数据。应尽量掌握完整的最新行业数据，并学会独立自主地

对相关数据进行分析、判断。不要完全依赖别人现成的分析结论，不同的分析师可能由于持有不同的头寸（多头或空头头寸）而立场不同。

（三）合约交割月份的选择方法

选定交易品种后，还要选择合约的交割月份。应选择交易量和持仓量最大的月份，应尽量避开临近交割的月份和已进入交割月的合约。一般来说，在正向市场（远月合约价格高于近月合约价格），做多头交易时，应买入近月合约，做空头交易时，应卖出远期月份合约；在反向市场（近月合约价格高于远月合约价格），做多头的投机者应买入交割月份较远的期货合约，做空头的投机者应卖出交割月份较近的月份合约。

（四）确定交易数量的方法

投资者要根据自己的资金多少和风险偏好高低，决定每次所要交易的期货品种的手数。例如：如果有10万元资金，而且风险偏好较高，选择交易品种为沪铜。做一手沪铜需要4万多元的保证金。按照资金管理的原则，一般每次短线交易时，所占用的保证金不应超过全部资金的50%，10万元可以做1手（5吨）沪铜或做2手天然橡胶、8手塑料。

三、盈利目标的设定方法

设定盈利目标，不仅要设定每次交易的近期盈利目标，还要设定长期的盈利目标。

（一）长期盈利目标的设定

长期盈利目标，是指一个月以上的盈利目标。风险偏好较低的投资者，应把确保资金安全放在第一位，争取稳定持久的盈利。因此，可把盈利目标设定得低一些，确保盈利目标的实现。风险偏好较高的投资者，同样应把确保资金安全放在第一位。在盈利的概率大大高于风险时，可以通过加大仓位、延长获利单的持有时间等方式，增加盈利机会。所以，盈利目标可以设定得高一些（详见本章第四节）。

（二）每次交易盈利目标（止盈点）的设定

每次交易都要设定一个盈利目标。每次交易时，不要稍有盈利就急于平仓离场，获利出局，要争取利润的最大化。要想在期货市场保持长期稳定的盈利，不是靠每次交易都正确，而是靠每次盈利的最大化。所以，把握好盈利的尺度，即找准止盈点是非常重要的。

每次交易的止盈点，一般可以参考以下几种方法设置：① 设定一个固定的盈利目标；② 根据基本面分析和技术面分析的方法，设定移动盈利目标；③ 前两种方法的结合。

1. 设定固定盈利目标（止盈点）

止盈点，即做对了交易方向、盈利时平仓离场的具体点位。每次交易前，可以设定盈利的具体数额，如1 000元，或盈利的百分比，如10%。

2. 设定移动盈利目标

设定移动盈利目标，即依据基本分析法和技术面分析法，事先选定技术分析参照的指标和止盈离场的条件，只要没有出现止盈离场的信号，就可以一直持有头寸，追随趋势。直到趋势发生逆转后，再止盈离场，以使利润最大化。设定移动盈利目标，是不需要设定盈利的固定数额或盈利百分比的，只需要事先设定一些止盈离场的条件，盈利的数额不是固定的，而是随着行情的发展而移动变化。事先并不知道、有时也无法预测具体的盈利数额，何时触发了止盈条件，何时止盈离场。设定止盈条件，一般可以参照以下方法。

① 参照趋势线、K 线形态、支撑线和压力线设置移动止盈点。一旦反向突破支撑线、压力线等重要的支撑或阻力位，则立即止盈离场（参见第七章）。

② 参照技术指标设置移动止盈点（参见第七章）。

3. 前两种方法的结合

为了使盈利最大化、风险最小化，可以将前两种方法结合起来，即第一个盈利目标设定为固定盈利数额，第二个盈利目标设定为移动盈利目标。达到第一个目标时，先平掉 1/3 ～ 1/2 的头寸，锁定部分利润，降低交易风险。保留其余的头寸，一直持有到触发第二个止盈条件时，全部止盈离场。这样就可以在降低风险的同时，使利润最大化。

四、止损点的设定方法

（一）设定固定止损点

1. 设定最大亏损额

最大亏损额的设定因人而异，一般应视各人的风险偏好、心理承受能力而定。但亏损额的设定不可过大，也不可过小。亏损额如果设定得过大，则一次的损失会大伤元气；但如果亏损额设定得过小，又很容易在市场震荡中轻易被清洗出局。

2. 设定最大的亏损比例

设定最大的亏损比例与设定最大亏损额相类似。设定最大的亏损比例，实际上是设定一个相对的亏损额。

（二）设定移动止损位

运用基本面分析和技术面分析方法设定移动止损点时，可以参照设定止盈点的方法。设定移动止损点，即事先不设定亏损的固定数额或百分比，而是依据基本面分析和技术面分析的方法，事先设定一些止损离场的条件，何时触发了止损条件，何时止损离场。设定止损条件，一般可以参照以下方法。

① 参照趋势线、K 线形态、支撑线和压力线设定移动止损点。

② 参照技术分析指标设定止损点（详见本章第四节）。一般可以参照 KDJ、MACD、RSI、BOLL 等指标设定止损点，一旦发出趋势反转的信号就要坚决止损。

③ 基本面突发不利消息作为止损条件。一旦出现恶劣的气候、突发灾害，造成农作物大幅度减产，原来的空单就要及时止损；另外，突发战争、经济危机、政府对价格的管制和对期货市场政策的出台等不利消息，都可以作为止损条件。

五、资金管理的方法

期货交易的一个非常重要的原则是做好资金管理。做好资金管理是获得长期稳定盈利的基础。

（一）目的

1. 保护资金安全

要保护资金的安全，就应该做到分散投资，控制好仓位，做错时要及时止损。

（1）分散投资

分散投资包括以下内容。

① 投资方向上分散。即把资金分散投资于不同的品种上，不要把全部资金都投入到某

一个品种的投机交易中，以期降低交易风险（参见案例8-10）。

② 投资数额上分散。即不要把资金一次性投入进去，一般初次建仓时，可先试探性地投入一部分资金，当进一步验证了初次交易方向的正确性以后，再追加资金投入。

（2）控制仓位

控制仓位是指持仓合约的数量不宜过大，应把仓位限定在自己可以控制的数量之内。如果持仓数量过大，一旦做错了交易方向，则容易出现难以控制的局面。

（3）及时止损

及时止损即做错交易方向时，要及时地严格执行止损。

2. 合理分配、使用资金，使利润最大化

资金管理的目的是要在保证资金安全的前提下，合理地分配资金，充分、有效地使用资金，以期以最小的风险获取最大的收益。

（二）方法

1. 日内交易的资金管理

① 日内交易的资金使用比例。一般做日内交易时，占用的保证金不要超过资金总额的50%，更不要满仓交易。

② 日内交易的资金使用原则为安全性原则。切忌随意地情绪化交易；切忌满仓交易，防范日内交易突发风险。日内交易，即当天开仓，当日收盘前平仓，不持仓过夜。这样虽然比持仓过夜风险小得多，但还是尽量不要满仓交易，以防意外突发消息造成暴涨暴跌极端行情的出现。比如，做空时，突然封住涨停板，当日无法平仓。这时候，日内交易就会被迫变成隔夜仓，有时甚至一连几天封住涨停板，风险极大。风险无时无处不在，很多事情无法预知。因此，任何时候都尽量不要满仓交易。

2. 短线隔夜交易（隔夜单）的资金管理

① 短线隔夜交易的资金使用比例。隔夜单即当天开仓，第二日平仓。如果计划留隔夜仓，则一般只能占用10%～20%的保证金，最多不要超过资金总额的30%。

② 隔夜交易的资金使用原则为安全性原则。切忌随意留隔夜仓，更切忌满仓持有隔夜头寸，防范夜间外盘暴涨暴跌带来的隔夜风险（参见案例8-11）。

3. 趋势单的资金管理

趋势单，是指追随大趋势，长期持有的头寸。趋势单一般持有的时间较长，因此资金的使用和分配，以及资金的安全管理更加重要。

（1）资金的使用和分配原则

① 安全性原则。在进行期货交易时，资金安全应放在头等重要的位置。为了资金的安全，一般在第一次进场做交易时，占用的保证金不要超过资金总额的20%，一旦做错了交易方向，必须立即止损出场。

② 利润最大化原则。在保证资金安全的前提下，要合理地分配资金，充分、有效地使用资金，使盈利最大化。

（2）资金的使用和分配方法

资金要用对、用足。在获利的情况下，不仅应该尽可能地延长持有头寸的时间，还应该适时地追加投资的资金，扩大盈利。追加投资的方法如下。

① 等额加码法。等额加码法，是将资金分成几等份，初次进场只使用一份资金参与交

易，在行情进一步确认之后，再逐层加码，每次追加买入（或卖出）相同的份额，以争取利润的最大化。例如：账户有10万元资金，准备投入6万元做趋势交易，则将6万元分成2等份，分两次进场交易，每次投入3万元资金。

② 金字塔加码法。金字塔加码法，即分多次进场交易，初次进场投入的资金最多，以后每次投入的资金数量少于上一次的数量。例如，账户有10万元资金，准备投入60%，即6万元做趋势交易则可将6万元资金分成6等份，分3次进场：第一次投入3份，第二次投入2份，第三次投入1份；也可将6万元分成6份，分两次进场：第一次投入4份，第二次投入2份。

③ 等额减码法。等额减码法，是将资金分成几等份，初次进场时，投入全部资金参与交易，在获得一定的盈利之后，开始逐步减少持仓，每次减少相同的份额，目的是在争取扩大利润的同时，逐步降低交易风险。例如：账户有10万元资金，准备投入4万元做趋势交易则可将4万元资金分成2份：第一次交易时，2份资金全部投入交易，在获得10%的盈利之后，平掉50%的仓位，剩下50%的仓位，可以一直追随趋势，长期持有，扩大盈利。

第三节　期货投机方法

一、期货投机交易的一般方法

（一）低买高卖或高卖低买

① 低买高卖。即预计期货价格会上升，逢低买入做多，上涨后在高位卖出平仓。

例如：预计棉花期货价格会上升，在22 000元/吨的低位买入开仓，棉花价格上升到23 000元/吨时，卖出对冲平仓（见表8-3）。

表8-3　多头盈利计算表

代码	买入开仓价格/（元/吨）	卖出平仓价格/（元/吨）	1手盈利/元（1手=5吨）
CF1205	22 000	23 000	5 000

② 高卖低买。即预计期货价格会下跌，逢高卖出做空，下跌后在低位买入平仓。

例如：预计棉花期货价格将下跌，在23 000元/吨的高位卖出开仓，跌到22 000元/吨时，买入对冲平仓（见表8-4）。

表8-4　空头盈利计算表

代码	卖出开仓价格/（元/吨）	买入平仓价格/（元/吨）	1手盈利/元（1手=5吨）
CF1205	23 000	22 000	5 000

（二）平均买低或平均卖高

① 平均买低。平均买低又称为摊低成本买入法。即预计期货价格会上涨，逢低买入做多，但买入后价格没有马上就上涨，而是先下跌，在看涨预期没有改变的前提下，可继续买入，摊低成本。待价格上涨后，在高位全部卖出平仓（如果看涨预期已经改变，就应该止损平仓，而不能继续加码买入）。

例如：预计棉花期货价格会上升，在 22 000 元/吨的低位买进 1 手开仓，预期上涨到 23 000 元/吨，1 手 5 吨可盈利 5 000 元。但买入后价格没有上涨，而是下跌到 21 800 元/吨，此时可再买入 1 手，两次买入的平均价格为

（22 000+21 800）/2=21 900（元/吨）

这比第一次买入的价格降低了 100 元。现在只要棉花价格上升到 22 400 元/吨时，就可以卖出 2 手平仓，获得 5 000 元的盈利。

② 平均卖高，即预计期货价格会下跌，逢高卖出做空，但卖出后价格没有马上就下跌，而是先小幅上涨，在看跌预期没有改变的前提下，可继续卖出开空仓。待价格下跌后，在低位全部买入平仓（如果看跌预期已经改变，就应该止损平仓，而不能继续加码卖出）。

【案例 8-3】

预计棉花期货价格会下跌，在 23 000 元/吨的低位卖出 1 手开仓，预期下跌到 22 200 元/吨，1 手可盈利 4 000 元。之后价格没有下跌，而是上涨到 23 200 元/吨，此时可继续卖出 1 手，如果继续上涨到 23 300 元/吨，就再卖出 2 手。三次卖出的平均价格为

（23 000+23 200+23 300+23 300）/4=23 200（元/吨）

这样，待棉花价格下跌到第一次卖出的价格 23 000 元/吨时，卖出 4 手空单，已经盈利 4 000 元。

（三）金字塔式买入卖出

金字塔式买入卖出参见 192 页的金字塔加码法。

（四）套利

套利参见第九章。

二、各交易阶段的操作方法

（一）建仓阶段

1. 选择期货交易的品种

期货交易的品种选择视自身情况而定。

2. 选择期货合约的月份

每个期货品种都有多个月份的合约，例如，沪铜有 1—12 月份，一年共有 12 个合约。在交易之前，先要决定做哪个月份的合约。一般应该选择最活跃的主力合约，即成交量和持仓量最大的合约。主力合约，行情波动较大，进出比较方便，比较适合投机交易。

① 在正向市场上，多头投机者应买入近月合约，空头投机者应卖出远月合约。现货价格低于期货价格或近月期货合约价格低于远月期货合约价格，称为正向市场。在正常的情况下，由于持仓成本的原因，远月期货合约价格应该高于近月期货合约，期货价格应该高于现货价格。所以，正向市场又称为正常市场。在正向市场上，一旦价格上涨，近月期货合约涨幅大于远月期货合约，所以做多时应买入近月合约；一旦价格下跌，近月期货合约跌幅小于远月期货合约，所以做空时应卖出远月合约。

② 在反向市场上，多头投机者应买入远月合约，空头投机者应卖出近月合约。反向市场与正向市场完全相反。做多时，应买入远月期货合约，做空时，应卖出近月期货合约。

3. 选择入市时机

① 判断市场的大趋势。首先用基本分析法和技术面分析法，判断大趋势是上涨还是下跌，以便决定自己的交易方向，是做多还是做空。在市场趋势已经明确上涨时才能买入做多，在确定市场趋势明显下跌时，才能卖出做空，如果趋势不明朗不能轻易建仓。

② 决定入市的时机。大趋势明确后，还要选择最佳的入市时机。如果趋势看对了，但进场时机把握得不好，进场过早或者过晚，还是可能赔钱。可以利用技术面分析的方法，寻找进场买卖的最佳时机。

4. 权衡风险和收益比

计算预期盈利和止损额之比，权衡风险和收益比，即是盈利概率大于风险，还是风险大于盈利概率。如果盈利概率远大于风险，则可以入市交易，反之，则应放弃本次交易。

5. 制订交易计划

交易计划，是指交易者为完成交易目标所制订的措施、方法和步骤。交易计划应包括交易品种和数量、对当前行情的基本面判断、交易策略、盈利目标、止损设定等（详见本章第四节）。

（二）持仓阶段

1. 及时止损原则

建仓之后，如果达到止损条件，应该坚决及时止损，不要心怀侥幸，不要犹豫和拖延。

2. 扩大利润原则

建仓之后，如果没有达到止损条件，则应该坚定持有头寸，尽可能地扩大盈利空间。

（三）平仓阶段

① 达到止损条件，立即执行止损。

② 触发盈利条件，则止盈平仓。

【案例 8-4】沪铜期货投机交易操作过程（见表 8-5）。

表 8-5 沪铜期货投机交易操作过程

操作类型	操作过程
建仓	买入沪铜 1112 合约 1 手 买入开仓价格：52 000 元/吨 保证金比例：15% 保证金：52 000 元/吨×5 吨/手×15% = 39 000 元/手 手续费：52 000 元/吨×5 吨/手×0. 2‰ = 52 元/手
持仓	沪铜价格上涨，没有触发止损条件，继续持有
平仓	触发止盈条件，卖出平仓，卖出价格：56 000 元/吨 手续费：56 000 元/吨×5 吨/手×0. 2‰ = 56 元/手
操作结果	盈利额：（卖出价-买入价）×数量×单位 （56 000 元/吨-52 000 元/吨）×5 吨/手 = 20 000 元 收益率：盈利额/投入本金×100% = 20 000/39 000×100% = 51. 3%

第四节　期货投机模拟交易指导①

一、开户与下载交易软件

1. 模拟期货交易软件下载

可以在网上搜索模拟期货交易软件下载，找到下载安装即可。

2. 模拟交易账户申请

打开下载的模拟期货交易软件，在软件启动界面里注册模拟账号、设置密码。有了账号后，就可以进行模拟交易了。

一般模拟交易的初始资金是20万元，有的模拟交易软件初始资金是100万元，选择模拟资金的多少，应与日后的实盘交易资金一致，便于为今后的实盘交易积累经验。

二、选择交易品种

模拟交易的目的，是为今后的实盘交易积累经验，所以建议从各个不同类型的期货品种中挑选一个进行模拟交易，为今后进行实盘交易挑选出自己最喜欢的品种。

1. 保证金较高、比较活跃的品种

这类品种有铜（CU）、橡胶（RU）、棉花（CF）、黄金（AU）、纤板（FB）等。这一类品种交易较活跃，虽然由于绝对价位较高，需要的保证金较高，但参与价值较高。可在控制风险的前提下，少量参与，并严格执行止损。

2. 保证金较低、比较活跃的品种

这类品种有白糖（SR）、塑料（L）、豆油（Y）、大豆（A）、豆粕（M）、菜粕（RM）、棕榈油（P）、锌（ZN）、PTA、螺纹钢（RB）、白银（AG）、菜籽油（OI）、铝（AL）、玉米（C）、鸡蛋（JD）等。这一类品种交易较活跃，由于绝对价位较低，所需保证金较少，参与价值比较高。

3. 大合约

这类品种有燃油（FU）（50吨/手）、焦炭（J）（100吨/手）、郑煤（TC）（动力煤200吨/手）、焦煤（JM）（60吨/手）、胶版（BB）（500张/手）、铁矿（I）（100吨/手）、甲醇（ME）（50吨/手）等，属于大合约，需要的保证金较高。这一类品种，对于没有现货背景的投机者来说参与价值较低。

4. 活跃度极低的品种

这类品种有籼稻（ER）、普麦（PM）、线材（WR）、强筋小麦（WH）、铅（PB）、聚丙烯（PP）、菜籽（RS）等。这一类品种，交易不太活跃，参与价值一般。以上内容，仅供参考。

---

① 自学。

三、确定盈利目标

（一）长期盈利目标

1. 风险偏好较低者的盈利目标设定

（1）具体盈利目标的设定

盈利目标设定为每月 10%。

（2）盈利目标的分解

如果期货交易资金为 10 万元，每月盈利 10%，即 1 万元，平均每日盈利 500 元即可（每月计 20 个交易日），全年盈利目标为 12 万元。如果把每月的盈利加入本金中，进行滚动交易，则全年盈利目标可以扩大为 213 844 元。

第 1 个月：本金 100 000+盈利 10 000=110 000（元）（日均获利 500 元）；

第 2 个月：盈利 110 000×10%=11 000（元）（日均获利 550 元）；

第 2 个月：本金 110 000+盈利 11 000=121 000（元）；

第 3 个月：本金 121 000+盈利 12 100=133 100（元）（日均获利 605 元）；

第 4 个月：本金 133 100+盈利 13 310=146 410（元）（日均获利 666 元）；

第 5 个月：本金 146 410+盈利 14 641=161 051（元）（日均获利 732 元）；

第 6 个月：本金 161 051+盈利 16 105=177 156（元）（日均获利 805 元）；

第 7 个月：本金 177 156+盈利 17 716=194 872（元）（日均获利 886 元）；

第 8 个月：本金 194 872+盈利 19 487=214 359（元）（日均获利 974 元）；

第 9 个月：本金 214 359+盈利 21 436=235 795（元）（日均获利 1 072 元）；

第 10 个月：本金 235 795+盈利 23 580=259 375（元）（日均获利 1 179 元）；

第 11 个月：本金 259 375+盈利 25 938=285 313（元）（日均获利 1 297 元）；

第 12 个月：本金 285 313+盈利 28 531=313 844（元）（日均获利 1 427 元）。

每月完成盈利计划即可（如图 8-2 所示）。一年后，可将盈利资金 21 万元抽离期货市场，只保留初始资金 10 万元进行交易，以期降低交易风险。

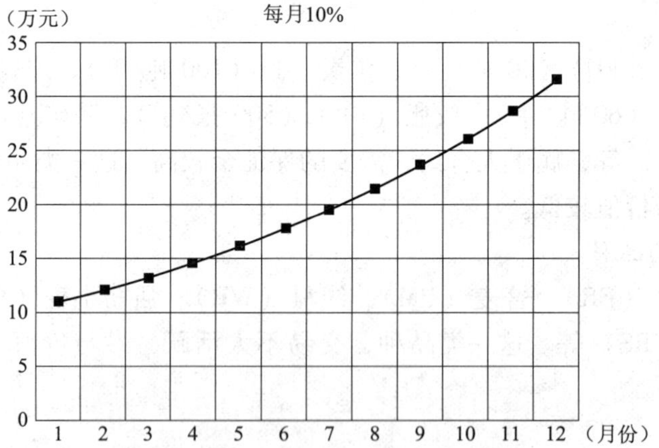

图 8-2 盈利目标 10% 的资金曲线图

2. 风险偏好较高者的盈利目标设定

（1）具体盈利目标的设定

设定每月盈利 20%。

（2）盈利目标的分解

如果期货交易资金为 10 万元，每月盈利 20%，即 2 万元，平均每日盈利 1 000 元即可，全年盈利目标为 24 万元。如果把每月的盈利加入本金中进行滚动交易，则全年盈利目标可以扩大为 791 611 元：

第 1 个月：本金 100 000+盈利 20 000＝120 000（元）（日均获利 1 000 元）；

第 2 个月：盈利 120 000×20%＝24 000（元）（日均获利 1 200 元）；

第 2 个月：本金 120 000+盈利 24 000＝144 000（元）；

第 3 个月：本金 144 000+盈利 28 800＝172 800（元）（日均获利 1 440 元）；

第 4 个月：本金 172 800+盈利 34 560＝207 360（元）（日均获利 1 728 元）；

第 5 个月：本金 207 360+盈利 41 472＝248 832（元）（日均获利 2 074 元）；

第 6 个月：本金 248 832+盈利 49 766＝298 598（元）（日均获利 2 488 元）；

第 7 个月：本金 298 598+盈利 59 720＝358 318（元）（日均获利 2 986 元）；

第 8 个月：本金 358 318+盈利 71 664＝429 982（元）（日均获利 3 583 元）；

第 9 个月：本金 429 982+盈利 85 996＝515 978（元）（日均获利 4 300 元）；

第 10 个月：本金 515 978+盈利 103 196＝619 174（元）（日均获利 5 160 元）；

第 11 个月：本金 619 174+盈利 123 835＝743 009（元）（日均获利 6 192 元）；

第 12 个月：本金 743 009+盈利 148 602＝891 611（元）（日均获利 7 430 元）（如图 8-3 所示）。

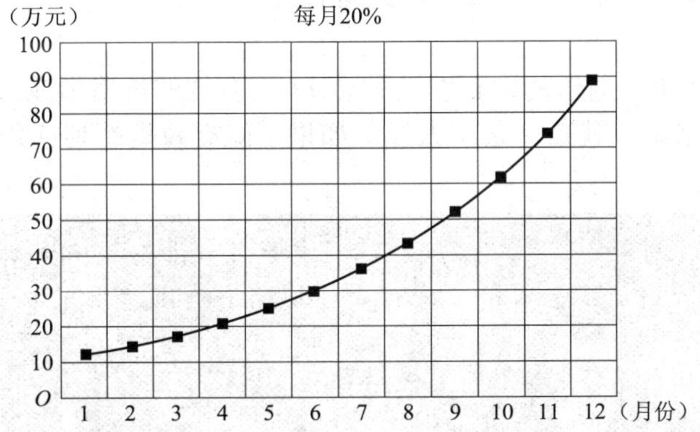

图 8-3　盈利目标 20% 的资金曲线图

一年后，可将初始资金 10 万元和 50% 的盈利抽离期货市场，用另外 50% 的盈利进行交易，以期降低交易风险，保持良好的交易心态，保证长期稳定的盈利。

（二）每次交易的盈利目标（止盈点）

1. 设定固定的盈利目标（止盈点）

在模拟交易时，刚开始可以把盈利目标（止盈点）设定得高一些，盈利单（做对了交易方向时）要握住，争取利润的最大化，然后逐步调整目标，通过多次测试调整，找到一个比较合适的止盈点。

【案例 8-5】设定固定的止盈点。

例如：李某在 52 000 元/吨时买入沪铜 1112 合约做多，盈利目标为 1 000 元/吨。当沪铜 1112 合约的价格上涨到 53 000 元/吨时，李某立即卖出平仓，一手（5 吨）盈利 5 000 元。不必考虑沪铜会不会继续上涨，坚决按照计划执行。

又如：李某在 60 000 元/吨做空沪铜 1112 合约，盈利目标设定为 1%，即 600 元/吨。当沪铜 1112 合约价格跌至 59 400 元/吨时，李某立即买入平仓。不考虑沪铜会不会继续下跌，达到目标立即平仓离场。一手（5 吨）盈利 3 000 元。

再如：李某在 398 元/克时做空沪黄金 1112 合约，盈利目标设定为 1%，即 3. 98 元/克。当沪黄金 1112 合约的价格跌至 394 元/克时，李某立即买入平仓，一手（1 000 克）获利 4 000 元，平仓离场。

设定固定盈利目标的优点是简单、易操作；缺点是不容易找到合适的止盈点，目标容易设置得太低或太高。如果设置得太低，会错过获取更大利润的机会；如果设置得太高，则容易错失最佳的平仓离场机会。例如：李某在 59 400 元/吨买入平掉空单后，沪铜继续大幅下跌，最低跌至 51 580 元。由于他设定的盈利目标太低，所以一吨少获利 7 820 元，一手少获利 39 100 元。又如：李某在沪黄金跌至 394 元/克时，按计划买入平仓。但平仓后，沪黄金继续大幅下跌，最低跌至 327 元/克，李某的一克黄金少获利 67 元，一手（1 000 克）少获利67 000 元。从上例可以看出，李某虽然做对了交易方向，但由于盈利目标定得太低，所以赚得利润很少，一大段利润丢掉了。但如果盈利目标定得太高，比如盈利目标是 98 元/克，即跌到 300 元/克时平仓离场，实际上最低跌到 327 元就掉头向上，反弹到 348 元。这样李某就可能错失获利离场的最佳时机。

可见，设定固定盈利目标的方法，不是最好的方法，只能作为初入期货市场时一个过渡的方法。一般多采用第二种方法，设定移动盈利目标。

2. 设定移动止盈点

如图 8-4 所示，BOLL 通道的中轴对沪黄金 1112 合约的价格形成反压，此时 BOLL 通道的中轴对于黄金价格来说，就是一条压力线，如果不能有效地站到这条压力线之上，则多头应止盈离场。

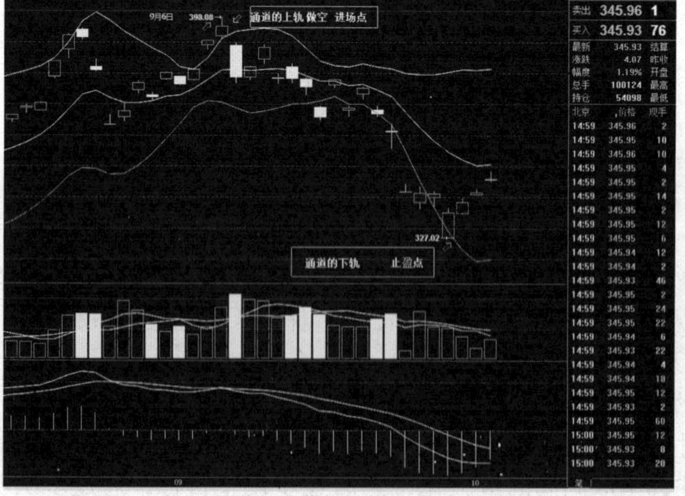

图 8-4 沪黄金 1112 合约日 K 线图

例如：在沪铜 1112 合约日 K 线图中，KDJ 指标快速线在低位上穿慢速线时，应该空头止盈离场（如图 8-5 所示）。

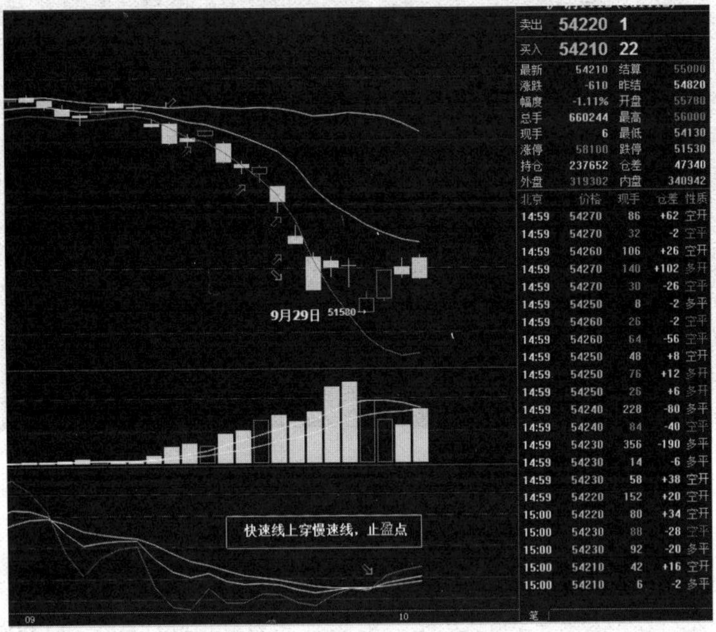

图 8-5　沪铜 1112 合约日 K 线图

四、设定止损点

1. 设定最大亏损额或比例

在模拟交易时，刚开始可以把止损额设定得高一些，以防止轻易被洗出局，然后逐步进行调整，通过多次测试调整，找到一个比较合适的预设亏损额。

【案例 8-6】

10 月 12 日，沪铜 1112 合约开盘价 53 690 元/吨，开盘后一路下跌到 53 200 元/吨附近。李某在 53 200 元/吨买入做多，抢反弹，设置好止损额为 1 000 元，即一吨损失 200 元止损离场。李某买入后，沪铜价格继续下跌，当跌到 53 000 元/吨时，李某的多单执行了止损（通过期货交易软件自动执行止损）。但李某平仓离场后，沪铜 1112 合约最低仅下跌到 52 950 元/吨，之后掉头向上，一路上涨到 53 700 元/吨，回到开盘价附近。由于李某的止损额设置得过小，多单被洗出局。如果不止损，李某可以获利 500 元/吨，一手获利 2 500 元。李某又以 53 600 元/吨的价格，卖出一手沪铜 1112 合约，期望能再次下跌到 53 000 元/吨，止盈额设定为 600 元/吨，并将止损额放大到 400 元/吨。止损点设在整数位 54 000 元/吨。李某做空后，沪铜继续大幅上扬，涨到 54 000 元/吨时，李某止损平仓离场。之后沪铜继续上涨，最高达到 55 130 元/吨。如果不设定止损点的话，李某的损失最高可达 1 530 元/吨，一手损失 7 650 元（如图 8-6 所示）。此例说明止损点的必要性，同时也说明设定合适的止损额也很重要。止损额不可过大，也不能太小。而且，止损额的设定还要考虑到不同期货品种的价格波动特征。

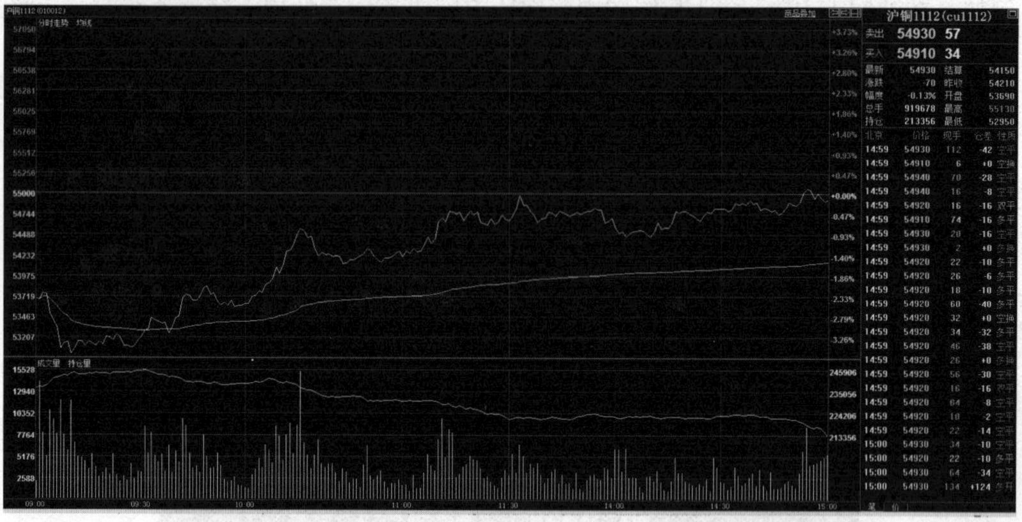

图 8-6 沪铜 1112 合约分时图

【案例 8-7】

李某于 53 600 元/吨的价格卖出做空一手沪铜 1112 合约，设定最大的亏损比例为 0. 5%，即 53 600 元/吨×0. 5% = 268 元/吨，则止损点为 53 600+268 = 53 868（元/吨）。

又如：李某于 340 元/吨的价格卖出做空一手沪黄金 1112 合约，设定最大的亏损比例为 0. 5%，即 340 元/克×0. 5% = 1. 7 元/克（一手黄金为 1 000 克，所以对应的亏损额为 1 700 元），止损点为 340+1. 7 = 341. 7（元/吨）。

2. 设置移动止损点

止损条件：突破趋势线或支撑线、压力线。

向下有效突破上升趋势线或各种支撑线时，多头要止损；向上有效突破下跌趋势线或各种压力线时，空头要止损。只要没有突破趋势线，就不需要止损。

【案例 8-8】

美原油价格在过去几周中一直沿下降趋势线 AB 下跌，如图 8-7 所示。

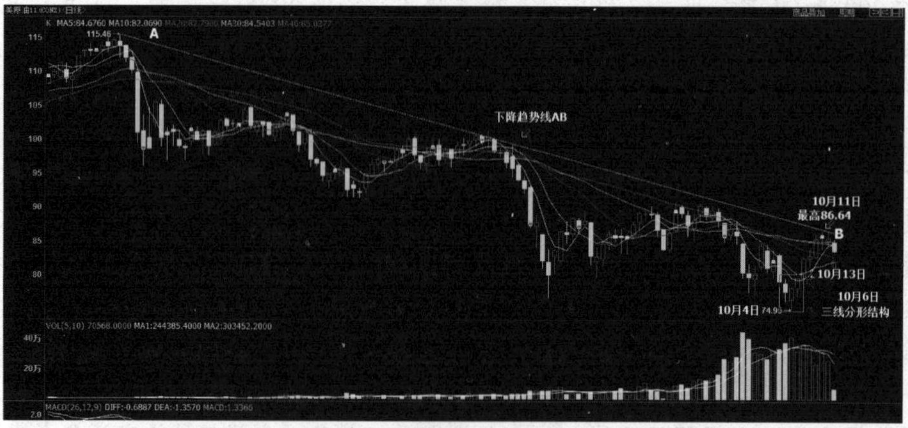

图 8-7 美原油日 K 线图

如果李某在 A 点做空，已经盈利很丰厚，虽然中间曾有几次反弹，但都没有上穿这条下降趋势线，跌势不会逆转，他可以继续持有空单。但是，一旦上穿这条下降趋势线，就意味着跌势可能将转为涨势，应平仓离场。由于李某处于盈利状态，所以他是止盈离场。如果李某在 10 月 4 日最低点 74.95 美元/桶的价格进场做空，之后价格开始上涨，李某处于亏损的状态，他就要考虑此时是否需要止损离场。止盈和止损都是参照这条下降趋势线。价格上涨，只要没有上穿趋势线，跌势没有改变，只是下跌过程中的反弹，空单可以继续持有，一般不需要止损。但也要视反弹的空间大小来决定是否止损。如果预计反弹空间比较大（很可能从最低点反弹到下降趋势线 AB 的附近），亏损单要根据自己的资金状况和仓位的轻重，决定是否先止损离场。如果资金较少或仓位较重，就应先止损，等反弹到下降趋势线 AB 附近后，如果不能有效站到下降趋势线 AB 之上，再重新进场做空。或者还可以在低位出现三线分形结构之后，于 10 月 6 日买入做多，短线抢反弹，等反弹到下降趋势线 AB 附近后，平掉多单，再重新进场做空。

【案例 8-9】

美黄豆几个月来一直在一条通道内运行，上沿 1 400 美分/蒲式耳，下沿 1 300 美分/蒲式耳。一般上涨到通道上沿附近就会掉头下跌，一跌到通道下沿附近就会转身向上。8 月 26 日，沈某在 1 400 美分/蒲式耳时做空 1 手美黄豆，预期盈利 100 美分/蒲式耳，准备跌到 1 300 美分/蒲式耳时平仓离场。但当天价格大幅上涨，收盘于 1 425. 25 美分/蒲式耳，站到了通道上沿之上。之后连续三天收阳线，有效突破了通道的上沿，说明美黄豆脱离了几个月来形成的整理通道，将开始一轮上涨行情，此时空单应该止损。沈某的空单在 1 450 美分/蒲式耳的价位买入平仓，止损离场，如图 8-8 所示。

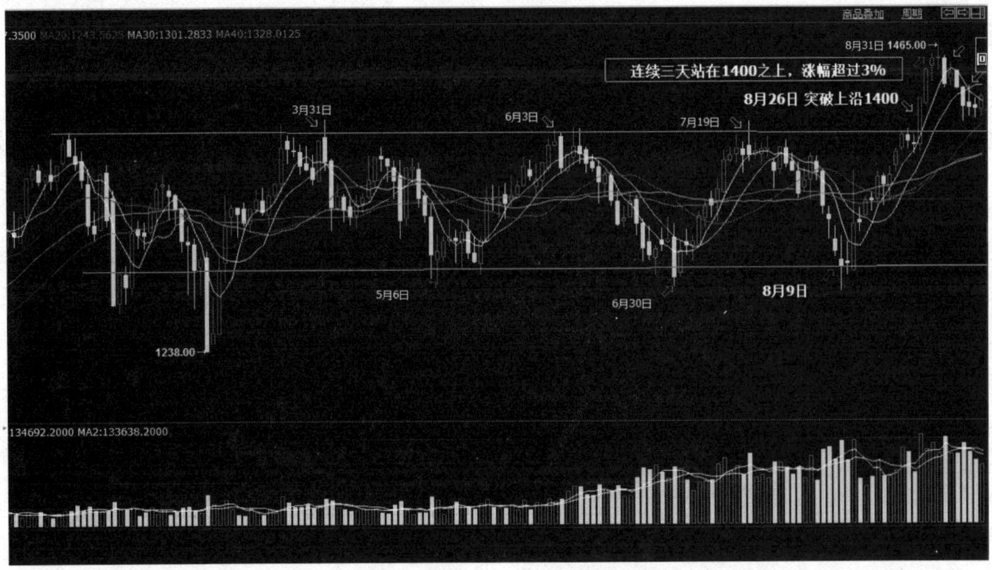

图 8-8　美黄豆日 K 线图

沈某止损后，于 8 月 31 日在 1 460 美分/蒲式耳时买入一手美黄豆做多。但当天收一根十字星，第二天，美黄豆下跌，收一根中阴线，沈某是否需要止损？

美黄豆有效突破了通道的上沿之后，会有一个回抽确认，如果不跌破通道的上沿，则回抽确认后会继续上涨，就不需要止损；但如果回抽确认时，跌回到通道上沿之下，则说明前面向上突破上沿，只是一个诱多的假突破，此时就需要止损离场。如图 8-9 所示，9 月 12 日，美黄豆回抽确认时，跌破了通道的上沿，9 月 14 日收于 1 383 美分/蒲式耳，连续三天收盘在 1 400 美分/蒲式耳之下，说明前面向上突破上沿的确是假突破，此时需要止损，沈某在 1 380 美分/蒲式耳卖出止损。之后，美黄豆最低跌到 1 152 美分/蒲式耳。沈某如果不止损，将损失惨重。

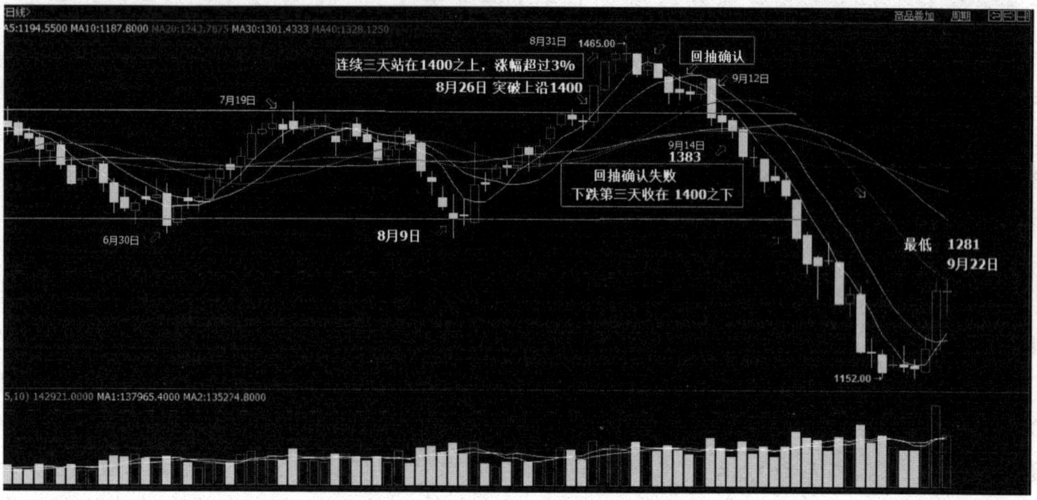

图 8-9　美黄豆 11 合约日 K 线图

五、制订交易计划

（一）短线交易计划

沪铜 1112 合约短线交易计划表见表 8-6。沪铜 1112 合约日 K 线图如图 8-10 所示。9 月 30 日周五，资金 20 万元。

表 8-6　沪铜 1112 合约短线交易计划表

名称	CU
交易品种	沪铜 1112 合约
交易数量	3 手
保证金	约 12 万元
手续费	单边手续费为交易金额的 2/10 000 3 手沪铜单边手续费：52. 6×3＝158（元）
交易系统的指标	参照日 K 线图 RSI、KD、MACD 指标和均线系统
对当前行情的基本面判断	日 K 线图均线系统空头排列，RSI 处于 50 以下的弱势区，大趋势看空但 KD 处于 20 附近的超卖区，超跌反弹行情，短线做多，严格止损
交易策略	K 线上穿 D 线，MACD 绿柱缩短，RSI 指标的快速线上穿慢速线，逢低买入做多，如图 8-10 所示
进场点	52 600 元/吨

续表

名称	CU
止盈离场点	第一止盈点：在缺口下方 56 800 元/吨，平仓 1 手，手续费 56.8 元 如果站在缺口之上，则保留 2 手，否则全部平仓 第二止盈点：在 20 日均线下方 58 800 元/吨，平仓 1 手，手续费 58.8 元 如果不能上穿 20 日均线则全部平仓，如能站在均线上方则保留 1 手 第三止盈点：在 5 周均线下方 C 点 59 800 元/吨，平仓 1 手，手续费 59.8 元
止损离场点	跌破前期低点：51 480 元/吨，止损离场 最大亏损额：（52 600−51 480）×5×3＝1 120×5×3＝16 800（元）
预期收益	第一止盈点预期收益：（56 800−52 600）×5＝4 200×5＝21 000（元） 第二止盈点预期收益：（58 800−52 600）×5＝6 200×5＝31 000（元） 第三止盈点预期收益：（59 800−52 600）×5＝7 200×5＝36 000（元） 手续费共计：158+56.8+58.8+59.8 ＝333（元） 合计盈利：21 000+31 000+36 000−333＝88 667（元） 投入资金的收益率：（88 667/120 000）×100%＝73.9%
风险收益比	16 800/88 667＝1∶5.3

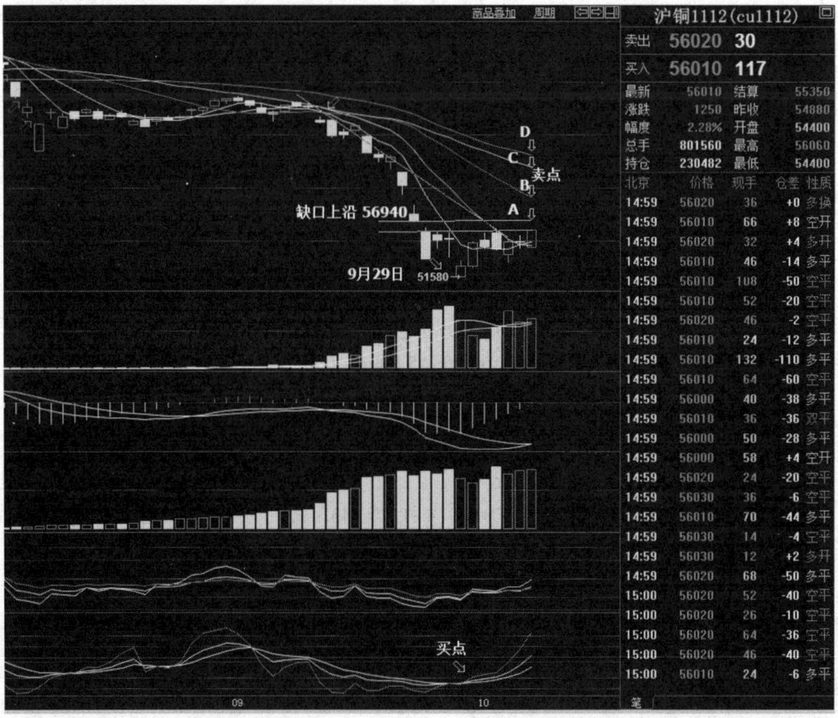

图 8-10 沪铜 1112 合约日 K 线图

（二）日内交易计划

沪铜1112合约日内交易计划表见表8-7。沪铜1112合约5分钟K线图如图8-11所示。10月14日周五9:00—15:00。

表8-7　沪铜1112合约日内交易计划表

名称	CU
交易品种	沪铜1112合约
交易数量	4手
保证金	保证金=交易金额×15% 4手的保证金为165 000元（日内交易的风险较小，因此，在风险收益比较大时，仓位可以大一些，但要严格执行止损计划）
手续费	4手沪铜单边手续费：55 000×5×4×0.2‰=55×4=220（元）
交易系统的指标对当前行情的基本面判断	参照日K线图和5分钟K线图RSI、KD、MACD的指标和均线系统 日K线图均线系统空头排列，RSI处于50以下的弱势区，大趋势看空 但KD处于20附近的超卖区，超跌反弹行情，短线做多，严格止损
交易策略	5分钟K线图MA5和MA10上穿MA20形成黄金交叉，价格连续上穿三条均线，出现出水芙蓉形态，K线上穿D线，MACD的快速线上穿慢速线，RSI指标的快速线上穿慢速线，买入做多
进场点	55 000元/吨
止盈离场点	第一止盈点：盈利700元/吨，平仓2手 第二止盈点：如果MA5下穿MA10则全部平仓，否则在收盘前2分钟全部平仓
止损离场点	亏损达到2 000元，则止损离场
预期收益	第一止盈点预期收益：700元/吨 700元/吨×5吨/手×2手=7 000元 手续费：55.7×2=111.4（元） 第二止盈点预期收益：56 000-55 000=1 000（元/吨）
预期收益	1 000元/吨×5吨/手×2手=10 000元 手续费：56×2=112（元） 手续费共计大约：220+111.4+112=443.4（元）（如果日内交易只收取单边手续费，则平仓手续费可免） 合计盈利：7 000+10 000-443=16 557（元） 收益率：（16 557÷165 000）×100%=10.0%
风险收益比	2 000/16 557=1：8.28

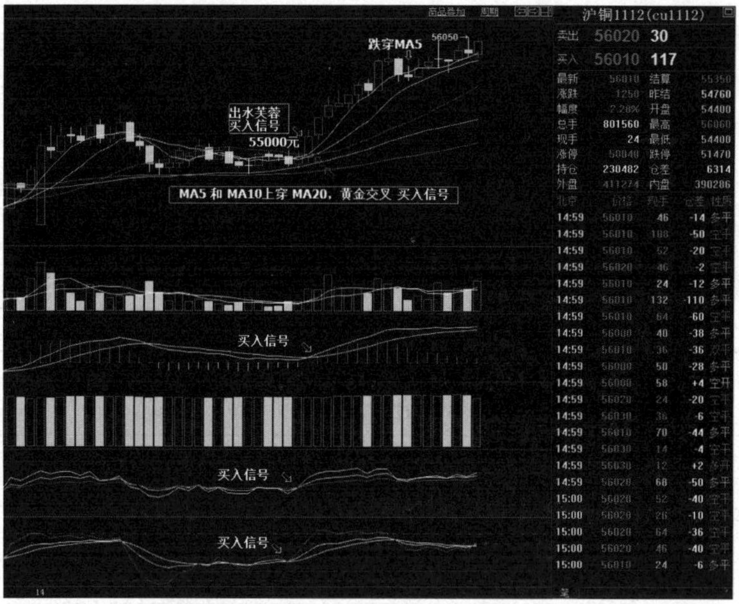

图 8-11　沪铜 1112 合约 5 分钟 K 线图

（三）趋势交易计划

PTA1201 合约趋势交易计划表见表 8-8 和表 8-9。PTA1201 合约日 K 线图如图 8-12 所示。9 月 2 日，资金 10 万元。

表 8-8　PTA1201 合约趋势交易计划表（一）

名称	PTA
交易品种	PTA1201 合约
交易数量	5 手
保证金	保证金=交易金额×15%
手续费	10 850 元/吨×5 吨×5 手×15%=271 250 元×15%=40 688 元 单边手续费约 50 元
交易系统的指标对当前行情的基本面判断	参照 PTA1201 合约的日 K 线图 RSI、KD、MACD 的指标和均线系统 30 日均线下穿 60 日均线，均线系统形成空头排列，RSI 进入 50 以下的弱势区，K 线下穿 D 线，MACD 快速线下穿慢速线并跌穿 0 线，RSI 指标的快速线下穿慢速线，大趋势由多转空
交易策略	反弹不能站上 10 日均线，逢高做空
进场时间 进场点	2011 年 4 月 11 日 在 10 850 元/吨的价位，卖出做空
止盈离场点	如果 30 日均线上穿 60 日均线，均线系统形成多头排列，同时 MACD 上穿 0 线，K 线上穿 D 线，RSI 进入 50 以上的强势区，则止盈离场。否则，一路持有空单，到达 8 500 元平仓
止损离场点	30 日均线上穿 60 日均线，则止损离场 最大亏损额：2 500 元

续表

名称	PTA
预期收益	预期 8 500 元平仓 预期收益：10 850-8 500=2 350（元/吨） 2 350 元/吨×5 吨×5 手=58 750 元 手续费共计：50×2=100（元） 合计盈利：58 750-100=58 740（元） 收益率：(58 740/40 688）×100%=144%
风险收益比	2 500/58 740=1∶23.5

表 8-9 PTA1201 合约趋势交易计划表（二）

名称	PTA
交易品种	PTA1201 合约
交易数量	5 手
保证金	保证金=交易金额×15%
手续费	10 850 元/吨×5 吨×5 手=271 250 元×15%=40 688 元 单边手续费约 50 元
交易系统的指标 对当前行情的基本面判断	参照 PTA1201 合约的日 K 线图 RSI、KD、MACD 的指标和均线系统 30 日均线下穿 60 日均线，均线系统形成空头排列，RSI 进入 50 以下的弱势区，K 线下穿 D 线，MACD 快速线下穿慢速线并跌穿 0 线，RSI 指标的快速线下穿慢速线，大趋势由多转空
交易策略	反弹不能站上 10 日均线，逢高做空
进场时间 进场点	2011 年 4 月 11 日 在 10 850 元/吨的价位，卖出做空
止盈离场点	第一止盈点：到达 10 000 元的整数位，平仓 3 手；剩下 2 手继续持有，追随趋势 第二止盈点：如果 30 日均线上穿 60 日均线，均线系统形成多头排列，同时 MACD 上穿 0 线，K 线上穿 D 线，RSI 进入 50 以上的强势区，则平掉最后 2 手空单止盈离场。否则，一路持有，到达 8 500 元全部平仓
止损离场点	30 日均线上穿 60 日均线，则止损离场 最大亏损额：2 500 元
预期收益	第一止盈点：跌到 10 000 元平仓 预期收益：10 850-10 000=850（元/吨） 850 元/吨×5 吨×3 手=12 750（元） 第二止盈点：跌到 8 500 元平仓 预期收益：10 850-8 500=2 350（元/吨） 2 350 元/吨×5 吨×2 手=23 500（元） 手续费共计：50×2=100（元） 合计盈利：12 750+23 500-100=36 150（元） 投入资金的收益率：(36 150/40 688）×100%=88.8%
风险收益比	2 500/36 150=1∶14.5

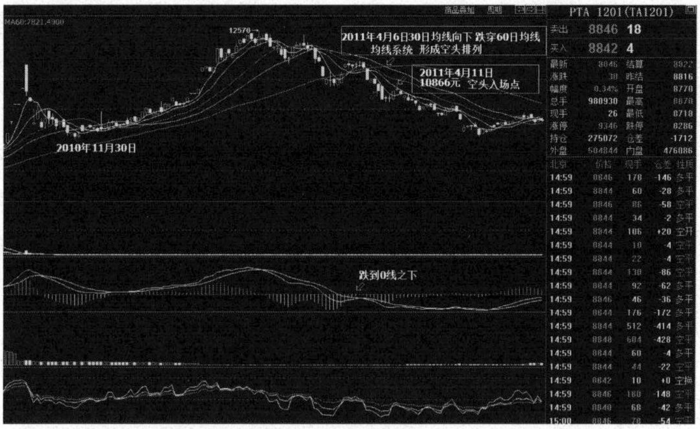

图 8-12　PTA1201 合约日 K 线图

六、资金管理上应注意的问题

（一）把资金分散投资于不同的品种上

【案例 8-10】

9 月 1 日—29 日，沪铜 1112 合约的价格从 68 170 元/吨下跌到 51 580 元/吨，而同期棉花期货价格却在 20 000 ～ 22 000 元/吨窄幅整理，拒绝下跌。这是因为，从 9 月 1 日起，棉花进入收储期，政府计划将不计数量敞开收储，收储价为 19 800 元/吨。等于为棉花限定了最低价，封死了棉花下跌的空间。9 月 30 日，商品期货出现超跌反弹，但由于欧债危机的阴影笼罩，抢反弹的风险很大。因此，如果打算买入做多时，选择做多一手铜和一手棉花，显然比做多两手铜的风险要小得多。

（二）在投资数额上分散使用资金

对于投资者来说，做好仓位管理至关重要。如何建立一个适合自己特点、能承受住风险，又可以获得较高收益的仓位，是一件很不容易的事情，需要慢慢摸索。尤其是低于 5 万元的小账户，很难抵御较大的风险波动，如果仓位不合适，难以抵御较大级别的震荡行情，即使大趋势判断正确，最终难免三震出局。所以，在投资数额上可采取分散使用资金的方法。一般在初次建立趋势单时，可先试探性地投入 1/10 的资金，当验证了初次交易方向的正确性以后，再追加投入 1/10 的资金。否则，如果一次性建仓比例太高，当被套时，容易产生心理压力，会因心态不稳定而不恰当地来回止损，很难坚定地持仓，使本来判断正确的趋势单因正常波动而被震出局。在做日内交易时，占用的保证金一般不超过资金总额的 50%。

（三）切忌满仓交易

任何时候都尽量不要满仓交易，特别是隔夜交易时，如果满仓持有隔夜头寸，则有暴仓（账户的资金为负，面临被强行平仓）的风险。即使是做对了方向的盈利单，满仓过夜也是不可取的。

【案例 8-11】满仓交易暴仓案例。

证券资讯电视频道每日的期货节目，曾经跟踪报道账户 A，这个账户资金从几万元起步，持续盈利。一年多的时间，资金增长到 120 多万。8 月 23 日，账户 A 满仓持有黄金 1112 期货合约 40 手。当天收盘时，账户 A 的浮动盈利是 12 万元。但是由于美黄金期货暴跌，使得第二天沪黄金期货价格大幅低开，当天下跌 2.88%，账户 A 因暴仓，被部分强行平仓，但仍满仓持有多单。第三天，开盘在跌停板，跌幅 5%。账户 A 全部斩仓出局，账户资金只剩 32 万元，两天时间资金缩水将近 90 万元。但是，A 平仓出局仅十几天之后，黄金掉头向上，于 9 月 6 日再创历史新高 398 元/克。这个例子是很典型的。账户 A 做对了方向，但只是因为资金管理不善，持仓过重，导致在一次大幅回调的行情中，损失惨重。所以，每个投资者都应该引以为戒，在期货交易中切记要戒贪戒躁，戒除赌博心理，引用一句有名的俗语：小心驶得万年船。

（四）计算账户资金可以承受的最大亏损额

进场交易前，要计算好可以买卖的手数，并且要计算出一旦行情的方向与持仓方向相反时，账户资金可以支撑的时间和点位，即可以承受的最大亏损限额。

【案例 8-12】计算账户资金可以承受的最大亏损限额。

沪铜的大趋势看空，一路下跌。9 月 29 日超跌反弹，从 51 680 元/吨反弹到 10 月 14 日的 56 000 元/吨。李某认为，沪铜从最低点已经反弹了 4 320 元/吨，而且欧债危机远未解决，世界经济面临衰退，美国白领占领华尔街的示威游行已经蔓延到欧洲，因此沪铜继续反弹的空间不大。10 月 14 日是周五，上午沪铜最低价为 54 400 元/吨，下午大幅拉升到 56 000 元/吨，日涨幅已经达到 15 600 元/吨。下午收盘前，多头很可能会平仓出局，到时候价格会下跌，他决定短线做空沪铜，在 55 900 元/吨的价格卖出 1 手沪铜 1112 合约，占用保证金大约 4 万元，剩余 6 万元资金。止损额设定为 200 元/吨。止盈额设定为 200 元/吨。快收盘时，还没有触发止损点或止盈点，李某是该平仓还是该持仓过周末？根据技术分析，此轮反弹行情的下一个目标位有可能达到 5 月均线，同时回补前期向下跳空的衰竭性缺口 57 000 元/吨（概率很大），第二目标位有可能反弹到 20 日均线 58 000 元/吨附近（概率较小），极限反弹价位可能到达本轮下跌的起点 66 000 元/吨左右（在欧债危机未彻底解决的大背景下，概率极低）。李某的一手空单，可以支撑到 68 000 元/吨无恙［68 000－56 000＝12 000（元/吨），可以承受的最大亏损额为 6 万元］。所以他决定，收盘前如果不触发止损点或止盈点就不平仓。李某相信，下周一，即使价格会高开，也会在多头平仓盘的打压下出现较大的回调，他可以获利平仓离场。即使最糟的情况出现时，他的资金也没有问题。最主要的是，他坚定地看空沪铜的后势。最终沪铜收于 56 010 元/吨，李某持仓过周末。当天的结算价很低，在 55 350 元/吨，下周一即使高开，也不会开得太高，相对比较安全。按照结算价计算他的账面是浮动盈利 3 250 元，如图 8-13 所示。李某的分析和测算是合情合理的。

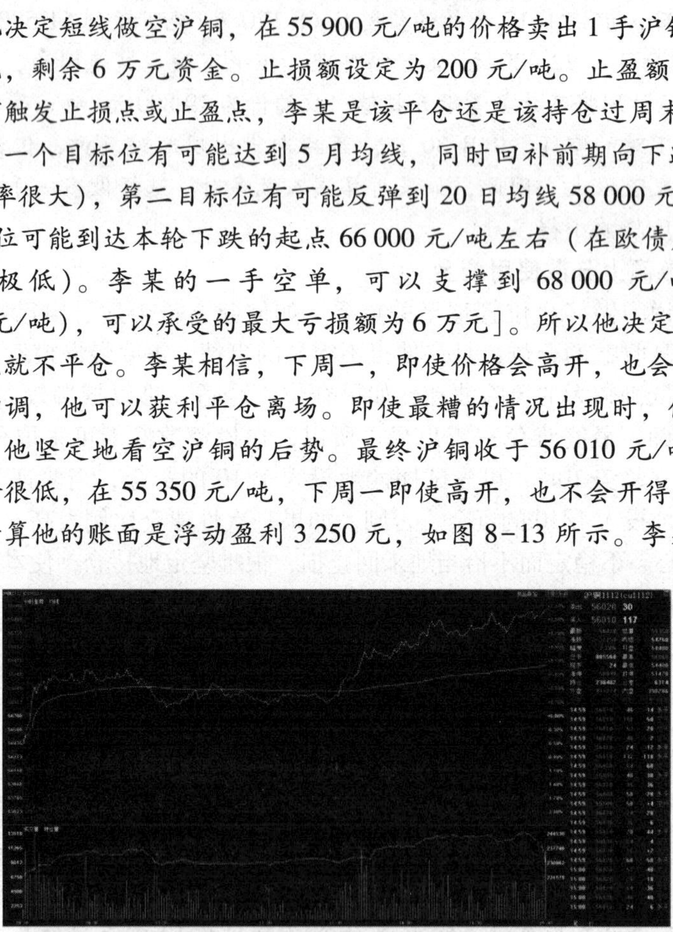

图 8-13　10 月 14 日沪铜分时图

（五）做错单时立即止损

做错单时，切忌拖延，应该立即止损。在案例 8-12 中，李某看对了大趋势，对行情的分析合情合理。但他收盘前进场做空，不是最佳时机。正当市场反弹大幅上涨时，买盘强劲，不应该逆势做空。收盘价在全天最高价附近，预计 10 月 17 日（周一）将跳空高开。所以，李某也是做错单。虽然 10 月 17 日高开之后有可能回调，他有机会获利平仓离场，但 14 日收盘前，应先止损离场，等到 10 月 17 日跳空高开时，再进场做空才是最好的策略。

事实上，10 月 17 日，沪铜果然跳空高开并上冲到 56 780 元/吨，李某的空单最大损失高达 880 元/吨，一手损失 4 400 元。所以，李某应该在 14 日止损，在 17 日的高点做空，这样不仅可以避免隔夜持仓的风险，而且盈利空间更大（如图 8-14 所示）。

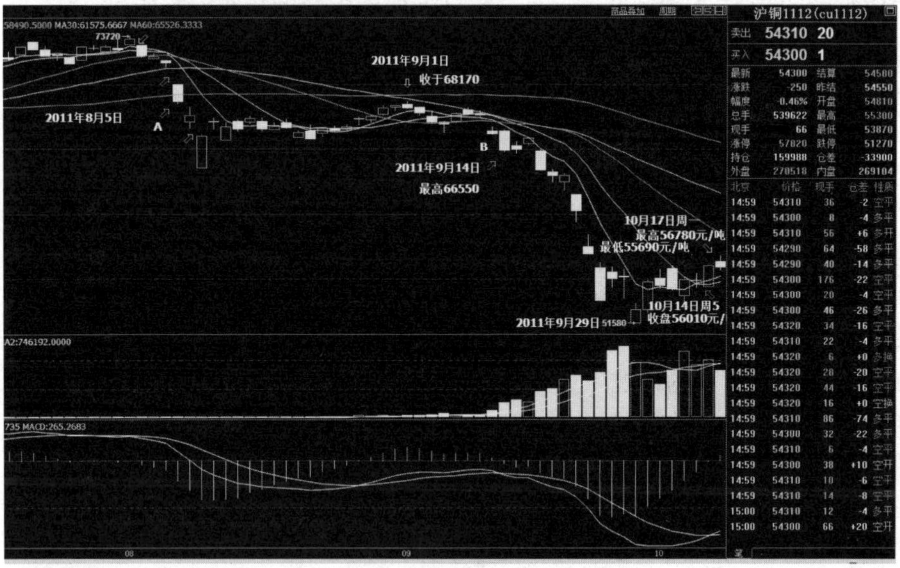

图 8-14 沪铜日 K 线图

（六）切忌盈利时过早平仓离场

一般交易者容易犯的两个错误：① 做错了的单子不止损；② 做对了的单子拿不住。这是赚小钱赔大钱的根本原因。因此，在做对了方向时，一定要尽可能增加持仓的时间，以扩大盈利比例，不要因恐惧而过早平仓离场。

（七）切忌频繁无计划随意交易

日内交易，应避免频繁交易。交易过于频繁，一方面会增加交易风险，另一方面也会大大增加手续费的数额，所以应该尽量减少交易的次数。

在交易时，切忌无计划的、随意的、情绪化的交易。随意进行交易，一旦交易方向错误，就会因为事前没有心理准备和严密的交易计划而手忙脚乱，导致损失。

在案例 8-12 中，有些交易者看到沪铜当日的涨幅太大，就进场逆势做空，结果被套，如不及时止损，会导致巨大损失。所以，一定要制订严格的交易计划，在看准行情、准备充分时再进场交易。

练习题

一、选择题

1. 期货投机的原则有（ ）。

A. 充分了解期货合约　　B. 确定最低获利目标

C. 确定最大亏损限度　　D. 确定投入的风险资本

2. 决定是否买空或卖空期货合约的时候，交易者应该事先为自己确定（ ），做好交易前的心理准备。

A. 最高获利目标　　B. 最低获利目标

C. 期望承受的最大亏损限度　　D. 期望承受的最小亏损限度

3. 某投机者预测 10 月份玉米期货合约价格将上升，故买入 10 手（10 吨/手）玉米期货合约，成交价格为 2 030 元/吨。可此后价格不升反降，为了补救，该投机者在 2 015 元/吨的价格再次买入 5 手玉米合约，当市价反弹到（ ）时才可以避免损失。

A. 2 030 元/吨　　B. 2 020 元/吨

C. 2 015 元/吨　　D. 2 025 元/吨

4. 期货投机交易的方法包括（ ）。

A. 买低卖高　　B. 卖高买低　　C. 平均买低　　D. 平均卖高

5. 采用金字塔式买入卖出方法时，增仓应遵循的原则是（ ）。

A. 在现有持仓已盈利的情况下，才能增仓

B. 在现有持仓已亏损的情况下，才能增仓

C. 持仓的增加应渐次增加

D. 持仓的增加应渐次递减

6. 下列关于投机的各项表述中，错误的有（ ）。

A. 投机者一般进行实物交割

B. 投机者的交易目的就是转移或规避市场价格风险

C. 投机交易主要利用期货市场和现货市场之间的价差获取收益

D. 期货投机交易以较少资金做高速运转，以获取较大利润为目的

二、简答题

1. 简述期货投机的概念。
2. 简述期货投机的作用。
3. 简述期货投机的原则。
4. 什么是平均买低和平均卖高，如何运用？
5. 什么是金字塔式买入和金字塔式卖出，如何运用？
6. 期货投机者有哪些类型？
7. 简述期货投机与套期保值的关系。
8. 简述期货投机与赌博的区别。

第九章

期货套利交易

本章主要内容

套利交易的概念、原理、特点；套利交易的损益计算方法；套利交易的类型；套利交易的方法；套利交易的原则；投机与套利交易的区别和联系；套利交易实盘应用案例分析。

本章重点

套利交易的原理、套利交易的策略。

第一节　套利交易概述

一、套利交易的概念与原理

（一）套利交易的概念

套利（套期图利）交易是指期货市场参与者利用不同月份、不同市场、不同商品之间的差价，在买入（或卖出）一种期货合约的同时卖出（或买入）另一种期货合约，以从中获取风险收益的交易行为。套利交易利用相关市场或者相关合约之间的价差变化，在相关市场或者相关合约上进行反向的交易，当价差发生有利变化时就可以同时平仓。利用期货市场与现货市场之间的价差进行套利的行为，称为期现套利；利用期货市场上不同合约之间的价差进行套利的行为，称为价差交易。

（二）价差交易

1. 价差交易的概念

价差是指两种相关的期货合约价格之差，它是价差交易中非常重要的概念。与投机交易不同，在价差交易中，交易者不关注某一个期货合约的价格向哪个方向变动，而是关注相关期货合约之间的价差是否在合理的区间范围。如果价差不合理，交易者可以利用这种不合理的价差对相关期货合约进行交易方向相反的交易，等价差趋于合理时再同时将两个合约平仓来获取收益。正是由于这种交易是根据相关期货合约的价差来进行的，所以这种交易被称为价差交易。

在价差交易中，交易者要同时在相关合约上进行交易方向相反的交易，也就是说要同时建立一个多头部位和一个空头部位，这是套利交易的基本原则。如果缺少了多头部位或空头部位，就像一个人缺了一条腿一样无法正常行走，因此套利交易中建立的多头和空头部位被形象地称为套利的“腿”。套利交易通常具有两条“腿”，但也有例外，例如跨商品套利交易中，如果涉及的相关商品不止两种，比如在大豆、豆粕和豆油三个期货合约之间进行的套利交易活动，可能包含了一个多头、两个空头或者一个空头、两个多头，那么在这种情况下，套利交易可能就会有三条“腿”。跨期套利交易中的蝶式套利，也有三条“腿”。

2. 套利交易中价差的扩大与缩小

由于套利交易是利用相关期货合约间不合理的价差来进行的，价差能否在套利建仓之后“回归”正常，会直接影响到套利交易的盈亏和套利的风险。如果某两个相关期货合约的价差过大，套利者会建立套利头寸，期待价差能够缩小；同样地，如果某两个相关期货合约的价差过小，套利者会建立套利头寸，期待价差能够扩大。

价差的扩大和缩小，不是指绝对值的变化，而是用建仓时价格较高的一“边”减去价格较低的一“边”所计算的价差。通过比较建仓时和平仓时的价差变化，来判断价差是扩大还是缩小。如果当前的价差大于建仓时的价差，则价差是扩大的；相反，价差是缩小的。例如：11 月 10 日 PTA1201 合约价格为 24 730 元/吨，PTA1205 合约价格为 24 280 元/吨。用 PTA1201 合约价格减去 PTA1205 合约价格，可以得出 10 日的价差为：24 730 元/吨-24 280 元/吨=450 元/吨。11 月 11 日，PTA1201 合约价格跌至 23 870 元/吨，PTA1205 跌至 23 600 元/吨，则价差为：23 870 元/吨-23 600 元/吨=270 元/吨。所以，可以判断，11 日的价差比 10 日建仓时的价差缩小了。

3. 影响价差的因素

（1）季节因素

农产品有其固定的生长、收获季节周期，金属等其他商品的消费也存在周期性，这使商品期货在一定时间内具有相对固定的价格波动规律，从而使不同季节期货合约的价格表现有强有弱。

（2）持仓费用因素

同一期货商品的仓储费用、交割费用、资金时间成本等费用相对稳定，当同一期货商品的不同月份合约价差与总费用的价差出现不合理的关系时，套利机会出现。

（3）进口费用因素

当某一国际化程度较高的商品在不同国家的市场价差超过其进出口费用时，可以进行跨国际市场的套利操作。进出口费用一般包括关税、增值税、报关检疫检验费用、信用证开证费、运输费用等。完成交易的方式可以是对冲平仓，也可以是实际进口交割。例如，在国内期货市场中，当美国大豆进口价格远低于大连大豆期货价格时，即可买入芝加哥商品交易所（CBOT）大豆合约，同时卖出大连大豆合约，进行跨市场套利操作。

（4）期现价差关系因素

利用期货市场和现货市场价格的背离，可以寻找到低风险的套利机会。期货与现货的正常价差，应大致等于运输费用、仓储费用、交割费用、资金时间成本等费用的总和。当期货与现货的价差高于费用总和时，可以在买入现货（或者预订现货）的同时，卖出相应的期货合约进行期现套利操作，赚取期现价差超额收益。

（5）压榨关系因素

压榨关系因素一般是指大豆、豆粕和豆油的压榨关系。由于豆粕、豆油是大豆的下游产品，在一定时期内三者之间的价格关系是相对稳定的。如果以大连市场上的大豆、豆粕价格及现货市场中的豆油价格计算出来的压榨利润值过高或过低，即可进行大豆、豆粕二者的套利操作。

（6）相关性关系因素

在一定时期内，某些商品间由于在使用上可以相互替代，因此通常存在相对固定的比价关系。例如，玉米与大豆在饲料用途上可以替代，当玉米相对于大豆价格过高时，种植者将选择多种玉米，消费者将多选择大豆，使玉米的供给相对增加，需求相对减少，从而提高大豆对玉米的比价，反之亦然。

（三）套利交易的原理

一种商品的现货价格与期货价格经常存在差异；同种商品不同交割月份的期货合约价格变动也存在差异；同种商品在不同的期货交易所的价格变动也存在差异。由于这些价格差异的存在和变动，使期套利交易成为可能。影响期货市场和现货市场价格变化的因素存在差异性，而这种差异性往往导致价格失真，套利正是利用市场中价格失真的机会，预计这种价格失真会最终消失，从中套取利润，因此套利的风险是有限的。我们以期货市场的跨期套利为例，来说明套利的原理。通常情况下，同一期货品种不同到期日的合约价格具有较强的相关性，一般都是同涨同跌，而且各个月份的期货合约之间会保持一个正常的价差。但是，由于某些因素的影响，有时会导致不同合约间的价差发生扭曲，即大于或小于正常的价差。例如：假定小麦两个月的仓储费和交割费用在 60 元/吨以上，两个月的持有仓单资金利息 12 元/吨以上，两项相加，理论上 11 月合约就应该比 9 月份合约高 72 元/吨以上。当两个月的价差大大高于或低于 72 元/吨时，则出现套利机会。套利就是通过跟踪并预测这种价差变化来获取利润的。套利交易也会反过来影响价差的变化，最终价差会回归到正常的范围内。

【案例 9-1】

9 月 29 日，王某对大豆 1205 合约与大豆 1207 合约进行跨期套利交易，以 4 134 元/吨的价格买入 5 月合约 10 手，以 4 228 元/吨的价格卖出 7 月合约 10 手。

10 月 17 日，5 月合约的价格上涨至 4 370 元/吨，7 月合约的价格上涨至 4 397 元/吨，王某发出平仓指令，结束套利交易。

套利结果：卖出大豆 1205 合约平仓，盈利 23 600 元，买入大豆 1207 合约平仓，亏损 16 900 元，盈亏相抵，共计盈利 6 700 元（手续费忽略不计），见表 9-1。

表 9-1 大豆套利交易表

合约	9 月 29 日	10 月 17 日	10 手（100 吨）盈利/元
1205	4 134 元/吨买入 10 手	4 370 元/吨卖出 10 手平仓	+23 600
1207	4 228 元/吨卖出 10 手	4 397 元/吨买入 10 手平仓	-16 900
基差	4 134-4 228=-94 元	4 370-4 397=-27 元	23 600-16 900=+6 700 元

二、套利交易的特点

套利交易具有风险较小且风险可控、收益稳定、操作简单且价差比期货价格变动更容易预测等特点。

（一）套利交易的风险相对较低

在进行套利交易时，交易者关注的是合约之间不合理的价格差价关系，而不是单个合约的绝对价格水平，从而相对规避了市场上价格剧烈波动时单向交易的风险。套利在本质上仍是一种投机，但是与单一合约的投机交易相比，风险小，当然收益也较小。另外，价差比期货价格变动更容易预测。

因为期货价格较大的波动率，其价格变动趋势往往不容易预测，所以期货投机者因判断失误会面临极大的风险。而合约价差不一样，由于商品期货具有一定的持有成本，价差会围绕持有成本上下波动，一旦价差偏离持有成本太远，也许就是一个很好的套利机会。在各种力量（投机者、套期保值者和套利者）的作用下，价差一般会最终回归到合理范围内。正因为价差波动范围的有限性，使得判断价差趋势较为容易，判断正确的概率要大得多。

（二）套利交易的保证金比例较低

由于套利交易与单纯的投机交易相比，交易风险较小，所以，在国际市场上，对套利交易要求的保证金相对小于单纯的投机交易，交易者在融资方面也更为灵活。

（三）套利交易更适合机构投资者

虽然套利交易风险比较低，交易者可能获得较稳定的收益，但在实际操作中对投资者的要求较高。一方面套利交易要同时承担两个市场或者两个合约的交易风险，需要较多的资金支持；另一方面套利要求投资者对价差走势有深入的跟踪和研究。这些条件是一般小投资者所不具备的。而机构投资者同时具备资金优势和研发优势，而且机构投资者更倾向于获得稳定性收益，因此国际期货市场出现了众多专门进行套利交易的机构投资者。目前我国商品期货市场已经形成了一些专业套利交易群体，他们通过套利交易稳定获利，而同时他们也间接起到平抑市场价格的不正常波动、分担市场风险、稳定市场运行的作用。

三、套利交易的损益计算方法

期货套利交易与单纯的期货投机（单一品种的投机）交易不同。套利者利用同一商品在两个合约之间的价差进行交易，其潜在利润不是基于商品价格的上涨或者下跌，而是基于不同合约月份之间价差的扩大或者缩小来实现的。

（一）套利交易的盈利计算方法

① 在合约持有期，空头的盈利高于多头的损失。

② 在合约持有期，多头的盈利高于空头的损失。

③ 两份合约都盈利。

【案例 9-2】

由于持有成本的影响，假定玉米期货合约近月和远月的价差为 80 元/吨左右，但是 5 月合约与 7 月合约目前的价差达到了 130 元/吨。5 月合约价格为 2 130 元/吨，7 月合约价格为 2 260 元/吨，出现了套利的机会。未来这两个合约的价差会向 80 元/吨回归。即如果将来价格上涨，5 月合约比 7 月合约价格上涨幅度大，反之，如果下跌，5 月合约比 7 月合约价格下跌幅度小，因此可以买入 5 月合约，同时卖出 7 月合约，进行套利交易：

以 2 130 元/吨的价格买入 5 月合约 10 手，以 2 260 元/吨的价格卖出 7 月合约 10 手进行套利交易，可能会出现以下三种盈利的结果。

① 假定两周后，5 月合约的价格下跌至 2 030 元/吨，7 月合约的价格下跌至 2 060 元/吨。可发出平仓指令，结束套利交易。

在 5 月合约上亏损：（2 130 元/吨−2 030 元/吨）×10 手×10 吨＝10 000 元，在 7 月合约上盈利：（2 260 元/吨− 2 060 元/吨）× 10 手×10 吨＝20 000 元，盈亏相抵，共计盈利 10 000 元（不计手续费）。

② 假定两周后，5 月合约的价格上涨至 2 230 元/吨，7 月合约的价格上涨至 2 300 元/吨。可发出平仓指令，结束套利交易。

在 5 月合约上盈利：（2 230 元/吨−2 130 元/吨）×10 手×10 吨＝10 000 元，在 7 月合约上亏损：(2 300 元/吨− 2 260 元/吨) × 10 手×10 吨＝4 000 元，盈亏相抵，共计盈利 6 000 元（不计手续费）。

③ 假定两周后，5 月合约的价格上涨至 2 230 元/吨，7 月合约的价格下跌至 2 200 元/吨。可发出平仓指令，结束套利交易。

在 5 月合约上盈利：（2 230 元/吨−2 130 元/吨）×10 手×10 吨＝10 000 元，在 7 月合约上盈利：(2 260 元/吨 − 2 200 元/吨) × 10 手 × 10 吨 ＝ 6 000 元，共计盈利：10 000＋6 000＝16 000 元（不计手续费）。

（二）套利交易损失的计算方法

① 在合约持有期，空头的盈利少于多头的损失。

② 在合约持有期，多头的盈利少于空头的损失。

③ 两份合约都亏损。

【案例 9-3】

以 2 130 元/吨的价格买入 5 月合约 10 手，以 2 260 元/吨的价格卖出 7 月合约 10 手进行套利交易，可能会出现以下三种亏损的结果。

① 假定两周后，5 月合约的价格下跌至 2 080 元/吨，7 月合约的价格下跌至 2 220 元/吨。可发出平仓指令，结束套利交易。

在 5 月合约上亏损：（2 130 元/吨−2 080 元/吨）×10 手×10 吨＝5 000 元，在 7 月合约上盈利：(2 260 元/吨− 2 220 元/吨) × 10 手×10 吨＝4 000 元，盈亏相抵，共计亏损 1 000 元（不计手续费）。

② 假定两周后，5 月合约的价格上涨至 2 230 元/吨，7 月合约的价格上涨至 2 380 元/吨。可发出平仓指令，结束套利交易。

在 5 月合约上盈利：（2 230 元/吨−2 130 元/吨）×10 手×10 吨＝10 000 元，在 7 月合约上亏损：（2 380 元/吨−2 260 元/吨）× 10 手×10 吨＝12 000 元，盈亏相抵，共计亏损 2 000 元（不计手续费）。

③ 假定两周后，5 月合约的价格为 2 230 元/吨，7 月合约的价格为 2 380 元/吨。可发出平仓指令，结束套利交易。

在 5 月合约上亏损：（2 230 元/吨−2 130 元/吨）×10 手×10 吨＝10 000 元，在 7 月合约上亏损：（2 380 元/吨−2 260 元/吨）× 10 手×10 吨＝12 000 元，共计亏损 22 000 元（不计手续费）。

四、套利交易的类型

（一）按照套利对象不同划分

按照套利的对象不同，套利交易可以分为跨期套利、跨市场套利和跨商品套利三种最基本的套利类型。

1. 跨期套利

（1）跨期套利的概念

跨期套利（跨月套利）是利用同一品种不同月份期货合约的价差变化，在买入一个月份的期货合约的同时，卖出相同品种另一个月份的期货合约，当两个不同月份期货合约的价差扩大或缩小到一定幅度时，同时将两个合约平仓，从而获取利润的操作模式。

（2）跨期套利的种类

跨期套利分为牛市套利、熊市套利及蝶式套利。

① 牛市套利（买近抛远）。牛市套利，是指交易者在买入一种商品的近期合约的同时，抛空同一种商品的远期合约。

② 熊市套利（买远卖近）。熊市套利，是指交易者在买入一种商品的远期合约的同时，抛空同一种商品的近期合约。

③ 蝶式套利。蝶式套利是跨期套利常用的形式，它是由共享居中交割合约的两个套利结构组成的（一个牛市套利，一个熊市套利）。由于期货市场存在一定的投机性，因此不同合约之间合理的期货价格常常会扭曲，当套利者认为中间交割月份的期货合约价格与前后交割月份的期货合约之间的相互关系出现异常时，就可以进行蝶式套利。蝶式套利是套利交易中的一种合成形式，整个套利涉及三个合约（近期合约、居中合约、远期合约）。顾名思义，蝶式套利像蝴蝶一样，两侧的翅膀是要对称于身体的，在头寸的布置上，采取1份近期合约∶2份居中合约∶1份远期合约的方式。其中近期合约、远期合约的方向一致，居中合约的方向则和它们相反。三种不同交割期的期货合约不仅品种相同，而且数量也相等，差别仅仅是价格。

2. 跨市场套利

跨市场套利（跨市套利），是指交易者利用同一商品在不同交易所的期货价格的差异，在两个交易所同时买进和卖出期货合约以谋取利润的活动。例如，在上海期货交易所买入期铜的同时，在伦敦金属交易所卖出期铜进行套利。

当同一商品在两个交易所中的价差超出了将商品从一个交易所交割仓库运送到另一个交易所交割仓库的费用时，就出现了套利机会。可以预计，它们的价差将会缩小，并在未来某一时期体现真正的跨市场交割成本。

3. 跨商品套利

（1）跨商品套利的概念

跨商品套利（跨品种套利），是指利用两种不同的但相互关联的商品之间的期货价格的差异进行套利，即买进（卖出）某一交割月份某一种商品的期货合约，而同时卖出（买入）相同交割月份另一种关联商品的期货合约。这两种商品之间具有相互替代性或受同一供求因素制约。

（2）跨商品套利的种类

① 按照市场是否相同划分，跨商品套利可以分为同一市场不同品种的套利和不同市场不同品种的套利。前者如大连商品交易所的豆粕期货合约与大豆期货合约之间的套利（原料与产品的套利），上海期货交易所的期铜与期铝之间的套利、郑州商品交易所的强麦期货合约与硬麦期货合约之间的套利等。同一市场不同品种的套利，主要是考虑两个合约之间已经出现的价差和将来价差的变化。从这个意义上说，跨商品套利与跨期套利相似。但跨商品套利的两个品种如果只是相关，而不是相同，基本面便有一定的差异，特别是在突变事件出现时将会对其中一个合约发生重大影响，而对另一个合约的影响轻微，这就决定了价格之间相对运动的速度差异，能够正确把握这种差异，套利才能成功。后者如大连商品交易所的大豆期货合约与郑州商品交易所的小麦期货合约之间的套利、大连商品交易所的豆粕期货合约与郑州商品交易所的小麦期货合约之间的套利。

② 按照套利商品之间的关系划分，跨品种套利分为相关商品套利和产业链跨商品套利。相关商品套利主要是利用具有较高相关性的商品之间走势强弱对比关系差异所进行的套利活动，如螺纹钢和线材套利、豆油和棕榈油套利、小麦和玉米套利等。产业链跨商品套利主要是利用产业链中的上下游产品相对价格的波动来进行套利，如大豆、豆粕、豆油的套利交易。

（二）按照是否交割实物划分

按照是否交割实物，套利交易可以分为虚盘套利和实盘套利。

1. 虚盘套利

虚盘套利一般不进行交割（不接实盘），当价差变化有利时即双边平仓，获利了结，或者在价差变化不利时止损平仓，又称投机套利、趋势套利。

2. 实盘套利

实盘套利，是指经过期货交割环节，存在实际货物流转的套利行为，具体可分为实物交割式跨期套利和期现套利两种。

（1）实物交割式跨期套利

实物交割式跨期套利，是指买入近月合约同时卖出远月合约进行套利，持仓到近月参与交割，用资金买回货物，获取仓单，然后在远月抛出货物，进行交割，回收货款。实物交割式跨期套利实际是商品的转手贸易，一般能稳定获利，风险很小甚至无风险。

（2）期现套利

期现套利，是指当期货市场价格和现货市场价格出现较大落差时，现货渠道的投资者可买入低价商品，同时在另一市场进行卖出操作来套利。例如：2004 年天然橡胶期货价格大幅上涨，期货价格超出现货价格达 2 000 元/吨以上，不少现货商在期货市场上高位卖出橡胶做空，再从海南、云南等地买入现货到期货市场交割，盈利丰厚。又如：上海燃料油期货低于现货价格 300 元/吨以上时，一些贸易商在期货市场上大量买入燃料油，并参与交割，最终以远低于现货的价格买入所需数量的燃料油，大大降低了采购成本。

五、套利交易与投机交易的区别

套利交易和投机交易都是以获取价差收益为目的的期货交易方式。严格地说，它们都属于投机交易，但两者之间有很大的区别。

（一）交易成本不同

为了稳定市场，期货交易所鼓励套利交易，征收较低的保证金和交易费用，而单一品种的投机交易收取较高的保证金和交易费用。

（二）利润来源不同

套利是利用相关期货合约或期货与现货之间的相对价差套取利润，套利者不关心期货合约绝对价格的高低，只关注价差的变化。单一品种的投机者关心的是单一期货合约价格的涨跌，利用单一期货合约价格的波动赚取价差收益。

（三）交易方式不同

套利交易是在相关期货合约之间或期货与现货之间同时建立多头和空头头寸，在同一时点上是双向交易。单一品种的期货投机交易是在同一时点上进行单方向交易，对单一期货合约建立多头或空头头寸，即预期价格上涨时做多，预期价格下跌时做空。

（四）承担的风险程度不同

期货投机者要承担单一期货合约价格变动的风险，而套利交易者承担的是两个合约之间的价差变动的风险。由于相关期货合约价格变动方向具有一致性（期现套利中期货价格和现货价格变动方向也具有一致性），因此价差变动的幅度一般要小于单一期货合约价格波动的幅度。所以，套利交易相对于单纯的投机交易来说所承担的风险更小。

第二节 套利交易的原则与方法

一、套利交易的原则

一般来说，在进行套利时，要遵循以下原则。

（一）买卖方向对应的原则

买卖方向对应的原则即在买入一个合约建立多单的同时，卖出另一个合约建立空单。

（二）买卖数量相等的原则

买卖数量相等的原则即在套利时，买入合约的数量与卖出合约的数量要相等。

（三）同时建仓的原则

同时建仓的原则即在套利时，要同时建立多、空双向头寸。

（四）同时对冲的原则

同时对冲的原则即在对冲了结套利头寸时，要同时进行。

（五）合约相关性的原则

合约相关性的原则即套利一般要在两个相关性较强的合约间进行。

二、套利交易的条件

（一）差价变化必须具有规律性

一般来说，两个期货合约之间的差价会在一个区间内波动，极少突破区间的上下界限。在这个变动区间内，当差价扩大到上限时就会缩小，价差缩小到一定程度时又会扩大。总之，差价在一定幅度内的来回波动应该是一个大概率事件。

（二）期货合约之间价格波动具有相关性和联动性

拟进行套利的两个期货合约之间的价格波动必须具备一定的相关性和联动性。一般来说，相关系数为“0.7～0.95”，套利效果比较好。如果相关性过高，风险虽小，但套利空间也很小；如果相关性太低，二者之间的价差变化没有规律性，套利风险也大大增加。

（三）有足够的流通性和容量

拟进行套利的期货合约应有足够的流通性和容量（合约的交易量和持仓量较大），便于套利盘建仓和平仓离场。否则，会影响套利操作的效果。

三、套利机会的判断

套利交易是建立在两个合约价差关系的基础之上的，两个合约之间的价差异常时，可以进场套利，而价差回归正常时，可以平仓获利离场。因此，判断两个合约价差关系是否正常，是捕捉套利机会的关键。一般可采取成本分析法、比价（价差）区间分析法与产业趋势预测法（不仅限于此三种方法），对两个合约价差关系是否正常进行判断，从而寻找最佳套利机会。

（一）成本分析法

1. 成本分析法的定义

成本分析法是从成本的角度，通过分析两个期货合约在成本方面的逻辑关系，来推断价差是否合理，是否存在套利空间的一种方法。

2. 成本的构成

（1）跨期套利的成本

跨期套利的成本，主要是指期货合约的持仓成本，包括仓储费用和占用资金的利息、期货交易费用和交割费用、增值税等。如果两个不同月份期货合约的价差远离持仓成本，就出现了套利机会。下面以大连大豆期货为例，说明持仓成本的具体计算方法。

① 刚性成本。仓储费：0.40 元/(吨·天)，一个月 30 日仓储费=0.40 元/(吨·天)×30 天=12 元/吨；期货交易手续费：8 元/吨（单边），买入近月合约手续费+卖出远月合约手续费=16 元/吨；交割费：4 元/吨（交割一次），交割两次 8 元/吨。

总费用=(手续费+交割费)×2+仓储费×持有的月数+增值税

② 资金占用成本。按贷款年利息=5.22%（月利息=5.22%/12=0.435%）计算，仓单价值 4 400 元/吨，仓单占用资金的利息=4 400×0.435%×持有的月数。期货交易保证金占用资金的利息（期货交易保证金比例按 10%计算）：4 400×10%×0.435%×持有的月数。

资金占用成本=(仓单占用资金的利息+期货交易保证金利息)×0.435%×持有的月数

=(1+10%)×4 400×0.435%×持有的月数

持仓成本构成表见表 9-2。

表 9-2 持仓成本构成表 单位：吨

资金来源	成本构成	持有 1 个月	持有 2 个月	持有 4 个月
刚性成本	（8+4）×2+12×持有的月数	36 元	48 元	60 元
资金占用成本	（1+10%）×4 400×0. 435%×持有的月数	21 元	42 元	63 元
合计	以上两项相加	57 元	90 元	123 元

注：暂不计算增值税。

（2）跨市场套利的成本

进行跨市场套利时要考虑汇率和运费的变动情况。以伦敦铜和上海铜的跨市场套利为例，伦敦铜运输到上海的港口价格公式为：

铜进口成本=(伦敦三月铜+现货对伦敦三月铜升贴水+到岸升贴水)×汇率×(1+关税税率)×(1+增值税率)+其他杂费（到岸短驳费、商检费、进港费等）

关税税率：0%；增值税率：17%；其他杂费：100 元。假如伦敦三月伦敦铜的价格为 7 000 美元/吨，现货对三月伦敦铜升贴水：50 美元/吨，到岸升贴水：60 美元/吨，进口关税：0%，增值税：17%，汇率：6. 86，其他杂费为 100 元/吨。则：

铜进口成本=(7 000+50+60)×6. 86×1×1. 17+100=57 166（元/吨）

即铜进口成本价为 57 166 元/吨，如果上海铜的价格大大超出这个港口理论价格，就出现了跨市场套利的机会。

（3）跨商品套利的成本

下面以大连商品交易所的大豆和豆粕套利为例说明跨商品套利的成本。如果忽略压榨过程中的正常损耗，目前国内大豆的平均压榨水平为 1 吨大豆压榨出 0. 8 吨豆粕和 0. 2 吨豆油，压榨成本为 110 元/吨左右。

一般正常的压榨利润不超过 50 元/吨，可以用公式表示：

压榨利润=豆粕价格×0. 8+豆油价格×0. 2-大豆价格-110 元/吨

如果压榨利润为负值，则可以卖出大豆，买入豆粕；反之，如果压榨利润大大超过 50 元，说明大豆和豆粕的价差超过正常的水平，可以买入大豆，卖出豆粕。

（4）期现套利的成本

期现套利，是指当期货市场与现货市场在价格差距发生不合理变化时，在两个市场上进行反向交易，从而利用价差变化获利的行为。期现套利的类型可分为正向套利和反向套利。正向套利是买入现货的同时卖出期货；反向套利是卖出现货的同时买入期货。在正向市场中，期货合约价格应略高于现货价格。如果到期的期货合约价格与现货价格相差很大，那么交易商就可以在现货、期货市场进行套利。假如到期玉米期货价格比现货高 150 元/吨，投机商只需在期货市场卖出玉米期货合约，在现货市场买入等量的玉米，并用于期货市场的实物交割。投机商支付较少的交易手续费和交割费，即可获得无风险收益。有时，由于种种原因，到期的商品期货价格往往与现货价格相差很大。一些现货商就利用期货、现货两个市场之间的价差，进行无风险套利，获利颇丰。期现套利有利于平抑期货市场的过度投机，使临近交割期的期货价格与现货价格保持一致。

我国上海黄金交易所现货市场中，适于进行期现套利的品种主要是 AU9995 和 AU（T+D），两者交易方式的不同决定了对其进行套利时的成本不同，AU9995 采用全额交易，其成本中的重要组成部分是机会成本；而 AU（T+D）采用分期付款方式进行交易，延期补偿费是其成本的重要部分。除机会成本及延期补偿费外，两个品种套利交易的其他成本基本相同，这主要包括在现货市场上买卖黄金的手续费、运输保险费及出库费，以及期货市场上买卖黄金期货的交易手续费、仓储费、交割手续费及出入库费等。黄金期货交割基本单位为一手 1 000 克，交割品级为金含量不小于 99.95%的国产金锭，交割单位为每一仓单标准重量 3 000 克。下面以某一年进行 3 000 克黄金套利为例，利用 AU9995 及 AU（T+D）进行套利均需要的成本计算如下。

① 金交所现货交易成本。手续费：0.120 元/克×3 000 克＝360 元；运保费：0.07 元/克×3 000 克＝210 元；出库费：0.002 元/克×3 000 克＝6 元。

② 期交所期货交易成本。交易手续费（3 手，双边）：60 元/手×3 手×2＝360 元；仓储费：1.8 元/（千克・天）×78 天×3 千克＝ 421 元；交割手续费：0.06 元/克×3 000 克＝180 元；出、入库费：4 元/千克×3 千克＝12 元。

③ 总成本合计为 1 549 元。运用 AU9995 及 AU（T+D）进行套利时最大的区别在于，机会成本和延期补偿费的不同。若是用 AU9995 进行套利，需要计算机会成本。当时，中国人民银行公布的一年期贷款利率为 7.47%，按照按金交所 3 月 28 日 AU9995 黄金报价 212.81 元/克计算，购入 3 千克黄金，所需资金为 638 430 元，78 天的资金成本为 10 191 元；按上海期货交易所 3 月 28 日，6 月合约 212.25 元/克买卖 3 手，所需资金成本为 636 750 元，按上海期货交易所规定，标准仓单可充抵交易保证金的 80%，78 天的资金成本为 2 722 元。则每千克黄金期现套利总成本为（1 549+10 191+2 722）/3＝4 821（元/千克），即两个市场价差要在 4.8 元/克以上才有期现套利机会。如果是用 AU（T+D）进行套利，除上述各项成本外，还要计算延期费。按照 3 月 28 日收盘价计算，AU（T+D）合约延期费为 0.02%×212.81×78×3 000＝9 960（元），则每千克黄金期现套利总成本为（1 549+9 960）/3＝3 837（元/千克），即两个市场价差要在 3.8 元/克以上才有套利机会。

（二）比价（价差）区间分析法

比价区间分析法是建立在两个相关合约价格关系的稳定性基础上，根据历史资料，绘制出两个相关合约的比价图（价差图），反映比价（价差）的正常波动区间，如果脱离此区间，则视为不正常的暂时状态，因而存在回归到常态的要求。由图 9-1 所示的沪铜/伦铜比价图可以看出，沪铜与伦铜的比价为 1.04 ～ 1.21。如果脱离此区间，则套利机会出现，可以进场套利。当比价回归到合理水平后，则可以对冲平仓了结。

比价（价差）区间分析法一般比较适合跨市场套利。如果用于跨商品套利，则有其缺点。这种方法只考虑相关合约之间历史比价（价差）关系，仅关注价差的回归，而没有考虑到不同品种的合约，其各自产业状况的不同。以铜、铝为例，铜和铝的部分用途具有可替代性，两者之间有较稳定的成本价差。因此，在通常情况下，它们的价差处于一个稳定的区间内。当价差偏离区间上限、下限较远时，可以进场套利。如图 9-2 所示，2014—2019 年上海期铜与上海期铝两个合约的价差以 2 500 元/吨为中轴，在 790 ～ 4 580 元/吨波动。当价差偏离区间上限、下限较远时，一般会向 2 500 元/吨回归。2017 年 11 月 8 日，铜铝合约价差达到了 680 元/吨的低点，突破了价差的下限。此时套利机会出现，可买期铜合约卖期铝合约进行跨品种套利。之后，价差又回到 2 500 元/吨，可平仓了结头寸。

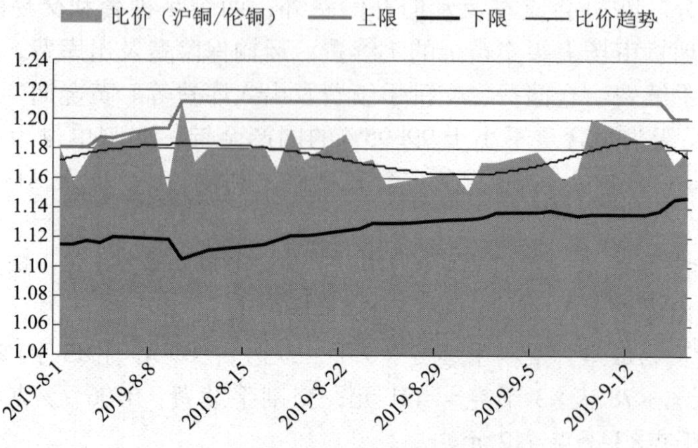

图 9-1 沪铜/伦铜比价图

2019 年 10 月份，期铜与期铝价差突破了上限，达到 5 000 元/吨的长期高点。此时按照比价（价差）区间分析法，可以进行卖铜买铝的套利操作，期待价差回归到 2 500 元/吨后，获利平仓了结。但从图 9-2 可以看出，期铜与期铝的价差不仅没有回归 2 500 元/吨，而且不断地继续扩大。如果当时卖铜买铝套利，则损失惨重。2019 年 6 月以后，期铜与期铝的价差一直在扩大，2019 年 11 月 9 日沪铜收盘价为 57 970 元/吨，沪铝收盘价为 16 280 元/吨，价差已经扩大到 41 690 元/吨，沪铜与沪铝的比价达到 3. 56 ∶ 1。这说明，仅根据比价（价差）区间分析法提供的套利机会去进行套利，还是有很大风险的。

图 9-2 2014—2019 年沪铜、沪铝价差走势图

（三）产业趋势预测法

产业趋势预测法是对拟进行套利的两个合约标的商品所属行业的发展前景和趋势进行分析，借此判断套利机会的方法。产业趋势预测法适用于跨品种套利。

拟进行套利的两个合约标的商品一般具有较强的相关性。但它们所处行业的基本状况、发展前景还是存在一定的差异，因此应该对导致其价差出现背离走势的根本原因进行分析，即对两个合约标的商品各自所属行业的发展前景和发展趋势进行分析，借此来判断两个合约的未来价格走势孰强孰弱，进而判断其价差走势是将进一步扩大还是缩小。沪铜和沪铝的套利，就适合采用此种方法寻找套利的机会。铜和铝虽然有一定的相关性，但在产业链上却存在较大的差异。在上游，铝矿资源要比铜矿资源丰富，我国是铝的出口国，而铜还要大量依靠进口。在下游，铝与建筑、交通、电力、机械、包装行业相关，而铜与电气、电子、机械、交通、建筑行业相关。近几年，国内的电力、电子与房地产行业发展速度较快，对铜的需求旺盛。因此，由于上下游产业的基本状况，导致了铜价的升幅要远大于铝价的升幅，从而使铜铝之间的价差被迅速拉大，导致采用比价（价差）区间分析法进行套利的投资者损失很大。如果不是简单地依据历史价差区间判断套利机会，而是结合产业趋势预测法，进行综合分析判断之后，进行买铜卖铝的操作，则可以避免遭受巨大的损失。由此可见，在进行跨商品套利时，对产业状况和前景的分析预测是十分必要的。虽然套利关注的是套利品种之间的价差关系，但不能忽视对价差形成原因的分析，对产业状况以及不同商品的价格影响因素要十分清楚。一般可将以上三种方法结合使用，提高对价差变动趋势判断的可靠度，降低套利的风险。

四、套利交易的方法

（一）跨期套利的方法

跨期套利实质是利用同一商品期货合约的不同交割月份之间差价的相对变动来获利。当两个不同月份合约的价差出现异常（大于或小于持仓成本）时，就出现了套利机会，当价差回归正常时平仓获利。导致不同月份合约产生价差的主要原因是资金偏好差异和季节性因素。有时资金主要集中于某一个合约的交易，使其波动速度要明显地快于其他合约。当正常的价差被扭曲时，意味着套利机会来临。此时，可以买入一个月份的合约，卖出另一个月份的合约进行套利交易，待价差回归正常时，将两个月份的合约同时平仓，期望其中一个月份的合约盈利额大于另一个月份的合约亏损额，盈亏相抵，获得净收益。

1. 套利机会的判断

人们可以运用成本法计算持仓成本，来分析不同月份合约当前的价差是否合理，并对其是否存在套利空间进行判断。

套利空间为两个合约的价差减去持仓成本。若两个不同月份合约的价差接近持仓成本，为合理价差区间；若远离持仓成本，则存在套利空间，套利机会出现。

2. 牛市套利的方法

牛市套利是指交易者在买入期货近月合约的同时，抛空同一种商品的远期合约（正向套利）。牛市套利是当两个不同月份合约的价差大于持有成本时，买近月抛远月进行套利，期望当两个不同月份的合约价差缩小时获利。所以，当两个不同月份合约的价差缩小（价差收敛）时，对牛市套利是有利的，原因是在牛市之中，近期需求旺盛，供不应求，上涨时，近月合约价格的涨幅大于远月合约，下跌时，近月合约价格的跌幅小于远月合约，所以可抛远月合约、买近月合约进行套利。牛市套利的具体方法如下。

① 在期价上涨时，预期近期合约走势强于远期合约，即近期合约上涨得比远期合约快，可以买进近期合约、抛出远期合约进行套利。

② 在期价下跌时，预期近期合约下跌幅度要小于远期合约，可以买进近期合约、抛出

远期合约进行套利。

③ 近期合约上涨而远期合约下跌时，可以买进近期合约、抛出远期合约进行套利。

【案例 9-4】

如果玉米期货 5 月合约与 7 月合约的合理价差为 40 元/吨，10 月 9 日出现套利机会，5 月合约价格为 2 130 元/吨，7 月合约价格 2 260 元/吨。5 月合约与 7 月合约的价差达到了 130 元/吨，远远大于持仓成本，因此可以买入 5 月合约，同时卖出 7 月合约进行正向套利。套利计划如下。

（1）操作方向：买玉米 1105 合约 10 手，卖玉米 1107 合约 10 手。

（2）持仓周期：半年之内，适时了结。

（3）建仓条件。

① 玉米 1107 价格-玉米 1105 价格>40 元/吨时建仓，即买玉米 1105 合约，卖玉米 1107 合约。

② 如果价格上涨，预计 5 月合约比 7 月合约价格上涨幅度大。

③ 如果价格下跌，预计 5 月合约比 7 月合约价格下跌幅度小。

（4）平仓及滚动操作条件。

① 盈利目标：5 月合约与 7 月合约的价差缩小到 40 元/吨以内。

② 止损目标：当两个月份合约的价差趋于朝有利方向变化（价差缩小）时，即对冲平仓（虚盘套利），当价差反方向变化（价差扩大）时，不需要止损，可以等待交割（转为实盘套利），即通过近月交割获得现货，通过远月交割将现货卖出去，实现无风险套利。

（5）盈亏计算。12 月 9 日，5 月合约的价格下跌至 2 030 元/吨，7 月合约的价格下跌至 2 060 元/吨。两个合约的价差缩小到 30 元/吨。可发出平仓指令，结束套利交易。

在 5 月合约上亏损：（2 130 元/吨-2 030 元/吨）×10 手×10 吨=10 000 元

在 7 月合约上盈利：（2 260 元/吨- 2 060 元/吨）× 10 手×10 吨=20 000 元

牛市套利操作见表 9-3。

表 9-3 牛市套利表

10 月 9 日	以 2 130 元/吨的价格买入 5 月合约 10 手	以 2 260 元/吨的价格卖出 7 月合约 10 手	
12 月 9 日	以 2 030 元/吨的价格卖出 5 月合约 10 手	以 2 060 元/吨的价格买入 5 月合约 10 手	
盈亏状况	5 月合约亏损：10 000 元	7 月合约盈利：20 000 元	盈亏相抵，净盈利：10 000 元

牛市套利的优点：① 风险几乎为零。由于买近卖远跨期套利有一定的特殊性，使其几乎无风险性。这种特殊性就是当不同月份合约的价差朝着有利方向变化（价差缩小）时，就可以对冲平仓，而当价差反方向变化（价差扩大）时，就可以参与交割，实现无风险套利。② 可操作性强。买近卖远跨期套利实践中涉及的环节比较少，并且在整个套利过程中只需要缴纳交易费、仓储费、交割费，因此可操作性强。

3. 熊市套利的方法

熊市套利是指在买入一种商品的远期合约的同时，抛空同一种商品的近期合约。熊市套利是当两个不同月份合约的价差小于持有成本时，买远月抛近月进行套利，期望当两个不同月份的合约价差扩大时获利。所以，当两个不同月份合约的价差扩大时，对熊市套利是有利的。原因是，在熊市中，由于近期消费不足，供给相对宽松，下跌时，往往近月合约价格的跌幅大于远月合约，上涨时，近月合约价格的涨幅小于远月合约，所以可抛近月合约、买远月合约进行套利。

在正常情况下（正向市场），期货合约间的价格关系应是近月价格低于远月价格（由于持仓成本），但有时会出现近月合约大大高于远月合约的现象（反向市场）。但这种现象往往不会持续太长时间，一般都会很快恢复正常，这也就给投资者提供了熊市套利（反向套利）的机会。但由于反向套利不能转化为实盘套利，而且当现货紧张时近月对远月可以无限地升水，所以其风险是事先不可预知的，在交易中必须要设好止损，执行严格的资金管理。熊市套利的具体方法如下。

① 在期价上涨时，预期远期合约走势强于近期合约，即远期合约的价格上涨得比近期合约的价格快，可以买进远期合约抛出近期合约进行套利。

② 在期价下跌时，预期远期合约的价格下跌幅度要小于近期合约的价格，可以买进远期合约、抛出近期合约进行套利。

③ 远期合约的价格上涨而近期合约的价格下跌时，可以买进远期合约，抛出近期合约进行套利。

【案例 9-5】

小麦期货 9 月和 11 月合约，合理差价应该在 50 元/吨以上，即 11 月应该至少比 9 月高 50 元/吨。7 月 1 日，11 月合约比 9 月合约还低 10 元/吨，价差远小于 50 元/吨，出现异常，可以开始实施熊市套利。套利计划如下。

（1）操作方向：买小麦 1111 合约 1 000 手（价格为 2 000 元/吨），卖小麦 1109 合约 1 000 手（价格为 1 990 元/吨）

（2）持仓周期：1 个月。

（3）建仓条件。

① 小麦 1111 合约价格-小麦 1109 合约价格<50 元/吨时建仓，即买小麦 1111 合约，卖小麦 1109 合约。

② 如果价格上涨，预计 11 月合约比 9 月合约价格上涨幅度大。

③ 如果价格下跌，预计 11 月合约比 9 月合约价格下跌幅度小。

（4）平仓及滚动操作条件。

① 盈利目标：9 月合约与 11 月合约的价差扩大到 50 元/吨，即 11 月合约至少比 9 月合约价格高 50 元/吨。

② 止损目标：当两个月份合约的价差趋于朝有利方向变化（价差扩大）时，即对冲平仓（虚盘套利），当价差反方向变化（价差继续缩小）时，就要止损，止损目标设为 20 点。因为熊市套利（买远月抛近月）不能转为实盘套利，所以有一定的风险。

（5）盈亏计算。7 月 30 日，小麦期货价格开始见底回升，远期合约纷纷上扬。11 月合约为 2 150 元/吨，9 月合约为 2 100 元/吨，价差扩大到 50 元/吨。可以卖出 11 月合约，买入 9 月合约，平仓了结，结束套利操作。

9 月合约亏损额为：

$$2\,000\ 元/吨-2\,100\ 元/吨=-100\ 元/吨$$

$$-100\text{ 元/吨}\times1\ 000\text{ 手}\times10\text{ 吨}=-1\ 000\ 000\text{ 元}$$

11月合约盈利额为：

$$2\ 150\text{ 元/吨}-1\ 990\text{ 元/吨}=160\text{ 元/吨}$$

$$160\text{ 元/吨}\times1\ 000\text{ 手}\times10\text{ 吨}=1\ 600\ 000\text{ 元}$$

盈亏相抵，盈利60万元。

熊市套利操作见表9-4。

表9-4 熊市套利表

7月1日	以2 000元/吨的价格卖出9月合约1 000手开仓	以1 990元/吨的价格买入11月合约1 000手开仓	
7月30日	以2 100元/吨的价格买入9月合约1 000手平仓	以2 150元/吨的价格卖出11月合约1 000手平仓	
盈亏状况	9月合约亏损：1 000 000元	11月合约盈利：1 600 000元	净盈利：600 000元

4. 蝶式套利的方法

（1）蝶式套利的形式

① 建立蝶式套利的头寸。第一，牛市套利。买入1手大豆3月合约开仓，卖出1手大豆5月合约开仓。第二，熊市套利。卖出1手大豆5月合约开仓，买入1手大豆7月合约开仓。

② 了结套利头寸。第一，了结牛市套利的头寸。卖出1手大豆3月合约平仓，买入1手大豆5月合约平仓。第二，了结熊市套利的头寸。买入1手大豆5月合约平仓，卖出1手大豆7月合约平仓。

（2）蝶式套利的特点

① 蝶式套利实质上是同种商品跨交割月份的套利。

② 蝶式套利由两个方向相反的跨期套利组成。

③ 连接两个跨期套利的纽带是居中月份的期货合约，数量是两端之和。

④ 蝶式套利必须同时下达3个买卖指令。

⑤ 蝶式套利与普通的跨期套利相比，从理论上看风险和利润都较小。

蝶式套利在期货交易中运用得不太多，经常被运用在期权交易中。在期权交易中，除了合约跨期蝶式套利，还有同合约敲定价间的蝶式套利。

【案例9-6】 沪铜蝶式套利（见表9-5）。

表9-5 蝶式套利表

合约月份	11月份	12月份	次年1月份
9月1日	68 690元/吨 买入沪铜1111一手开仓	68 700元/吨 卖出沪铜1112两手开仓	68 180元/吨 买入沪铜1201一手开仓
10月21日	51 000元/吨 卖出沪铜1111一手平仓	51 300元/吨 买入沪铜1112两手平仓	52 200元/吨 卖出沪铜1201一手平仓

续表

合约月份	11 月份	12 月份	次年 1 月份
各合约盈亏状况	亏损 17 690 元/吨 总亏损： 17 690×5＝88 450（元）	盈利 17 400 元/吨 总盈利： 17 400×10＝174 000（元）	亏损 15 980 元/吨 总亏损： 15 980×5＝79 900（元）
净盈亏			5 650 元

（二）跨市场套利的方法

1. 影响市场间价格差异的因素

在进行跨市场套利时，应注意影响各市场价格差的因素，如运输费用、交割品级的差异等。

（1）运输费用

运输费用是决定同一品种在不同交易所间价差的主要因素。一般来说，离产地越近的交易所期货价格较低，离产地越远则价格越高，两者之间的正常差价为两地间的运费。投资者在进行跨市场套利时，应着重考虑两地间的运输费用和正常的差价关系。

（2）交割品级的差异

跨市场套利虽然是在同一品种间进行，但不同交易所对交割品的品质级别有不同的规定。以大豆期货为例，各交易所对可交割大豆的标准品级的各项指标（如纯粮率、出油率、水分、杂质）等的规定都不尽相同，这在一定程度上造成了该品种在各交易所间价格的差别。同时，各交易所对替代品的升贴水标准也有很大差异。投资者在进行跨市套利时，应对各交易所间交割品级的差别有充分的了解。

（3）交易单位与汇率波动

在进行跨市场套利时，可能会遇到不同交易单位和报价体系问题，将会在一定程度上影响套利的效果。如果在不同国家的市场进行套利，还要承担汇率波动的风险。投资者在进行套利前应对可能出现的损失进行全面估量。

（4）保证金和佣金成本

跨市场套利需要投资者在两个市场缴纳保证金和佣金，保证金的占用成本和佣金费用要计入成本之中。只有两市间的套利价差高于上述成本之时，才可以进行跨市套利。由于跨市套利是在两个市场进行交易，其交易成本一般要高于其他的套利形式。

跨市场套利虽然是在相同的品种之间进行套利，但因所处市场不同，影响因素也不尽相同。除考虑以上因素外，还要关注价差水平、价差的相对运动趋势，要考虑涨跌停板、保证金水平、资金流动等因素。以沪铜与伦敦铜的套利为例。沪铜每天的涨跌停板幅度为 6%，而伦敦铜的涨跌停板幅度则没有规定，这便造成套利风险。另外，不同市场之间存在交易时差，无法使套利建仓和套利对冲做到完全同步，在市场剧烈波动的情况下，另一条“腿”来不及建仓或来不及对冲，使套利无法成功操作，会带来很大的风险。另外，套利在两个市场之间进行，必然会出现一边头寸盈利，而另一边头寸亏损的情况，但又不能像同一个市场套利那样，用盈利来冲抵亏损部分，使账面大致平衡。按照交易规则，亏损很大时，如不能及时追加保证金，就要强行平仓，会使套利头寸只剩一条“腿”，这样套利被动地演变成了投机，风险很大。因此，在进行跨市场套利时，资金的保证是极为重要的。

2. 跨市场套利组合

跨市场套利的商品组合必须具有相关性和联动性。能够满足此要求的套利组合，主要有以下几组。

（1）沪铜-伦铜组合

沪铜和伦铜保持高度的正相关，相关系数高达 0.95 以上。这一组合是跨市场套利使用最多的一种组合。沪铜-伦铜的比价波动区间为 10.5 ～ 9.5，中轴区为 10.0。1999 年以来的统计数据表明，不管是熊市还是牛市，都能满足这种关系，规律性非常明显。加上交易活跃，持仓量比较大，适合千万元到亿元以上的大资金运作。沪铜-伦铜组合的优点：套利机会多，容易把握；流动性好，易于进出；运行规范，收益率比较稳定（一般能达到 10% 以上）。沪铜-伦铜组合的缺点：上海与伦敦的交易存在时差，进场和出场的点位不易把握，特别是出现价格波动很大的单边上涨或单边下跌行情时；资金及时划拨较困难，当一边的头寸因亏损而急需资金时，难以从另一个市场抽出资金来补充，不容易做到资金平衡和头寸平衡；汇率风险大。

（2）连豆-芝加哥大豆组合

大连大豆和芝加哥大豆保持高度的正相关，相关系数高达 0.91 以上。连豆-芝加哥大豆组合的比价波动区间为 1.58 ～ 1.22，中轴区为 1.40。一般连豆-芝加哥大豆组合的互动规律性很强，价格回归性良好，每年收益率在 25% 以上的套利机会多达 5 ～ 8 次。连豆-芝加哥大豆组合的优点：市场容量大，适合过亿元的大资金运作；套利容易成功；比价变动的方向性好，一旦形成趋势，不会轻易反复，套利利润容易巩固；流动性好，易于进出；收益率比较稳定，意外风险较小。连豆-芝加哥大豆组合的缺点：两地交易存在时差，进场和出场的点位较难把握，但芝加哥大豆报价连续，能相对容易地在合适价位建仓；报价单位不统一，计算盈亏较麻烦；资金划拨相对比较困难，在途时间较长；汇率风险较大。

（3）连豆-郑州硬麦组合

大连大豆和郑州硬麦保持较高的正相关，相关系数为 0.82 以上。其比价波动区间为 2.05 ～ 1.36，中轴区为 1.70。2003 年 9 月以后，比价大幅上移，突破历史上限，最高达 2.38，并且长时间维持在历史上限之上。由于小麦是大品种，价格的稳定性较好，具有镇定市场的作用。在熊市中，以“卖豆-买麦”套利为佳；在牛市中，则以“买豆-卖麦”套利为佳，收益率可达 100% 以上。由于比价跨度大，收益率在 20% 以上的机会很多。连豆-郑州硬麦组合的优点：套利机会多，而且收益率高；容易进行资金管理和头寸管理，期货经纪公司可以承担交易所的部分结算功能，套头之间的盈亏容易自动平衡，不必划拨资金；交易时间相同，报价单位统一，盈亏直观明了。连豆-郑州硬麦组合的缺点：小麦的持仓量和流动性与大豆相比要差得多，进出不太方便，适合中小资金运作。

（4）沪胶-东京胶组合

上海天胶与东京橡胶保持较高的相关性，相关系数为 0.916，其比价波动区间为 1.68 ～ 1.10，中轴区为 1.40。2000 年 1 月最大比价出现过 1.80，2003 年比价区间收敛为 1.65 ～ 1.29。由于上海天胶与东京橡胶的比价跨度大，而且短线波动幅度很大，建仓机会不易把握，风险较大。

3. 跨市场套利的方法

① 在期价上涨时，预期甲市场某一品种的期货合约的走势强于乙市场同一品种的期货

合约，即甲市场某一品种的期货合约价格上涨的幅度比乙市场同一品种的期货合约价格上涨的幅度大，可以买进甲市场的某一商品合约，抛出乙市场的同一商品合约进行套利。

② 在期价下跌时，预期甲市场某一品种的期货合约的走势强于乙市场同一品种的期货合约，即甲市场某一品种的期货合约价格下跌的幅度比乙市场同一品种的期货合约价格下跌的幅度小，可以买甲抛乙进行套利。

③ 当甲市场某一品种的期货合约价格上涨，而乙市场同一品种的期货合约价格下跌时，可以买甲抛乙进行套利。

反之，则买乙抛甲。

【案例 9-7】 期铝跨市场套利

在通常情况下，上海期货交易所（SHFE）与伦敦金属交易所（LME）之间的三月期铝期货价格的比价关系为 10∶1。但 10 月 21 日，两市场之间的三月期铝期货价格的比价关系为 7.5∶1，小于正常的价差。上海三月期铝价格走势明显强于伦敦铝，于是，某金属进口贸易商决定在 LME 以 2 160 美元/吨的价格卖出 3 000 吨三月期铝期货合约，并同时在上海以 16 160 元/吨的价格买入 3 000 吨三月期铝期货合约。一个月以后，两市场的三月期铝的价差扩大为 7.7∶1（SHFE 铝价为 15 800 元/吨，LME 铝价为 2 060 美元/吨）。于是，该金属进出口贸易商决定在 LME 以 2 060 美元/吨的价格买入 3 000 吨三月期铝合约进行平仓，同时在 SHFE 以 15 800 元/吨的价格卖出 3 000 吨三月期铝合约平仓，完成了跨市场套利的交易，共获利 95 万元（不计手续费和财务费用）。

上海盈利：(16 160−15 800)×3 000＝1 080 000（元）

伦敦亏损：(2 160−2 060)×6.3(汇率)×3 000＝1 890 000（元）

净收益为：189−108＝81（万元）。

通过上述案例，我们可以发现，跨市场套利交易是一种风险相对较小，利润也相对较小的期货投机行为。套利的风险较低，盈利也比单一合约的投机交易要小得多。

（三）跨商品套利的方法

1. 跨商品套利的时机

跨商品套利的主导思想是寻找两种具有相关性的商品间的相对稳定的价差关系，在其脱离正常的价差区间时，进行套利操作，待回归正常价差区间时，平仓离场。具体操作方法与跨市场套利大致相同。

例如：如果预期 SP500 指数期货合约的价格上涨幅度将大于纽约证券交易所综合股票指数期货合约的价格上涨幅度时，则买进 SP500 指数期货合约，卖出纽约证券交易所综合股票指数期货合约；而当套利者预期纽约证券交易所综合股票指数期货合约的价格上涨幅度将大于 SP500 指数期货合约的上涨幅度时，则卖出 SP500 指数期货合约，买进纽约证券交易所综合股票指数期货合约，待获利后平仓了结。

又如：如果预测豆粕价格的上涨幅度小于大豆价格的上涨幅度（或豆粕价格的下降幅度大于大豆价格下降幅度），可买大豆卖豆粕套利，待机平仓获利。反之，如果豆粕价格的上涨幅度大于大豆价格的上涨幅度（或豆粕价格的下降幅度小于大豆价格的下降幅度），则应卖出大豆的同时，买进豆粕，待获利后平仓了结。

在进行跨品种套利时，应尽量选择远月合约套利。如果近期合约的价差偏离了正常的价差，不可轻易进行套利，因为临近交割，两合约的价格定位将更多取决于实际可供交割的数量与持仓量之间的对比情况，而不是相互之间的价差。远期合约由于距离交割月时间长，周转余地大，能够盈利出场的机会多，所以应尽量选择远月合约进行跨品种套利。

2. 跨商品套利的组合

（1）连豆-连豆粕组合

大连大豆和豆粕保持高度的正相关，一般情况下，大豆和豆粕的相关系数为 0.91。豆粕与大豆的比价波动区间为 0.94 ～ 0.73，中轴为 0.83。在极端的情况下，豆粕与大豆的比价波动区间上限曾达到 0.97。自 2003 年以来，大连大豆和大连豆粕比价曲线有整体上移的迹象，每年有三次以上收益率超过 40% 的套利机会。连豆-连豆粕组合的优点：报价单位统一，交易时间同步，数据处理简单，容易捕捉套利机会；结算在同一交易所进行，套头盈亏互补，易于实现资金平衡；收益率较高，可达 30% 以上。连豆-连豆粕组合的缺点：豆粕的交易量和持仓量比大豆要小得多，只适合中小资金套利；套利区间在不同的时间有较大的差异，因此意外风险较高。

（2）沪铜-沪铝组合

沪铜与沪铝的相关性相对较差，相关系数为 0.73，沪铜-沪铝组合的比价波动区间为 1.30 ～ 1.07，但 2011 年 11 月，这一比价波动区间已升至 3.6。可见，沪铜与沪铝的走势比较独立，价差的回归性较差，套利风险较大。

此外，还可考虑硬麦和优质强筋麦的套利组合，以及大豆和玉米的套利组合。如果大豆的价格太高，玉米可以成为它的替代品。这样，两者价格变动趋于一致。另外，大豆与豆粕、豆油的套利组合也是常用的套利组合。

3. 跨商品套利的条件

跨商品套利必须具备以下条件。

① 两种商品之间应具有关联性与相互替代性。跨商品套利的两种商品必须具有高度的相关性，比如铜和铝同属基本金属，在工业用途上具有部分替代性；硬麦和优质强筋麦同属小麦。毫不相关的两种商品不能做跨商品套利。即使在某一段时间价差变化上具有一定的规律性，也不能盲目做套利，比如铜和天然橡胶，两种商品毫不相关，不能做套利。

② 两种商品的价格涨跌受相同的因素制约。

③ 两种商品的价格具有高度的同向性。跨商品套利的两种商品价格变化趋势必须相同或相近，否则，操作起来具有很大的难度。

④ 两种商品的价格波动率不同。跨商品套利是利用两种商品的价差波动来实现套利收益，若两种商品的价格波动率很接近，就很难操作。

练习题

一、名词解释

跨期套利　牛市套利　熊市套利　跨市场套利

二、简答题

1. 什么是套利交易？
2. 简述套利交易的原则。

三、判断题（正确的画√，错误的画×）

1. 套利交易的风险一定小于单纯投机交易。（ ）

2. 尽管套利交易的类型有很多，但其基本的操作原理是相似的，都可以归结为买进套利和卖出套利两大类。（ ）

3. 熊市套利是卖出近期合约买入远期合约。（ ）

4. 在正常市场中价差最多只能扩大到和持仓费相等的水平。（ ）

5. 在进行套利交易时，交易者十分关注合约间的绝对价格水平。（ ）

6. 套利者是投机者的一种。（ ）

7. 与单边的多头或空头投机交易相比，套利交易的主要吸引力在于其成本较低。（ ）

8. 持仓费是影响不同交割月份期货合约之间价格差异的最主要因素。（ ）

9. 期货价格高于现货价格，就会有套利者买入低价现货，卖出高价期货，以低价买入的现货在期货市场上高价抛出，在无风险的情况下实现盈利。（ ）

10. 套利交易关注的是价差变化而不是期货价格的上涨或者下跌。（ ）

11. 蝶式套利必须同时下达 3 个买空/卖空/买空的指令，并同时对冲。（ ）

12. 远期月份合约的价格大于近期月份合约的价格，表明处于正向市场。牛市套利的操作方法为买入较近月份的合约，同时卖出远期月份的合约。（ ）

四、选择题（可多选）

1. 当某种商品的期货价格过低而现货价格过高时，交易者通常会（ ），从而会使两者价差趋于正常。

A. 在期货市场上买进期货合约，同时在现货市场上卖出商品

B. 在期货市场上卖出期货合约，同时在现货市场上卖出商品

C. 在期货市场上卖出期货合约，同时在现货市场上买进商品

D. 在期货市场上买进期货合约，同时在现货市场上买进商品

2. 假设 4 月 1 日现货指数为 1 500 点，市场利率为 5%，交易成本总计为 15 点，年指数股息率为 1%，则（ ）。

A. 若不考虑交易成本，6 月 30 日的期货理论价格为 1 515 点

B. 若考虑交易成本，6 月 30 日的期货价格在 1 530 点以上才存在正向套利机会

C. 若考虑交易成本，6 月 30 日的期货价格在 1 530 点以下才存在正向套利机会

D. 若考虑交易成本，6 月 30 日的期货价格在 1 500 点以下才存在反向套利机会

3. 如果有 50 吨交割等级的电解铝现货，成本为 14 000 元/吨，交割月期货价为 15 000 元/吨，将该现货立即抛出交割套现，该笔交易属于（ ）。

A. 套期保值　　B. 跨市套利　　C. 卖空投机　　D. 期现套做

4. 以下属于跨期套利交易的是（ ）。

A. 买 A 月份商品，卖 B 月份同一商品

B. 买 A 商品，卖 B 商品

C. 买 A 月份期货合约，卖 B 月份期货合约

D. 买原料期货合约，卖产品期货合约

5. 以下属于跨商品套利交易的是（ ）。

A. 同一月份买 A 商品，卖 B 商品

B. 买 A 商品，卖 B 商品

C. 买 A 月份期货合约，卖 B 月份期货合约

D. 买原料期货合约，卖产品期货合约

6. 某交易者 7 月 1 日卖出 1 手堪萨斯期货交易所 12 月份小麦合约，价格为 7.40 美元/蒲式耳，同时买入 1 手芝加哥期货交易所 12 月份小麦合约，价格为 7.50 美元/蒲式耳。9 月 1 日，该交易者买入 1 手堪萨斯期货交易所 12 月份小麦合约，价格为 7.30 美元/蒲式耳，同时卖出 1 手芝加哥交易所 12 月份小麦合约，价格为 7.45 美元/蒲式耳。1 手等于 5 000 蒲式耳，则套利盈亏为（　　）。

A. 获利 250 美元　B. 亏损 300 美元　C. 获利 280 美元　D. 亏损 500 美元

7. 与单一合约的普通投机交易相比，套利交易的特点为（　　）。

A. 风险较小　B. 高风险高利润　C. 保证金比例较高　D. 成本较高

8. 跨期套利是围绕（　　）价差而展开的。

A. 不同期货合约相同交割月份　B. 同种期货合约不同交割月份

C. 不同期货合约不同交割月份　D. 同种期货合约相同交割月份

9. 在正向市场上进行熊市套利，应该（　　）。

A. 买入远期月份合约的同时卖出近期月份合约

B. 买入近期月份合约的同时卖出远期月份合约

C. 卖出近期月份合约

D. 卖出远期月份合约

10. 期货投机行为的存在有一定的合理性，这是因为（　　）。

A. 期货投机者的预期总是比套期保值者要准确

B. 生产经营者有规避价格风险的需求

C. 如果只有套期保值者参加期货交易，则套期保值者难以达到转移风险的目的

D. 期货投机者把套期保值者不能消灭的风险消灭了

E. 投机者可以抵消多头期货保值者和空头期货保值者之间的不平衡

11. 期货投机者的作用为（　　）。

A. 期货市场的必备构成要素　B. 使套期保值者能够转移价格风险

C. 使市场有充分的流动性　D. 放大交易量

E. 使期货市场的价格波动幅度减少

12. 套利交易者一般是利用不同交割月份、不同期货市场和不同商品之间的差价进行套利，可相应地分为（　　）。

A. 跨期套利　B. 跨商品套利　C. 跨市场套利　D. 跨行业套利

13. 下列属于跨商品套利的交易有（　　）。

A. 小麦期货合约与玉米期货合约之间的套利

B. 3 月份与 5 月份的大豆期货合约之间的套利

C. 大豆期货合约与豆粕期货合约之间的套利

D. 堪萨斯市交易所和芝加哥期货交易所小麦期货合约之间的套利

E. 大豆期货合约与豆油期货合约之间的套利

14. 以下构成跨期套利的是（　　）。

A. 买入上海期货交易所 5 月铜期货，同时卖出上海期货交易所 6 月铜期货

B. 买入上海期货交易所 5 月铜期货，同时卖出上海期货交易所 6 月铜期货

C. 买入上海期货交易所 5 月铜期货，一天后卖出上海期货交易所 6 月铜期货

D. 卖出上海期货交易所 5 月铜期货，同时买入上海期货交易所 6 月铜期货

15. 下列属于跨市场套利的交易有（　　）。

A. 郑州小麦期货合约与大连玉米期货合约之间的套利

B. 3 月份与 5 月份的大豆期货合约之间的套利

C. 大连大豆期货合约与豆粕期货合约之间的套利

D. 堪萨斯期货交易所和芝加哥期货交易所的小麦期货合约之间的套利

E. 大连大豆期货合约与豆油期货合约之间的套利

16. 熊市套利者可以获利的市况是（　　）。

A. 近期合约价格小幅上涨，远期合约价格大幅度上涨

B. 远期合约价格小幅上涨，近期合约价格大幅度上涨

C. 近期月份合约价格下降得比远期月份合约价格快

D. 近期月份合约价格下降得比远期月份合约价格慢

17. 以下构成跨市场套利的是（　　）。

A. 买入上海期货交易所 5 月铜期货，同时卖出上海期货交易所 6 月铜期货

B. 买入上海期货交易所 5 月铜期货，同时卖出上海期货交易所 6 月铜期货

C. 买入上海期货交易所 5 月铜期货，一天后卖出上海期货交易所 6 月铜期

D. 卖出上海期货交易所 5 月铜期货，同时买入上海期货交易所 6 月铜期货

18. 7 月 1 日，某交易所 9 月份玉米合约的价格是 2 000 元/吨，11 月份玉米合约的价格是 1 950 元/吨。如果某交易者采用熊市套利策略（不考虑佣金因素），则下列选项中可使该交易者获利最大的是（　　）。

A. 9 月份玉米合约的价格保持不变，11 月份玉米的合约价格涨至 2 050 元/吨

B. 9 月份玉米合约的价格涨至 2 100 元/吨，11 月份玉米合约的价格保持不变

C. 9 月份玉米合约的价格跌至 1 900 元/吨，11 月份玉米合约的价格涨至 1 990 元/吨

D. 9 月份玉米合约的价格涨至 2 010 元/吨，11 月份玉米合约的价格涨至 1 990 元/吨

19. 假定年利率 r 为 8%，年指数股息 d 为 1.5%，6 月 30 日是 6 月指数期合约的交割日。4 月 1 日的现货指数为 1 600 点。又假定买卖期货合约的手续费为 0.2 个指数点，市场冲击成本为 0.2 个指数点；买卖股票的手续费为成交金额的 0.5%，买卖股票的市场冲击成本为 0.6%；投资者是贷款购买，借贷利率为成交金额的 0.5%，则 4 月 1 日时的无套利区间是（　　）。

A. ［1606，1646］　B. ［1600，1640］　C. ［1616，1656］　D. ［1620，1660］

20. 下列关于套期保值者、投资者和套利者之间关系的描述正确的有（　　）。

A. 投机者、套利者承担了套期保值者转移出来的风险

B. 投机者、套利交易者促进了市场流动性，促进了期货市场价格发现功能的实现

C. 没有了投机交易，期货市场就成了一个赌场

D. 套利保值交易能够为生产经营者规避风险，并能将风险消灭

21. 某交易者在 5 月 30 日买入 1 手 9 月份铝合约，价格为 17 520 元/吨，同时卖出 1 手 11 月份铝合约，价格为 17 570 元/吨。7 月 30 日该交易者卖出 1 手 9 月份铝合约平仓，价格为 17 540 元/吨，同时以较高价格买入 1 手 11 月份铝合约平仓。已知其在整个套利过程中净亏损 100 元，且假定交易所规定 1 手=5 吨，则 7 月 30 日的 11 月份铝合约价格为（　　）。

A. 17 600 元/吨　　B. 17 610 元/吨　　C. 17 620 元/吨　　D. 17 630 元/吨

22. 在 5 月初，6 月可可期货合约为 2.75 美元/英斗，9 月可可期货合约为 3.25 美元/英斗，某投资者卖出 9 月可可期货合约并买入 6 月可可期货合约，他最有可能预期的价差金额是（　　）。

A. 0.7 美元　　B. 0.6 美元　　C. 0.5 美元　　D. 0.4 美元

23. 某投资者以 2 100 元/吨卖出 5 月玉米期货合约一张，同时以 2 000 元/吨买入 7 月玉米期货合约一张，当 5 月合约和 7 月合约价差为（　　）时，该投资者获利。

A. 150 元/吨　　B. 50 元/吨　　C. 100 元/吨　　D. -80 元/吨

24. 套利者关心和研究的只是（　　）。

A. 单一合约的价格　　B. 单一合约的涨跌

C. 不同合约之间的价差　　D. 不同合约的绝对价格

25. 某商品期货出现多逼空的迹象，但随着交割日临近，突发事件使近月合约投机多头被迫砍仓，价格出现超跌。这将导致（　　）。

A. 近月合约和远月合约价差扩大　　B. 近月合约和远月合约价差缩小

C. 短期存在正向套利机会　　D. 短期存在反向套利机会

26. 近年来，越来越多的投资者在境内外的商品期货市场间进行跨市套利。他们面临的风险因素是（　　）。

A. 进出口政策调整　　B. 交易所的风险控制措施

C. 内外盘交易时间的差异　　D. 两国间汇率的变动

27. 3 月 15 日，某投资者在交易所采取蝶式套利策略，卖出 3 手 5 月玉米合约，买入 8 手 7 月玉米合约，卖出 5 手 9 月玉米合约，价格分别为 1 740 元/吨、1 750 元/吨和 1 760 元/吨。4 月 20 日，三份合约的价格分别为 1 730 元/吨、1 760 元/吨和 1 750 元/吨。在不考虑其他因素影响的情况下，该投资者的净收益是（　　）。

A. 160 元　　B. 400 元　　C. 800 元　　D. 1 600 元

28. 在小麦期货市场，甲为买方，建仓价格为 1 100 元/吨，乙为卖方，建仓价格为 1 300 元/吨，小麦搬运、储存、利息等交割成本为 60 元/吨，双方商定的平仓价格为 1 240 元/吨，商定的交收小麦价格比平仓价低 40 元/吨，即 1 200 元/吨。请问期货转现货后节约的费用总和是（　　）元，甲方节约（　　）元，乙方节约（　　）元。

A. 20，40，60　　B. 40，20，60　　C. 60，40，20　　D. 60，20，40

29. 某交易者在 3 月 20 日卖出 1 手 7 月小麦合约，价格为 1 840 元/吨，同时买入 1 手 9 月小麦合约，价格为 1 890 元/吨。5 月 20 日，该交易者买入 1 手 7 月小麦合约，价格为 1 810 元/吨，同时卖出 1 手 9 月小麦合约，价格为 1 875 元/吨（注：交易所规定 1 手=10 吨），则套利的净盈亏为（　　）。

A. 亏损 150 元　　B. 获利 150 元　　C. 亏损 160 元　　D. 获利 150 元

30. 蝶式套利必须同时下达（　　）个指令，并同时对冲。

A. 1　　B. 2　　C. 3　　D. 4

31. 套利者在从事套利交易时（　　）。

A. 可以用套利来保护已亏损的单盘交易

B. 必须同时以“双脚”踏入套利，退出时也必须同时抽出“双脚”

C. 不需要明确写明买入合约与卖出合约之间的价格差

D. 在准备平仓时先了结价格有利的那笔交易

32. 理论上，在反向市场牛市套利中，如果价差缩小，交易者（　　）。

A. 获利　　B. 亏损　　C. 保本　　D. 以上都有可能

33. 在不同国家的市场进行跨市场套利时，需要特别考虑的因素是（　　）。

A. 交易单位的差异　　B. 运输费用　　C. 价格品级差异　　D. 利率水平

34. 理论上，在反向市场熊市套利中，如果价差缩小，交易者（　　）。

A. 获利　　B. 亏损　　C. 保本　　D. 以上都有可能

35. 理论上，在正向市场牛市套利中，如果价差扩大，交易者（　　）。

A. 获利　　B. 亏损　　C. 保本　　D. 以上都有可能

36. 反向市场中，当（　　）时应采取牛市套利决策。

A. 近期月份合约价格上升幅度大于远期月份合约

B. 近期月份合约价格上升幅度等于远期月份合约

C. 近期月份合约价格上升幅度小于远期月份合约

D. 近期月份合约价格下降幅度大于远期月份合约

37. 国外交易所规定，套利的佣金支出与一个回合单盘交易的佣金相比（　　）。

A. 是后者两倍　　B. 大于后者两倍

C. 小于后者两倍　　D. 介于后者的一倍到两倍之间

38. 正向市场牛市套利的操作规则为（　　）。

A. 买入近期合约，同时卖出远期合约　　B. 卖出近期合约，同时买入远期合约

C. 买入近期合约　　D. 卖出远期合约

39. 跨市场套利中，通常决定同一品种在不同交易所间价差的主要因素是（　　）。

A. 运输费用　　B. 仓储费用　　C. 保险费　　D. 利息费

40. 反向市场牛市套利的操作规则为（　　）。

A. 买入近期合约，同时卖出远期合约　　B. 卖出近期合约，同时买入远期合约

C. 买入近期合约　　D. 卖出远期合约

第十章 期　　权

本章重点

期权的概念；期权合约的要素及相关关系；期权交易策略；期权交易与期货交易的关系。

本章难点

期权交易策略。

第一节　期权的概念与期权合约要素

一、期权的概念

期权又称选择权，是一种能在未来某特定时间以特定价格买入或卖出一定数量的某种特定商品的权利。从其本质上讲，期权实质上是在金融领域中将权利和义务分开进行定价，使得权利的受让人在规定时间内对于是否进行交易行使其选择权利，而权利卖方必须履行。

买进期权合约的一方称期权买方。在期权交易中，期权买方在支付期权金之后，获得期权合约所赋予的在合约规定的特定时间内，按照事先确定的执行价格向期权卖方买进或卖出一定数量相关期货合约的权利。

卖出期权合约的一方称期权卖方。在期权交易中，期权卖方在收取期权买方的期权金之后，负有在期权合约规定的特定时间内，只要期权买方要求执行期权，期权卖方必须按照事先确定的执行价格向期权买方买进或卖出一定数量相关期货合约的义务。

二、期权的类型

（一）金融期权与商品期权

根据标的物属性不同，期权可以分为金融期权与商品期权，金融期权的标的物为利率、货币、股票、指数等金融产品，商品期权的标的物包括农产品、工业品等。

（二）现货期权与期货期权

现货期权的标的为现货资产，买方提出执行后，双方一般要进行实物资产的交割。例如，股票期权，其标的为股票，买方提出履约时，买方买入股票，卖方要卖出股票。

期货期权的标的为期货合约，期权履约后，买卖双方的期权部位将转换为相应的期货部位。

（三）看涨期权与看跌期权

根据买方的权利性质，期权可分为看涨期权（买权）和看跌期权（卖权）。

1. 看涨期权

看涨期权是指期权买方有权按照执行价格和规定时间向期权卖方买进一定数量的相关期货合约。在期权规定的有效期限内，期权卖方有义务应期权买方要求，以期权合约预先规定的执行价格卖出相关的期货合约。

2. 看跌期权

看跌期权是指期权买方有权按照执行价格和规定时间向期权卖方卖出一定数量的相关期货合约。在期权规定的有效期限内，期权卖方有义务应期权买方要求，以期权合约预先规定的执行价格买进相关的期货合约。

（四）欧式期权与美式期权

按执行时间划分，期权可以分为欧式期权和美式期权。

欧式期权是指期权合约买方在合约到期日才能决定其是否执行权利的一种期权。美式期权是指期权合约的买方，在期权合约的有效期内的任何一个交易日，均可决定是否执行权利的一种期权。

美式期权比欧式期权更灵活，赋予买方更多的选择，而卖方则时刻面临履约的风险，因此，美式期权的权利金相对较高。

（五）实值期权、平值期权和虚值期权

期权按执行价格与标的物市价的关系可分为实值期权、平值期权和虚值期权。

1. 实值期权

期货价格高于执行价格的买权及期货价格低于执行价格的卖权为实值期权。例如：小麦期货价格为 2 220 元/吨，执行价格为 2 200 元/吨的买权为实值期权，执行价格为 2 240 元/吨的卖权为实值期权。

2. 平值期权

期货价格等于执行价格的期权，称为平值期权。例如：如果当前小麦期货价格为 2 220 元/吨，执行价格为 2 220 元/吨的买权和 2 220 元/吨的卖权均为平值期权。

3. 虚值期权

期货价格低于执行价格的买权及期货价格高于执行价格的卖权为虚值期权。例如：如果小麦期货价格为 2 220 元/吨，执行价格为 2 240 元/吨的买权为虚值期权，执行价格为 2 200 元/吨的卖权为虚值期权。执行价格与期货市场价格相差越大，实值额或虚值额越大，称之为深度实值期权或深度虚值期权。期权交易过程中，实值期权、平值期权和虚值期权随期货价格变化而发生变化。

三、期权合约要素

期权合约是一种赋予权利而不是义务的标准化契约，即在某一段特定时间内，以期权合约成交时双方同意的期权费买卖特定价格、特定数量与质量的相关产品的合约。

期权合约主要有三项要素：权利金、执行价格和合约到期日。

（一）权利金

权利金又称期权费、期权金，是期权的价格。权利金是期权合约中唯一的变量，是由买卖双方在国际期权市场公开竞价形成的，是期权的买方为获取期权合约所赋予的权利而必须支付给卖方的费用。对于期权的买方来说，权利金是其损失的最高限度。对于期权卖方来说，卖出期权即可得到一笔权利金收入，而不用立即交割。

（二）执行价格

执行价格是指期权的买方行使权利时事先规定的买卖价格。执行价格确定后，在期权合约规定的期限内，无论价格怎样波动，只要期权的买方要求执行该期权，期权的卖方就必须以此价格履行义务。例如：期权买方买入了看涨期权，在期权合约的有效期内，若价格上涨，并且高于执行价格，则期权买方就有权以较低的执行价格买入期权合约规定数量的特定商品。而期权卖方也必须无条件地以较低的执行价格履行卖出义务。

对于外汇期权来说，执行价格就是外汇期权的买方行使权利时事先规定的汇率。

（三）合约到期日

合约到期日是指期权合约必须履行的最后日期。欧式期权规定只有在合约到期日方可执行期权。美式期权规定在合约到期日之前的任何一个交易日（含合约到期日）均可执行期权。同一品种的期权合约有效期时间长短不尽相同，按周、季度、年及连续月等不同时间期限划分。

一般来说，期权的行使时限为一、二、三、六、九个月不等，单个股票的期权合约的有效期间最多为九个月。场外交易期权的到期日根据买卖双方的需要量身定制。但在期权交易场所内，任何一只股票都要归入一个特定的有效周期，有效周期可分为以下几种：

① 一个月、四个月、七个月、十个月；

② 二个月、五个月、八个月和十一个月；

③ 三个月、六个月、九个月和十二个月。

它们分别称为一月周期、二月周期和三月周期。

四、期权交易与期货交易的关系

期权交易与期货交易之间既有区别又有联系。

（一）期权交易与期货交易的联系

① 两者均是以买卖远期标准化合约为特征的交易。

② 在价格关系上，期货市场价格对期权交易合约的敲定价格及权利金确定均有影响：一般来说，期权交易的敲定价格是以期货合约所确定的远期买卖同类商品交割价为基础，权利金确定的重要依据是两者价格的差额。

③ 期货交易是期权交易的基础：二者交易的内容一般均为是否买卖一定数量期货合约的权利。期货市场发育成熟和规则完备为期权交易的产生和开展创造了条件。期权交易的产生和发展又为套期保值者和投机者进行期货交易提供了更多可选择的工具，扩大和丰富了期货市场的交易内容。

④ 从交易机制来说，期货交易可以做多做空，交易者不一定进行实物交收。期权交易

同样可以做多做空。

⑤ 从交易方式来说，期权买方不一定要实际行使这个权利，只要有利，也可以把这个权利转让出去。期权卖方也不一定非履行不可，而可在期权买入者尚未行使权利前通过买入相同期权的方法以解除他所承担的责任。

⑥ 从履约部位来说，由于期权的标的物为期货合约，因此期权履约时买卖双方会得到相应的期货部位。

（二）期权交易与期货交易的区别

1. 双方权利义务不同

期货交易中，买方卖方都被赋予了相应的权利和义务；而在期权交易中，期权的买方只有权利而不承担相应的义务。

2. 交易内容不同

期货交易的内容是在未来支付一定数量和等级的实物商品或有价证券；而期权交易的内容是未来某一段时间内按照规定的价格买卖某种期货合约的权利。

3. 交割价格不同

期货的交割价格在到期前是个变量，这个价格的形成来自所有参与者对该合约标的物到期日价格的预期，交易各方注意的焦点就在这个预期价格上；而期权到期交割价格是敲定价格。

4. 交割方式不同

期货交易的商品或资产，除非在未到期前对冲掉期货合约，否则到期日必须交割；而期权交易在到期日可以不交割，致使期权合约过期作废。

5. 保证金规定不同

在期货交易中，买卖双方都要缴纳一定数量的交易保证金；而在期权交易中，期权买方不需要缴纳保证金，只需要缴纳权利金，但卖方必须缴纳保证金。

6. 价格风险不同

在期货交易中，买卖双方所承担的价格风险都是巨大的；而在期权交易中，期权买方的亏损是有限的，亏损不会超过权利金，而盈利则是巨大的，期权的卖方的亏损可能是巨大的，但盈利则是有限的（仅仅限于权利金）。

7. 获利机会不同

在期货交易中，做套期保值就意味着保值者放弃了当市场价格出现对自己有利时的获利机会，做投机交易就意味着既可获利，又可能损失惨重；而在期权交易中，由于期权的买方可以执行也可放弃其买入或卖出期货合约的权利，所以，对于期权的买方来说，盈利的机会就比较大，而损失有限。

8. 合约种类数不同

期货价格由市场决定，在任一时间仅能有一种期货价格，故在创造合约的种类时，仅有交割月份可供变化；而期权的执行价格虽然由交易所决定，但在任一时间可能有多种不同的执行价格的合约存在，再搭配不同的合约月份，又由于有看涨期权和看跌期权之分，因此期权合约的种类数便可数倍于期货的合约种类数。

期权交易是一种十分复杂的交易，它将投资者的风险、成本、利润等因素混合在一起，看似风险甚小，实则很难驾驭。期权交易同期货交易一样，也是建立在买卖双方对期货价格波动趋向、幅度预测和判断的基础上，通过采取相应的交易策略，争取有利的权利金和履约价格，确保交易盈利。

第二节 期权交易流程

一、期权交易指令

当某客户发出交易指令，买进或卖出一份期权合约，经纪公司接受指令，并将其传送到交易所。

期权交易指令内容包括：交易代码、开仓或平仓、买进或卖出、执行价格、合约月份、看涨期权或看跌期权、合约数量、权利金、指令种类。其中指令种类分为市价指令、限价指令和取消指令等。

二、成交与回报

交易指令通过计算机按照成交原则撮合成交。权利金竞价原则与期货合约的竞价原则相同，即价格优先、时间优先的竞价原则。

计算机撮合系统首先按照竞价原则分买入和卖出指令进行排序，当买入价大于、等于卖出价则自动撮合成交，撮合成交价等于买入价、卖出价和前一成交价三者中居中的一个价格。成交后，会员经纪公司将成交回报告知交易者。

三、期权部位的了结方式

（一）期权的对冲平仓

1. 期权的对冲平仓方法

期权的对冲平仓方法与期货基本相同，都是将先前买进（卖出）的合约卖出（买进），只不过期权的报价是权利金。

如果买进看涨期权，则卖出同执行价格、同到期日的看涨期权对冲平仓。

如果卖出看涨期权，则买进同执行价格、同到期日的看涨期权对冲平仓。

如果买进看跌期权，则卖出同执行价格、同到期日的看跌期权对冲平仓。

如果卖出看跌期权，则买进同执行价格、同到期日的看跌期权对冲平仓。

例如：某客户以 20 元/吨买进 10 手 3 月份到期执行价格为 2 200 元/吨的小麦看涨期权。如果小麦期货价格上涨到 2 250 元/吨，那么权利金也上涨，比如上涨到 30 元/吨，那么该客户发出如下指令：以 30 元/吨卖出（平仓）10 手 3 月份到期、执行价格为 2 200 元/吨的小麦看涨期权。

2. 平仓盈亏计算

期权的平仓盈亏与期货类似，是买卖期权的权利金差价，卖出价减去买入价如果是正数则赚钱，如果是负数则赔钱，如果是零，则不盈不亏（不考虑交易手续费）。

例如：买进时权利金为 20 元/吨（不管买权还是卖权），卖出平仓时权利金为 30 元/吨，则获利为 10 元/吨。

（二）期权的执行与履约

期权的买方（客户通过其开户的期货经纪公司）在合约规定的有效期限内的任一交易日闭市前均可通过交易下单系统下达执行期权指令，交易所按照持仓时间最长原则指派并通知期权卖方（客户由其开户的期货经纪公司通知），期权买卖双方的期权部位在当日收市后转换成期货部位。

对于买入看涨期权，按照执行价格，买方获得多头期货部位。

对于卖出看涨期权，按照执行价格，卖方被指派，获得空头期货部位。

对于买进看跌期权，按照执行价格，买方获得空头期货部位。

对于卖出看跌期权，按照执行价格，卖方被指派，获得多头期货部位。

例如：执行价格为 2 200 元/吨的 11 月小麦看涨期权执行后，买方获得 2 200 元/吨的 11 月小麦期货多头部位；卖方获得 2 200 元/吨的 11 月小麦期货空头部位。

如果期权买方已经持有开仓价格为 2 260 元/吨的 11 月小麦空头期货合约，也可用执行买权获得的多头期货部位与已经持有的空头期货部位平仓，获利 60 元/吨（见表 10-1）。

表 10-1 期权执行与部位关系

	看涨期权	看跌期权
买方	获得多头期货部位	获得空头期货部位
卖方	获得空头期货部位	获得多头期货部位

（三）期权合约到期

如果期权合约到期时，期权没有对冲平仓，也没有提出执行，在当日结算时，投资者的期权持仓就会被自动了结。按照惯例，在期权到期时，实值期权会被自动执行。因此，买方放任到期的一般为虚值期权。根据需要，期权买方可以不执行期权，让期权到期。而期权卖方除对冲平仓和应买方要求履约外，只能等待期权到期。随着到期日的临近，期权的时间价值呈加速衰减。在到期日，期权的时间价值为 0。

第三节 期权交易的策略

一、买进看涨期权

（一）买进看涨期权的盈亏计算

看涨期权即在到期日之前，按照执行价格，买进期货合约的期权。交易者在预期小麦期货价格上涨时，才会持有这种期权合约。

例如，在 5 月份，某交易者预计小麦 7 月份期货合约价格将上涨。因此，买进一手 7 月份小麦看涨期权合约，执行价格为 2 180 元/吨，该交易者获得在期权合约到期时以 2 180 元/吨的价格买进小麦期货合约的权利。如果在到期日，小麦期货价格上涨超过 2 180 元/吨，即可实现盈利；如果价格下跌低于 2 180 元/吨，不能实现盈利时，可不履约。

买进看涨期权的盈亏计算方法：

买入看涨期权平仓盈亏=卖出看涨期权权利金-买进看涨期权权利金

盈亏平衡价格=看涨期权执行价格+买进看涨期权权利金

买入看涨期权最大盈利=期货现价-看涨期权执行价格-看涨期权权利金

买入看涨期权最大亏损=支出的看涨期权权利金

【案例 10-1】

8 月 16 日，11 月份小麦期货合约价格为 2 070 元/吨，交易者买进执行价格为 2 070 元/吨的看涨期权，权利金为 15 元/吨，这意味着，期货价格上涨到 2 085（1 070+15）元/吨时才不亏损（见图 10-1 和表 10-2）。

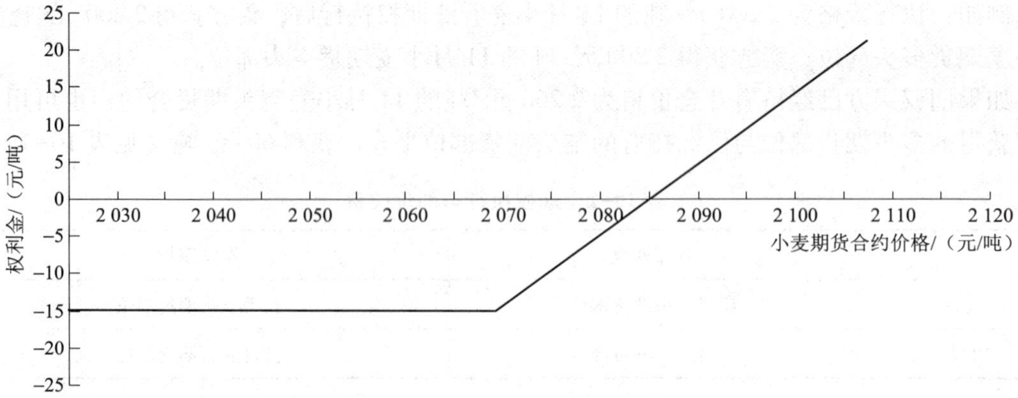

图 10-1 买进看涨期权盈亏平衡图

表 10-2 买入看涨期权表

市场预期	买方希望期货价格上升，寻求收益或避免损失，牛市观点
波动性预期	预期上升
风险	限制在权利金范围内
回报	在上升市场中，到期时有无限的收益潜力
盈亏平衡价格	执行价格+权利金
Delta 值	随期货价格上涨而增加
交易选择	预期期货价格上涨得越高，买进看涨期权的虚值程度越深，即买入执行价格更高的看涨期权
举例	某小麦经销商担心小麦的价格可能上涨，因此，该小麦经销商买入执行价格为 1 200 元/吨，权利金为 15 元/吨的小麦看涨期权

（二）买进看涨期权的策略

交易者预期相关期货价格将较大幅度上涨，则可以支付一定数额的权利金，买进看涨期权。投机性的看涨期权买方主要利用期权的杠杆作用，其兴趣在于，如果期货价格上涨的话，即可获得很高的投资收益比。当然，如果市场价格没有向其预期的那样的话，那么，很有可能失去其部分或全部权利金价值。

期货价格上涨，则期权价格也上涨，交易者可以以更高的权利金价格卖出该期权合约，获取期权价差收益。当期货价格上涨幅度超过支付的权利金和执行价格之和的时候，也可通过执行期权获得相应期货部位，或与期货部位配合，获取更多利润。当期货价格小幅上涨，买方可执行期权或对冲平仓，或获取利润，或弥补权利金损失。如果期货价格下跌至执行价格以下，买方则不执行期权，其最大损失是支出的权利金。

例如：交易者以权利金 15 元/吨的价格买进执行价格为 2 090 元/吨的小麦看涨期权合约之后，小麦期货价格上涨，因此，小麦买权权利金也开始上涨，比如涨到 20 元/吨。如果该交易者按此价格平仓，收益为 5 元/吨（20 元/吨-15 元/吨），1 手 10 吨小麦期权合约利润=5×10=50（元）（手续费未计）。

（三）买进保护性看涨期权的策略

当投资者持有期货空头，可以买进看涨期权，锁定期货空头风险。

这时，交易者可以在卖出期货的同时或在卖出期货后，期货价格稍微有些上升的情况下，买进看涨期权，锁定期货价格上升可能产生的亏损。同时，保留在期货价格下跌时，该交易组合盈利的机会。一旦期货价格下跌，该交易组合将逐渐成为盈利部位。

【案例 10-2】

交易者持有 1 手小麦期货空头合约，建仓价格为 2 075 元/吨。当小麦期货价格上涨到 2 080 元/吨时，该交易者认为期货价格下跌的可能性较大，所以不愿亏损平仓，但又担心价格继续上涨导致期货合约亏损加大。这时，交易者可以买进执行价格 2 080 元/吨的看涨期权，权利金为 20 元/吨。锁定交易组合部位的最大亏损为 25 元/吨（每吨期货亏损 5 元+权利金 20 元）。同时，如果期货价格跌破 2 055 元/吨，交易组合部位到期将盈利。而期货价格为 2 055 元/吨是该组合的盈亏平衡点。

二、卖出看涨期权

（一）卖出看涨期权的预期

卖出看涨期权之后，如果到期日期货价格低于执行价格，那么该期权就实现其最大利润。卖出看涨期权对市场的预期并不一定是看跌。

卖出看涨期权看上去风险大而利润潜力小，那么，为什么有人卖出看涨期权呢？主要原因是，看涨期权的卖方预测，在期权有效期内，期货价格潜在的价格变动不大于权利金隐含的价值。此时，看涨期权的买方可能会选择不履约，那么卖方则可获得期权权利金。

（二）卖出看涨期权的盈亏计算

看涨期权平仓盈亏=卖出看涨期权权利金-买进看涨期权权利金

盈亏平衡价位=看涨期权执行价格+看涨期权权利金

卖出看涨期权最大盈利=收取的看涨期权权利金

卖出看涨期权最大亏损=期货现价-看涨期权执行价格+看涨期权权利金

【案例 10-3】

交易者卖出执行价格为 1 070 元/吨的看涨期权，收取权利金为 15 元/吨。看涨期权卖方的盈亏平衡价格为 1 085 元/吨。如果期货价格超过 1 085 元/吨，卖方就会亏损，低于 1 085 元/吨就会盈利（见表 10-3）。

表 10-3 卖出看涨期权表

卖出看涨期权	
市场预期	卖方希望期货价格不上涨，中性/轻度熊市的市场预期
波动性预期	预期下降
风险	在上升的市场中，到期时有无限的潜在损失
回报	限制在权利金范围内
盈亏平衡价格	执行价格+权利金
Delta 值	随期货价格上涨增加至-1
交易选择	市场的熊市预期越强，该看涨期权卖出时的实值程度越深，即该看涨期权的执行价格越低
举例	交易者持有多头期货部位。交易者认为未来几个月小麦期货价格将保持稳定或略有下降。当前小麦期货价格为 1 100 元/吨，因此，该交易者卖出执行价格 1 100 元/吨的买权，并收取 15 元/吨的权利金。如果该期权被指派，获得的空头部位将与原持有的多头部位对冲，收到的权利金将增加其收益

（三）卖出看涨期权的策略

市场预期投资者预期相关期货价格到期时不会上涨超过盈亏平衡价格，可以卖出买权，获取权利金收益。

例如：交易者卖出执行价格为 1 070 元/吨的买权，收取权利金 15 元/吨。如果卖出看涨期权，期货价格低于 1 070 元/吨时，不仅可以收取 15 元/吨的权利金，而且，随着期货价格下跌，期权价格也下跌，交易者可以平仓获取价差收益。如果看涨期权到期，即使期货价格有小幅度上涨，遭受一些损失，但是，只要损失小于权利金收入，卖出的看涨期权都是有收益的。

例如：交易者开仓卖出小麦买权，价格为 76 元/吨。当权利金下跌到 50 元/吨时，平仓获利 26 元/吨，即 1 张合约获利 260 元。

（四）卖出风险性看涨期权的策略

如果一投资者已经买进小麦期货合约，则卖出看涨期权获得的权利金等于降低了买价。如果小麦期货合约价格上涨，期权买方执行权利，则交易者可以用已有的小麦期货合约履约。如果小麦期货合约价格不变，交易者净收权利金；如果小麦期货合约价格下跌，则所获得的权利金部分弥补小麦期货合约的损失。

【案例 10-4】

交易者已持有 11 月份小麦期货合约多头部位，价格为 2 060 元/吨。为了防止小麦期货合约价格下跌，交易者卖出执行价格为 2 060 元/吨的看涨期权，权利金为 15 元/吨。如果小麦期货合约价格上涨，该组合部位最大盈利为 15 元/吨。如果价格跌破 1 045 元/吨，则该组合部位将产生亏损。

三、买进看跌期权

（一）看跌期权特性

看跌期权（卖权），即在到期日或到期日之前按照一定执行价格卖出标的资产（商品、股票、指数或获得期货合约空头部位）的权利。看跌期权是一种卖的权利，买方对后市看跌时才会买进看跌期权。

例如：当预测7月份小麦期货合约可能跌破1 180元/吨时，交易者可买进7月份执行价格为1 180元/吨的小麦卖权合约，该合约就赋予其以1 180元/吨的价格卖出小麦期货合约的权利。

单独持有买进看跌期权部位是一个看跌的市场预期。只有相关期货价格下跌，看跌期权的买方才可能获利。买进看跌期权的目的，就是期望相关期货价格下跌，获得很大的投资收益比。这是一种具有投机趋向的看跌期权的买方。看跌期权也可以有效地保护相关期货部位的投资价值。

（二）买进看跌期权的盈亏计算

买进看跌期权平仓盈亏=卖出看跌期权权利金-买进看跌期权权利金

盈亏平衡价格=执行价格-看跌期权权利金

买进看跌期权最大盈利=看跌期权执行价格-期货价格-看跌期权权利金

买进看跌期权最大亏损=支出的看跌期权权利金

【案例10-5】

某交易者买进11月份小麦看跌期权，执行价格为2 060元/吨，权利金为15元/吨，则损益平衡价格为2 060-15=2 045（元/吨）（见表10-4）。

表10-4 买入看跌期权表

市场预期	买方希望期货价格下跌，寻求收益或避免损失，熊市观点
波动性预期	预期上升
风险	限制在权利金范围内
回报	在下跌市场中，到期时有无限的收益潜力
盈亏平衡价格	执行价格-权利金
Delta值	随期货价格上涨下跌增加至-1
交易选择	预期期货价格下跌得越低，买进看跌期权的虚值程度越深，即买入执行价格更低的看跌期权
举例	某交易者已持有多头小麦期货合约，价格为1 075元/吨，为防止小麦期货合约价格下跌，又买进执行价格为1 080元/吨的看跌期权，权利金为15元/吨

（三）买进看跌期权的策略

如果交易者判断相关期货市场价格较大幅度下跌的可能性大时，可以支付一定数额的权利金买进看跌期权。一旦相关期货市场价格大幅度下跌，权利金将上涨，交易者可以平仓获取价差收益，也可以执行看跌期权获取收益。

如果期货价格上涨，权利金下降，卖权失去价值，可以不执行看跌期权，最大损失是买进看跌期权时支付的权利金。当期货价格大幅上涨而且趋势明显的时候，权利金下跌，交易者也可以将期权提前平仓，损失将小于全部权利金损失。

例如，交易者支付15元/吨的权利金买进卖权后，如果权利金上涨到20元/吨，则平仓获利5元/吨，一手期权合约获利50元。

（四）买进保护性看跌期权的策略

交易者持有多头期货头寸，为防止期货价格下跌，可买进看跌期权，锁定期货价格下跌的风险。如果期货价格下跌，虽然买进的期货合约亏损，但是，买进看跌期权将获利，对持有的期货是一种保护，能够锁定期货价格下跌可能产生的亏损，并将亏损限制在能够承受的范围内。同时，还保留期货价格上升，使该交易组合盈利的机会。一旦期货价格上升，该交易组合将逐渐成为盈利部位。

【案例 10-6】

某交易者已持有多头小麦 11 月份期货合约，价格为 2 075 元/吨，为防止小麦期货合约价格下跌，又买进执行价格为 2 080 元/吨的卖权，权利金为 15 元/吨。

之后，如果小麦期货合约价格跌破 2 080 元/吨，该组合部位的最大亏损为 10 元/吨。如果小麦看跌期权价格上涨超过 2 090 元/吨，则该组合部位将实现盈利（如图 10-2 所示）。

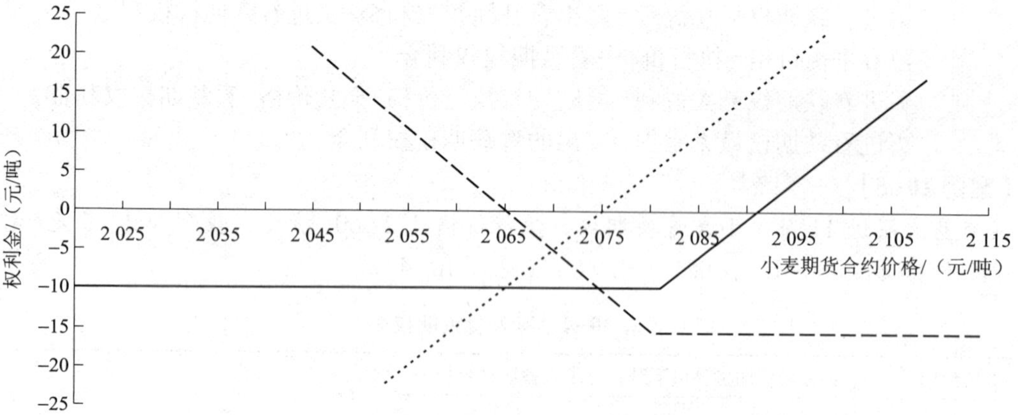

图 10-2 买进看跌期权（卖权）盈亏图

四、卖出看跌期权

（一）卖出看跌期权的动机

单独持有卖出看跌期权的一个目的是获得权利金，但同时需要去接受相关期货价格下跌的风险；另一个目的则可能是需要多头期货部位。

（二）卖出看跌期权的盈亏计算

看跌期权平仓盈亏=卖出看跌期权权利金-买进看跌期权权利金

盈亏两平价位=看跌期权执行价格-看跌期权权利金

卖出看跌期权最大盈利=收取的看跌期权权利金

卖出看跌期权最大亏损=看跌期权执行价格-期货价格+看跌期权权利金

【案例 10-7】

某交易者卖出 12 月份小麦看跌期权，执行价格为 2 060 元/吨，权利金为 15 元/吨，则盈亏平衡价位为 2 045 元/吨。期货价格高于 2 045 元/吨，则盈利，最大盈利为 15 元/吨；低于 2 045 元/吨，则亏损（见表 10-5 和图 10-3）。

表 10-5 卖出看跌期权表

市场预期	卖方希望期货价格不下跌，中性/轻度牛市的市场预期
波动性预期	预期下降
风险	在下降的市场中，到期时有无限的潜在损失

续表

回报	限制在权利金范围内
盈亏平衡价格	执行价格-权利金
Delta 值	随期货价格上升增加至+1
交易选择	市场的熊市预期越强，该看跌期权卖出时的实值程度应越深，即该看跌期权的执行价格越高
举例	交易者持有空头小麦期货合约，价格为 1 075 元/吨，为了锁定期货价格上涨的损失，该交易者卖出执行价格为 1 075 元/吨的小麦看跌期权，收取权利金 15 元/吨

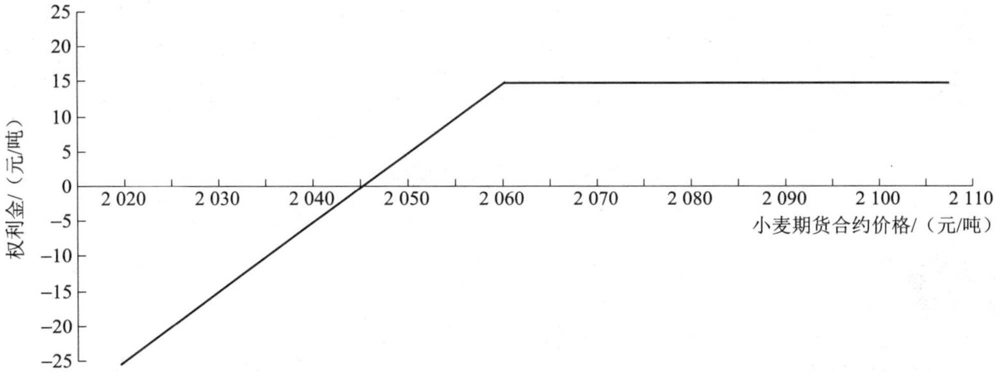

图 10-3 卖出看跌期权盈亏图

（三）卖出看跌期权的策略

如果交易者认为相关期货价格将上涨，卖权价格将下跌，这时，可以以较高价格卖出看跌期权，待权利金下跌后，买进卖权平仓即可以获得价差收益。即使相关期货价格有小幅度下跌，买方执行卖权会造成卖方履约损失，但只要损失低于收取的权利金，该头寸都是有收益的。

如果期货价格下跌趋势明显，卖权价格上涨趋势一定，可以及时将看跌期权持仓对冲，减少损失扩大。

例如：交易者卖出 1 张权利金为 15 元/吨的小麦看跌期权后，小麦卖权的权利金下跌为 10 元/吨。交易者可以买进期权平仓，每张合约盈利为（15−10）×10=50（元）。

（四）卖出风险性看跌期权的策略

如果交易者已经持有空头期货合约，则卖出卖权获得的权利金等于提高了卖价，可以抵御期货空头部位的部分风险。如果交易者已经卖出小麦期货合约，则卖出卖权获得的权利金等于提高了卖价。如果期货价格下跌，期权买方执行权利，则交易者将被指派买进期货合约，与持有的空头期货合约平仓。如果小麦期货合约价格不变，交易者净收权利金。如果小麦期货合约价格上涨，则所获得的权利金部分弥补小麦期货合约的损失。

【案例 10-8】

交易者持有空头小麦期货合约，价格为 2 075 元/吨。为了回避期货合约价格上涨的损失，该交易者卖出执行价格为 2 075 元/吨的小麦看跌期权，权利金为 15 元/吨。

如果到期期货价格上涨超过 2 090 元/吨，则该组合部位发生亏损。如果到期期货价格低于 2 075 元/吨，则该组合部位实现最大盈利 15 元/吨（如图 10-4 所示）。

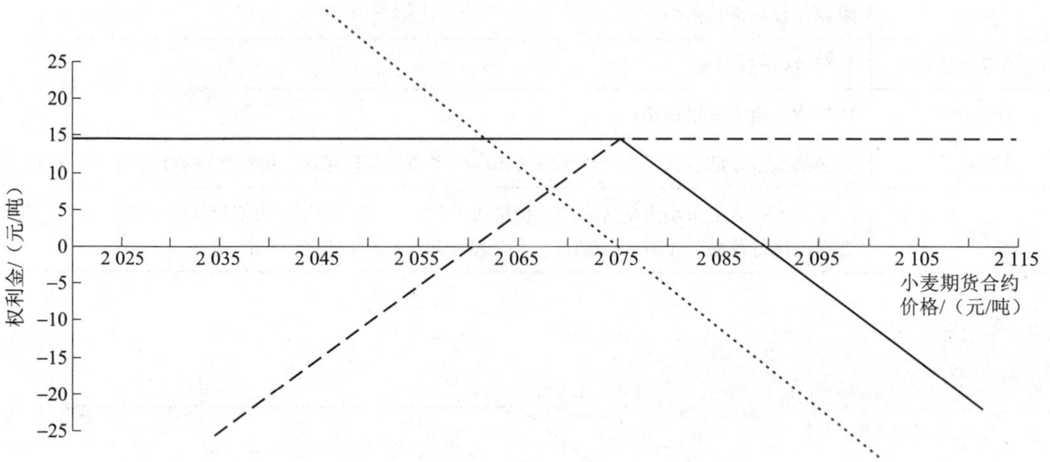

图 10-4 卖出看跌期权盈亏图

练习题

一、单项选择题

1. 按照买方权利的不同，期权可分为（　　）。

A. 看涨期权和看跌期权　　B. 现货期权和远期期权

C. 现货期权和期货期权　　D. 远期期权和期货期权

2. 执行价格为 1 080 美分/蒲式耳的大豆看涨期权，若此时市场价格为 1 100 美分/蒲式耳，则该期权属于（　　）。

A. 欧式期权　　B. 平值期权　　C. 虚值期权　　D. 实值期权

3. 一般地，对于期权的卖方，计算机撮合系统撮合成交的原则是（　　）。

A. 权利金报价高者，申报时间早者优先成交

B. 在价格相同的情况下，开仓者比平仓者优先成交

C. 在价格相同的情况下，申报时间早者优先成交

D. 在价格相同的情况下，申报数量大者优先成交

4. 投资者预期后市看涨，既不想支付交易保证金，也不愿意承担较大风险时，应该首选（　　）策略。

A. 卖出看跌期权　　B. 买进看跌期权　　C. 卖出看涨期权　　D. 买进看涨期权

5. 7 月 1 日，某投资者以 100 点的权利金买入一张 9 月份到期、执行价格为 10 200 点的恒生指数看跌期权，同时，他又以 120 点的权利金卖出一张 9 月份到期、执行价格为 10 000 点的恒生指数看跌期权。那么该投资者的最大可能盈利（不考虑其他费用）是（　　）。

A. 200 点　　B. 180 点　　C. 220 点　　D. 20 点

二、判断题（对的画“√”，错的画“×”）

1. 如果看跌期权的买方将该期权平仓，则该买方变成看跌期权的卖方。（　　）

2. 期权的买方支付权利金后，既承担很大风险，也拥有巨大的获利潜力。（　　）

3. 无论看涨期权还是看跌期权，平值期权均是指期货价格等于期权执行价格的期权。（　　）

4. 期权投资者发出指令时，最关键的是对执行价格的选择和权利金的出价。（　　）

三、综合题

1. 3 月份，大豆现货价格为 650 美分/蒲式耳。某经销商需要在 6 月购买大豆，为防止价格上涨，以 105 美分/蒲式耳的价格买入执行价格为 700 美分/蒲式耳的 7 月份大豆看涨期权。到 6 月份，大豆现货价格上涨至 820 美分/蒲式耳，期货价格上涨至 850 美分/蒲式耳，且看涨期权价格也升至 300 美分/蒲式耳。该经销商将期权平仓并买进大豆现货。则该经销商实际采购大豆的成本是多少?

2. 某交易者以 2. 87 港元/股的价格买入一张股票看跌期权，执行价格为 65 港元/股；该交易者又以 1. 56 港元/股的价格买入一份该股票的看涨期权，执行价格也是 65 港元/股（合约单位为 1 000 股，不考虑交易费用）。

（1）如果股票的市场价格是 71. 50 港元/股时，该交易者从此策略中获得的净损益为多少?

（2）如果股票的市场价格为 58. 50 港元/股时，该交易者从此策略中获得的净损益为多少?

附录A　各章练习题参考答案

第一章

一、名词解释

交易保证金：买卖期货合约所需缴纳的保证金水平，一般是以合约价值的一定百分比来表示。

期货合约 ：由期货交易所统一制定的、规定在将来某一特定的时间和地点交割一定数量和质量商品的标准化合约。

结算价：某一期货合约当日成交价格按照成交量计算的加权平均价。

期货交易：交易双方在期货交易所买卖期货各种实物商品或金融商品的标准化合约的交易行为。

浮动盈亏：未平仓头寸按当日结算价计算的未实现盈利或亏损。

当日盈亏：期货合约以当日结算价计算的盈利和亏损，当日盈利划入会员结算准备金，当日亏损从会员结算准备金中扣划。

正向市场：在正常情况下，期货价格高于现货价格。

反向市场：在特殊情况下，期货价格低于现货价格。

二、简述题

1. 期货合约上市的条件。

并不是所有的商品都适合用于期货交易，在众多的实物商品中，只有具备下列属性的商品才能作为期货合约的上市品种。

（1）价格波动大。只有当商品的价格波动大，风险很大时，才会有避险的需求。那些想回避价格风险的交易者，才需要利用期货来回避价格风险或锁定成本。而有些商品的价格基本不变或变化不大，风险很小，商品经营者就没有避险的需求。

（2）供需量大。期货市场功能的发挥是以商品供需双方广泛参加交易为前提的，只有现货供需量大的商品才能在大范围进行充分竞争，形成权威价格。

（3）易于分级和标准化。期货合约事先规定了交割商品的质量标准，因此，期货品种必须是质量稳定的商品，否则，就难以进行标准化。

（4）易于储存、运输。商品期货一般都是远期交割的商品，这就要求这些商品易于储存、不易变质、便于运输，保证期货实物交割的顺利进行。

（5）买卖者众多。众多的购买者在想要购买某种商品的期货合约时，总有人愿意卖出；

出售者在卖出合约时，总有人愿意买入。买卖者众多可以增强市场的流动性，促使期货市场功能的发挥。

2. 期货交易的特征。

（1）合约标准化。期货交易是通过买卖期货合约进行的，而期货合约是标准化的。期货合约标准化指的是除价格外，期货合约的所有条款都是预先由期货交易所规定好的，具有标准化的特点。期货合约标准化给期货交易带来极大便利，交易双方不需对交易的具体条款进行协商，节约交易时间，减少交易纠纷。

（2）交易集中化。期货交易必须在期货交易所内进行。期货交易所实行会员制，只有会员方能进场交易。广大客户若想参与期货交易，只能委托期货经纪公司代理交易。所以，期货市场是一个高度组织化的市场，并且实行严格的管理制度，期货交易最终在期货交易所内集中完成。

（3）双向交易与对冲机制。双向交易，也就是期货交易者既可以买入期货合约作为期货交易的开端（称为买入建仓），也可以卖出期货合约作为交易的开端（称为卖出建仓），也就是通常所说的“买空卖空”。与双向交易的特点相联系的还有对冲机制，在期货交易中大多数交易者并不是通过合约到期时进行实物交割来履行合约，而是通过与建仓时的交易方向相反的交易来解除履约责任。具体说就是买入建仓之后可以通过卖出相同合约的方式解除履约责任，卖出建仓后可以通过买入相同合约的方式解除履约责任。即在期货市场上，投机者有双重的获利机会，期货价格上升时，可以低买高卖来获利，价格下降时，可以通过高卖低买来获利，并且投机者可以通过对冲机制免除进行实物交割的麻烦，投机者的参与大大增加了期货市场的流动性。

（4）保证金制度——杠杆机制。期货交易具有高信用的特征。这种高信用特征集中表现为期货交易的保证金制度。期货交易者在进行期货交易时，只需缴纳少量的保证金，一般为成交合约价值的 5% ~ 10%，就能完成数倍乃至数十倍的合约交易。期货交易具有的以少量资金就可以进行较大价值额投资的特点，称为“杠杆机制”。买卖不同的期货合约所要求的保证金比例不尽相同，保证金比例的高低都在各个期货合约中载明。一般而言，期货合约的价格波动越大，所要求的保证金比例就越高。而交易不太活跃的期货合约，保证金比例比较低。期货交易的杠杆机制使期货交易具有高收益高风险的特点。保证金制度的实施，不仅使期货交易具有“以小博大”的杠杆原理，而且使期货结算所为交易所内达成的交易提供履约担保，确保交易者能够履约。

（5）每日无负债结算制度（逐日盯市制度）。每日无负债结算制度是指每日交易结束后，交易所对交易者当日的盈亏状况进行结算，在不同交易者之间根据盈亏进行资金划转。当交易者亏损严重，保证金账户的资金不足时，即当每日结算后交易者账户的保证金低于期货交易所规定的交易保证金水平时，要求交易者必须在下一日开市前追加保证金，以做到“每日无负债”。如果客户不能按时追加保证金，期货经纪公司应将该交易者的部分或全部持仓强行平仓，直至保证金余额能够维持其剩余头寸。期货市场实行每日无负债结算制度是为了有效防范风险，将价格不利变动带给交易者的风险控制在有效范围内，从而保证期货市场的正常运转。

3. 简述期货的功能。

（1）风险转移。商品生产者和经营者在生产和经营过程中，会遇到各种各样的风险，其中最为直接的是价格波动的风险。例如，如果大豆获得丰收，结果大豆供过于求，价格下跌。这时，农民因为丰收，不得不低价卖大豆，收入可能反而下降。如果大豆歉收，结果，市场上没有足够的大豆满足需求，致使价格上涨。因此，他们希望通过交易转移他们的价格风险，获得一定程度的安全保障。通过在期货市场上进行套期保值就可以按预期的价格出售商品，也可以以较低的心理价位购进原材料，这就是期货风险转移的功能。

（2）发现价格。在市场经济中，生产经营者根据市场提供的价格信号作出经营决策。价格信号的真实、准确程度，直接影响到他们经营决策的正确性，进而影响经营效益。在期货市场产生以前，生产经营者主要是依据现货市场上的商品价格进行决策，根据现货价格的变动来调整自身的经营方向和经营方式等。由于现货交易多是分散的，生产经营者不易及时收集到所需要的价格信息，即使收集到现货市场反馈的信息，也是零散和片面的，其准确、真实程度较低，对于未来供求关系变动的预测能力也比较差。当用现货市场的价格指导经营决策时，现货价格的滞后性往往会造成决策的失误。自期货市场产生以来，发现价格功能逐渐成为期货市场的重要经济功能。所谓发现价格功能，指在一个公开、公平、高效、竞争的期货市场中，通过期货交易形成的期货价格，具有真实性、预期性、连续性和权威性的特点，能够比较真实地反映出未来商品价格变动的趋势。

三、选择题

1. D 2. A 3. B 4. CD 5. D
6. ABCD 7. ABCD 8. ABCD
9. ABCD 10. B 11. B 12. AB 13. ABC 14. AB 15. ABC 16. AC 17. ABC

四、判断题

1. √ 2. × 3. √ 4. √ 5. √ 6. × 7. × 8. × 9. √ 10. √
11. × 12. √ 13. √ 14. √ 15. √ 16. × 17. √ 18. × 19. √ 20. √
21. √ 22. √ 23. √ 24. × 25. √ 26. × 27. × 28. √

第二章

一、简答题

1. 期货经纪机构的设立条件。

根据国务院有关规定，我国对期货经纪公司实行许可证制度，凡从事期货代理的机构必须经中国证监会严格审核并领取《期货经纪业务许可证》。申请设立期货公司，应当符合《中华人民共和国公司法》的规定，并具备下列条件：

（1）注册资本最低额为人民币 3 000 万元；

（2）董事、监事、高级管理人员具备任职资格，从业人员具有期货从业资格；

（3）有符合法律、行政法规规定的公司章程；

（4）主要股东及实际控制人具有持续盈利能力，信誉良好，最近 3 年无重大违法违规记录；

（5）有合格的经营场所和业务设施；

（6）有健全的风险管理和内部控制制度；

（7）国务院期货监管机构规定的其他条件。

2. 简述期货结算所的作用。

（1）计算期货交易的盈亏。

（2）充当交易对手，担保交易履约。

（3）管理会员资金，控制市场风险。

3. 简述期货交易所的性质和主要职能。

（1）期货交易所的性质。期货交易所是专门进行标准化期货合约买卖的场所，其性质是不以营利为目的，按照其章程的规定实行自律管理，以其全部财产承担民事责任。在现代市场经济条件下，期货交易所是一种具有高度系统性和严密性、高度组织化和规范化的交易服务组织，自身并不参与交易活动，不参与期货价格的形成，也不拥有合约标的商品，只为期货交易提供设施和服务。

（2）期货交易所的主要职能。期货交易所通常发挥以下九大职能：① 提供交易场所、设施和服务；② 制定并实施业务规则；③ 设计合约，安排合约上市；④ 组织和监督期货交易、结算与交割；⑤ 监控市场风险，保证合约履行；⑥ 发布市场信息；⑦ 监管会员的交易行为；⑧ 监管指定交割仓库；⑨ 中国证监会规定的其他职能。

4. 简述期货投机者的作用。

（1）承担价格风险。期货市场的一个主要经济功能是为生产、加工和经营者等提供价格风险转移工具。要实现这一目的，就必须有人愿意承担风险并提供风险资金。从实际来看，买入套期保值者和卖出套期保值者之间的不平衡是经常存在的。投机者的加入恰好能抵消这种不平衡，促使套期保值交易的实现。由此可见，如果没有投机者的加入，套期保值交易活动就难以进行，期货市场规避风险的功能也就难以发挥。

（2）促进价格发现。期货市场汇集几乎所有供给和需求的信息。投机者的交易目的不是实物交割，而是利用价格波动获取利润，这就要求投机者必须利用各种手段收集整理有关价格变动的信息，分析市场行情。期货市场把投机者的交易指令集中在交易所内进行公开竞价，由于买卖双方彼此竞价所产生的互动作用使得价格趋于合理。

（3）减缓价格波动。适度的投机能够减缓价格波动。投机者进行期货交易，总是力图通过对未来价格的正确判断和预测赚取差价利润。当期货市场供大于求时，市场价格低于均衡价格，投机者低价买进合约，从而增加了需求，使期货价格上涨，供求重新趋于平衡；当期货市场供不应求时，市场价格则高于均衡价格，投机者会高价卖出合约，从而增加了供给，使期货价格下跌，供求重新趋向平衡。

（4）提高市场流动性。市场流动性即市场交易的活跃程度。在流动性很高的市场上，交易非常活跃，买卖者众多。期货交易是否成功，在很大程度上取决于市场流动性的大小，这一点主要取决于投机者。

二、选择题

1. D　2. B　3. C　4. C　5. C　6. D　7. B　8. A　9. A　10. D　11. B　12. B　13. D
14. ABD　15. C　16. D

三、判断题

1. √ 2. × 3. × 4. × 5. × 6. × 7. × 8. × 9. √ 10. √
11. × 12. × 13. × 14. × 15. √ 16. √ 17. √ 18. × 19. √ 20. √
21. × 22. √ 23. √ 24. √ 25. × 26. √ 27. × 28. × 29. √

第三章

一、单项选择题

1. D 2. C 3. A

4. A 解：本题考查的是期货合约涨跌幅的变化范围。下一交易日的交易范围=上一交易日的结算价±涨跌幅。本题中，上一交易日的结算价为 4 800 元/吨，黄大豆 1109 合约的涨跌幅为±5%，故下一交易日的价格范围为［4 800−4 800×5%，4 800+4 800×5%］，即［跌停 4 560，涨停 5 040］。

5. D 解：本题考点在于计算下一交易日的价格范围，只与当日的结算价有关，而和合约购买价格无关。铝的涨跌幅为±6%，8 月 3 日结算价为 18 300 元/吨，因此 8 月 4 日的价格范围为［18 300×（1−6%），18 300×（1+6%）］，即［17 202，19 398］，因此最高可按 19 398 元/吨将该合约卖出。

6. A 解：期货交易所实行每日无负债结算制度，当天缴纳的保证金按当天的结算价计算收取，与成交价无关，此题同时还考查了玉米期货合约的报价单位。保证金=40 手×10 吨/手×2 230 元/吨×5%=44 600 元。

7. B 解：（1）买进 20 手，成交价 2 220 元/吨，平仓 10 手，成交价 2 230 元/吨→平仓盈亏 10 手×10 吨/手×（2 230−2 220）元/吨=1 000 元。

（2）剩余 10 手，结算价 2 215 元/吨→持仓盈亏 10 手×10 吨/手×（2 215−2 220）元/吨=−500 元。

（3）保证金=10 手×2 215 元/吨×10 吨/手×5%=11 075 元。

8. B 解：（1）平当日仓盈亏=(2 850−2 800)×40×10=20 000（元）

当日开仓持仓盈亏=(2 840−2 800)×(100−40)×10=24 000（元）

当日盈亏=20 000+24 000=44 000（元）

以上若按总公式计算：当日盈亏=(2 850−2 840)×40×10+(2 840−2 800)×100×10=44 000（元）

（2）当日交易保证金=2 840×60×10×10%=170 400（元）

（3）当日结算准备金余额=200 000−170 400+44 000=73 600（元）。

二、判断题

1. × 2. √ 3. × 4. ×

三、综合题

1. 该投资者当日盈亏=(67 000−66 950)×10×5=2 500（元）

当日交易保证金 = 66 950×5×10×5% = 167 375（元）

2.（1）当日结算准备金余额 = 200 000−4 040×20×10×5% = 159 600（元）

（2）当日开仓持仓盈亏 =（4 060−4 030）×10×10 = 3 000（元）

历史持仓盈亏 =（4 060−4 040）×20×10 = 4 000（元）

当日盈亏 = 3 000+4 000 = 7 000（元）

当日结算准备金余额 = 159 600+4 040×20×10×5% −4 060×30×10×5% +7 000 = 146 100（元）

第四章

一、单项选择题

1. A 2. B 3. D 4. D

5. B 解：（1）确定盈亏：按照“强卖盈利”原则，本题是卖出保值，记为+；基差情况：现在（1 300−1 330）= −30（元/吨），2 个月后（1 260−1 270）= −10（元/吨），基差变强，记为+，所以保值为盈利。

（2）确定数额：500×（30−10）= 10 000（元）。

6. B 解：（1）数量判断：期货合约是 20×10 = 200（吨），数量上符合保值要求。

（2）盈亏判断：根据“强卖盈利”原则，本题为买入套期保值，记为−；基差情况：7 月 1 日是（2 020−2 050）= −30（元），按负负得正原理，基差变弱，才能保证有净盈利。因此 8 月 1 日基差应小于−30。

二、判断题

1. × 2. √ 3. √ 4. ×

三、综合题

1. 持仓费包括仓储费、保险费和利息。

每月仓储费 = 0. 8×30 = 24（元/吨），每月利息 = 5% ÷12×4 500 = 18. 75（元/吨），每月持仓费 = 24+18. 75+10 = 52. 75（元/吨）。

2. 该厂需要进行买入套期保值。在大连商品交易所买入 100 手（10 吨/手）5 月豆粕期货合约。套期保值效果是净亏损 15 元/吨。

第五章

一、单项选择题

1. D 2. C 3. B 4. A 5. BC

二、判断题

1. √ 2. × 3. × 4. √

三、简答题

1. 经济运行周期波动对商品期货价格有什么影响?

经济运行周期是决定期货价格变动趋势的最重要因素。一般来说，在宏观经济运行良好的条件下，因为投资和消费增加及需求的增加，商品期货价格会呈现不断攀升的趋势；反之，在宏观经济运行恶化的背景下，投资和消费减少，社会总需求下降，商品期货价格往往呈现出下滑的态势。期货品种价格的波动，不仅受国内经济波动的影响，而且还受世界经济波动的影响。

第六章

一、选择题

1. C　2. AB　3. AB　4. ABC　5. ABCD

二、简答题

1. 简述波浪理论八个波浪的形态特征。

第 1 浪是 8 浪循环的开始，属于营造底部的形态。第 1 浪的涨幅通常是 5 浪中最小的。因为第 1 浪上升是出现在空头市场下跌趋势的末期，投资者误认为这只是下跌趋势中的反弹，所以买方力量很弱，成交量也较低。

第 2 浪是下跌浪，大都以为 1 浪只是反弹，反弹结束后，2 浪是原来的跌势的继续，恐慌性使其回调幅度很深，一般会跌回第一浪的起点附近。当跌至第 1 浪起点时，市场出现惜售心理，抛压逐渐衰竭，成交量也逐渐缩小，第 2 浪调整结束。在此浪中经常出现反转形态，如头肩底、双重底等。

第 3 浪往往是最具爆发力的上升浪，持续的时间最大，幅度最大。这时投资者信心恢复，成交量大幅上升，常出现图表中的突破信号，如跳空缺口等，一些图形上的压力位被轻易击破，尤其在突破第 1 浪的高点时，是最强烈的买进信号。由于第 3 浪涨势激烈，经常出现“延长浪”的现象。

第 4 浪是行情大幅上升之后的调整浪。第 4 浪的低点不会低于第 1 浪的顶点。

第 5 浪的涨势通常小于第 3 浪，且经常出现失败的情况，即第 5 浪的高点低于第 3 浪的高点。在此浪中经常出现图表中的反转形态，如头肩顶、双重顶、三重顶、圆弧顶等。

在 A 浪中，大多数投资者认为上升行情尚未逆转，此时仅为一个暂时的回调，但实际上已经出现成交量与价格走势背离或技术指标出现的顶背离现象。但由于此时基本面的利多，市场仍较为乐观，所以 A 浪调整一般幅度不大。

B 浪一般成交量不大，它是多头的逃命线，但由于 B 浪是一段上升行情，很容易让投资者误以为 A 浪调整完之后，B 浪是延续前期的涨势，仍然积极买进，所以有时 B 浪反弹的幅度比较大，可能会到达第五浪的高点，出现“多头陷阱”。

C 浪是下跌浪，跌幅最大，持续的时间也较长。

2. 简述技术面分析法的特点。

（1）直观现实特性。由于技术面分析是以技术图表为主要工具的，因此，可以非常直观地记录价格变化的历史轨迹，表现出价格的涨跌及成交量的变化等，使人们可以非常客观地了解目前价格的变化方向。技术面图表非常真实地揭示出过去和当前的价格变化情况，无虚假与臆断的弊端。技术面分析的这一特点要求人们相信技术面图表，按照技术面分析的结论来判断市场，根据技术面图表的信号来进行交易。

（2）追逐趋势特性。技术分析不是创造趋势、引导趋势，只是告诉人们如何去追逐趋势。因此，在原有的趋势还没有结束之前，我们需要做的是顺势交易，反对逆势操作。

追逐趋势的特点要求人们一定不要在趋势之前抢跑。不要主观臆测顶部或底部、逆市做空或做多，这一点至关重要。不要主观臆断趋势改变的时间、价位，不要主观臆断后市趋势的模式、方式。必须在趋势后面跟跑，永远不要跑到趋势的前面去。趋势出来了，追逐趋势就可以了，直到趋势出现反转为止。

（3）量化指标特性。技术面分析需要非常准确地确定交易中每一步的操作时机，必须界定出一个准确的价格或者价格范围。技术面分析提供的量化指标可以指出期货行情转折所在。期货市场的特点决定了交易时机突出的重要地位。严谨的技术面分析者，只要是严格依照技术面图表操作，一定可以找出具体进场交易的位置，经过技术面分析可以找到最佳的入市时机。期货交易的特点，还决定了交易计划的重要性。一份完整的交易计划，离不开止损的设置与盈利目标的预估。这一点，因技术面分析的量化特点可得以完成。期货交易的成功取决于持续的盈利，而持续的盈利，必定来源于稳定的、程序化的一套稳健的交易体系。由于技术面分析具有量化指标特性，因此使建立成功的交易方式、交易模式、交易体系成为可能。

三、论述题

请举例说明成交量、持仓量和价格的关系。

成交量、持仓量与价格的关系较为复杂，一般认为，如果成交量和持仓量均上升，则当前价格趋势很可能按照现有的方向继续发展（无论是上涨还是下跌）。如果成交量和持仓量都下降，则当前价格趋势或许即将终结。

1. 成交量、持仓量随价格上升而增加

成交量和持仓量增加，说明了新入市交易者买卖的合约数超过了原交易者平仓交易。市场价格上升又说明市场上买气压倒卖气，市场处于技术性强市，交易者正在入市做多，原来的上涨趋势不变。

2. 成交量和持仓量下降而价格上升

成交量和持仓量下降，说明市场上原交易者正在对冲了结其合约，价格上升又表明市场上原卖出做空者在买入补仓时其力量超过了原买入做多者卖出平仓的力量。因此这种情况说明，市场处于技术性弱市，主要体现为空头回补而不是主动性做多买盘。

3. 成交量和持仓量增加而价格下跌

这种情况表明不断有更多的新交易者入市，且在新交易者中卖方力量压倒买方，因此市场处于技术性弱市，价格将进一步下跌。

4. 成交量和持仓量随价格下降而减少

成交量和持仓量减少，说明市场上原交易者为平仓买卖的合约超过新交易者买卖的合约。价格下跌又说明市场上原买入者在卖出平仓时其力量超过了原卖出者买入补仓的力量，即多头平仓了结离场意愿更强。因此未平仓量和价格下跌表明市场处于技术性强市，多头正平仓了结。

第七章

一、多选题

1. ACD 2. ABC 3. ABC 4. ABC 5. A 6. ABD 7. B 8. B 9. B 10. D
11. D 12. C 13. B 14. AD 15. D 16. AC

二、判断题

1. × 2. × 3. √ 4. √ 5. √ 6. √ 7. √ 8. √ 9. √
10. √ MA 最基本的思想是消除价格随机波动的影响，寻求价格波动的趋势。

三、简述题

1. 举例说明大阳线的意义与交易策略。

在日线图中出现大阳线，说明买力十足，交易策略为逢低买入，但如果连续出现大阳线，特别是在月线和季线图中出现，则要警惕出现回调的风险。

2. K 线应用口诀："连续上涨长上影，抛出筹码不要等。"请举例说明其含义。

连续上涨后出现长长的上影线，说明即将下跌，应该立即抛出筹码，平仓离场。

四、实盘分析题

1. 如图 8-116 所示，黄金 1112 合约在季线图中出现一根大阳线，应该采取什么交易策略?

黄金 1112 合约在连续大幅上涨之后，在季线图中出现一根大阳线，说明已出现超买现象，应该逢高做空。

2. 如图 8-117 所示，美黄金跌穿布林通道的中轴，乖离率拐头向下，应采取什么交易策略？请进行分析。

美黄金跌穿布林通道的中轴，乖离率拐头向下，应采取逢高卖出做空的交易策略。

3. 图 8-118 是伦铜分时图，伦铜价格全天在平均线之上运行，当掉头下穿均线时，应该如何操作?

伦铜价格全天在平均线之上运行，当掉头下穿均线时，应该短线卖出做空。

4. 图 8-119 是美黄金 12 月合约分时图，当价格站上平均线时，该如何操作?

当价格站上平均线时，应该短线买入做多。

第八章

一、选择题

1. ABCD 2. BC 3. D［反弹价格 =（2 030×10+2 015×5）×15 = 2 025（元/吨）。］

4. ABCD 5. AD 6. AB

二、简答题

1. 简述期货投机的概念。

期货投机交易是指在期货市场上以获取价差收益为目的的期货交易行为。投机者根据自己对期货价格走势的判断，做出买进或卖出的决定，如果这种判断与市场价格走势相同，则投机者平仓后可获取投机利润；如果判断与价格走势相反，则投机者平仓后承担投机损失。由于投机的目的是赚取差价收益，所以投机者一般只是平仓了结期货交易，而不进行实物交割。

2. 简述期货投机的作用。

（1）投机者是期货风险的承担者。

（2）促进市场流动性，保障期货市场发现价格功能的实现。

（3）使期货价格的连续性得到保证。

（4）减缓价格波动。

3. 简述期货投机的原则。

（1）了解期货合约。

（2）制订期货交易计划。

（3）确定获利目标。

（4）设定止损点。

（5）做好资金管理。

（6）顺势而为。

4. 什么是平均买低和平均卖高？如何运用？

（1）平均买低。在买入合约后，如果价格下降则进一步买入合约，以求降低平均买入价，一旦价格反弹可在较低价格上卖出盈利，这称为平均买低。

（2）平均卖高。在卖出合约后，如果价格上升则进一步卖出合约，以提高平均卖出价格，一旦价格回落可以在较高价格上买入止亏，这就是平均卖高。

投机者在采取平均买低或平均卖高的策略时，必须以对市场大势的看法不变为前提。在预计价格上升时，价格可以下跌，但最终仍会上升。在预测价格下跌时，价格可以上升，但必须是短期的，最终仍要下跌。否则这种做法只会增加损失。正因为如此，有的投资专家主张，为了保险只有在头笔交易已经获利的情况下才能增加持仓。

5. 什么是金字塔式买入和金字塔式卖出，如何运用？

（1）金字塔式买入。如果建仓后市场行情与预料相同并已经使投机者获利，可以增加持仓。增仓应遵循以下两个原则：① 只有在现有持仓已经盈利的情况下，才能增仓。② 持仓的增加应渐次递减。买入合约后，如果价格按预测上升，则依次递减增加持仓量。市场价格回落时，持仓不至于受到严重威胁，投机者可以有充足的时间卖出合约并取得相当的利润。

（2）金字塔式卖出，原理同上。

6. 期货投机者有哪些类型？

（1）按交易头寸划分，可分为多头投机者和空头投机者。

（2）按交易量大小或资金的多少划分，可分为大投机者和中小投机者。

（3）按价格预测方法划分，可分为基本面分析派和技术面分析派。

（4）按投机者每笔交易的持仓时间划分，可分为长线交易者、短线交易者、当日交易者和抢帽子者。

7. 简述期货投机与套期保值的关系。

从起源上看，期货市场产生的原因主要在于满足套期保值者转移风险、锁定利润的需要，这也是期货市场主要的经济功能之一。但是，如果期货市场中只有套期保值者，而没有投机者，而套期保值者所希望转移的风险就没有承担者，套期保值也不可能实现。可以说，投机的出现是套期保值业务存在的必要条件，也是套期保值业务发展的必然结果。

投机者提供套期保值者所需要的风险资金。投机者用其资金参与期货交易，承担了套期保值者所希望转嫁的价格风险。投机者的参与，增加了市场交易量，从而增加了市场流动性，便于套期保值者对冲其合约，自由进出市场。投机者的参与，使相关市场商品价格的变化步调趋于一致，从而形成有利于套期保值者的市场态势。所以，期货投机和套期保值是期货市场的两个基本因素，共同维持期货市场的存在和发展，二者相辅相成，缺一不可。

8. 简述期货投机与赌博的区别。

（1）风险机制的区别。赌博是人为制造的风险。赌徒所冒的风险是由赌局的设立而产生的。如果赌局不存在，这种风险也随之消失。所以，赌博者所冒的风险是人为制造的风险。而期货市场规避的价格风险，本身已在现实商品生产经营活动中客观存在。即使没有期货投机活动，这种风险也不会消失。

（2）运作机制的区别。赌博以事先建立的游戏规则为基础，该游戏规则的运行是随机的，遵循随机规律，从而对结果是无法预测的，所以，赌博者的成败完全归于运气。而期货投机依靠的是投机者的分析、判断能力和聪明才智及对经济形势的掌握和理解。成功的投机者是那些能够根据已知的市况，运用自己的智慧去分析、判断，正确预测市场变化趋势，适时入市，适时离场的投资者。投机过程中有运气，但更多的是抓住机遇。

（3）经济职能的区别。赌博仅仅是个人之间金钱的转移，它所耗费的时间和资源并没有创造出新的价值，对社会也没有作出特殊的贡献。期货投机则不然，投机者在期货市场承担市场价格风险的功能，是价格发现机制中不可缺少的组成部分，不仅能够提高市场流动性，而且有助于社会经济生活正常运行。

第九章

一、名词解释

跨期套利：跨期套利是利用同一品种不同月份期货合约的价差变化，在买入一个月份的期货合约的同时，卖出相同品种另一个月份的期货合约，当两个不同月份期货合约的价差扩大或缩小到一定幅度时，同时将两个合约平仓，从而获取利润的操作模式。

牛市套利：牛市套利，是指交易者在买入一种商品的近期合约的同时，抛空同一种商品的远期合约。

熊市套利：熊市套利，是指交易者在买入一种商品的远期合约的同时，抛空同一种商品的近期合约。

跨市场套利：跨市套利，是指交易者利用同一商品在不同交易所的期货价格的差异，在两个交易所同时买进和卖出期货合约以谋取利润的活动。

二、简答题

1. 什么是套期图利交易？

套利交易是指期货市场参与者利用不同月份、不同市场、不同商品之间的差价，在买入（或卖出）一种期货合约的同时卖出（或买入）另一种期货合约，以从中获取风险收益的交易行为。

套利交易利用相关市场或者相关合约之间的价差变化，在相关市场或者相关合约上进行反向的交易，当价差发生有利变化时就可以同时平仓。

利用期货市场与现货市场之间的价差进行套利的行为，称为期现套利；利用期货市场上不同合约之间的价差进行套利的行为，称为价差交易。

2. 套利交易的原则。

当出套利机会时，就可以开始进行套利操作。一般而言，套利交易要遵循以下原则。

（1）买卖方向对应的原则。即在建立多单的同时建立空单。

（2）买卖数量相等的原则。套利时，建立多单的数量要与建立空单的数量相等。

（3）同时建仓的原则。一般来说，套利时，要在同一时间建立多空头寸。

（4）同时对冲的原则。套利头寸建立后，需要通过对冲来了结头寸，对冲的操作也要同时进行。

（5）合约相关性的原则。套利一般要在两个相关性较强的合约间进行，并非所有的品种（或合约）之间都可以套利。一般来说，套利交易的风险比单纯投机交易小，但并非一直如此，有时套利的风险比单一品种投机的风险更高。当两个合约、两种商品的价格反方向运动时，套利的两笔交易都发生亏损，这时，套利成为极为冒险的交易。因此，就整个期货交易而言，套利交易仍然是一项风险、收益都较高的投机。

三、判断题

1. × 2. × 3. √ 4. × 5. × 6. √ 7. × 8. √ 9. √ 10. √
11. √ 12. √

四、选择题（可多选）

1. A 2. ABD 解：期货价格＝现货价格+期间成本（主要是资金成本）−期间收益

不考虑交易成本，6 月 30 日的理论价格$=1\,500+\frac{1}{4}\times5\%\times1\,500-\frac{1}{4}\times1\%\times1\,500=1\,515$；

当投资者需要套利时，必须考虑到交易成本，本题的无套利区间是［1 500，1 530］，即正向套利理论价格上移到 1 530，只有当实际期货价高于 1 530 时，正向套利才能进行；同理，反向套利理论价格下移到 1 500 时，才存在反向套利机会。

3. D 4. A 5. A 6. A 7. A 8. B 9. A 10. CE 11. ABCD

12. ABC 13. ACE 14. BD 15. AD 16. AC 17. A 18. C 解：熊市就是目前看淡的市场，也就是近期月份（现货）的下跌速度比远期月份（期货）要快，或者说，近期月份

（现货）的上涨速度比远期月份（期货）要慢。因此交易者应卖出近期月份（现货），买入远期月份（期货）。根据“强卖盈利”原则，该套利可看作是一买入期货合约，则基差变弱可实现盈利。现在基差=现货价格-期货价格=2 000-1 950=50（元/吨），A 基差=-50（元/吨），基差变弱，盈利=50-(-50)=100（元/吨）；BS 基差=150（元/吨），基差变强，出现亏损；C 基差=-90（元/吨），基差变弱，盈利=50-(-90)=140（元/吨）；D 基差=20（元/吨），基差变弱，盈利=50-20=30（元/吨）。所以选 C。

19. A 解：$F=1\ 600\times[1+(8\%-1.5\%)\times3/12]=1\ 626$

$$TC=0.2+0.2+1\ 600\times0.5\%+1\ 600\times0.6\%+1\ 600\times0.5\%\times3/12=20$$

因此，无套利区间为［1 626-20，1 626+20］=［1 606，1 646］。

20. AB

21. B 解：本题可用假设法代入求解，设 7 月 30 日的 11 月份铝合约价格为 x，则 9 月份合约盈亏情况为 17 540-17 520=20（元/吨）

10 月份合约盈亏情况为 $17\ 570-x$

总盈亏为：$5\times20+5\times(17\ 570-x)=-100$，求解得 $x=17\ 610$（元/吨）。

22. D 解：由题意可知该投资者是在做卖出套利，因此当价差缩小，该投资者就会盈利。目前的价差为 0.5. 因此只有小于 0.5 的价差他才能获利。

23. BD 解：此题为卖出套利交易，当价差缩小时将获利。如今价差为 2 100-2 000=100（元/吨），因此价差小于 100（元/吨）时将获利，因此应当选 BD。

24. C 25. AC 26. ABCD

27. D 解：这类题解题思路：按照卖出（空头）→价格下跌为盈利，买入（多头）→价格上涨为盈利，判断盈亏，确定符号，然后计算各个差额后相加得出总盈亏。本题一个个计算：

（1）卖出 3 手 5 月份玉米合约：(1 740-1 730)×3×10=300（元）

（2）买入 8 手 7 月份玉米合约：(1 760-1 750)×8×10=800（元）

（3）卖出 5 手 9 月份玉米合约：(1 760-1 750)×5×10=500（元）

因此，该投机者的净收益=（1）+（2）+（3）=1 600（元）。

28. C 解：由题知，期转现后，甲实际购入小麦价格=1 200-(1 240-1 100)=1 060 元/吨，乙实际购入小麦价格=1 200+(1 300-1 240)=1 260（元/吨），如果双方不进行期转现，而在期货合约到期时交割，则甲、乙实际销售小麦价格分别为 1 100 元/吨和 1 300 元/吨。期转现节约费用总和为 60 元/吨，由于商定平仓价格比商定交货价格高 40 元/吨，因此甲实际购买价格比建仓价格低 40 元/吨，乙实际销售价格也比建仓价格少 40 元/吨，但节约了交割和利息等费用 60 元/吨（是乙节约的）。故与交割相比，期转现，甲方节约 40 元/吨，乙方节约 20 元/吨，甲、乙双方节约的费用总和是 60 元/吨，因此期转现对双方都有利。

29. B 解：如题，5 月份合约盈亏情况：1 840-1 810=30（元/吨），获利 30 元/吨；

7 月份合约盈亏情况：1 875-1 890=-15（元/吨），亏损 15 元/吨

因此，套利结果：(30-15)×10=150(元)，获利 150 元。

30. C 31. B 32. B 33. A 34. A 35. B 36. A 37. D 38. A 39. A 40. A

第十章

一、单项选择题

1. A 2. D 3. C 4. D

5. C 解：期权的投资收益来自两部分：权利金收益和期权履约收益。

（1）权利金收益 = -100+120 = 20；

（2）买入看跌期权，价格越低盈利越多，即 10 200 点以下；卖出看跌期权的最大收益为权利金，低于 10 000 点会被动履约。两者综合，价格为 10 000 点时，投资者有最大可能盈利。期权履约收益 = 10 200-10 000 = 200，因此合计收益 = 20+200 = 220。

二、判断题

1. × 2. × 3. √ 4. √

三、综合题

1. 期权盈利 = 300-105 = 195（美分/蒲式耳）

采购大豆实际成本 = 820-195 = 625（美分/蒲式耳）

2.（1）当股票的市场价格是 71.50 港元/股时，执行看涨期权，收益 = 71.50-65-1.56 = 4.94（港元/股）；放弃执行看跌期权，损失权利金 2.87 港元/股。总体盈利(4.94-2.87)×1 000 = 2 070（港元）。

（2）当股票的市场价格为 58.50 港元/股时执行看跌期权，收益 = 65-58.5-2.87 = 3.63（港元）；放弃执行看涨期权损失 1.56 港元/股。总体盈利 = (3.63-1.56)×1 000 = 2 070（港元）。

参考文献

[1] 中国期货业协会．期货市场教程．北京：中国财政经济出版社，2007.
[2] 李意坚．期货轻松做．北京：中信出版社，2011.
[3] 道格拉斯．交易心理分析．北京：电子工业出版社，2011.
[4] 刘家声．期货日内交易实战技法．北京：地震出版社，2011.
[5] 林克．非赌博式交易．沈阳：万卷出版公司，2010.
[6] 麦克道尔．一个交易者的资金管理系统．沈阳：万卷出版公司，2010.
[7] 万浩明．期货交易的秘密．北京：地震出版社，2009.
[8] 刘易斯．大空头．北京：中信出版社，2010.
[9] 莫尔丁．投资中最重要的一件事．北京：地震出版社，2007.
[10] 罗杰斯．热门商品投资．北京：中信出版社，2008.
[11] 达格尼诺．聪明投资．太原：山西人民出版社，2011.
[12] 马克斯．决定你一生的投资哲学．北京：中信出版社，2008.
[13] 撒普．超级交易员．北京：机械工业出版社，2011.
[14] 晚秋天．期货十年．太原：山西经济出版社，2010.
[15] 威廉斯．短线交易秘诀．穆瑞年，张玲，李剑燕，等译．北京：机械工业出版社，2010.
[16] 许枫．期货风云．南京：江苏文艺出版社，2010.
[17] 宋鸿兵．货币战争．北京：中信出版社，2008.
[18] 希夫．美元大崩溃．北京：中信出版社，2008.
[19] 费奥伦蒂诺．交易员不死．上海：上海文艺出版社，2009.
[20] 李政丹，王淑英．期货交易理论与实务．北京：中国电力出版社，2012.